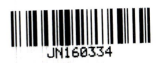

技術標準に関わるすべての方へ

SEP Handbook

標準必須特許ハンドブック 第3版

～世界のFRAND判決から流れを掴む～

FRAND研究会 編・著
鈴木信也・藤野仁三
沖　哲也・清水利明
安田和史・佐藤智文

IEEE IPR Policy connected cars
Smart Devices ETSI R&D IoT 3GPP
Standard Essential Patents
Wi-Fi Royalty Stacking LTE SSOs innovation
injunction 5G NR FRAND
license offer Non-Practicing Entity

発明推進協会

技術標準に関わるすべての方へ

SEP Handbook

標準必須特許ハンドブック 第3版

～世界の FRAND 判決から流れを掴む～

FRAND 研究会 編・著
鈴木信也・藤野仁三
沖　哲也・清水利明
安田和史・佐藤智文

IEEE IPR Policy connected cars equity
Smart Devices ETSI R&D IoT 3GPP
license negotiation
Standard Essential Patents DRAM
Wi-Fi Royalty Stacking LTE SSOs innovation
injunction 5G NR FRAND competition law
license offer Non-Practicing Entity

発明推進協会

第３版の発刊に当たって

本書は、特許と標準が交錯する場面で生じる様々な法的問題を総合的に理解するためのハンドブックとして、初版が2019年８月、第２版が2021年４月に刊行された。

ICT、AI、ビッグデータなどの技術革新により、新たな製品・サービスが次々と生み出されるIoT時代が到来している。これら技術を支えるための標準規格は、技術の研究開発への投資効率や関連市場の形成、ユーザーの利便性向上に寄与するものであり、このような標準規格はグローバルなビジネス展開に必須の要素である。標準規格の背後には多数の特許権が存在し、特にSEP（標準必須特許）に関連する訴訟が世界中で頻繁に発生している。これらの訴訟では、特許権の侵害や有効性だけでなく、標準規格と排他権とのバランス、独占禁止法、衡平法、国際司法管轄など、幅広い論点が扱われる。さらに、近年は通信機能を搭載したコネクテッドカーを開発する自動車メーカーがSEP訴訟の当事者として関与するなど、SEP紛争はより国際的かつ広範となっている。

こうした背景から、SEPに関する判例や実務においても著しい進展が見られ、現在進行形のSEP関連訴訟やFRAND問題の「今」を網羅的にカバーするべく、今般、第３版を発行する運びとなった。これは執筆者一同にとって非常に光栄なことであり、改めて感謝の意を表したい。

第３版の構成は以下のとおりである。

第Ｉ章はSEP理解のための基本事項として、標準規格策定のプロセスやSEP、FRANDに関する基礎的事項の解説から近年のトレンドまで幅広く網羅している。第３版では新たにコネクテッドカーにおけるSEP問題やSEP紛争とNPE（Non-Practicing Entity）との関係など、新たな書き下ろしを追加した。

第Ⅱ章は世界のSEP潮流と題して第３版で新たに追加した項目である。SEP紛争が世界各国で生じている中、各国の司法・行政機関や産業界は、利害関係者の議論を集約し、自国における方針やあるべき姿を誰もが参照可能なガイドラインという形で公表している。本章では、欧州、米国、アジア各国の司法・行政機関等が公表しているガイドラインの中で実務的に有用なものを取り上げて紹介・解説を加えている。

第Ⅲ章は世界のFRAND判例である。米国、欧州、アジアの判例のうち、第２版掲載の判例を取捨選択し、既存判例は上級審判決を追記するなど、内容を加筆修正し、新規判例も追加している。また、各判例の見出しに、判例のカテゴリー（判例ごとの主な争点と判断に関するもの）、対象規格技術（例：Wi-Fiや3Gなど）、関連用語（各判例で重要と思われる用語）の一覧を新たに加えており、容易に各判例の概要が理解できるようになっている。

第Ⅳ章は用語集である。各用語は定義だけでなく、背景情報や解説を加えていることに特徴がある。第３版では新規判例やガイドライン追加に伴い、新たな用語を追加している。さらに、第Ⅲ章の各判例の見出しに追加した関連用語は本章に記載されているため、より用語集へのアクセスが容易になると考える。

上記のとおり本書はハンドブックとして幅広く御使用いただくことで、特許法の初学者から実務家まで幅広い読者に有用な内容であると自負している。本書が、SEP、FRAND問題に関心を持つ多くの方々にとって、実用的で有益なリソースとなることを期待したい。

最後に、第３版の出版機会を賜った発明推進協会並びに、本書の執筆に際し、校正・編集業務を一手にお引き受けいただき、困難な時期にも真摯に御尽力いただいた編集部の原澤幸伸氏に執筆者を代表して御礼を申し上げたい。

2024年12月吉日

FRAND研究会代表
鈴木 信也

FRAND研究会

「FRAND研究会」はFRAND問題に関心を持つ有志のサークルである。2015年後半から活動を開始し、毎月１回の研究会の成果を発明推進協会が発行する月刊「発明」に「世界のFRAND判例」として発表してきた。本書は、研究会の参加者がこれまで同誌に発表した判例に加え、新たに書き下ろした論考を取りまとめたものである。

なお、本書の内容は執筆者個人の見解であり、所属する組織や団体の見解ではないことをお断りしておく。

まえがき

本書は、特許と標準の交錯から生じる標準必須特許（SEP）の問題を考える上で必要な情報をまとめたものである。特許や標準問題に関わる読者のための「事典」といってもよい。この一冊で、世界のSEP最新判例や独占禁止法・衡平法（エクイティ）などの関連法を確認することができる。また、裁判例の理解を促進するため、専門用語についても簡単な説明を入れている。

現在のSEP訴訟は、無線通信技術を利用するスマートフォンを対象にして行われている。そのため、一部の業界だけの問題であると考えられがちである。しかし、IoT時代の到来を考えると、SEP問題は、産業全般に関わる大きな影響力を持つ。そのため、欧州や日本の当局はSEPガイドラインを発表しているほどである。

冒頭、本書は、SEP問題についての「事典」であると書いた。それでは、なぜ今「事典」が必要なのか。本論に入る前に、その疑問に答えておきたい。

SEP問題とは

特許技術が規格に組み込まれたとき、通常の場合とは異なる状況が発生する。まず、特許が規格に必須であることから、規格の使用によって高いレベルでの侵害可能性が推定される。そして、規格の使用者に対し、規格に組み込まれた特許（SEP）のライセンスがFRAND条件で提供されることがあらかじめ約束されている。SEP問題とは、そのような状況の下で、SEP保有者と規格使用者の間の利害をどのように調整するかという問題である。

規格とは、互換性の確保や技術の普及といった経済効率の向上を目的として統一化された技術仕様のことであり、「標準」とも呼ばれる。情報通信技術（ICT）関連では特に、製品間の互換性や接続性を保証する重要な役割を果たしている。「規格を使用しなければ市場に参入できない」と言われるのはそのためである。

多くの規格は企業や研究機関が提案した技術をベースに作られ、特許で保護された技術も含まれている。そのため、規格が普及してその使用者が多くなると、その規格に組み込まれたSEPの侵害が広域化し、市場に大きな混乱が生じる。

このような事態を防ぐため、標準化団体の多くは規格に関連する特許権の取扱いについてのルール（「IPRポリシー」又は「特許ポリシー」と呼ばれている。）を定めている。その一つが、規格を作るときにSEP保有者にFRAND宣言（公正、妥当かつ無差別な条件でライセンスすることを標準化団体に約束すること）を義務付けることである。

しかし、IPRポリシーやFRAND宣言は飽くまでもSEP保有者と標準化団体との間の約束であって、SEPライセンスの具体的条件についてはSEP保有者と規格使用者（ライセンシー）の間で決めることになる。例えばSEP保有者が提示したロイヤルティーが「妥当か否か」の問題は立場によって見解が分かれ、最終的に裁判所に判断を委ねることになる。

そのような場合、これまでに両者がどのようにライセンス交渉に臨んできたか、つまり、誠実に交渉に臨んできたかなどの交渉姿勢を重視するのが世界の潮流となっている。

SEP問題の背景

SEP問題は1990年代後半に顕在化していたが、それが近年になって注目を浴びるようになった背景には、電子機器の急速な高性能・多機能化に伴い、製品に使用される規格が多くなったこと、SEP件数や権利者数が増加したこと、そして、新規事業参入者が増加したことなどがある。

例えばスマートフォンには画像や動画の処理機能や通信などの諸機能を実現する複数の規格が使用されている。また、規格が処理する技術領域も拡大し、結果として規格に関連するSEPの件数や権利者数が以前とは比較にならないほど多くなった。そうなると、かつてのように権利問題が発生したら当事者間の交渉で解決を図る手法は通用しなくなる。ビジネス環境が複雑化し、知的財産の資産的価値が重視される時代にあっては、一旦特許紛争が起きた場合、その解決は容易ではない。

また、市場におけるプレーヤーも変わっている。これまでの先進国の製造企業に加え、中国をはじめとする新興国企業の市場シェアが無視できないほど大きくなっている。先進国の製造企業は保有する特許（その中にSEPも多く含まれている。）で新興国企業に対抗しているが、新興国企業もSEPを保有して、むしろそれを主張するようになった。特に中国ではそれが顕著であることは、本書で取り上げた判決例からも明らかである。

特許権が侵害された場合、特許権者は侵害者に差止めと損害賠償を請求することができる。しかし、最近のSEPをめぐる侵害訴訟で裁判所は、差止めを認めるハードルを高くして金銭的解決を重視する傾向が見られる。

このように、通常の特許とは異なり、SEPをめぐる法律解釈は、新しいアプローチが多く採用されている。そのようなアプローチを理解する上で、本書が読者に何らかの参考となれば、執筆者一同にとってこの上ない喜びである。

2019年５月吉日

FRAND研究会代表（当時）
藤野 仁三

目　次

第Ⅰ章

SEPを理解するための
基本事項

1. 標準化機関とIPRポリシーの概説

1. 標準化機関

(1) 技術を標準化する目的

技術を標準化する目的は、システムや技術の相互接続性と品質を確保し、世界中の誰もがその標準技術を利用できるようにすることである。電話やインターネットなどの通信技術でいえば、ユーザーが、多数存在するスマートフォンメーカーの製品の中から好きな機種を購入し、様々な電話会社やネットワーク事業者の通信網を利用して世界中の人と通信することができるのは、スマートフォンと電話会社の基地局の間や、異なる電話会社のネットワークの間で通信を行うのに必要な技術的条件が、標準規格によって定められているからである。

下図は、スマートフォンの利用者であるユーザーAとユーザーBとの間で通信を行う場合の簡単なネットワーク構成図である。これに基づき、どのような技術が標準化されているのか一例を示す。

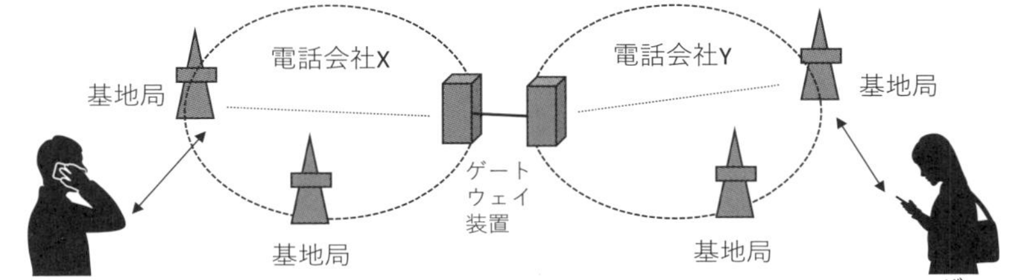

規格書には、例えばユーザーAが、スマートフォンの電源を入れたとき、近隣に存在するどの基地局に接続するかを決める手順や、選択した基地局との間で情報を送受信するタイミングを合わせるための手順、ユーザーAが移動した場合に、接続する基地局を別の基地局に切り替える手順、電話会社Xのネットワークと電話会社Yのネットワークを経由してユーザーデータを伝送するため

のパケット構造などが規定されている。ユーザーAが送信したデータをユーザーBに届けるためには、多数の標準化された技術が使われているのである。このような通信の手順だけでなく、通信相手（ユーザーB）に送る写真や動画などデータ・コンテンツを、どのように圧縮して効率的に伝送するか、その圧縮方法も標準規格として定めておかなければ、せっかく受信したデータをユーザーB側で再現できなくなってしまう。また、電話会社Xと電話会社Yが異なる国に存在した場合であっても、ユーザーAとユーザーBの間で通信を確立するためには、国際的な技術標準も必要になる。

（2）　標準と標準化機関の分類

このような多岐にわたる標準技術を取りまとめるのが標準化機関であるが、その機関の公的性・地域性などにより、以下のように分類できる。

公的な位置付けの標準化機関が決められた手続に基づき制定する標準は、「デジュール標準（De jure standard）」と呼ばれる。一方、公的ではないが、複数の企業によって構成されるフォーラムという組織が開かれた手続によって制定する標準は、「フォーラム標準」と呼ばれる。右頁の表に、世界の主要標準化機関をまとめた。

右表には分類できないが、第３世代移動体通信システムの技術標準（W-CDMA：Wideband-Code Division Multiple Access）や、その後の第４世代移動体通信システム（LTE：Long Term Evolution）、第５世代移動体通信システム（NR：New Radio）の技術標準を制定したのが、3GPP（Third Generation Partnership Project）という標準化組織である。3GPPは、右表で地域・国内標準化団体に分類された、ETSI、TTC、ARIB、ATIS、TTA、CCSA、TSDSIの７つの地域（国内）標準化機関によるパートナーシップ・プロジェクトであり、3GPPが作成した技術仕様をそれぞれ各国や各地域の標準規格として制定することにより国際標準規格となる。

なお、標準化のプロセスや標準化機関の位置付けについては、日本の標準化機関であるTTC（情報通信技術委員会）がまとめた、「情報通信分野における標準化活動のための標準化教育テキスト[1]」（2024年３月：第10版）が詳しく解説をしている。

標準の分類	標準化機関	英語表記	適用される地域	主な標準の対象
デジュール標準	ITU	International Telecommunication Union	国際標準	情報通信技術
	ISO	International Organization for Standardization	国際標準	工業分野、情報処理技術
	IEC	International Electrotechnical Commission	国際標準	電気機器
	ETSI	European Telecommunications Standards Institute	地域標準（欧州）	情報通信技術の標準。ITUに対応
	TTC	Telecommunication Technology Committee	日本	情報通信ネットワーク関連技術
	ARIB	Association of Radio Industries and Businesses	日本	通信・放送技術
	ATIS	Alliance for Telecommunications Industry Solutions	米国	情報通信技術
	TTA	Telecommunications Technology Associations	韓国	情報通信技術
	CCSA	China Communications Standards Association	中国	通信・ネットワーク関連技術
	TSDSI	Telecommunications Standards Development Society	インド	情報通信技術
フォーラム標準	IEEE	Institute of Electrical and Electronics Engineers	世界各国	米国に本部を置く通信・電子・情報工学の学会。LAN技術などの標準化も行う
	IETF	Internet Engineering Task Force	世界各国	インターネット技術の標準

1　TTC「情報通信分野における標準化活動のための標準化教育テキスト」（2024年３月：第10版）
https://www.ttc.or.jp/publications/sdt_text/

2．標準化機関のIPRポリシー

（1） 標準必須特許（SEP）を標準化団体に対して通知する必要性

一般に、標準規格には最新の技術が含まれており、その標準規格に関連する特許などの知的財産権（IPR：Intellectual Property Rights）が含まれる場合が多い。知的財産権の一つである特許について説明すれば、特許権は、特許権者が独占的に特許発明を実施できる独占排他権であるため、標準化作業が完了した後に、もしその特許権者が自らの標準必須特許を第三者にライセンスしない、あるいは高額のライセンス料を要求するという態度をとれば、その技術標準が使われなくなり、標準化作業が無駄になってしまう。そのようなリスクを避けるために、各標準化機関はIPRポリシーを定め、その標準規格に関連するIPR保有者に対し、どのような条件で第三者にライセンスする意思があるのかを示す宣言書を標準化機関に提出することを求めている。多くの場合は、公平かつ非差別的にライセンスする意思があることを示すFRAND（Fair, Reasonable and Non-Discriminatory）条件でのライセンスを宣言する書面が提出される。なお、FRANDと同意でRAND（Reasonable and Non-discriminatory）という語が用いられることもある（本書第Ⅳ章「関連用語解説」参照）。

（2） ITU／ISO／IEC共通パテントポリシー

IPRポリシーは、各標準化機関がそれぞれ定めるものであり、標準化機関によって違いはあるものの、基本的な内容・構造は似通っている。以下、ITU／ISO／IECの３つの国際標準化団体が定めたITU／ISO／IEC共通パテントポリシー[2]（以下、「共通パテントポリシー」という。）を説明する。なお、この共通パテントポリシーには必要最小限の内容が規定されており、規定の背景や用語の定義を理解するには、「共通パテントポリシー・ガイドライン」[3]を参照するとよい。

2　2007年３月に初版が発行された。https://www.itu.int/en/ITU-T/ipr/Pages/policy.aspx

3　Guidelines for Implementation of the Common Patent Policy for ITU-T/ITU-R/ISO/IEC（第４改訂版：2022年12月16日）

①　規格に関連する特許（特許出願中のものを含む。）の開示義務

共通パテントポリシーの第1パラグラフでは、ITUなどの標準化活動に参加した者に対し、その規格を実施するのに必要となるであろう既知の特許（特許出願、商業的必須特許、商用必須特許を含む。）について、ITUなどの標準化機関に通知する義務があると規定している。共通パテントポリシー第3項によれば、その通知は、標準化作業が行われている間のできるだけ早い時期での開示を求めている。その特許が標準必須特許であった場合に、その特許権者が第三者に特許ライセンスを付与しないという意思表示を示した場合には、その規格が実施できなくなり、その規格が普及しなくなるおそれがあるからである。

なお、関連特許情報の通知は、誠実（good faith）かつ最善の努力（a best effort）で行えば足り、特許検索を行って関連特許等を特定することまでは要求していない（共通パテントポリシー第3項）。

また、標準化活動に参加していない第三者がその規格の関連特許を保有していることが判明した場合は、標準化団体はその特許権者に対し、特許ライセンス宣言書（Patent Statement and Licensing Declaration Form）を提出することを要請する（共通パテントポリシー第3項）。

②　規格に関連する特許のライセンス意思を開示する義務

共通パテントポリシーの第2パラグラフでは、その規格に関連する特許がITUなどに通知された場合に、その関連特許の保有者に対し、その関連特許についてライセンスする意思があるかどうかを以下の3つのオプション[4]から選択して開示する義務を課している。

(ⅰ)無償（free of charge）で特許権をライセンスする用意がある。

(ⅱ)合理的かつ非差別的条件（RAND条件）で特許権をライセンスする用意がある。

(ⅲ)上記(ⅰ)、(ⅱ)のいずれの意思もない。

オプション(ⅰ)の「無償でのライセンス」は、その標準技術を広く普及させることを重視したものであり、その標準技術の実施者は、関連する標準必須特許の存在を気にせずに関連製品の製造・販売ができる点で都合が良い。

4　日本では、これら3つのオプションを「1号選択」「2号選択」「3号選択」と呼ぶことが多い。

しかしながら、その技術標準策定にかかった研究開発投資を特許ライセンスにより回収できなくなるので、SEP保有者には都合が悪い。最近では、特許の存在が技術の発展をかえって妨げているのではないかという考えに基づき、標準規格全体として関連する特許を無償ライセンスする（“Royalty Free”や“FRAND-Zero”と呼ばれる。）ことを条件とする標準規格もある。

オプション（ⅱ）のいわゆる「FRAND条件でのライセンス」はSEPのライセンス条件として最も多く選択されている。ライセンス条件を「非差別的に」と規定するのは、同じSEP（特許ポートフォリオ）に対し、ライセンシーごとに異なる実施料（ロイヤルティー）を課した場合、例えば通信チップセットのサプライヤーなど、サプライチェーンの同じレベルに位置するライバル企業間で、同じ特許ポートフォリオに対する特許実施料が異なった場合は、公平な競争ができなくなることも考えられるからである。なお、両当事者で互いの特許ポートフォリオに対してライセンス許諾を行うクロスライセンス契約が結ばれる場合は、ライセンシー側が保有する特許力により、ライセンサー側が保有するSEPの価値が相殺される場合があるので、「非差別的に」といっても、全てのライセンシーに対するライセンス料が同じ金額になるというわけではない。

また、「非差別的に」扱うのは、サプライチェーンの同じレベルのライセンシー（例えば通信チップセットのサプライヤーＡ社とＢ社）の間でライセンス料を差別的に算定することを否定する趣旨である。チップサプライヤーであるライセンシーに対するロイヤルティーと、最終製品を製造するライセンシーに対するロイヤルティーを異なる計算方法で算出する取扱いをすることは、許容されていると考えられる。

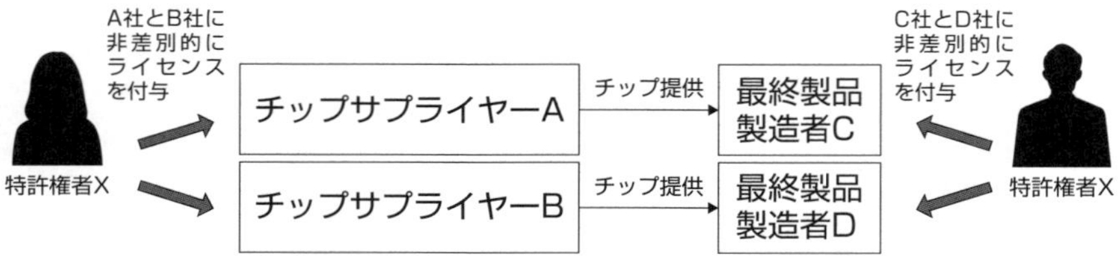

このオプション（ⅱ）のいわゆる「FRAND条件でのライセンス」を宣言する場合は、宣言者は通常、相互主義（Reciprocity）の条件を付けることが認められている。相互主義については、共通パテントポリシー第２項に定義がある。「交渉相手である将来のライセンシーが、同じ規格について保有する特許

について、無償あるいはFRAND条件でのライセンスを約束した場合にのみ、ライセンサーの特許をFRAND条件でライセンスする」という条件を付けることである。将来のライセンシーが、自ら保有する同じ規格に関する特許について、FRAND条件でライセンスしない者であった場合にまで、宣言者にFRAND条件でのライセンスを義務付けることになると不公平になるからである。オプション(ii)を選択した者は、交渉相手(ライセンシー)も同様にその保有する特許ポートフォリオについてFRAND条件でのライセンス(あるいは無償でのライセンス)を宣言した場合にのみ、自らの特許ポートフォリオをFRAND条件でライセンスすることになる。

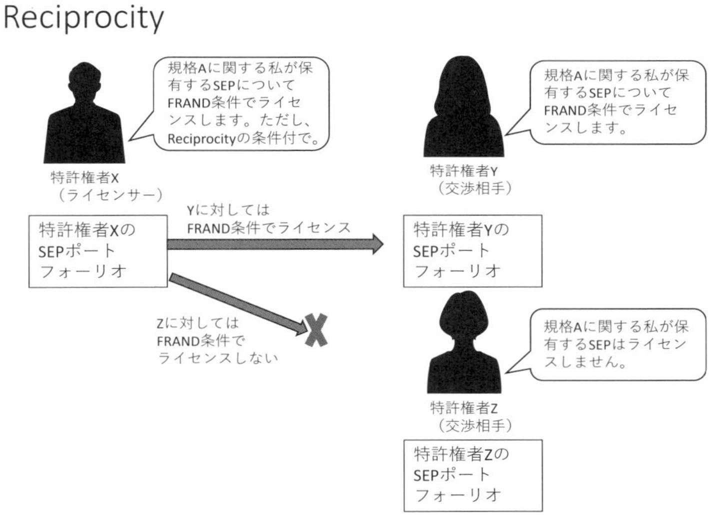

オプション(iii)は、SEP保有者が、自らの関連特許についてライセンスしない、という意思表示である。この場合は、将来、特許問題が生じる可能性が極めて高くなるので、標準化機関としては、当該特許技術を標準規格から外すべく、標準規格を見直すことになる。

③ 特許ライセンスの意思表示を行う書式

共通パテントポリシーの第3パラグラフでは、特許ライセンス宣言書(Patent Statement and Licensing Declaration Form)をITUなどの標準化機関に提出し、ライセンスの意思表示を行うことを規定している。

この特許ライセンス宣言書は定型のフォーマットを利用しなければならず、様式として記載されている選択肢以外の条項や条件、例外事項を追記することは許されていない。所定のフォーマットを一部抜粋したものを次に掲載する。

Patent Statement and Licensing Declaration for ITU-T or ITU-R Recommendation /ISO or IEC Deliverable

共通パテントポリシーにおける、特許ライセンスの意思表示のためのフォーマット

Licensing declaration:
The Patent Holder believes that it holds granted and/or pending applications for Patents, the use of which would be required to implement the above document and hereby declares, in accordance with the Common Patent Policy for ITU-T/ITU-R/ISO/IEC, that (check one box only):

☐	1. The Patent Holder is prepared to grant a Free of Charge license to an unrestricted number of applicants on a worldwide, non-discriminatory basis and under other reasonable terms and conditions to make, use, and sell implementations of the above document. Negotiations are left to the parties concerned and are performed outside the ITU-T, ITU-R, ISO or IEC. *Also mark here __ if the Patent Holder's willingness to license is conditioned on Reciprocity for the above document.* *Also mark here __ if the Patent Holder reserves the right to license on reasonable terms and conditions (but not Free of Charge) to applicants who are only willing to license their Patent, whose use would be required to implement the above document, on reasonable terms and conditions (but not Free of Charge).*
☐	2. The Patent Holder is prepared to grant a license to an unrestricted number of applicants on a worldwide, non-discriminatory basis and on reasonable terms and conditions to make, use and sell implementations of the above document. Negotiations are left to the parties concerned and are performed outside the ITU-T, ITU-R, ISO, or IEC. *Also mark here __ if the Patent Holder's willingness to license is conditioned on Reciprocity for the above document.*
☐	3. The Patent Holder is unwilling to grant licenses in accordance with provisions of either 1 or 2 above. In this case, the following information must be provided to ITU, and is strongly desired by ISO and IEC, as part of this declaration: - granted patent number or patent application number (if pending); - an indication of which portions of the above document are affected; - a description of the Patents covering the above document.

共通パテントポリシーでは、オプション(iii)（ライセンス許諾の意思がない）を選択した場合は、関連する特許の特許番号（特許出願番号）、該当する規格の関連箇所、及びその特許明細書における規格と関連する箇所を、ITUなどの標準化機関に示すことを義務付けている。

以上が、ITU／ISO／IEC共通パテントポリシーの主な内容である。規格に関連する特許についてのライセンス交渉は当事者に委ねており、具体的なライセンス条件については、ITU等は一切関わらない立場をとる。

また、標準化機関は、特許の有効性や規格必須性の判断も行わず、共通パテントポリシーには、FRAND条件の「合理的な条件」とは具体的にどのような条件であるかについても明示していない。当事者間のライセンス条件や合理的なロイヤルティー額は、ケース・バイ・ケースで異なり、当事者に委ねる必要があるためである。

④ ITU特許ラウンドテーブルにおける既存のIPRポリシーへの問題提起（2012年10月10日）[5]

2008年頃からスマートフォンの普及が始まり、その普及とともに、標準化機関に対してFRAND条件でのライセンスを宣言したSEPによる差止請求や高額なライセンス料の支払を求める特許権侵害訴訟が世界的に急増した。差止めを認めるか否かの判断や、損害賠償額の計算方法は、裁判所でその理論が発展してきた（本書第Ⅲ章「世界のFRAND判例」参照）。

このような状況に鑑み、2012年10月、ITUは、FRAND条件でのライセンスを基本とする現状のIPRポリシーが、特許権者、SEP実施者など様々な関係者のニーズに合致しているのか、IPRポリシーの有効性についての意見交換を目的とした特許ラウンドテーブルを開催した。この会議には、各国特許庁や、各地域の標準化団体、主要なIT企業などが多数参加した。この会議の結果、２つの問題点について検討が進められることになった。

１つは、FRAND宣言されたSEPに基づいて差止救済（injunctive relief）ができるか否か、すなわち、その技術を合理的条件で非差別的にライセンスすることを約束したSEP保有者が、その特許に基づき差止請求をすることが許容されるのかという点である。もう一つは、FRAND条件のうちの「Reasonable」の意味、すなわち、ITUをはじめとする標準化機関のIPRポリシーにおいて、合理的実施料（Reasonable Royalty）とは何かについて明確な指針が示されていないことが、SEP保有者とライセンシーの間のライセンス交渉が決裂し、訴訟に発展してしまう原因の一つではないか、という点である。

このITUラウンドテーブルの問題提起を受けて、後述するように、ITU、ETSI、IEEEなどの標準化団体のIPR Meetingにおいて、IPRポリシーを改訂すべきか議論が始まった。

5　ITU Patent Roundtable: https://www.itu.int/en/ITU-T/Workshops-and-Seminars/patent/Pages/default.aspx

（3） ETSIのIPRポリシー

情報通信技術についての欧州の地域標準化機関であるETSIも独自にIPRポリシー[6]を定めている。ITU／ISO／IEC共通パテントポリシーと同様、標準化作業に参加した者に対し、自社の特許（特許出願）がその規格に必須な特許になり得ると判断した場合、速やかにETSIに通知することを要求している。

なお、ETSIのIPRポリシーの背景を理解するには、ETSIが発行している「IPRに関するガイド[7]」が参考になる。

① Essential Patentの定義

「Essential Patent」の定義については、ITU共通パテントポリシーでは、単に「特定の規格を実施するのに必要となるであろう特許」と定義され「技術的必須特許」と、「商業的必須特許（商用必須特許）」の両方を含む概念で定義されているのに対し、ETSIのIPRポリシーでは、明示的に技術的必須に限定している。すなわち、ETSI　IPRポリシー15章の定義規定第６項において、標準必須特許とは、「標準化の時点において、技術的な理由から、その特許を侵害することなしに、その規格に準拠した製品の製造・販売等を行うことが不可能な場合」と規定している。“technical (but not commercial)”と明記してあり、技術的には必ずしも必須の技術でなく侵害を回避できる代替技術があったとしても、その代替技術を採用することが費用や性能の観点から商業的に採用できない場合の「商業的必須特許」は、ETSIのIPRポリシーでは、「Essential Patent」に含まれないのである。

② ETSIに対するIPRライセンス宣言書を提出する手続

標準化作業に参加した者は、自らが保有する特許（特許出願中のものを含む。）が当該規格の標準必須特許である、あるいは標準必須特許になる可能性があると認識した場合、速やかにIPRライセンス宣言書をETSIに対して提出する（ETSI IPRポリシー4. 1章）。WCDMA（第３世代移動体通信システム）やLTE（第４世代移動体通信システム）などのセルラー規格に関連する特許

6　ETSI Intellectual Property Rights Policy: https://www.etsi.org/images/files/IPR/etsi-ipr-policy.pdf

7　ETSI Guide on Intellectual Property Rights（2013年９月19日）: https://www.etsi.org/images/files/IPR/etsi-guide-on-ipr.pdf

の必須宣言書も、ETSIに提出することになる。

書面で提出することも可能であるが、最近は、Online手続で電子的にETSIに提出することが多い。

ETSIに対して必須IPRの宣言を行う場合の申請フォームは、以下の3つが用意されている（ETSI IPR policy: 6bis "Use of the IPR Licensing Declaration Forms"; ANNEX 6 - Appendix A）。

（i）General IPR licensing declaration

（ii）IPR information statement and licensing declaration

（iii）IPR information statement annex

（i）の"General IPR licensing declaration"の書面は、自社のIPRが規格必須であるか十分に判断できないが、ETSIに対し、ライセンスする準備があることを伝えたい場合に、宣言対象の特許番号など詳細情報を特定することなく提出する宣言書類である。宣言者は、宣言の対象を、自らが標準策定の際に貢献した技術に関連するIPRに限定するか、又はその宣言者が保有するあらゆるIPRを対象とするのかを選択できる。

"General IPR licensing declaration"を提出した場合も、ETSIは、後に宣言者が必須IPRを特定できた時点で、速やかに（iii）の"IPR information statement annex"の書面を提出して必須IPRの詳細情報をETSIに開示することを求めている。"General IPR licensing declaration"の書面を利用した宣言により、ETSIに必須特許を宣言する義務を免除しているわけではないのである。

（ii）の"IPR information statement and licensing declaration"の書面は、（iii）のIPR information statement annexの書面とともに提出され、標準必須特許の番号、対象となる規格の名称・番号、該当する章番号、その特許のパテントファミリーの番号を特定して提出する書面である。

③ 宣言された特許の開示

ETSIは、IPRの権利者から、標準必須特許あるいは標準必須特許の可能性がある特許の情報を受領した場合は、その内容を速やかに公開する。ETSI IPR Online Database[8]により第三者もその内容を確認することができる。

8 ETSI IPR Online Database: https://ipr.etsi.org/

ETSIの場合も上述のITUと同様、特許権者が標準必須特許の可能性がある特許と通知してきた特許が、真に標準必須特許かどうかは判断しない。したがって、その特許の内容を客観的に検討したら、実はETSI規格の必須特許でなかったということは十分考えられる。ETSIに対し、必須特許として宣言された特許件数をカウントしても、必ずしもその宣言した会社の特許力を正確に測れるわけではないのである。調査会社のレポートによれば、第４世代移動体通信規格であるLTE規格について、ETSIに宣言された特許の内容を精査し、LTE規格との整合性を確認した結果、規格整合率は約56％であったという報告[9]もある。

理想的には、真に標準必須特許であると鑑定・判断された特許のみを標準化機関のデータベースに掲載すべきであるが、その鑑定費用は誰が負担するのか、判断に異議があった場合の手続などが問題となる。

ETSIでもこれらの問題を透明性（Transparency）の問題として捉え、欧州特許庁（EPO）の特許データベースとETSI IPR Online Databaseとを連携させて、特許審査結果や特許権の消滅情報などをETSIのデータベースに反映できないかなど、IPRデータベースの質向上の検討が行われている。

④　IPRポリシー改訂の議論（2013年頃～2014年頃）

上述したとおり、2012年10月のITU特許ラウンドテーブルにおいて現状のIPRポリシーについて問題提起がなされ、それを受けてETSIのIPR委員会においても、2013年頃からIPRポリシーの改訂の議論が行われた。ETSIのIPR委員会は、ETSIの会員企業から構成されており、IPRポリシーを改訂するためには、所定の条件に基づき一定数の合意が必要となる。

改訂の議論の対象となったのは、主に以下の点である。

（ｉ）標準必須特許（SEP）による差止めの可否

（ⅱ）Reasonable Rateの定義（合理的実施料とは何か）

これらの議論は、ノキアやエリクソンなど、長くセルラー通信技術の標準化に関わり、標準必須特許の保有者としての立場（ライセンス収入を得る側）を重視する陣営（特許権者陣営）と、アップルやマイクロソフトなど、スマート

9　サイバー総研「LTE関連特許のETSI必須特許宣言特許調査報告書　第3.0版」（2013年６月）：http://www.cybersoken.com/file/lte03JP.pdf

フォンを製造し、規格関連特許を実施する立場（ライセンス料を支払う側）を重視する陣営（実施者陣営）との間での議論の対立となった。

（ｉ）の差止めの可否に関しては、特許権者陣営は、特許法の原則どおり、FRAND宣言されたSEPによる差止請求も原則認められるべきという立場である。例外的に差止請求が認められない行為を明確に規定しておけば、すなわち、実施者（将来のライセンシー）が公正な第三者によるFRAND裁定プロセスに参加し、その裁定に従う限りは差止請求を行使されるリスクはない、と規定しておけば、実施者にも不利益はないという主張である。

この主張に対し、実施者陣営は、SEPに基づく差止請求が原則認められるとすると、当事者間のライセンス交渉においてSEP保有者が差止めの脅威を利用して特許の実際の価値を超えるロイヤルティーを要求する可能性があると反論した。実施者陣営は、FRAND宣言されたSEPに基づく差止請求は原則として認められず、例外的に、実施者が公正な第三者によるFRAND裁定プロセスに参加しない、又は裁定プロセスにより決定されたFRAND条件でのライセンス条件に従わない場合にのみ差止請求ができるとすべき、と主張した。

特許権者陣営は、実施者陣営が主張するように例外条件を満たす場合にのみ差止請求を認めるとすると、第三者によるFRAND裁定プロセスが完了するまで差止請求ができないことになり、不誠実な将来のライセンシーをライセンス交渉の席につかせることができなくなるおそれがある、と反論した。

結局のところ、差止請求を原則認めるか否かで主張が分かれている特許権者陣営と実施者陣営の主張は相いれず、差止請求の可否についてETSIのIPRポリシーを改訂することは見送られた。

（ii）の合理的（Reasonable）の解釈についても、特許権者陣営と実施者陣営との間で、SEPの価値を算定するに当たり、標準技術に含まれたことによって生じた価値を含めるか否かで主張が分かれた。特許権者側は、その特許発明が標準技術に取り込まれたことは技術的に優れていたからであり、標準に含まれたことによる価値を取り除く必要はないと主張した。一方で、実施者側は、SEPの価値は、特許発明の技術そのものの価値を評価すべきであり、その特許が標準技術に取り込まれたことにより生じた価値は除いて評価すべきと主張した。

結局のところ、この点についても特許権者側と実施者側の両者の主張が相いれず、“Reasonable”の定義についてもETSIのIPRポリシー改訂は見送られた。

（4） IEEEのIPRポリシー

IEEEは、米国をベースとするフォーラム標準の標準化機関であるが、世界的に広く普及している無線LAN規格IEEE802. 11ac（Wi-Fi 5）やIEEE802. 11ax（Wi-Fi 6）などの標準化機関として有名である。

IEEEの特許ポリシーは、特許については、IEEE-SA Standards BoardBy-laws[10]の第6章に定められている。2015年の改訂により、合理的実施料（Reasonable Rate）を算定する際に考慮すべき事項や、Letter of Assurance（LoA）を提出した特許権者の差止請求権（Prohibitive Order）行使の条件について具体的に踏み込んだ、SEP実施者寄りの規定が追加された。しかしながら、特許権者が2015年の特許ポリシーに基づくLoAの提出を拒否するなど混乱が生じたため、2023年1月に、それらの規定の見直しがなされた新特許ポリシーが施行された。

IEEEの特許関連の文書は、IEEEのWebsite[11]にまとめて保存されている。

IEEEの特許の取扱いの方針や、SEP保有者が提出する文書（LoA）の手続などを理解するためには、FAQ（Frequently Asked Questions）形式の文書[12]（2023年6月改訂版）が分かりやすい。

①　Essential Patent Claimの定義

IEEEの特許ポリシーにおいては、“Essential Patent”ではなく、“Essential Patent claim（必須特許請求項）”という言葉を使っている。1つの特許の中には、複数の請求項（クレーム）が含まれるのが通常で、その中の一部の請求項は規格必須であるが、それ以外は規格必須ではないことがあり、請求項単位で“Essential Patent claim”であるか否かを判断することを想定している。“Essential Patent Claim”の定義は、「IEEE標準の承認時に、IEEE規格の必須部分（mandatory portion）又はオプション部分（optional portion）の仕様を、商業的（commercially）かつ技術的（technically）に非侵害の代替実装方法が

10　IEEE Standards BoardBylaws: https://standards.ieee.org/wp-content/uploads/import/documents/other/sb_bylaws.pdf

11　“IEEE SA Patent Committee（PATCOM）patent materials” https://standards.ieee.org/about/sasb/patcom/materials/

12　“Understanding Patent Issues During IEEE Standards Development”（2023年6月27日）https://standards.ieee.org/wp-content/uploads/import/documents/other/patents.pdf

存在しなかった場合」と規定している（IEEE SA Standards Board Bylaws：6.1項）。このIEEEの定義では、規格書のオプション部分、すなわち、規格書に記載はあるものの、必ずしも実装されない任意の部分に関連する請求項も、Essential Patent claimに含まれ得る。

IEEEが、その特許の請求項の有効性（validity）、規格必須性（essentiality）やクレーム解釈についての判断を行わないことは、他の標準化機関のIPRポリシーと同様である。

②　IEEEに対するLetter of Assurance（LoA）の提出手続

LoAとは、IEEEの技術標準の策定に参加し、IEEE標準の“Essential Patent Claim”となる可能性がある特許（出願中のものを含む。）を保有する者が、“Essential Patent Claim”の権利行使、ライセンス供与に関する立場を表明する文書である。

IEEEは、標準化プロセスで合理的に実行可能な限り早い段階でLoAを提出することを奨励している。この書面は、IEEEが定める所定のフォーマット[13]で提出する必要があり、条件を付加するなどの改変は受け入れられていない。

LoAを提出する者は、“Essential Patent Claim”のライセンスに関するポジションとして、以下の４つのうちのいずれか１つを選択して意思表示をする。

（ｉ）IEEE規格の必須特許について、差別的でない条件で無償でライセンスを付与すること。

（ii）IEEE規格の必須特許について、差別的でない条件で合理的実施料（Reasonable Rate）でライセンスを付与すること。

（iii）IEEE規格の必須特許を実施した者に対し、権利行使を行わないこと。

（iv）IEEE規格の必須特許について、無償又はRAND条件でライセンスを付与する意思がなく、又は権利不行使についても同意しないこと。

オプション（ｉ）又は（ii）を選択した場合、相互主義（Reciprocity）の条件を付加できるのは、ITU／ISO／IEC共通パテントポリシーと同様である。

IEEEの特許ポリシーで特徴的なのは、オプション（ii）のReasonable Rateでのライセンス付与を選択する場合、ロイヤルティーの最大額を事前に示すEx-ante declarationがオプションとして用意されている点である。

13　LoAの書式：https://mentor.ieee.org/myproject/Public/mytools/mob/loa.pdf

LoAの提出者は、「Reasonable rateの最大額は、ユニット単価の○%である」「Reasonable rateは、固定価格（flat fee）を超えることはない」などの意思表示をすることができる。このようにReasonable rateが具体的に開示されていると、当該規格を搭載する製品を製造・販売する実施者にとっては将来支払うべき実施料の見積りができるのでビジネス計画を立てる上で参考になるが、特許権者がLoAを提出する時期に、その規格に関連する製品のマーケットがどれくらいの規模になるか分かっていないことが多く、特許権者があらかじめ特許ライセンス料の最大額を決定してLoAを提出することは現実的に難しい。実際に、Ex-ante declarationを行う特許権者は少ないようである。

また、オプション(ⅱ)のReasonable Rateでのライセンス付与を選択する場合、その特許権者が将来オファーするであろうライセンス条件と実質的に同様の条件を示したサンプルを提出することもオプションとして用意されている。

オプション(ⅱ)のReasonable Rateの定義は、2015年3月のIEEE特許ポリシー改訂の際に追加され、“Reasonable Rate”を算定する際に参照すべき事項が列記されており、詳しくは後述する。

③　LoAの開示

IEEEに対してLoAが提出された事実は、規格ごとにIEEEのウェブサイト[14]に公開されるので、どの特許権者がLoAを提出したかを第三者が把握することができる。「特許権者の名称」や「LoA書面の提出日」などが公開されるが、IEEEの場合は、標準必須特許の特許番号を特定することは必ずしも要求されていないので、特許番号を特定しないでLoAを提出する特許権者も多い。

④　合理的実施料の定義、及びその算定の際の任意的考慮事項

IEEEの特許ポリシーでは、RAND条件の“Reasonable rate”の定義として「合理的実施料は、IEEE規格へその必須特許クレームの技術が組み入れられることで生じる付加価値を除外した上で、必須特許クレームの実施に対して特許権者への適切な補償を意味する」と規定する。ここで、「IEEE規格へその必須特許クレームの技術が組み入れられることで生じる付加価値を除外」とは、例えばその技術が規格に採用されたことで、実施者が代替技術へ切り替えられ

14　IEEE-SA Records of IEEE Standards-Related Patent Letters of Assurance list: http://standards.ieee.org/about/sasb/patcom/patents.html

なくなることから生じる価値は含ないことを意味する。そして、IEEEの特許ポリシーでは更にReasonable rateの算定の際に任意的に考慮すべき事項として以下の３つを挙げている。

（ⅰ）必須特許クレームを実施する最小の販売可能な準拠製品（smallest saleable Compliant Implementation）の機能に、発明の技術的特徴がどれだけ貢献しているか。ここで、「準拠製品」とは、IEEE規格の必須部分又は任意部分に適合する製品（コンポーネント、サブアセンブリ、最終製品など）又はサービスを意味し、その準拠製品が複数の機能を有している場合に、当該必須特許クレームの特許発明に関連する機能に付与される価値を考慮すべきであることを指摘している。

（ⅱ）その準拠製品で実施されている同じIEEE規格の全ての必須特許クレームによって付与される価値を考慮すべきである。IEEE規格の準拠製品を製造するには、一般的に多数の特許権者の多数の必須特許クレームの実施が必要となり、それらのロイヤルティーの総額を単純に積み上げると製品の販売価格を超えてしまうことになるため、Reasonable Rateであるか否かを判断する際は、その規格に関連する全ての必須特許クレームの価値を考慮すべきであることを指摘している。

（ⅲ）必須特許クレームの使用をカバーする既存のライセンス契約を参照すべきである。

⑤　差止請求権の行使について（Prohibitive Order）

IEEEの特許ポリシーでは、“Prohibitive Order”とは、「IEEE規格の準拠製品を製造等することを制限あるいは禁止する、暫定的・恒久的な差止命令や排除命令その他の司法判断を意味する」と定義する。

2015年に改訂されたIEEE特許ポリシーでは、LoAを提出した者は、そのSEPに基づく差止請求や差止めの行使は、原則として認められず、例外的に、実施者が裁定（an adjudication）に参加しない場合や、又は裁定の結果に従わない場合に、差止請求や差止めの行使が認められる、と実施者寄りの規定が導入された。

しかしながら、2023年の改訂特許ポリシーではこの規定が見直され、最終的に差止請求権を行使できるか否かは、国又は地域の法律に基づいて判断されることを前提とし、「必須特許クレームについてライセンスを利用可能にすることを約束したLoAを提出した者は、ライセンス交渉に誠実に取り組もうとしている（willing）実施者に対して、そのような必須特許クレームに基づいて差止請求権を行使しないことに同意した」と規定した。また、「特許権者に対して情報を求めたり、訴訟や仲裁の手段を選択したりすること自体が、誠実に交渉する意思がないこと（unwilling）を意味するものではない」点も明記された。

3．まとめ

以上、本書の後段で紹介するSEP判例を理解するために必要となる主要な標準化機関のIPRポリシーの概要、及び標準化機関に対し、関連SEPのライセンス方針を通知する宣言書提出の手続を説明した。IPRポリシーでは、制定した標準技術が広く実施されるよう実施者の利益を確保しつつ、その標準技術を開発した特許権者の利益も保護することのバランスがとれるように配慮されている。どちらかにバランスを欠くIPRポリシー、例えばSEPによる差止めを全面的に禁止するような必要以上にSEP保有者の権利を制限する規定を設けた場合、SEP保有者が標準技術を開発するために投じた資金が回収できなくなる可能性もあり、そうなると次世代の標準技術の開発にも投資できなくなり、標準技術の進歩が滞ってしまう。それは標準化機関にとっても望ましくないのである。

今後も特許権者（SEP保有者）とSEP実施者の利益のバランスを考慮し、標準技術が進化し続けていくために、各標準化機関においてIPRポリシー改訂の検討はなされていくと考えられる。

（沖　哲也）

2. パテントプール

1. パテントプール概論

(1) パテントプールとは

パテントプールとは、技術の普及や製品市場の早期立上げ、それらを通じた研究開発投資の回収等を図るべく考案された特許権のライセンスに関する手法の一つである。公正取引委員会においては、「ある技術に権利を有する複数の者が、それぞれの所有する特許等又は特許等のライセンスをする権限を一定の企業体や組織体（その組織の形態には様々なものがあり、また、その組織を新たに設立する場合や既存の組織が利用される場合があり得る。）に集中し、当該企業体や組織体を通じてパテントプールの構成員等が必要なライセンスを受けるものをいう」と定義している[1]。

パテントプールの歴史は比較的長く、1856年に米国で結成されたミシンに関する相互特許ライセンスプログラムが世界初のパテントプールであるとされる[2]。その後、航空機や医療機器、石油産業等の幅広い産業分野において結成されたが、現在では放送・情報通信等のICT分野を中心に、特に標準規格に採用された技術に関する特許権（SEP）における特許問題を解消すべく活用されている。本稿においては、SEPを対象としたパテントプールに焦点を当てて解説する。

1　公正取引委員会「標準化に伴うパテントプールの形成等に関する独占禁止法上の考え方」（平成19年９月28日）

2　Alex Palmer "How Singer Won the Sewing Machine War", Smithsonian Magazine, July 2015

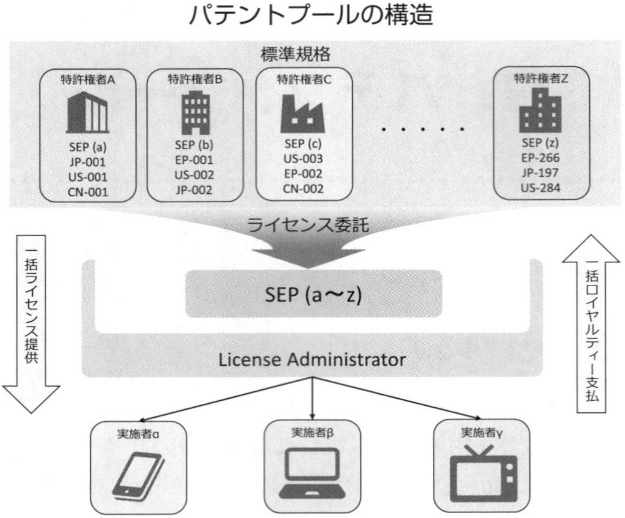

（2）　パテントプール結成の目的と効果

①　ライセンス交渉の円滑化と特許係争の回避

パテントプールを結成する最大の目的として、ライセンス交渉の円滑化とそれに伴う特許係争の回避が挙げられる。

スマートフォンに代表されるデジタル機器の製造・販売等をするためには、通信技術を含め多くの標準規格に準拠する必要があり、それに応じて多数のSEPを利用することとなる。現代においては、こうした製品に必要となる全ての特許権を一社のみで保有しているケースは皆無であり、対象製品に関する事業を展開するには、他の特許権者とライセンス契約を締結する必要がある。

その際、他の特許権者が一社ないし少数であればライセンス交渉を行うことも比較的容易であるが、特許権者の数が多い場合、必要となるライセンス契約の数が膨大となり交渉・契約コストも膨れ上がるため、事実上対応が不可能な事態に陥ってしまう（ライセンス・スタッキング）。

特にSEPについて見ると、標準規格の世代が新しくなるごとにSEPの保有者数が増加傾向にあり、ライセンス処理の問題が事業を展開する上での大きな課題となる。

ライセンス・スタッキング

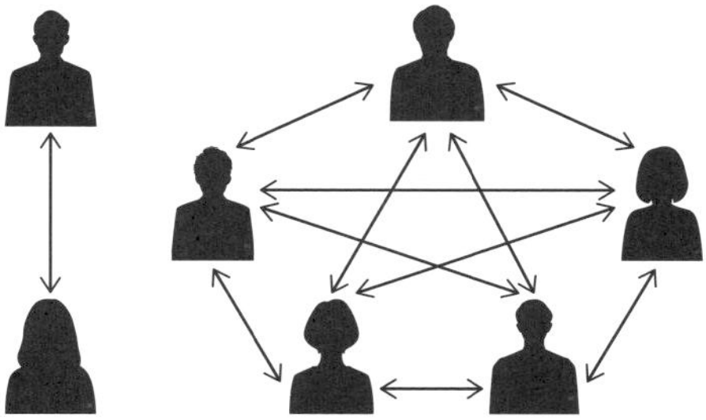

W-CDMA及びLTE規格におけるSEP保有者の変遷[3]

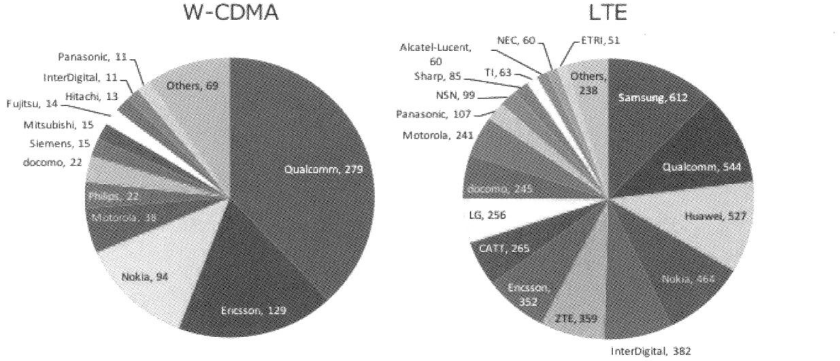

こうした状況下、全特許権者とのライセンス契約締結を放棄し、他社が保有する特許権を侵害するリスクを負ったまま事業を展開するという選択を行った場合、特許権者同士で係争が頻発することとなる。他方、こうした他社との係争リスクを嫌い互いに睨み合いとなった結果、全社が事業展開を諦め、時間と労力をかけて策定した標準規格が死蔵化してしまう事態も起こり得る。

パテントプールは、こうした事業上・司法上の経済的な損失を回避すべく、各社が保有する特許権をひとところに集約し、ライセンス交渉窓口を一本化することでライセンス処理の円滑化を促すために考案された仕組みである（ワンストップ・ライセンス）。

3　W-CDMA：加藤恒『パテントプール概説　改訂版』（発明協会・2009年）より引用
LTE：サイバー創研「LTE関連特許のETSI必須宣言特許調査報告書　第二版」（2012年10月）を基に作成

②　合理的なロイヤルティー額の設定

パテントプールを結成するもう一つの目的として、合理的なロイヤルティー額の設定が挙げられる。

上記のように、複数の権利者が保有する特許権をパテントプールに集約して交渉窓口を一本化したとしても、その特許権の価値とそれに応じたライセンスの対価（ロイヤルティー・レート）については各特許権者によって考え方が異なっているため、調整が必要となる。

SEPについて見ると、特許権者は通常標準規格策定の過程においていわゆるFRAND宣言を提出し、ライセンスを希望する者には合理的な価格でのライセンスを提供することを約束しているが、この「合理的な価格」については定義がなく、各権利者の判断に委ねられている状況にある。このため、例えば対象製品価格の５％が合理的なロイヤルティー額であると判断する特許権者が20社いた場合、ロイヤルティー額だけで製品価格の100％となり、実際の販売額が２倍に跳ね上がるという不合理な事態に陥ることも想定される。結果として、高額なロイヤルティーを嫌ってライセンス処理を放棄することとなれば、パテントプールの仕組み自体が機能せず、ライセンス・スタッキングの状態に回帰することにつながりかねない。

累積ロイヤルティー問題

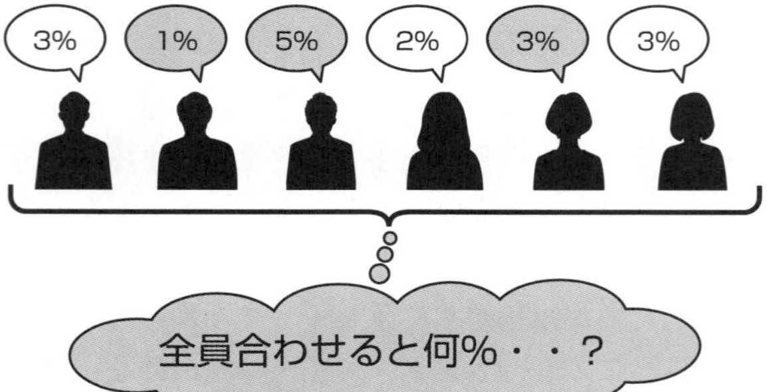

そこでパテントプールでは、事業を展開するに当たり合理的と考えられる金額でのライセンスを提供すべく、各特許権者と協議の上、対象特許に対するロイヤルティー額に関して一定のルールを定め、累積的なロイヤルティー額に上限を設けることでライセンス問題の円滑な処理を図っている。

③　市場の拡大と研究開発投資の誘引

こうして特許問題が解消することで、対象となる標準規格技術の普及と関連製品市場の成長が促され、早期の事業展開が可能となる。また、共通基盤となる技術が普及することで新規参入者の事業展開も容易になり、関連製品市場が活性化する。加えて、開発した技術が死蔵されることなく事業展開され、関連市場が活性化することで、新たな研究開発や技術革新の機運が生まれる。具体的には、対象となる標準規格の機能性の向上や新世代の標準規格技術の開発、共通基盤となる標準規格技術以外の分野での差別化を図った各社の付加価値競争が展開され、新たな技術開発や競争が促進されることとなる。

2．パテントプールと独占禁止法

（1）　パテントプールに対する懸念

パテントプールは特許問題の解決に効果的であり、経済上もメリットが大きいように思われるが、以下のような独占禁止法に関する懸念も存在する。

①　規格間競争排除に関する懸念

標準化活動自体に対する懸念も含め、技術間競争排除に関する懸念が存在する。つまり、ある目的を達成するための技術手段は本来各社独自に開発されるはずであり、そうした独自技術同士が競争することで新たな技術開発が加速されることとなる。また、たとえ標準規格が策定されたとしても、実際には競合する規格が複数並立して規格間で競争が展開され、より良い技術・規格が生み出されるというのが自然な姿とも考えられる。この点、標準化及びパテントプールの結成によって特定の技術について普及が促された場合、こうした技術間競争が排除されることとなり、結果として新規技術に関する開発意欲を減退させるのではないかという懸念が生じる。

②　特許抱き合わせの懸念

パテントプールは、複数の特許権者が保有する多数の特許権を集約し、一括してライセンス処理を行うスキームであり、パテントプールによっては1000件以上の特許権が扱われることとなる。そのため、集約された特許権の中に、対象製品や技術とは直接関係がないものや本来は無効にされるべき疑義のあるもの等が混ぜ込まれたとしても、各特許権の侵害性や規格適合性、有効性を個別に判断することは非常に難しいものとなる。この特性を利用し、本来はライセンス対象に含まれるべきではない特許権をもパテントプールに拠出し、抱き合わせることで実際の価値以上のロイヤルティーの回収を図るなど、特許権を悪用するための隠れ蓑とされてはいないか、という懸念が存在する。

③　特許権を利用したカルテルの懸念

パテントプールにおいては、複数の特許権者が協議の上でロイヤルティー額を含めたライセンス契約の条件を決めることとなる。ここで、パテントプールの特許権者はライセンスを提供するライセンサーの立場だけではなく、ライセンスを受けるライセンシーとしての立場を有していることも多い。そのため、特許権という一種の商材に関して談合を行うことで、最終製品の価格調整を含めたカルテルを結成しているのではないかという懸念が存在する。

④　不公正な取引方法に関する懸念

上記②と同様に、複数の特許権者が結託し、対象技術に関連する多数の特許権を保有しているという優位な立場を利用することで、（1）不合理なライセンス条件を設定する、（2）特定の者についてのみライセンスを許諾若しくは拒絶するなど参入障壁として利用する、といった不公正な取引方法に用いられるのではないかという懸念が存在する。

（2）　独占禁止法上の考え方

こうした懸念に対して、各国の競争当局はそれぞれ指針を開示し、技術の標準化及びパテントプール設立による功罪についてバランス調整を図っている。例えば日本の公正取引委員会は「標準化に伴うパテントプールの形成等に関する独占禁止法上の考え方」として指針を示している[4]。本指針では、想定事例や過去実際に問題になった事例などを踏まえた例示をしつつ、パテントプール結成に際しての独占禁止法適用可能性に関する判断の要点が示されており、公正取引委員会の見解や方向性を理解する上では非常に有用となる。

当該指針及び過去事例等から導き出される主な適法要件は以下のとおりである。

4　前掲注1

① 対象となる特許権が対象規格に必須なもの（SEP）に限られていること

パテントプールにSEP以外の特許権が含まれた場合、不要な特許権まで抱き合わせることによる不合理なライセンス強要の懸念が生じる。

また、本来は競争関係にある技術が包含された場合、技術間競争が制限され、技術の進展を阻む危険性が生じるため、ライセンス対象特許はSEPに限定される必要がある。

② パテントプール運営に関する情報を必要以上に参加者間で共有しないこと

パテントプールを通じたライセンスを実施するに際しては、ライセンシーにおける製造・販売に関する情報などが運営者の下に集められることとなる。

こうした情報が参加者間で共有された場合、それを通じた相互の販売制限・調整などに用いられる可能性がある。そのため、パテントプール運営者を中立の第三者とするなどし、参加者によるこれら情報へのアクセス制限を課す必要がある。

③ パテントプール以外のライセンス提供を制限しないこと

パテントプール以外のライセンス提供を制限することは特許権の自由な利用を制限する不当な取引制限に該当することとなり得るため、参加ライセンサー各社によるパテントプール外での個別のライセンス活動を許容する必要がある。

④ 非差別的にライセンスを提供すること

特定の企業に対してのみライセンス提供を拒絶したり、他社よりロイヤルティー額を著しく高額に設定したりするなど、差別的なライセンス条件を課すことは、共同取引制限・参入障壁となり得るため、合理的な理由がない限りは一律の基準でライセンスを提供する必要がある。

⑤ 代替技術や新規技術の研究開発を制限しないこと

ライセンシーに新規技術開発を制限することは製品・技術市場における競争を阻害する結果につながるため、不公正な取引制限に該当する可能性がある。

以上のように、指針によりある程度の基準は示されているものの、例えば新たにパテントプールを結成しようとしている場合において、当該新規パテントプールが実際に独占禁止法に違反するものであるか否かについては、そのパテントプールが対象とする技術や製品の市場環境、設定しようとしている契約条件等に左右され、「個別の事案ごとに判断する必要がある」とされている。結論として、最終的な判断は「標準化及びパテントプールにおける競争促進効果と競争阻害効果を比較衡量し、市場や競争に及ぼされる影響について事例ごとに総合的に考慮して下される」こととなる。

（3） 事前相談制度

① 事前相談制度

上記のとおり、パテントプールと独占禁止法との関係や抵触性については一定の指針・基準が示されているものの不明確な部分も多く、現実的には案件ごとに当局の判断を待つ必要がある。この点、独占禁止法に関する判断は非常に多くの条件により左右されるため、専門家であっても確たる判断を下すことは非常に難しく、たとえ弁護士等の助言を受けたとしても、その結論が公正取引委員会の判断と一致するとは限らないというのが実情である。しかし、これでは法的安定性が保たれず、事業を展開する意欲をそぎかねない。

そこで公正取引委員会では、事業者や事業者団体が行おうとする具体的な行為が独占禁止法の規定に照らして問題がないかどうかの相談に応じ、公正取引員会の見解を書面により回答する「事業者等の活動に係る事前相談審査制度[5]」を用意し、法運用の透明性を高めている[6]。こうした制度を用いることで、パテントプールに関する独占禁止法上の懸念について、事前のクリアランスを諮ることが可能となる。

この時、一点留意が必要なのがパテントプールの国際性である。通常、パテントプールが対象とする標準規格は国際標準規格であり、パテントプール参加者、対象特許権、対象製品・市場等が全世界にまたがることとなる。この場合、世界各国の独占禁止法（競争法）について注意を払う必要があり、欧州・米国・中国といった主要各国の競争当局に対して見解を諮る必要がある。

5　公正取引委員会「事業者等の活動に係る事前相談審査制度」
（https://www.jftc.go.jp/dk/guideline/unyoukijun/jizensoudanseido.html）

6　米国では司法省がBusiness　Review　Lettersとして、また、欧州では欧州委員会の競争総局がComfort Letterとして同様に事前相談を受け付けている。

②　第３世代移動体通信規格に関するパテントプラットフォームの事例

実際に事前相談制度を利用した代表的な事例として、第３世代移動体通信規格に関するパテントプラットフォームの例が挙げられる[7]。

第３世代移動体通信（3G）規格は、第２世代移動体通信（2G）規格において各国・地域ごとに互換性のない通信規格が展開された反省から、当初は国際的な統一規格（IMT-2000）の策定を目指して標準化が進められた。しかし、2Gにおける技術・インフラ資産の継続活用を中心とした各社の思惑から、結果的に５つの通信方式が並立することとなった。

パテントプールについても、当初は全ての規格に共通するSEPを基盤に、規格ごとのSEPについても単一のパテントプール（3Gパテントプラットフォーム）を通じてライセンス提供することが企画され、日・米・欧の競争当局に事前相談が申請された。当該申請に対しては、米国司法省から「規格ごとに固有のSEPが存在するにもかかわらず共通のライセンス条件を設定することは規格間競争を阻害する懸念があり、パテントプールは規格ごとに設立されるべき」とする見解が示された。これを受け、まずは世界的に最も需要が大きいと予測されたW-CDMAについてパテントプールを設立するよう計画が修正され、全ての競争当局から承認を得るに至った。

事前相談結果を受けての３Ｇパテントプールの構成の変化

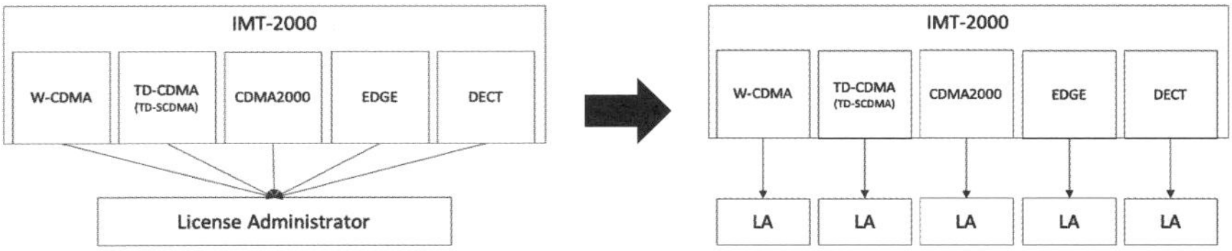

3．パテントプール各論

（1）　パテントプール結成の流れ

パテントプールはおおむね以下のステップを経て結成される。

7　特許庁・発明協会アジア太平洋工業所有権センター「パテントプール」（2009年）

①　標準規格の策定

パテントプールは基本的にSEPに関するライセンス処理のために用いられる方策であるため、標準規格が策定されることが前提となる。標準規格策定の流れについては本書第Ⅰ章「1．標準化機関のIPRポリシー」を参照されたい。

②　パテントプール結成の提案

おおむね以下のタイミングにおいて、対象となる標準規格に関するSEPを保有する有志によってパテントプールの結成が提案され、協議が開始される。

（ⅰ）標準規格の策定が完了した頃

（ⅱ）標準規格が市場に展開・普及され始めた頃

（ⅲ）既存の標準規格の後継規格など継続性のある標準規格が対象である場合、その規格策定の過程

その他、市場がある程度形成されて以降など、上記以外のタイミングであっても、円滑なライセンス処理のニーズなど、必要に応じてパテントプール結成が提案される場合もある。

③　パテントプール管理者の選定

２(２)②に記載のとおり、パテントプールには参加各社の製造・販売に関する情報や既存ライセンス契約の有無に関する情報など、多くの秘密情報が集約されることとなる。そのため、運営者に中立の第三者を選定することが一般的である。このパテントプール運営者は"License Administrator（LA)"と呼ばれる。新たに設立されるパテントプールに合わせてライセンサーが共同して新会社を設立する場合もあれば、LA事業を営む既存の事業者から選定する場合もある。また、既存のパテントプールを運営するLAにより、新たなパテントプールの結成が提案される場合も多い。

④　パテントプール関連契約の条件に関する協議

パテントプールにおける活動内容やその条件、参加ライセンサーに対するロイヤルティー配分の決定とその分配方法、LAに対する業務委託内容やその権限・条件の設定、ライセンシーに対するライセンス条件等、パテントプールを通じたSEPライセンス処理に必要となる各種契約に関し、その条件や構成を協

議して決定する。2（3）に記載の事前相談制度もこの頃に行われることが多い。

⑤　パテントプール参加者の募集（パテント・コール：Patent Call）[8]

パテントプールの目的はワンストップ・ライセンスにあるため、可能な限り多くのライセンサーが参加していることが望ましい。そこで、上記④と並行し、パテントプールに参加するライセンサーの募集を行う。この募集はライセンス活動開始後も継続して行われる。

⑥　必須性判定

2（2）①に記載のとおり、パテントプールを通じてライセンス提供される特許権は対象規格に必須な特許権（SEP）に限られる必要がある。この点、標準化団体は原則として規格策定参加者に対して各社が保有するSEPを宣言・開示するよう義務付けており（必須特許宣言／FRAND宣言）、パテントプールに拠出される特許権もこれら宣言されたものであると考えられる。しかし、どの特許権を宣言するかは各参加者の判断に委ねられており、宣言された特許権が対象規格に対して真に必須であるか否かは不問とされているのが実情である。こうした特許権を全てパテントプールを通じてライセンス提供すると前記競争法上の懸念が生じること、また、ライセンサー間におけるロイヤルティー収入の配分額にも大きな影響が生じることから、ライセンサー各社が拠出する特許権が真にSEPであるか否かについて評価・判定を行う必要がある。

通常、この必須性判定は、ライセンサー各社及びライセンシーとの中立性に鑑み、LAが選定した対象規格の技術分野に精通した弁護士・弁理士・第三者機関によって行われる。

⑦　パテントプールの始動

全ての準備が整った後、パテントプールはライセンス活動を開始する。当初はパテントプール結成に関するプレスリリース及び主なライセンシー候補企業に対するライセンスオファーの送付などを行い、ライセンス交渉を提案することとなる。

8　Via LicensingによるLTEパテントプールへの参加者募集の例：
http://www.via-corp.com/uploadedFiles/US/News_and_Events/News/05_07_2009%20LTE%20Platform%20Call%20for%20Patents.pdf

（2）　ロイヤルティー条件

①　ライセンシーに対する条件

A．単位当たりロイヤルティー額の上限設定

パテントプールは多くの特許権者とSEPを集約し、ライセンス問題を一括して処理するための手法である。しかし、集まった特許権者が各々希望するロイヤルティー額を要求した場合、ライセンシーが支払う累積ロイヤルティー額は非現実的なものとなってしまう可能性がある。そこでパテントプールでは、例えば下記のようにルールを定めることで、ロイヤルティー額が際限なく累積されることを防いでいる。

（ⅰ）プール始動時から所定のロイヤルティー額を設定し、SEP数の変動にかかわらずこの金額を維持する。

（ⅱ）一定数のSEPが集まるまでは段階的にロイヤルティー額を引き上げていくが、所定の数が集まって以降は増額せず、金額を維持する。

こうしたルールを設けることでライセンス問題の処理が円滑化され市場への普及が促進されること、結果としてロイヤルティー収入の底上げが可能となること等のメリットも生じるため、比較的多くの特許権者に受け入れられていると考えられる。一方で、このルールの下では、特許権者・SEPが集まれば集まるほど各者が保有する特許権1件当たりのロイヤルティー額が圧縮され、価値が希釈化されることとなるため、この点を嫌ってパテントプールへの参加を拒絶する者も多い。この「策定した標準規格の普及」と「標準規格を策定するために要した投資の回収」のバランスを取ることがパテントプールを設立する際の大きなテーマの一つとなっている。

B．支払総額に対する制限

上記のように単位当たりのロイヤルティー額に上限を設けたとしても、実施規模の大きい企業は最終的なロイヤルティー額が非常に高額になってしまい、これが障害となって契約に至らないというケースも存在する。こうした事態を避けるため、下記のようなルールを定めるパテントプールも存在する。

（ⅰ）ライセンシー1社当たりの年間支払上限額を設定する（ロイヤルティー・キャップ制度）。

例：１米ドル／台を基本条件としつつ、年間の支払総額を500万米ドルまでとする。

（ⅱ）実施規模が一定の数を超えるごとにロイヤルティー額を割り引き、支払総額を抑制する（ボリューム・ディスカウント制度）。

例：

年間販売台数	ロイヤルティー額
～1,000,000	１米ドル／台
1,000,001～2,000,000	0.75米ドル／台
2,000,001～3,000,000	0.5米ドル／台

比較的多くのパテントプールにおいて同種の制度が採用されているのが実情であるが[9]、こうした制度においては、実施規模の大きな企業と小さな規模とで単位当たりのロイヤルティー額に差が生じることから、差別的な取扱いを禁じるFRAND義務や競争法に違反するのではないかという声が上がっているのも事実である。現在のところ大きな紛争に発展した事例は確認できていないが、こうした取扱いが合理性の範囲内に収まっているか否かは常に意識して調整することが求められる。

②　ライセンサーに対する条件（配分に関する条件）

パテントプールを通じて回収されたロイヤルティーは、LAの手数料やその他の経費等を控除した後、参加するライセンサーに分配される。この際の配分額の算出方法については参加各者の利害・思惑が様々であり、多くの議論が展開されてきた。

パテントプール黎明期に多く採用された手法として、パテントプールに拠出された特許件数に比例させるものが挙げられる。最もシンプルな算出方法であるが、例えば以下に挙げるような不都合もあり、近年ではそのまま採用されることは少なくなっている。

（ⅰ）ロイヤルティー収入の増額のみを目的として合理性を欠く特許分割合戦が展開される可能性がある。

9　Via LAによるH.265/HEVCパテントプールでは実施１台当たり0.2米ドル、年間最大支払額2500万米ドルまでとしている（2024年８月現在）。
http://www.mpegla.com/main/programs/HEVC/Documents/HEVCweb.pdf

例：同一パテントファミリーに属する特許権を数十の特許権に分割し、見た目の数だけを増やすなど。

(ⅱ)対象製品の市場規模を考慮した特許権の価値が反映されない。

例：日本と米国における特許件数が同数、かつ、米国における市場規模が日本の２倍であった場合、米国特許１件当たりの価値は日本特許の２倍となる。

(ⅲ)特許権も基本特許や改良特許など、案件ごとに価値の優劣があり、その点が反映されない。

そこで現在では、パテントプールに拠出された特許件数比例をベースとしつつ、分割特許制限を設ける、国ごとの特許件数と市場規模を掛け合わせる、交渉や訴訟になった際に代表特許として用いる特許権(者)に傾斜配分するなど、パテントプールごとに様々な手法が検討されている。

（3） パテントプールの例

以下に代表的な標準規格に関するパテントプールを例示する。

代表的な標準規格とパテントプールの例

対象標準規格	License Administrator	特許権者
4G移動体通信	シズベル	3G Licensing、KPN、オレンジ、三菱電機　他
	アバンシ	クアルコム、エリクソン、ノキア、ソニー、ドコモ　他
5G移動体通信	シズベル	KPN、NTT、オレンジ、シーメンス、三菱電機　他
	アバンシ	クアルコム、エリクソン、ノキア、ソニー、ドコモ　他
Wi-Fi	シズベル	ファーウェイ、KPN、パナソニック、三菱電機　他
H. 265/HEVC	Via Licensing/MPEG LA	ドコモ、NEC、キヤノン、アップル、サムスン　他
	HEVC Advance	Dolby、GE、三菱電機、フィリップス、メディアテック　他
	Velos Media	クアルコム、エリクソン、ソニー、パナソニック　他
Blu-ray	TIPRS（Premier BD）	トムソン、三菱電機、東芝、ディズニー、ワーナー　他
	One-Blue	ソニー、フィリップス、パナソニック、サムスン、日立　他
4K/8K放送	ULDAGE	NHK、富士通、NEC、東芝、ソニー　他

4．パテントプールにおける近年の課題

（1） パテントプールの累積

スマートフォンに代表される近年のデジタル機器は多くの技術の集積により構成されており、製造・販売するためには例えば通信系規格（3G、4G、Wi-Fi）や画像系規格（H. 264/AVC、H. 265/HEVC）等、複数の規格に準拠する必要がある。このため、特許問題を解決するためには一つのパテントプールと契約するだけでは足りず、多くのパテントプールとのライセンス処理が必要となる。この結果、パテントプールの累積により、本来目的としたワンストップ・ライセンス及び特許の累積によるロイヤルティー額高騰の抑制が果たせなくなってきている。この点、技術規格ごとのパテントプールではなく、製品分野ごとのパテントプールが設立されれば問題は解消されることになるが、現時点ではこうした対応は過剰な特許権の抱き合わせとして独占禁止法に違反する可能性が高く、実現していない。

（2） 同一規格に対する複数のパテントプール設立

上記パテントプールの累積に関する要因の一つとして、同一規格に対するパテントプールが複数設立される問題も挙げられる。パテントプールは複数の特許権者が協働して結成する共同ライセンスプログラムであるため、参加各社における利害関係から方針策定が難航することも多い。結果としてライセンス方針の不一致から特許権者の中で派閥が形成され、複数のパテントプールが構成されるケースも存在する。近年においては、動画圧縮技術のH. 265/HEVCや第4世代移動体通信技術のLTEなどにおいて複数のパテントプールが設立されている。

（3） アウトサイダー

上記のような方針の不一致の結果、どのパテントプールにも所属せず、独自にライセンス活動を展開する特許権者も存在する。こうした例は特に膨大な特許権を保有している有力特許権者に多く、主にパテントプールの低廉なロイヤルティーを嫌い、自己の特許権による収益の最大化を図っているケースがほとんどである。

であるとすれば、こうした特許権者が満足するようロイヤルティー額を高額に設定すればアウトサイダー問題は発生しないことになるが、その場合、パテントプールにおける技術の普及という目的が阻害され、ひいては技術の標準化による技術普及と発展の理念に反することとなる。先述のとおり、こうした「技術の普及」と「投資の回収」のバランスを図ることはパテントプールにおける最大の課題であり、近年頻発するSEP訴訟・FRAND問題の根源となっている。

（佐藤 智文）

3．FRANDライセンスの誠実交渉義務

1．はじめに

特許権侵害者が特許保有者との間でライセンスによる和解に応じない場合、特許権者は一般的に２つの選択肢がある。交渉を断念して訴訟を提起するか、提示条件を見直して交渉を継続するかのいずれかである。どちらが選択されるかは状況によって異なるが、特許保有者はどちらも選択可能であるという点で交渉上優位な立場にある。

しかし、ライセンスの対象が技術標準に関連する標準必須特許（SEP）の場合には特許保有者に交渉上の優位性は必ずしも保証されない。標準の公益性の観点から特許の権利行使が制限される場合があるからである。これがSEP問題の本質であり、今、世界の裁判所で争われている問題である。

SEPに対する権利侵害の可能性は、非SEPに対する場合よりもはるかに高く、SEP保有者の交渉上の立場は相対的に強い。そのため、欧州の判例では、SEP保有者が差止訴訟の可能性をてこにライセンス受諾を迫ることを問題視し、市場における支配的地位の濫用という競争法上の観点から権利行使を制限している。

SEPライセンスが一般的なライセンスと異なるのは、SEP保有者が標準実施者に対して「公正、合理的かつ非差別的な」（FRAND）条件でライセンスを提供することを標準化団体に約束しているためである。この約束は「FRAND宣言」と呼ばれるもので、その効果は差止請求が認められない、又は制限されるという形で表れてくる。

2．ホールドアップとホールドアウト

SEPの場合、標準実施者は他の技術への乗換えが困難となる。このような標準実施者に対し、従来型の差止めをてことしたライセンス交渉を行うことは独禁法上の問題などから難しくなる。

言い換えれば、SEPの場合には特許保有者が「ホールドアップ」というカードを切りにくくなる状況が生じる。SEPであっても差止めが認められたケースもあるので、SEP侵害を理由にした差止請求が全て否定されるわけではないが、FRAND宣言によって「ホールドアップ」志向が抑制されているのが世界的な傾向である。

特許権者にとって差止請求は「伝家の宝刀」ともいえる。その宝刀をかざすことが制約されるため、SEPの場合には標準実施者の交渉上の立場は相対的に強くなり、SEP保有者がライセンス交渉を申し込んだものの標準実施者が交渉に誠実に対応しなかった事例や、標準実施者が交渉そのものを拒否した事例が頻出するようになる。これが巷間「ホールドアウト」呼ばれる問題である。

特許権者と標準実施者では、「ホールドアップ」と「ホールドアウト」の捉え方に大きな差異がある。そのため裁判で、何が許容され、何が許容されないかの議論が交わされてきた。その中で最も規範的な判決が欧州連合裁判所の「ファーウェイ対ZTE判決」で、この判決によりFRANDライセンスの誠実交渉義務が具体的に定められた（本書第Ⅲ章B－4参照）。

本稿では、「ファーウェイ判決」前後の判例を概観して、誠実交渉義務がどのように形成、改変されているかを具体的に検討する。

3．黎明期の誠実交渉義務

（1） オレンジブック判決（ドイツ、2009年）

FRAND宣言されたSEPが通常特許と同じように権利行使されて問題はないか—この疑問に初めて真正面から取り組んだのがドイツ連邦最高裁のオレンジブック判決である。オレンジブックとは、CD-RやCD-RWなどの記録型コンパクトディスクの規格である。

フィリップスはオレンジブック規格に必須の欧州特許を保有し、同規格準拠の製品を製造・販売する事業者を特許権侵害で訴えた。地裁はSEPの侵害を認め、被告製品の製造・販売の禁止と損害賠償を命じた。事案はカールスーエ高裁に控訴され、更にドイツ連邦最高裁に上告された。

ドイツ連邦最高裁は、市場で支配的地位にある特許権者がライセンスを求める企業に対するライセンス供与を拒絶する場合、特許法に基づく差止請求権の行使は市場における支配的地位の濫用になると判決し、特許権者の差止請求が市場支配的地位の濫用を構成する状況を具体的に示した。オレンジブック事件のドイツ連邦最高裁判決については、本書第Ⅲ章B－2でその内容を紹介しているので参照されたい。

（2） フィリップス対SK Kassetten判決（オランダ、2010年）

この事件はCD/DVD規格に関連するSEPを保有するフィリップスとSK Kassettenとの間のオランダ特許権侵害訴訟である。フィリップスのSEP侵害の訴えに対し、被告のSK Kassettenはドイツ連邦最高裁のオレンジブック事件判決を引用し、フィリップスによる差止請求が支配的地位の濫用であると主張した。

ハーグ地裁は、被告の主張を退け、特許権侵害を認定し、侵害差止めを命じた。FRANDライセンスが成立するためには① フィリップスのライセンスへの同意又はそれと同等の効力を持つ裁判所の決定が必要であり、被告の一方的な申入れによりライセンス取得を許すことはできない、② 取引者の常識として被告はまずFRANDライセンスをフィリップスに求めるべきである、③ フィリップスがFRANDライセンスを拒絶したときに初めて違法性を争うことができる―と判示した。

（3） アップル対サムスン事件（日本、2014年）

サムスンは、FRAND宣言したUMTS規格に関連するSEPを保有し、アップルとの間でライセンス交渉を行っていた。交渉が不調に終わり、アップルは東京地裁に提訴し、同社のスマートフォン製造や輸入がサムスンのSEPを侵害しない、サムスンには損害賠償請求権がないことの確認判決を求めた。

東京地裁は、① 契約交渉当事者には重要な関連情報を相手方に提供し、誠実に交渉を行う信義則上の義務がある、② サムスンがFRANDライセンスの要請を受けた段階でサムスンとアップルが契約締結の準備段階に入っている、③ 両当事者はライセンス契約の締結に向けて誠実に交渉を行うべき信義則上の義務を負う―と述べ、信義則上の義務を果たさないで特許権侵害に対する損害賠償を求めることは権利の濫用に当たることを認定した。

この事件の控訴審判決は知財高裁大合議判決として本書第Ⅲ章C－3で紹介しているので参照されたい。

4．誠実交渉義務の具体的内容

ドイツ連邦最高裁のオレンジブック判決は、支配的な地位にある特許権者がどのような場合に「市場での濫用」を構成するかという観点から、法的な規範を定めたものであった。そのため、実際の適用は限定的であった。その判決をより一般的にしたのが「ファーウェイ対ZTE事件」での欧州連合司法裁判所（CJEU）判決である。

（1） ファーウェイ対ZTE判決（CJEU、2015年）

華為技術（ファーウェイ）は、Long Term Evolution（LTE）規格に必須の欧州特許を保有し、標準化団体にFRAND宣言を行っていた。中興通訊（ZTE）は、通信設備・通信端末の開発・生産を手掛ける中国の国有企業であり、被告はドイツの現地法人である。

ZTEは、SEPを含むLTE関連特許のライセンス交渉をファーウェイとの間で行っていたが契約には至らなかった。そのため、ファーウェイは2011年４月、デュッセルドルフ地裁に特許権侵害訴訟を提起し、ZTEの侵害差止め、過去の特許権侵害に対する損害賠償、侵害製品の回収及び将来の使用に対するロイヤルティーの支払のための裁判所の命令を求めた。これに対してZTEは、ファーウェイの差止請求が支配的地位の濫用に当たるとする抗弁を主張した。

デュッセルドルフ地裁は、支配的地位の濫用についての判断を委ねるため、CJEUに事件を付託した。CJEUの判決のポイントは以下のとおりである。

（2） FRAND要件

特許権は排他権であるので、SEP保有者がFRAND条件でのライセンス提供の用意があることを表明していれば、第三者がSEPのライセンスを受けることができると期待するのは当然のことである。SEP保有者がライセンスを拒否するならば、それは支配的地位の濫用を構成することになる。特許権侵害に対する救済が競争法上の濫用とならないためには、SEP保有者と被疑侵害者の間に公正なバランスが求められる。

特許権に基づく排他権の行使は法律で保障されているが、SEP保有者がFRAND宣言を行っている場合には、事前警告なしで第三者を提訴することは欧州競争法102条の違反となる。SEP保有者は、訴訟を提起する前に標準実施者に対して保有するSEPを特定し、侵害の理由を述べた上で警告を行わなければならない。第三者がライセンスを受ける意思表示をした場合、SEP保有者は具体的なFRAND条件、特に実施料とその算出方法を提示する必要がある。

SEP保有者はFRAND宣言を取り消すことはできない。また、ライセンス条件を比較できる標準的なライセンス契約がない場合や、競合会社とのライセンス契約が更改されていない場合、提示条件の適切性についてはSEP保有者の方が判断しやすい。

SEP保有者のFRAND条件が受け入れられない場合には、第三者は速やかに書面で対案を提示しなければならない。対案の提示があって初めてSEP保有者による侵害の救済請求が支配的地位の濫用になると主張できる。

（3） 具体的な交渉ステップ

市場での濫用の有無を判断するための基準として、CJEUは、SEP保有者及び標準実施者に対して具体的に次の要件を明示した。① 侵害訴訟を起す前に対象特許を明示し、侵害理由を明らかにして標準実施者に侵害警告を行うこと、② 標準実施者がSEPを継続して使用しているにもかかわらず、具体的なライセンスオファーに対して誠実に対応していないこと—の２点である。

これを具体的な交渉プロセスに当てたのが以下の６つのステップである。

(ⅰ)SEP保有者が侵害事実の事前通知を行う。
(ⅱ)標準実施者がライセンスの要否を表明する。
(ⅲ)SEP保有者がFRANDライセンスの申入れを行う。
(ⅳ)標準実施者が「善意の」回答を行う、又は対案を提示する。
(ⅴ)標準実施者がライセンスの受入れを拒否した時、供託金の口座を開設する。
(ⅵ)SEP保有者と標準実施者は、ロイヤルティーの料率を外部委託して決定できる。

ファーウェイ事件のCJEU判決は、SEP間問題解決のための実務的アプローチを提示したもので、その後の世界の司法判断に大きな影響を与えた。この事件のCJEU判決については、本書第Ⅲ章B−4で詳細に検討しているので参照されたい。

5．ポストファーウェイ判決

ファーウェイ事件がCJEUに付託されると、ドイツでは多くのSEP事件の審理が停止され、CJEUの判決を待った。判決後、停止されていた審理が再開され、各交渉ステップについての新しい判断が示された。

（1） ステップ1（事前通知）

事前通知で提示すべき情報がどの程度であれば通知要件が満たされるかという点についての代表事例が「シスベル対ZTE事件」（2017年）と「インテレクチャル・ベンチャーズ対ボーダフォン事件」（2018年）である。いずれもドイツ・デュッセルドルフ地裁の判決である。

シスベル対ZTE事件は、FRANDライセンス交渉の相手が関連情報を入手できる時間的な余裕があったため、技術的・法律的な詳細説明を事前に通知する義務はSEP保有者にないとされ、インテレクチャル・ベンチャーズ対ボーダフォン事件では、事前通知にクレームチャートを含める必要はないとされた。

（2） ステップ2（ライセンス要否の表明）

誠実交渉義務を構成する第2のステップは、SEP保有者の事前通知に対し、被疑侵害者がどのように対応すればよいかという問題である。この点について、ドイツのマンハイム地裁は「SLC対ドイツテレコム事件」（2016年）で、事前通知の受領後3か月たった後での意思表明では遅過ぎると判決した。

また、同地裁は「アルコス対フィリップス事件」（2016年）において、ライセンスの受入れ表明が十分にされていたと認定して原告の差止請求を退けた。

（3） ステップ3（FRANDライセンスの申入れ）

提示条件がFRANDであることを証明するため、他社との間で結ばれたライセンス契約を比較事例として提示する必要がある。これに関連する問題に多くの事案で判決が出ている。例えばドイツのデュッセルドルフ高裁での「Unwired Planet対ファーウェイ事件」（2016年）と「シスベル対ハイアール事件（二審）」（2016年）で、契約書の守秘義務を理由に既存の契約書を比較のための資料として裁判所への提出を拒むことはできないと判決した。なお、シスベル対ハイアール事件の高裁判決は、ドイツの連邦最高裁で破棄・差し戻された。

（4） その他

① 交渉プロセスは強制的な規範か

ファーウェイ判決で示された交渉ステップは強制的な規範か—この点についての議論は英国の「Unwired Planet対ファーウェイ事件」に見られる。この事件で英国特許法院（一審）は、ファーウェイ判決の交渉手順は飽くまでも一般的なものであり、そのプロセスに沿う限りは競争法の違反は生じないとするUnwiredの主張を支持している。

控訴裁は、ファーウェイ判決ではSEPを特定した上で侵害事実を被疑侵害者に事前に通知することを求めているが、本件では訴訟提起の前にそのような通知がなされていないとして交渉プロセス上の手順に誤りがあったと認定した。しかし、控訴裁はファーウェイ判決を強制的な規範であると解釈することについては否定した。

この事件は、最高裁で審理され、おおむね控訴裁の判決が支持されている。英国最高裁の判決内容は、本書第Ⅲ章B−6で紹介しているので参照されたい。

② 支配的地位の濫用の抗弁

SEPに関わる侵害訴訟で、SEP保有者の競争法違反（支配的地位の濫用）を抗弁理由とすることが多い。この問題についてはデュッセルドルフ地裁の「Tagivan対ファーウェイ事件」（2018年）で議論されている。

同地裁は原告の競争法違反の抗弁を退け、原告による訴訟提起は誠実交渉義務に違反しないと判決した。

地裁は、特許保有者の支配的地位が生じるのは規格実施者が市場参入のためにSEP使用が不可欠なとき、必要なSEPを使用できないために競合する製品やサービスを販売できないときであるとして、単にSEPを所有するだけでは支配的地位の濫用は生じないことを明らかにした。この事件の判決内容は、本書第Ⅲ章B−10を参照されたい。

6．おわりに

ファーウェイ対ZTE判決は当事者に交渉を通して受入れ可能な提案を行うためのプロセスを定めたもので、これはSEPライセンスの交渉をスムーズに進めるための準則と位置付けることができる。

具体的には、SEP保有者が交渉の進展を妨げた場合、そのペナルティーとしてSEP保有者は差止請求が制限されることになる。また、標準実施者が違反した場合には、FRAND義務の下で制限されるべき差止請求が復活することになる。この準則は、卓球のゲームで相手方にボールを返すラリーに似ているため、欧米では「ピンポン・ルール」とも呼ばれる。

FRANDライセンスの誠実交渉義務の問題は比較的新しい問題であるが、かなりの判決例の蓄積が世界的になされており、本章でその幾つかを紹介した。今後も、補完的な判決例が蓄積されていくであろう。

（藤野 仁三）

4. 自動車業界(コネクテッドカー)における SEP問題

1. はじめに

これまで3Gや4Gなどの移動体通信規格に関わる特許問題は、一般的にスマートフォンやタブレットなどに代表される通信機器の問題と考えられてきた。しかし、移動体通信規格の実施が不可欠なコネクテッドカーの登場により、関係業界、とりわけ自動車業界にとって、移動体通信規格関連のSEP問題の取組が喫緊の課題となった。

そのような業界の動きを背景にして、5GのSEPライセンスを管理・運営するために設立されたのがアバンシ（Avanci）である。アバンシは2019年、5GのSEPプラットフォームの独禁法上の違法性について米国の独禁法当局と事前相談を行った。司法省反トラスト局は2020年7月、5GのSEPプールライセンス（以下、「5Gプール」という。）に反トラスト法上の問題はないと書面で回答し、その内容を一般に公開した。

当局の回答は自動車業界におけるSEP問題について具体的に指摘しているので、その内容を本稿で紹介しておく。

2.「5Gプール」の概要

アバンシの予定している5Gプールは、SEP保有者（ライセンサー）との間の「5Gマスターライセンス管理契約」（以下、「マスター契約」という。）と自動車メーカー（ライセンシー）との間の「標準特許ライセンス契約」（以下、「標準契約」という。）によって構成されている。

（1） マスター契約

5Gプールは、5GのSEPを自動車メーカーに一括してライセンスする仕組みである。プールされる特許の必須性評価は4GのSEPプールの評価方法を採用する。

利害関係のない中立の評価者が特許クレームから個々の特許の必須性を判定し、必須と判定されたSEP保有者に実施料を配分することになる。必須性が未確認のものやファミリー特許については実施料の配分はない。SEPが訴訟等で無効とされた場合、無効とされたSEP保有者との契約は解消される。

5GプールのSEP保有者は、独自に個別ライセンスを提供することができる。ただし、5Gプールからの実施料と独自ライセンスの実施料の両方を得ることはできない。

アバンシは5GプールのSEP保有者に実施料を配分するため、関連事項―例えば「SEP件数」「2G／3G／4Gのライセンス実績」「標準化への貢献」「権利行使のサポート」などを考慮する。SEP件数には取得ポイントの上限が設けられている。それは、SEP保有件数の多いライセンサーを過度に優遇しないための措置であり、SEP保有件数の少ないライセンサーに配慮したものである。

過去3年間の2G／3G／4G関連のSEPライセンス収入についても、そのデータを比較可能なライセンス事例（comparable license）として利用できるので、その開示を促すためにポイントが与えられる。3GPPワーキンググループに貢献した場合も応分のポイントが与えられ、SEPの権利行使がライセンス契約につながった場合も同様である。

（2）　標準契約

標準契約の下で自動車メーカー（ライセンシー）には、「許諾製品」を製造、下請製造、使用、輸入、販売及び販売のオファーをするための非独占、有償のグローバルライセンスが許諾される。「許諾特許」はライセンサーの保有するSEPであり、「許諾製品」は5G機能を搭載する自動車に限定される。「セルラー5G機能」は5Gに基づき無線通信を行う機能である。

5Gプールのライセンスは、2G／3G／4G規格にも適用できるが、将来開発されるセルラー標準は含まれていない。実施料は完成車1台当たり定率で支払うことになる。SEPが新たに追加されてもその料率は変わらない。既存の4Gプールが継続するため、5Gライセンスを4G／3G規格に実施する場合、実施料の支払は不要である。

ライセンシーとなる自動車メーカーは、プール特許の有効性、権利行使可能性、必須性について争うことができる。また、5Gプールのライセンスとは別に、5GプールのSEP保有者と個別のライセンスを交渉・契約することができる。

（3） 競争促進効果

パテントプールには、必要な補完技術を集約し、取引コストを減らし、侵害訴訟を回避する効果がある。そのため、一般的には競争促進的である。多数のSEPが存在する場合、それに応じた数のライセンス交渉が必要となり、契約後には支払実施料が累積してその総額は大きくなるので、製品上市に当たり取引コストは増加する。このような状況を克服する上でパテントプールは有効である。IoT時代にはSEPの数が膨大になることが予想されるので、それらを集約したパテントプールは補完特許のライセンスを促進し、個別ライセンスによる累積実施料の弊害を回避できることになるので特に有用である。

ライセンシーにとって、パテントプールは「ワンストップ・ショップ」としての機能を持つ。一方、ライセンサーにとっては個別にライセンス交渉をする相手を特定するための調査が不要となるので、調査コストの削減が期待できる。

ライセンシーとなる自動車メーカーは、一般的にセルラー分野の特許ライセンスに不慣れである。パテントプールは、このようなライセンシーにSEPライセンスの取得を促す効果を持つと考えられる。最近の研究によれば、SEP全体の43%が5G関連であり、それをパテントプールに集約する効果は大きい。パテントプールの参加者が多ければ多いほど特許紛争や個々のライセンサーによる「ホールドアップ」が減少する。パテントプールの規模が大きければ大きいほど自動車メーカーによるライセンス取得が増える。このような「規模の経済」は契約遵守の監視や実施料徴収に要するコストを不要とするため、ライセンサーにもメリットとなる。また、標準関連の特許を追加費用なしに実施でき、ライセンシーにとってもメリットとなる。

SEP保有者に対するポイント制の導入やSEPの権利行使への支援などはライセンシーによる「ホールドアウト」の是正につながり、SEP保有者にとっては受け入れやすい措置となる。アバンシはSEPの保有者ではなく、侵害訴訟を争う権利も有していないので、これらの措置は、ライセンシーにライセンス取得を促し、SEP保有者が自らの権利行使に躊躇しないようにするために必要である。

個々のSEP保有者が侵害者に対する訴訟提起や訴訟費用を負担できない場合には、全てのライセンサーが負担する仕組みにしているのもそのためである。また、実施料ポイントに上限を設け、SEP保有者による過度の権利行使を抑制しているのも評価できる点である。

（4）　反競争的効果に対する対策

パテントプールには常に反トラスト法違反リスクが伴う。価格固定、市場分割、抱き合わせなどのリスクを低減するために、代替技術をプールから除外し、ライセンサー独自のライセンスを保証し、非差別的なライセンス許諾を保証し、ライセンスの透明性を改善し、価格・市場・開発などに関する機密情報へのアクセス制限などの対策が必要である。それらがないと反競争的であるとみなすわけではないが、今回申請のあった5Gプールには反競争的な被害リスクを減少させるための対策が講じられている。

①　プール特許の代替技術特許の除外

5Gプールがあれば、個別のSEPライセンスはほとんど不要となる。特にSEPが何千件もある5G技術の場合、その効率は極めて大きい。また、5Gプールから一括ライセンスが得られればライセンシーが支払う実施料総額が抑えられる。それは許諾製品の最終価格を押し下げるので競争促進的となる。しかし、SEPに代わり得る代替技術に関連する特許まで5Gプールに含めるのは問題がある。競争機会が奪われ、代替技術の価格が固定化され、ライセンシーひいては消費者に対するコストを増加させるからである。

反トラスト局はパテントプールに好意的であり、これまで関連する標準に不可欠な特許だけを対象とするよう指導してきた。5Gプールでは、必須性の判定は、利害関係のない独立した特許専門家が行う。既定の手続に従って審査を進め、定められた報酬を審査結果とは無関係に受け取る。このような必須判定の仕組みは、代替技術に関する特許がプールに含まれる可能性を減少させるであろう。

ライセンサーは保有SEPの全ての必須性確認を求められていない。しかし、パテントファミリーについての必須性の確認を促がされている。SEP保有者に必須性チェックを求めれば代替技術に関連する特許が5Gプールに含まれる可能性は少なくなるが、対象特許の数が多いことを考えると、それは現実的に難しいであろう。

もう一つの懸念が「抱き合わせ」の問題である。5GプールのSEPは技術的標準に不可欠な特許であり、そうでない特許は含まれない。したがって、プール特許と代替技術に関連する特許の競合が担保され、抱き合わせの懸念は生じない。また、プール特許の実施料配分には上限があるため、仮に必須でない特許がプールに含まれていたとしても、それによって実施料が引き上げられることにはならない。

将来、5Gプールに新しいSEPが追加される予定であるが、SEPの追加によってライセンシーの支払う実施料が増えることはない。多数の特許が集約されることに鑑み、5Gプールには様々な対策が講じられている。それにより必須でない特許をできるだけプールから除外し、ライセンサーとライセンシーにコスト負担させないような合理的な配慮がなされている。

②　プールライセンス以外のライセンス取得可能性

パテントプールのライセンスとは別に、ライセンサーが独自に行うライセンスが認められている。マスター契約にはそのような独自ライセンスの規定があり、ライセンサーは同一製品に対してプールライセンスと独自ライセンスの両方から実施料を得ることはできない。プールライセンスには用途制限があるので、制限用途以外の製品を作るためのライセンスを交渉する余地がある。

このような独自ライセンスのオプションがあるのは有用な措置である。幾つかのライセンサーは既にコネクテッドカーやその部品向けに4Gライセンスを許諾しているので、5Gプールの用途以外に5GのSEPライセンスを与えることが予想される。一方、他のライセンサーは5GプールのSEPライセンスを自動車メーカーだけに与える選択をするかもしれない。

競争上の懸念があるとすれば、プールのライセンサーが集団でプール以外の個別ライセンスを行わない取決めをする場合である。これは個別ライセンスの便益を否定するものであるが、ライセンサーがそのような取決めを行っていることを示す証拠はない。

他社による競合製品の上市をライセンサーが協調して妨げるのは競争法上の問題となる。マスター契約ではライセンサーが別のSEPプールに加わることを禁止しているが、それが競争法上の懸念をもたらすかどうかは具体的な事実関係によって判断しなければならない。マスター契約によりライセンサーはライセンス管理をアバンシに全面的に委託することになるが、他の競合ライセンス（例えば個別ライセンス、別分野のパテントプールなど）との併存が可能であり、ライセンシーにとっても利便性の高い「ワンストップ・ショップ」が提供されている。全体として見れば、この規定は反競争的とはいえない。

③　透明性と非差別性

5Gプールにおいて、アバンシは唯一のエージェントであり、透明かつ非差別的な条件でプールライセンスが許諾される。これらの対策は競争上の懸念を最小化するであろう。製品１台当たり定率の実施料が定められており、SEPが追加されたとしてもその料率は変わらない。

そのため、ライセンス交渉はスムーズに進み、取引コストの低減にもつながるであろう。プールライセンスは5G機能を持つ自動車に限定され、その部品には及ばない。このような用途制限は必ずしも反競争的な懸念を生じさせるものではない。

「知財ライセンスの反トラスト・ガイドライン」によれば、用途制限は競争促進的とみなされる。5Gプールをコネクテッドカー向けに限定し、自動車メーカーから実施料を徴収するので、ライセンスの範囲、価格、実施料徴収などが単純化され、ライセンスの効率性が上がる。自動車メーカーは部品メーカーと異なり、メーカー数も少なく時間の経過による変化が少ない。それに対して部品のサプライチェーンは複雑であり、それ自体が機密事項である。部品からサプライヤーを特定するのは難しいため、ライセンサーの多くは最終製品に対するライセンスを希望している。

標準契約では下請（Have Made権）を認めているので、ライセンシーは部品メーカーに5G対応の部品製造を委託することができる。このように部品メーカーにはSEP使用の途が開かれている。Have Made権が競争を阻害するおそれはない。また、自動車メーカーに許諾製品以外の部品を供給するためにライセンスを必要とする場合、部品メーカーは5Gプールのライセンサーとは別に、個別のライセンスを得るための交渉を直接ライセンサーと行うことができる。

5Gプールを通じてライセンスを許諾するメリットとして、ライセンサーのイノベーションに対する適正な対価が確保されることがある。5Gプールでは自動車メーカーの技術をベースにした１台当たりの定率の実施料なので、ライセンサーは自分が創造した知財の価値相当分を回収することができる。

自動車メーカーは部品メーカーから特許保証を受けており、そのために部品メーカーは部品製造に必要なライセンスの取得を迫られることがある。5Gプールはそのような取決めとは異なるもので、多数のSEPを集約してライセンスするため、市場競争を損ねることはない。

④　秘密性の高いビジネス情報へのアクセス制限

5Gプールは秘密性の高いビジネス情報へのアクセスを制限している。ライセンサーへの実施料配分を算定するためのデータ（販売計画やコネクテッドカーの販売台数）などは市場競争上秘密の情報であるが、アバンシは秘密保持義務によりライセンサーやライセンシーにそれを開示できない。秘密情報へのアクセス制限は最終製品市場やライセンサー・ライセンシーが競合する他の市場での違法な調整のリスクを低減するであろう。

3．解説

（1）「Business Review Letter」（BRL）

米国において「パテントプール」は市場独占につながるとして歴史的に「当然違法」とされ、無条件に独禁法違反とされてきた。その判断を「合理の原則」に基づいて行うようになったのは最近の判例変更によるものである。しかし、反トラスト法違反リスクを回避するため、事業者は依然としてパテントプールの立ち上げに際して当局に事前相談を行い、見解を求めるのが一般的である。

当局の見解は「Business Review Letter」として書面で公開される。パテントプールに関するBRLとして「MPEG-LAに対するBRL」（1998年）や「大学技術ライセンス・プログラム（UTLP）に対するBRL」（2021年）などがある。

（2）「コンチネンタル対アバンシ事件」控訴裁判決

アバンシの5G SEPプールについては、裁判所で反トラスト法違反が争われた。この事件は、コネクテッドカー向けの基幹部品メーカーであるコンチネンタル・オートモーティブが5Gプールのライセンスを申請したところ、ライセンスが自動車メーカーに限定されているとしてライセンス申請が拒絶されたため、SEPプールの反トラスト法違法を訴えたものである。裁判ではFRAND義務違反も争われたが、最終的にコンチネンタルに原告適格不存在、つまり、コンチネンタルには裁判で争う資格がないと認定され、門前払いとなった。この事件の詳細については、本書第Ⅲ章A-17を参照されたい。

（藤野　仁三）

5．SEP訴訟におけるAnti-suit Injunction

1．はじめに

ASI（Anti-suit Injunction）とは、実質的に同一の紛争が複数国で係属している場合に、他国の裁判所への訴訟提起又は係属する訴訟手続を停止するために、係属する一方の裁判所が発する差止命令を意味する。ASIは各国の裁判所が外国裁判所の管轄権に影響を与えるものであり、その認否は慎重に検討されるべきであるが、近年、中国などASIを積極的に認容する裁判所も見受けられる。本稿では、ASIに関する主要国の判例や各国政府の見解を広く紹介する。

2．ASIとは

規格技術を採用するスマートフォンやPC等の電子機器は世界中で販売されており、当該規格技術を保護する標準必須特許（SEP）も複数の国で登録される傾向にあることから、SEPに基づく特許訴訟は複数国の裁判所で同時に提起されることが多い。このように実質的に同一の紛争が複数国で係属している場合に、他国の裁判所への訴訟提起又は係属する訴訟手続を停止するため、係属する一方の裁判所が発する差止命令を“ASI”と呼ぶ。

例えば米国とドイツで同様のSEPを保有する権利者が、当該SEPが使われているスマートフォンを販売するSEP実施者に対して、ドイツの裁判所で特許権侵害訴訟を提起し、その後、SEP実施者は米国の裁判所に対し、当該SEPの適切なFRAND実施料の算定を求める訴訟を提起したとする。この場合に、SEP実施者からの要請により、米国裁判所がFRAND実施料の算定完了まで、ドイツ訴訟の進行を停止したり、SEP保有者がそれ以外の裁判所に特許権侵害訴訟を提起したりすることを禁じる命令がASIである。

ASIにも幾つか種類があり、訴訟の提起や訴訟手続の中止を認めるもの以外にも、外国裁判所で得た判決の執行停止を認めるものとしてAEI（Anti-enforcement Injunction）がある。

先の例で述べると、仮にドイツ裁判所でSEPの侵害が認容され、差止命令が下された場合に、米国でのFRAND実施料の算定完了まで、米国裁判所が当該ドイツ裁判所による差止執行を停止する命令を下すことである。

さらには、外国裁判所によるASIの執行停止を命じるAASI（Anti-anti-suit Injunction）も存在する。先の例でいえば、SEP保有者がSEP実施者の請求により米国裁判所で認容されたASI（ドイツでの特許権侵害訴訟の進行停止やそれ以外の国での特許権侵害訴訟提起の禁止に関するもの）に対して、ドイツ裁判所が当該ASIの執行停止命令を下すことをいう。以下、ASI、AEI、AASIを合わせてASIsとする。

3．各国の判例

（1）米国

①　ASIsの根拠

ASIsの請求は①紛争の当事者及び争点が同一であること、②後に提訴された外国訴訟の判決の執行が、最初に提訴された自国訴訟の審理に重大な影響があること、という要件を満たす必要がある。ASIsの認容可否は裁判所の裁量によるため、裁判所ごとに厳格・柔軟な適用基準を設けている。

米国SEP訴訟においてASIsが争われた判例[1]

結果	判例	外国訴訟
ASI認容	TCL対エリクソン（2015）	英国、ドイツ等
AEI認容	マイクロソフト対モトローラ（2012）	ドイツ
	ファーウェイ対サムスン（2018）	中国
AASI認容	エリクソン対サムソン（2021）	中国、オランダ、ドイツ等
ASI拒否	Vringo対ZTE（2015）	中国
	アップル対クアルコム（2017）	英国、日本、中国等
	オプティス対ファーウェイ（2018）	中国
ASI請求したが判断されず	コンチネンタル対アバンシ（2019）	ドイツ
	IPCom対レノボ（2019）	英国

また、国際礼譲（国家間の関係を円滑にするために儀礼上、各国によって尊重されている慣行）にどれだけ重きを置くかも裁判所によって異なる。

厳格な適用基準においては① 外国訴訟が米国の管轄権を阻害し、又は米国政策を脅かし、② 国内利益が国際礼譲の懸念を上回る場合にのみASIsが認められる。一方、柔軟な適用基準においては、過去の判例で確立された基準（外国訴訟）が① 米国政策を脅かし、② 濫用的かつ抑圧的であり、③ 裁判所の対物又は準対物管轄権を阻害し、若しくは④ 衡平法上の要素に不利益を与えるかを考慮し、ASIsの発令が国際礼譲に照らして許容可能か否かを確認する。

② 判例

A．TCL対エリクソン[2]

米国で唯一のASI認容事例である。TCLはSEP保有者であるエリクソンを相手取り、契約違反及びエリクソンのSEPポートフォリオに基づくFRAND料率の算定を求めて米国裁判所に訴訟を提起した。一方、エリクソンはTCLに対し、フランス、英国、ドイツ等で特許権侵害訴訟を提起した上で、同様に米国裁判所に対して、エリクソンがTCLに提示した実施料がFRAND条件に合致することの確認を求める訴訟を提起した。その後、TCLは米国裁判所に対し、並行するフランス、英国、ドイツ等の訴訟の進行停止を求めるASIを提起した。その間、TCLとエリクソンは契約書で、米国裁判所がFRANDに基づくライセンス条件を定めることに合意している。

米国裁判所はこの合意に基づいて、本事件が解決するまで、両当事者が米国以外の裁判所で進行する特許権侵害訴訟を開始・継続することを禁止するASIを発令した。

B．マイクロソフト対モトローラ[3]

AEIの認容事例である。マイクロソフトは、SEP保有者であるモトローラが提示したSEPライセンスがFRAND条件に合致していないとして、契約違反を理由に米国裁判所に訴訟を提起した。

1　Igor Nikolic "Global Standard Essential Patent Litigation: Anti-Suit and Anti-Anti-Suit Injunctions "Working Paper RSC 2022/10 Robert Schuman Centre for Advanced Studies Florence School of Regulation: https://papers.ssrn.com/sol3/papers.cfm?abstract_id＝4071708を参考に著者が一部改変。欧州、中国の判例一覧も同じ。

2　*TCL v. Ericsson*, Case 8: 14-cv-00341-JVS, Document 279-1, Order re Motions（C.D. Cal, 29th June 2015）; *TCL v. Ericsson,* Case SACV14-00341 JVS, Injunctions Following Granting, In Part, of TCL's Motion for Anti-Suit Injunction（C.D. Cal. 10th July 2015）.

3　*Microsoft v. Motorola* 696 F. 3d 872（9th Cir. 2012）

一方、モトローラは、マイクロソフトを相手取り米国及びドイツで特許権侵害訴訟を提起した。米国よりも先にドイツ裁判所でSEPの侵害が認定され、マイクロソフトに対し、同社対象製品のドイツ国内での販売差止めが認容された。その後、マイクロソフトは米国裁判所に対し、米国の契約違反訴訟が解決するまでドイツでの差止執行停止を求めるAEIを提起した。

米国裁判所はモトローラのSEPライセンスは同社が世界で保有するSEPポートフォリオを含むため、本件の契約違反訴訟はドイツ訴訟に重大な影響を与えると判断し、マイクロソフトの請求を認容した。

（2）　欧州

①　ASIsの根拠

英国でASIsを認める根拠は英国上級裁判所法（Senior Courts Act）37条（１）[4]であり、裁判所は正当かつ利便的な場合において、命令により差止めを認容できると規定されている。ASIsの認容可否は裁判所の裁量であるが、例えば当事者間の事前の仲裁合意に違反して外国訴訟が提起された場合等で、英国裁判所はASIsを認める可能性がある。

一方、ドイツ法にASIsを認める明確な根拠はない。ドイツ手続法では、当事者が訴訟を提起する権利を否定する権限はなく、ASIsにより特許権侵害訴訟を継続できない脅威は財産権の保護と矛盾するとしている。

欧州連合（EU）ではブリュッセルⅠ規則（1215/2012）において、判決の承認と執行に関する手続の統一及び簡素化を図るためのEU加盟国間の国際裁判管轄ルールを定めている[5]。そして、同規則の29条（１）では、同一の訴訟原因で同一の当事者が異なるEU加盟国で訴訟を提起した場合、最初に提起された加盟国の裁判所以外の裁判所は、自ら訴訟手続を停止しなければならないと定められている。

このような規則により、基本的に欧州の裁判所は外国裁判所の管轄権への干渉に否定的であるように思われる。

4　Senior Courts Act 1981 section 37 “Powers of High Court with respect to injunctions and receivers”: https://www.legislation.gov.uk/ukpga/1981/54/section/37#:~:text=(1)The%20High%20Court%20may,as%20the%20court%20thinks%20just.

5　REGULATION (EU) No 1215/2012 OF THE EUROPEAN PARLIAMENT AND OF THE COUNCIL of 12 December 2012 on jurisdiction and the recognition and enforcement of judgments in civil and commercial matters (recast): https://eur-lex.europa.eu/LexUriServ/LexUriServ.do?uri=OJ:L:2012:351:0001:0032:en:PDF

欧州SEP訴訟においてASIsが争われた判例

結果	国	判例	外国訴訟
AASI認容	英国	Conversant対ファーウェイ and ZTE（2018）	中国
	英国	IPCom対レノボ（2019）	米国
	フランス	IPCom対レノボ（2019）	米国
	ドイツ	ノキア対コンチネンタル（2019）	米国
	ドイツ	インターデジタル対シャオミ（2021）	米国
	ドイツ	IPBridge対ファーウェイ（2021）	中国

② 判例

欧州では2022年時点でASIを認容した判例はない。一方、外国裁判所で認容されたASIの防御策として欧州各国の裁判所では積極的にAASIを認めている傾向がある。

A．Conversant対ファーウェイ and ZTE[6]

SEP保有者であるConversantは、ZTEらを相手取り英国裁判所に特許権侵害訴訟を提起し、グローバルなSEPポートフォリオに基づくFRAND実施料の設定を要請した。その後、ZTEらは中国裁判所に訴訟を提起し、Conversantが中国で保有するSEPに基づくFRAND料率の決定及びConversantが英国訴訟を進行することの禁止を求めるASIを提起した。

その対抗策として、Conversantは英国裁判所に対し、中国でZTEらが提起したASIを禁止するASI（AASI）を提起した。当該ASI（AASI）の請求を受け、ZTEらは中国で提起したASIを取り下げた。英国裁判所は、ZTEらが中国で提起したASIは英国裁判所に係属する訴訟手続を阻害し、濫用的であると判断した。

B．ノキア対コンチネンタル[7]

ドイツ裁判所によるAASI認容事例である。本件は自動車業界のSEPライセンスに係る紛争であり、パテントプールのアバンシとそのメンバーであるノキアが自動車メーカーにSEPをライセンスしている。

6　*Conversant v. Huawei and ZTE*［2018］EWHC 2549（Ch）.

7　*Continental v. Nokia*, Case No. 6 U 5042/19 Higher Regional Court Munich（12 December 2019）

自動車の製造業者であるダイムラーは、自社のサプライヤーが適切な当事者であると主張し、アバンシやノキアからのライセンス取得を拒否した。サプライヤーであるコンチネンタルはインターネット接続機能を有する自動車用部品を製造している。最終的にノキアはダイムラーを相手取り、同社製品の差止めを求めてドイツ裁判所で特許権侵害訴訟を提起した。

その間コンチネンタルは、アバンシ及びそのメンバーがFRAND義務及び反トラスト法に違反していると主張し、米国裁判所に訴訟を提起した上で、ノキアによるドイツ裁判所での訴訟進行の停止、及び米国裁判所がFRAND問題を解決するまで、自社及び自社の顧客に対して新たな特許権侵害訴訟の提起を禁止する旨のASIを提起している。しかしながら、米国裁判所がASIの決定を下す前に、ノキアがドイツ裁判所に提起したAASIの請求が認められた。AASIの請求認容に当たり、ドイツ裁判所は、ASIがSEP保有者によるドイツ裁判所での権利行使の機会を奪うことを考慮すると、外国裁判所が認容するASIは特許権者が保有する権利への違法な介入である、と理由付けた。

（3）　中国

①　ASIsの根拠

中国の民事訴訟法100条には、訴訟における行為保全として、裁判所が「当事者に特定の行為を実行するよう命じる、又は当事者が特定の行為を実行することを禁止する」命令を発することが可能であると規定されており、これがASIsの根拠と考えられている。さらに、中国最高人民法院が判例で示した指針によれば、ASIsの認容に当たり、①外国判決の執行が中国の訴訟手続に与える影響、②ASIsを認める必要性、③当事者間での合理的な利益のバランス、④ASIsが公衆に与える影響、⑤ASIsが国際礼譲に与える影響——を考慮するとしている。

中国SEP訴訟においてASIsが争われた判例

結果	判例	外国訴訟
ASI認容	Oppo対シャープ（2020）	日本
	シャオミ対インターデジタル（2020）	インド
	エリクソン対サムスン（2020）	米国
AEI認容	Conversant対ファーウェイ（2020）	ドイツ

② 判例

A．Conversant対ファーウェイ[8]

限定的なAEIの認容事例である。ファーウェイはSEP保有者であるConversantとのSEPライセンス交渉が決裂した後、同社を相手取り中国裁判所に訴訟を提起し、SEPの非侵害の確認及び中国のSEPに基づくFRAND実施料の決定を要請した。その後、Conversantは中国訴訟と同様のSEPに基づいてドイツ裁判所に特許権侵害訴訟を提起し、中国での判決前に第一審での差止命令を取得した。中国では、中国最高人民法院へ上訴後に、ファーウェイが中国訴訟での最終判決が下されるまでConversantによるドイツでの差止めの執行停止を求める行為保全（“act of preservation”）を要請した。

中国最高人民法院は、本件がASIsを認容するための５つの要件を満たしていると判断し、Conversantに対し、不遵守の場合に１日当たり13万5000ユーロの罰金を科す条件付きでドイツ差止めの執行停止を命じた。

B．シャオミ対インターデジタル[9]

広範なASIの認容事例である。シャオミはインターデジタルを相手取り、同社のSEPポートフォリオに基づくFRAND実施料の決定を求めるべく中国裁判所に訴訟を提起した。SEP保有者であるインターデジタルは損害賠償及び差止めを求め、インド裁判所に特許権侵害訴訟を提起した。その対応策として、シャオミが中国裁判所にインターデジタルの請求に対するASIを提起したところ、裁判所はインターデジタルによるインド訴訟の提起は中国訴訟手続に対する尊厳を欠き、紛争の阻害を意図していたと判断してASIを認容した。更にインド特許に基づく潜在的な差止めは並行する訴訟手続が異なる決定をもたらし、中国裁判所が下す決定の執行を困難にする可能性があると判断した上で、インターデジタルに対し、① インドでの差止手続の停止、② シャオミを相手取って中国や他国裁判所で、SEP侵害に基づく差止めを請求しないこと、③ 世界のいかなる裁判所に対してもSEP実施料の条件決定を求めないこと——を命じるASIを下した。

8　*Huawei v. Conversant*, Supreme People's Court, Case No 732, 733, 734 Part 1/2019 (28th August 2020).

9　*Xiaomi v. Interdigital*, Wuhan Intermediate People's Court Case No E 01 Zhi Min Chu No. 169 (23rd September 2020)

4．各国の動向

中国最高人民法院は、2020年に発表したプレスリリースで、ASIsは中国の知財司法制度が直面する問題であり、並行する訴訟を回避して国の司法主権を守る重要なツールであるとし、ASIsを積極的に認容していく姿勢を示している[10]。中国においてこうした動きが見られるなか、米国上院議会では「米国裁判所防衛法（Defending American Courts Act)」と呼ばれる法案が提出された[11]。この法案は、外国裁判所が発令するASIsを通じて、米国の裁判所等での特許権侵害訴訟の提起や訴訟手続に制限をかけようとする当事者に罰則を科すことを目的とする。具体的には、外国裁判所のASIsを主張する当事者に対して米国特許法上の特許権侵害が認定された場合、それを故意による侵害と判断することや、当該侵害者が米国で特許無効手続（IPRやPGR）を請求してもその開始が否定されることなどが挙げられている。この法案は中国政策への対抗策として議論されているように思われる。2022年２月、EUは中国による欧州の訴訟当事者に対するASIsの発令が透明性に欠け、国際貿易協定に違反することを理由としてWTOに提訴した。申立てによると、中国裁判所が下すASIsは不遵守に巨額の罰金を科すものであり、欧州企業が外国裁判所に提訴する機会を奪い、欧州のイノベーションと成長に甚大な損害をもたらすと主張している。

このようにASIsの適用可否は各国の裁判所によってそのスタンスが異なっているが、他国の司法判断に影響を及ぼす強力な裁判所命令であることから、各国の政治的・経済的事情もその背景にあると思われる。各国がどのようにASIsに対応していくかが今後も注目される。

（鈴木 信也）

10　中国知识产权审判发出的首例禁诉令—案件合议庭详解康文森公司与华为公司标准必要专利许可纠纷案：https://ipc.court.gov.cn/zh-cn/news/view-1056.html　日本語による解説は【香港発中国創新IP情報】「最高人民法院、標準必須特許に関する『禁訴令』事例についての解説及び論評を発表」2021年３月４日JETRO　香港事務所を参照：https://www.jetro.go.jp/ext_images/world/asia/cn/ip/pdf/rphk_ip20210304.pdf

11　S. 3772 - Defending American Courts Act: https://www.congress.gov/bill/117th-congress/senate-bill/3772

6．SEP紛争とNon-Practicing Entity（NPE）

1．はじめに

SEP紛争において、Non-Practicing Entity（NPE）が訴訟当事者になることがある。NPEは、特許を購入するなどしてポートフォリオを組んで最適化し、ライセンス料の要求や特許権侵害訴訟を起こして収益を得ている。

購入した特許が標準プロセスにおいてSEPであると認められる場合、当該規格の利用者はNPEとライセンス交渉を行わなければならなくなるが、NPEは製品やサービスを提供する事業者ではないため、必ず金銭による解決が求められることから、規格を利用する事業者にとって大きな負担となる。

本稿では、NPEのビジネスモデルなどについて明らかにしつつ、SEP紛争との関係や我が国法制度における対応等について解説する。

2．Non-Practicing Entity（NPE）とは

NPEは他社から購入又は取得した上で、その特許をもとに実際に製品やサービスを提供することなく、主にライセンス交渉や特許権侵害訴訟を起こして特許のライセンスに基づく収益を得る企業や個人をいう。

製品やサービスを提供することがない以上、クロスライセンス等のようなキャッシュアウトを避ける交渉を行うことはできず、権利侵害をした企業は金銭による解決を迫られることになる。

NPEには、研究機関や大学も広く含まれることから特許の権利行使を専らビジネスモデルとしている企業や個人をPatent Assertion Entity（PAE）という名称を使いそれらと区別する場合がある。その他、特許でビジネスをしているという意味を強めたPatent Manetizing Entity（PME）という名称もある。本稿では、これらをまとめてNPEと称する。

休眠特許（特許権を取得したものの全く活用されていない特許）を保有し、コスト負担が重い企業や製品・サービス市場において競争力を失った企業に

とってNPEに特許を売却するという選択肢は、特許の新たな収益化をもたらしていると肯定的に考えられる場合もあるが、当該権利行使によりイノベーションの促進を阻害したり、企業のビジネスに大きなダメージを与えたりすることがあることから、権利行使を受けた側から「パテント・トロール」という名称で揶揄され、その名称のインパクトからメディアなどで批判的に扱われることがある。なお、パテント・トロールという言葉を最初に用いたのは、インテルの社員だといわれているが、侮辱する言い方にも捉えられるため、特定の企業を対象に使用することは控えられる傾向にある。

日本では、特許庁が2018年に「パテント・トロール対策等WG報告書」を公表している。この時点においても、「何をもってパテント・トロールとするかの明確な定義は定まっていない」としており、「特許権を濫用し、イノベーションを阻害する者を意味するのではないか」との多数意見や、「気に入らない特許権者をパテント・トロールと呼んでいるケースもあり、丁寧な議論や整理が必要」との指摘もあったが、現在においても明確な定義はない。

NPEは、既に製品に実装され、市場が確立している分野をターゲットにして交渉を開始する。そして、差止請求権の行使と訴訟になった場合の膨大なコストをてこに交渉を優位に進めようとしてくるが、時として特許権を濫用的に行使したと評価される場合があり、問題として指摘されることもある。

3．NPEのビジネスモデル

NPEのビジネスモデルは、高額な特許のライセンス料と和解金が基本となる。また、投資家からの資金提供を受けている場合がある。例えばベンチャーキャピタル、プライベートエクイティファンド、年金基金、個人投資家等から出資を集めている。これらの投資家は、NPEが特許権侵害をした企業からライセンス料や和解金を得ることに成功する条件で、高いリターンが約束されている。さらに、特許の売買や交換を行う場合もある。これは売買による収益を得ている場合もあるが、多くの場合は特許ポートフォリオを最適化することを目的としている場合が多い。

特許訴訟は、高度な専門性が求められるため、特許訴訟における経験が豊富なNPEが資金提供を受け、特許訴訟を行い勝訴した場合に和解金や判決金の一部を成功報酬として得ている場合がある。

NPEの多くは、訴訟ファンドからの資金提供を受けている。

訴訟ファンドは、訴訟を起こしたくても財政的に余裕がない個人や企業をサポートする目的で資金提供されるものであるが、とりわけ高額な訴訟費用が予想される場合や、損害賠償額が高額な場合に利用されることが多い。そして、投資家との資金のやり取りは訴訟ファンド会社が仲介するのが一般的である。

訴訟ファンドが利用される背景として、訴訟に敗訴した場合でも投資された資金の返済が不要というメリットがある（ノンリコース条件）。つまり、投資家は訴訟の結果に対するリスクを負い、成功した場合には多くのリターンを得られる仕組みになっているのである。さらに、訴訟ファンドは投資を検討する際に高い専門知識により分析を行うことから、訴訟を行う側もどの程度のリスクがあるかを知ることができる。また、投資原本は保険でカバーされる。

なお、NPEは、製品やサービスを提供していないことから、製造・研究開発・販売に関連するコストが発生しない。つまり、収入のほとんどが純利益になることから効率的なビジネスモデルを実現している。

ただし、NPEのビジネスモデルには幾つかのリスクが存在している。例えば訴訟コストである。前述したように訴訟コストが高額になることはNPEにとって追い風にもなり得るが、相手が侵害を否定し、訴訟をすると決定した場合、同じようにコストがかかることは避けられない。また、法令や規制の変更がある場合が考えられる。仮にNPEの行為が社会問題化すると規制が厳しくなることが考えられる。規制が厳しくなれば、結果的にNPEの収益性が下がる可能性がある。あるいは、社会問題化することでNPEと取引をする企業が減少する可能性がある。

前述した訴訟ファンドの存在は、NPEのビジネスリスクの低減にも一役買っていることが分かる。Unified Patents“2021 Patent Dispute Report: Year in Review”によると、2021年に米国における特許訴訟において当事者にNPEが含まれるNPE関連訴訟の割合は全体の約６割に達すると報告されており、NPE関連訴訟は今後も増えていくことが予想されている。

４．NPEはイノベーションを阻害するか

NPEを肯定的に捉えると、特許権に基づく正当な権利を保護し、発明者への収益の機会を与えたり、規模が小さく特許を使って収益化を図ることが難しい企業にとっては、適切な報酬を得られる機会を得られる可能性があることからイノベーションを促進する場合があると評価できる。

実際に、複数の事業者から特許を買い集め、ポートフォリオを組むことで、相乗効果を生み、当該特許群の価値を増大させる場合もある。また、個人の発明者やスタートアップのように十分な資金がない事業者にとって報酬を得られる機会につながる場合があると思われる。

他方で、NPEを否定的に捉えると、権利行使の相手方が製品開発や販売に割り当てるべきリソースが訴訟費用に消耗され、大きな経済負担を強いることになる場合があり、仮にNPEがSEPを使って高額なライセンス料を請求し、それが訴訟などで認められた場合、既に規格が決まっていて代替することができないことから、標準規格のインターフェース、通信機器等が高額化し、それを市場が受け入れざるを得ないことが想定される。これにより、標準規格の普及が遅れると、結果的にイノベーションを阻害することになると評価できる。

5．NPEとSEPの関係

標準化プロセスの一環として、特定の標準を実装するために必須とされる特許（標準必須特許：SEP）をNPEが所有している場合、当該SEPを実装している製品のメーカー等からライセンス料を徴収することが可能となる。しかしながら、標準化団体はFRAND条件でライセンスすることを要求しており、NPEもこれに従うことを宣言しているため、その範囲での権利行使が認められることになるのは言うまでもない。そして、SEPの利用者であるメーカーとNPEとでライセンス交渉を行うことになる。

FRAND条件に基づくライセンス料の価格は、権利者と利用者の間で乖離することはよくあるが、NPEはライセンス料を得るビジネスモデルであることから、交渉が難航することは少なくない。結果的に、ライセンス交渉で合意が得られない場合、訴訟に発展することになる。

SEPのライセンス料率は、通常のライセンスと比較して低く抑えられることが想定されるが、訴訟管轄がグローバルに拡大すること等が懸念されるほか、訴訟経験の豊富なNPEを相手に長期間の訴訟にリソースを割かなければならないことはSEP利用者であるメーカーにとって大きな負担となる。

6．SEP訴訟とNPE

SEP訴訟においては、NPEが訴訟の当事者（原告）になっているものが散見される。

例えばオプティスは、複数のNPEが企業買収等により合併した事業体である。同社は、様々なSEP訴訟の当事者となっているが、米国では2021年にアップルに対して70億ドルものロイヤルティーを要求している。同社はアップルをターゲットに３年間にわたってパナソニック、サムスン、LGから4G LTEの特許を購入してポートフォリオを組んで訴訟に挑んでいる。結果的に３億ドルのロイヤルティーが認められた。

この訴訟は、国際的にみて特許権者に有利な判決を下すことで知られるテキサス州東部地区連邦地方裁判所で提起されており、オプティスの想定どおり高額のロイヤルティーが認められた。

オプティスは、同じく特許権者に有利な判決を下すことで知られる英国裁判所においてもアップルに対して訴訟を提起しており、ここでもグローバル特許ポートフォリオを前提としたライセンス条件や条件付きながら差止めが認められるなど、大勝利を収めた（本書第Ⅲ章Ｂ－９参照）。

NPEは、自身にとって有利な判決を下す裁判所を熟知しており、そのような地域以外ではほとんど訴訟を行うことはない。

７．日本でNPEが濫用的な権利行使をした場合の制度上の対応

特許権に基づく差止請求権の行使は制度上認められるものであるが、仮にそれが濫用的であると認められる場合には当該差止請求に対して、独占禁止法による制限や民法上の権利濫用法理が適用される場合が想定される。

独占禁止法	権利濫用の法理
知的財産権法上の権利行使と認められる行為であれば独占禁止法の適用は除外される（独占禁止法21条）が、特許権の行使が知的財産制度の趣旨を逸脱するか、又は目的に反する場合に適用される可能性がある。	外見上権利の行使にみえるが、具体的な事情を考慮すると、権利の社会性に反しており、権利の行使として是認できない行為に対して適用される（民法１条３項）。

FRAND宣言されたSEPについてライセンスを受ける意思を有する者への差止請求権の行使に対しては、権利濫用の法理が適用される場合が想定される[1]。また、特許権に無効理由がある場合には、その特許権に基づく差止め又は損害

1　知財高決平成26年5月16日平成25年（ラ）第10007号・第10008号［サムスン事件］

賠償等の請求は、特段の事情がない限り、権利の濫用に当たり許されない[2]。

なお、これらの適用場面はNPEに主体を限定したものではなく、広く特許権者が濫用的な権利行使をした場合の制度上の対応と相違ない。

つまり、日本においては、特許制度がバランス良く機能していることから、NPEがイノベーションを阻害する行為や特許権の濫用的な行使をしにくい状況があるといえる。

また、高額のライセンス料が認められる場合も少なく、訴訟ファンドのような資金提供者も国内で活動していることはないため、日本はリスクが低い地域であるといえよう[3]。

8．おわりに

NPEの活動の中心は、米国や英国のような訴訟費用・損害賠償額が高額で特許権者に有利な地域が中心となっている。

NPEのビジネスモデルを支える制度として、訴訟ファンドの存在は欠かすことができないが、NPE関連訴訟における損害賠償の額が数億ドルを超えるようなケースも散見されることから、今後も魅力的な投資対象であり続けるであろう。

（安田 和史）

2　最三小判平成12年4月11日平成10年（オ）第364号［半導体装置事件］

3　日本でも2024年にトレイルブレイズアセットマネジメントという訴訟ファンドが立ち上がった。グリー参加のグリーベンチャーズ等から9000万円を調達したとの報道があるが、同社の活動の中心は米国やシンガポールであり、日本国内の市場には見向きもしていない。日本経済新聞「日本初の『訴訟ファンド』、グリー系などから資金調達」2024年2月11日参照

第Ⅱ章

世界のSEP潮流

1．世界のSEPガイドラインの全体像

［内　容］
IoT時代の到来によりSEPを取り巻く環境が急激な変化を遂げるなか、各国の司法・行政機関や産業界は、利害関係者の議論を集約し、自国における方針やあるべき姿を当事者が参照可能な「ガイドライン」という形で公表している。本章では、各国で公開されているSEPガイドラインの内容を紹介する。本章によりSEP問題に対する各国の司法・行政機関や産業界の立場、考え方が明らかとなり、SEPの潮流が見えてくるはずである。

1．はじめに

新たなテクノロジーの到来によりSEPを取り巻く環境は急激に変化している。情報通信技術（ICT）、AI、ビッグデータ等の技術革新・普及が進み、新たな製品・サービスが次々と生み出されるIoT時代を迎え、自動車業界など、従来はSEP問題とのなじみが薄いとされていた業界も、紛争当事者として関与することが不可避となってきた。

SEP問題の拡大・複雑化が顕著となっている昨今、SEPに関する論点や議論をより多くの当事者が理解することが重要となる。米国、欧州、アジアの裁判所で下される判決はアクセス可能な有用情報であるが、裁判例は当事者間の個別的な事情に基づく場合が多く、必ずしも参照できるものとはいえない。一方、世界各国の司法・行政機関や産業界では、利害関係者の議論を集約し、様々な観点からSEPに関する論点を取りまとめ、自国における方針やあるべき姿を手引やポリシー、レポート、声明、規則、指針のような形（以下、本稿ではこれらをまとめて「ガイドライン」という。）で示している。これらガイドラインは、多くの当事者が参照できる汎用的な内容が多い。ガイドラインに法的拘束力はないが、各国政府や産業界が取りまとめたものであることから一定の信頼性は担保されている。このような背景から、本章では世界各国のSEPガ

イドラインを可能な限り平易にまとめた形で紹介する。本稿では世界各国で共通するSEPに係る論点を整理し、SEPガイドラインの全体像を紹介する。

2．SEPに関する論点整理

SEPの特許権者（SEP保有者）は、自身の特許が関連技術の規格に必須となる場合、当該規格の実施を望む第三者に対し、FRAND（公平、合理的かつ非差別的）な条件でライセンスする意思がある旨を表明する（FRAND宣言）。SEPはある規格技術に必須となる特許であるため回避が難しく、SEP保有者からのライセンスなしでは当該規格に関する市場に参入できないことから、通常の特許に比べて特許権者が優位に立つ傾向がある。こうした交渉上の格差を是正すべく、FRAND条件でのライセンスが要請されている。SEPに係る論点は多岐にわたるが、世界各国の共通テーマはおおむね以下のとおりである。

（1） SEP保有者による差止請求の可否

従来、FRAND宣言をしたSEP保有者がSEP利用者に差止請求をすることは、自ら表明した意思に反するため認められないとする考えが一般的であった。しかし、この考えを徹底すると、差止めのリスクがないと判断したSEP利用者がSEP保有者からのライセンスオファーに誠実に対応しないという問題が生じる。現在、SEP保有者による差止請求の可否は、SEP利用者がFRAND条件でSEPライセンスを受ける意思を有する者（Willing Licensee）であるか否かで判断することが各国共通の考えである。その場合、何をもってWilling Licenseeとするのかは、SEP保有者・利用者が誠実にライセンス交渉をしていたかどうか（誠実交渉）が判断基準となる。

（2） SEP保有者・利用者間の誠実交渉

誠実交渉の判断に関しては、2015年に欧州連合司法裁判所で争われたファーウェイ対ZTE事件で示された指針が大きな影響を与えている。これは、SEP保有者が提起した差止請求訴訟が欧州の競争法違反に該当するかどうかの判断基準となる。近年の欧州の裁判例では、この指針をベースに誠実交渉義務を果たしていたか否かを判断している。ファーウェイ対ZTE事件以降、米国やアジア各国においても、誠実交渉に関して当事者が参照可能なガイドラインを公開している（後述）。

ファーウェイ対ZTE事件で示された誠実交渉義務の指針

(ⅰ)SEP保有者が、SEP利用者に対して侵害通知を行う。
(ⅱ)SEP利用者が、FRAND条件でライセンス契約を締結する意思がある旨を表明する。
(ⅲ)SEP保有者が、具体的なライセンス条件を提示する。
(ⅳ)SEP利用者が、SEP保有者からの申出を拒絶する場合には対案を提示する。
(ⅴ)当事者間でライセンス交渉が合意に至らなかった場合、ライセンス料等の決定を裁判所に求めることができる。

(3) 合理的な実施料の算定

SEPの実施料に関して、何をもって「合理的」というのかが争点となる。主に問題となるのは、実施料「率」と実施料「ベース」に関する考え方である。実施料率は文字どおり「対象製品1台当たり幾ら」という料率の話で、製品ごとに複数のSEPが存在するなか、対象となるSEPの実施料率をどのように算定するのかが争われる。実施料ベースは、例えばスマートフォンで利用される無線通信規格に関するSEPがある場合、当該SEPの実施料を算定するに当たり、算定ベースを通信チップ(最小販売単位)の価格とするのか、通信チップを搭載したスマートフォン(完成品全体)の価格とするのかという議論である。

3. 世界のSEPガイドライン概観

欧州、米国、アジア(日本、韓国、中国)で公開されているSEPガイドラインの概要を紹介する。

世界各国・地域のSEPガイドライン

国・地域	名称	公表元	公表時期
欧州	欧州コミュニケーション	欧州委員会	2017年11月
欧州	SEPの必須性評価のための調査研究報告書	共同研究センター(欧州委員会の機関)	2020年11月
欧州	SEP専門家グループによる活動報告書	SEP専門家グループ(欧州委員会)	2021年1月
欧州	SEPに関するEU規則案	欧州委員会	2023年4月

米国	SEP、反トラスト法と連邦取引委員会（Slaughter委員によるスピーチ）	連邦取引委員会 Slaughter委員	2021年10月
米国	FRAND宣言をしたSEPのライセンス交渉と救済に関する修正政策声明案	司法省、特許商標庁、標準技術研究所	2021年12月
日本	標準必須特許のライセンス交渉に関する手引	特許庁	2018年６月
日本	標準必須性に係る判断のための判定の利用の手引（改訂版）	特許庁	2019年６月
日本	マルチコンポーネント製品に係る標準必須特許のフェアバリューの算定に関する考え方	経済産業省	2020年４月
日本	標準必須特許のライセンスに関する誠実交渉指針	経済産業省	2022年３月
韓国	知的財産権の不当な行使に対する審査指針	公正取引委員会	2019年12月
中国	知的財産権分野の独禁法ガイドライン	国家市場監督管理総局	2020年９月
中国	標準必須特許訴訟における法的問題と対策に関する調査報告書	北京高級人民法院	2020年10月
中国	標準必須特許に関する「禁訴令」事例についての解説	最高人民法院	2021年２月

（1） 欧州

2017年に欧州委員会が公表した「欧州コミュニケーション」では、5GやIoT技術が世界的に普及する時代でバランスの取れたSEPの枠組みを構築するためには、① 開発者に公正かつ十分な報酬を確保し、先端技術の標準化に取り組むインセンティブを与えること、② 規格技術に平等にアクセスできる環境を整備し、規格技術をスムーズかつ広範に普及させること——が必要になると指摘している。この目的のため、欧州コミュニケーションではSEPの存在や権利範囲、規格技術との関係性等に関するSEP関係情報の透明性確保や、SEP保有者・利用者間の誠実交渉のために考慮すべき指針を明記している[1]。

上記SEP関係情報の透明性確保の一環として、2020年11月、欧州委員会は

「SEPの必須性評価のための調査研究報告書」を公表している。この報告書では、SEPの適切な標準必須性評価は、規格製品ごとのSEPエクスポージャーの判断（例：規格製品に対するSEP保有者の数や、SEP利用者による規格製品の予想販売数量等の情報から、当該規格製品を導入する際の見込み実施料を予想すること。）やSEP保有者・利用者間の交渉時のリソース削減、個別交渉に基づく実施料算定の合理性判断等に活用できるとしている[2]。

2018年に欧州委員会が設置した実務家、学者、裁判官等からなる専門家グループが公開した報告書では、IoT時代におけるSEPライセンスをどのように評価すべきかという検討や、SEPライセンスの透明性向上のための施策案、サプライチェーンにおけるSEPライセンスの問題等に関して検討した内容がまとめられている[3]。

2023年４月に欧州委員会が公表したSEPに関するEU規則案では、企業、特に中小企業が発明を最大限に活用してEUの競争力と技術主権に貢献することを目的とし、SEPの登録制度や必須性の判断、累積ロイヤルティーの公表や調停によるFRAND決定などに関する規定を導入している[4]。

（2） 米国

2021年12月、米国司法省（DOJ）、米国特許商標庁（USPTO）及び米国標準技術研究所（NIST）は連名で「FRAND宣言をしたSEPのライセンス交渉と救済に関する修正政策声明案」を公開した。この声明案は、SEP保有者・利用者間の誠実交渉が広範なライセンスへとつながり、それにより技術革新、産業の競争力向上を促進するという考えの下、誠実交渉のためにSEP保有者・利用者が取るべきアクションを記載している。また、本声明案では、eBay判決（差

1 European Commission "Communication from the Commission to the Institutions on Setting out the EU approach to Standard Essential Patents" (Nov 29, 2017) https://ec.europa.eu/docsroom/documents/26583

2 Joint Research Centre (European Commission) "Pilot study for essentiality assessment of standard essential patents" (Nov 20, 2020) https://op.europa.eu/en/publication-detail/-/publication/1829605f-2d3a-11eb-b27b-01aa75ed71a1/language-en

3 Group of Experts on Licensing and Valuation of Standard Essential Patents 'SEPs Expert Group' "Contribution to the Debate on SEPs" (Jan 23, 2021) https://ec.europa.eu/docsroom/documents/45217

4 European Commission "Proposal for a regulation of the European Parliament and of the Council on standard essential patents and amending Regulation (EU) 2017/1001" (Apr 27, 2023) https://single-market-economy.ec.europa.eu/publications/com2023232-proposal-regulation-standard-essential-patents_en

止め認容のために考慮すべき要素を示した米国最高裁判決）の存在により、侵害が認められてもSEPに基づく差止めがほとんど認められない状況が生じているが、その場合であっても、SEP利用者が裁判所等により認定されたFRAND実施料の支払を拒否するなど、ライセンスを締結する意思がないと判断される場合に差止めは正当化されるかもしれないと明記している[5]。

本声明案は、2019年のDOJ、USPTO、NIST連名による「FRAND宣言をしたSEPに基づく救済に関する声明」に取って代わるものである。2019年の声明では、SEP保有者による技術革新を促進するため、SEPに基づく差止めは認容されるべきだとする内容であったが、本声明案ではSEPに基づく差止めが認容される状況を具体的に明記し、SEP保有者・利用者のバランスを取っている[6]。

米国競争法（反トラスト法）を管轄する米国連邦取引委員会（FTC）は、2017年にDOJと共同で「知財ライセンスにおける反トラスト法ガイドライン」を公表しているが、SEPライセンスに関する反トラスト法の適用に関しては触れていない[7]。SEPに関するFTCの考えは、公開されるFTC委員等によるスピーチが参考になる。2021年10月に米国国家規格協会の会合でなされたSlaughter委員によるスピーチでは、SEP保有者の行為に対する反トラスト法の監視を強化する考えが示唆されている。本スピーチでは、標準設定の分野において、反トラスト法は重要な役割を果たすべきであり、反トラスト法と特許法はイノベーションの促進という共通目的のために協働すべきであると発言している。

特に標準化プロセスで特許権者が市場支配力を得た場合、市場支配力を行使する行為には反トラスト法が適用される可能性があるとし、公共の利益保護のため、FTCが反競争的慣習を監視し、法執行すべきであるとの考えを示した[8]。

5　The U.S. Patent & Trademark Office（USPTO）, the National Institute of Standards and Technology（NIST）, and the U.S. Department of Justice, Antitrust Division（DOJ）“DRAFT POLICY STATEMENT ON LICENSING NEGOTIATIONS AND REMEDIES FOR STANDARDS-ESSENTIAL PATENTS SUBJECT TO VOLUNTARY F/RAND COMMITMENTS”（Dec 6, 2021）https://www.justice.gov/opa/press-release/file/1453826/download

6　USPTO, NIST, DOJ “POLICY STATEMENT ON REMEDIES FOR STANDARDS-ESSENTIAL PATENTS SUBJECT TO VOLUNTARY F/RAND COMMITMENTS”（Dec 19, 2019）https://www.justice.gov/atr/page/file/1228016/download

7　DOJ and the Federal Trade Commission（FTC）“Antitrust Guidelines for the Licensing of Intellectual Property”（Jan 12, 2017）https://www.ftc.gov/system/files/documents/public_statements/1049793/ip_guidelines_2017.pdf

8　Remarks of Commissioner Rebecca Kelly Slaughter: SEPs, Antitrust, and the FTC（Oct 29, 2021）https://www.ftc.gov/news-events/news/speeches/remarks-commissioner-rebecca-kelly-slaughter-seps-antitrust-ftc

（3） アジア

① 日本

特許庁は2018年6月に「標準必須特許のライセンス交渉に関する手引き」（2022年4月に改訂）を公表している。これは、IoT技術等の進展により関係当事者が拡大していることを背景に、SEP保有者・利用者の立場から考慮すべき事項、とるべき指針をまとめた手引である[9]。2018年3月に公表した「標準必須性に係る判断のための判定の利用の手引き」（2019年6月に改訂）では、特許発明の標準必須性に争いがある場合に、独立した評価機関から必須性に関する見解を得ることでライセンス交渉の円滑化や紛争解決の迅速化を図るべく、必須性評価のための指針を規定している[10]。

経済産業省は2020年4月に「マルチコンポーネント製品に係る標準必須特許のフェアバリューの算定に関する考え方」を公表している。PC、ゲーム機、自動車等、多数かつ複数種の部品を含むマルチコンポーネント製品では、各部品から最終製品に至るまで階層別に様々な製造企業が存在する。中小企業を含む企業によるSEPライセンス交渉の円滑化に資するべく、マルチコンポーネント製品に係る実施料算定に関する考え方を示している[11]。また、2022年3月には、「標準必須特許のライセンスに関する誠実交渉指針」を公表している。これはSEPライセンス交渉の透明性・予見可能性の向上を通じて適正な取引環境を実現するため、我が国として、国内特許を含むSEPのライセンス交渉に携わる権利者及び利用者が参照すべき誠実交渉の規範を示すものである[12]。

② 韓国

韓国の公正取引委員会が公表する「知的財産権の不当な行使に関する審査指針」は、特許権者による知的財産権の不当な行使が市場競争に与える影響を考慮し、独占禁止法が適用される行為基準を示している[13]。2016年3月改正では、SEPに基づく不当な権利行使に対する規制を強化する旨の規定が盛り込ま

9 https://www.jpo.go.jp/system/laws/rule/guideline/patent/rev-seps-tebiki.html
10 https://www.jpo.go.jp/system/trial_appeal/hyojun_hissu_201906.html
11 https://www.meti.go.jp/policy/mono_info_service/mono/smart_mono/sep/200421sep_fairvalue_hp.pdf
12 https://www.meti.go.jp/policy/economy/chizai/sep_license/index.html#guidelines
13 英訳版は下記から取得可能　https://www.ftc.go.kr/eng/cop/bbs/selectBoardList.do?key=2855&bbsId=BBSMSTR_000000003632&bbsTyCode=BBST11

れ、2019年改正では誠実交渉に関する規定が明記された。具体的には、SEP保有者がFRAND宣言することはSEP利用者とFRAND条件を基に誠実に交渉する義務を負うことを意味する。この場合、SEP保有者が誠実交渉義務を履行せず差止請求をする行為は、独禁法上の不当な行為と判断される可能性が高い。SEP保有者が誠実交渉義務を果たしていたかどうかは、SEP利用者に対して公式に交渉を提案したか否か、SEP利用者との交渉期間、SEP利用者に提示したライセンス条件が合理的・非差別的であるかどうか、ライセンス条件に合意できなかった場合に仲裁機関等に付するか否かといったことが考慮される。

③　中国

中国の独禁法当局である国家市場監督管理総局（SAMR）が2020年９月に公布した「知的財産権分野に関する独禁法ガイドライン」には、SEP権利者が市場支配的地位を有するかどうかの判断基準が明記されている[14]。具体的には、SEPに係る対象製品の市場や取引相手、下流市場の分析に加え、標準規格の市場価値、代替規格の存在、当該規格に対する依存度、当該規格の発展状況と互換性、当該規格の代替可能性の要因も考慮できるとしている。

北京高級人民法院は、2020年10月に「標準必須特許訴訟における法的問題と対策に関する調査報告書」を公表した[15]。この報告書では、FRANDの法的性質や、差止命令、実施料、支配的地位の濫用、国境を越えたSEP訴訟における管轄権の争いなど、国内外の司法判断や中国の各法院のガイドラインを引用しながら北京高級人民法院の考えを示している。

また、近年議論となっている「外国訴訟／執行差止命令」（Anti-suit Injunction／実質的に同一の紛争が複数国で係属している場合に、当事者の請求により外国裁判所への提訴や判決執行の禁止を求める命令のこと）に関して、最高人民法院は2021年３月に自らの公式ウェブサイトにおいて、自国でAnti-suit Injunctionに関する判断を下したファーウェイ対Conversant事件を説明し、有識者の論考とともに最高人民法院の考え方を公表している[16]。

（鈴木 信也）

14　日本語の仮訳は下記を参照
https://www.kyk-ip.com/files/CN-SAMR-AntiMonolpryIPGuideline202001.pdf
15　https://www.ipeconomy.cn/index.php/index/news/magazine_details/id/1634.html
16　http://ipc.court.gov.cn/zh-cn/news/view-1056.html

2．欧州委員会「SEPの必須性評価に関する調査研究報告書」（2020年11月）

［内　容］

SEPのライセンス交渉において、SEP保有者が提示したロイヤルティー額がFRAND条件に合っているか否かをSEP実施者が判断するのは難しい。ライセンス交渉をスムーズに進めるためには、SEPの権利範囲、規格技術との関係性等に関するSEP関係情報の透明性確保が求められる。欧州委員会は、バランスの取れたSEPの枠組みを構築するため「規格必須性評価システム」を導入することはできるのか、技術的・制度的観点から検討し、この調査研究報告書（2020年11月発行、英文155ページ）を公表した[1]。

1．必須性評価システムの必要性

2008年頃のスマートフォンの登場以降、モバイル通信の標準必須特許（SEP）を用いた特許訴訟が頻発している。SEP保有者とSEP実施者の事前のライセンス交渉において、FRAND条件に基づく合理的ロイヤルティー額に関し、双方の認識に隔たりがあり、交渉が決裂したことを示すものである。訴訟において裁判所が合理的ロイヤルティー額を算定し、これまで多くの裁判例が蓄積されてきた。例えばInnovatio事件（米国・2013年）、TCL対エリクソン事件（米国・2017年）、Unwired Planet対ファーウェイ事件（英国・2017年）などでは、原告である特許権者のSEPのFRAND条件に基づくロイヤルティー額を、その標準規格に関する全SEPのなかでどのくらいの価値を提供しているかなどを考慮して算定している。

移動体通信規格が第４世代（4G）から第５世代（5G）に移行しつつある現代においても、SEPの数はどんどん積み上っており、モバイル通信技術だけでなく、IoTやインダストリー4.0、コネクテッドカーなど、標準技術の使用を

1　"Pilot study for Essentiality Assessment of Standard Essential Patents"（https://publications.jrc.ec.europa.eu/repository/handle/JRC119894）

必要とする技術が今後ますます普及し、更に多くの企業、特に中小企業が、不慣れなSEPライセンス交渉に関わってくることが予想される。

必須性評価システムの導入により、実施者はその製品に関するSEPの客観的価値に関する情報を得られるため、少ないリソースでSEPライセンス交渉が可能になり、交渉が促進されることから不必要な訴訟が減り、法的確実性を高めることができる。また、SEP保有者にとっても、ライセンス交渉において客観的な必須性評価データを用いて実施者に自らのSEPの価値を説明することができ、SEPライセンス交渉を促進できるというメリットがある。さらに、裁判所にとっても、特許権侵害訴訟においてFRANDに準拠したロイヤルティー額を算定する際に、この評価システムで得られた客観的情報を利用できる。

2.「SEPの必須性評価に関する調査研究報告書」の概要

①　既存の必須性評価に関する情報、システムの分析（2～6章）

この研究では、現在既に何らかの形で実施されている必須性評価活動、具体的には、① 必須性評価活動について報告している学術的及び商業的文献、② 訴訟における必須性評価、③ パテントプールにおける必須性評価、④ 日本特許庁が提供する規格必須性についての判定制度――について分析している。

また、人工知能（AI）を含む必須性評価の自動化システムの可能性も検討している。

②　標準化機関（SDO）に開示された、必須特許になる可能性がある特許のランドスケープ分析（7章）

この研究では、標準化機関（SDO）に開示された潜在的なSEPについてランドスケープ調査を実施し、必須性評価システムにインプットする情報としてSDOへの開示情報をどのように使用できるかを検討している。移動体通信規格の必須性評価プロセスの開始点として、欧州の電気通信に係るSDOであるETSIに対し、SEPになる可能性があるとして開示された特許群（特許出願段階のものも含む。）を使用できる。ただし、それらが実際に規格必須である、特許が付与されている、有効な特許として権利行使が可能である、とは限らない点に注意が必要である。ETSIに開示された特許が、規格に準拠する全ての製品によって必ず侵害されていることを意味するものでもない。この点はSDOが開示するSEP情報が透明性を欠いているといわれる一因である。

③　技術的観点からの実現可能性（８章）

誰が、どのような情報を基に、どれくらいの時間をかけて必須性を評価すれば、信用に値するデータを得られるか、評価システムの技術的な実現可能性を検討している。具体的には、28人が176日を費やして計205件のSEP評価を行うパイロット実験を実施している。この実験は欧州特許庁とも緊密に連携され、評価者として審査官も参加した。具体的には、パテントプールにおいて専門家である弁護士が必須性を評価した結果は、クレームチャートを参照しつつ、当該特許が規格必須か否かを判断しているので、これを基準と（正のデータと仮定）し、同じ特許について、特許庁の審査官、学術界の上級エンジニアなどに必須性評価をしてもらい、評価結果の整合度を比較している。最もパテントプールの評価結果と整合性が高かったのは、特許庁審査官による評価であり、クレームチャートが提供された条件で整合率84％という結果であった。大学の教授・准教授による評価は、クレームチャートが提供されていなかった条件で、整合率75％であった。

④　制度的観点からの実現可能性（９章）

この研究では、必須性に関連する５種類のデータを示し、各データに要求される信頼水準を、評価の精度（評価精度が低い場合に何らかの方向へバイアスがかかる。）、及び評価対象とする割合（例：全特許を評価するか、又はサンプル抽出された一部特許を評価するか）の２つの側面から評価している。

（ⅰ）「分子データ（Numerator）」は、特定の規格について特定の特許権者の実際のSEPポートフォリオに関する情報を示す。特許権者ＡのSEPシェアを算出する下記式の分子部分に入るデータである。このデータに要求される信頼水準は、理想的には個別の特許を高レベルの精度で評価することが要求され、サンプル評価では不十分であるとしている。

$$\text{特許権者ＡのSEP数のシェア} = \frac{\text{特許権者ＡのSEP数}}{\text{全てのSEP保有者のSEP総数}}$$

（ⅱ）「分母データ（Denominator）」は、特定の規格について、関連する全ての特許権者が所有する実際のSEPに関する情報である。上記式の分母部分に入るデータであり、分子データと組み合わせて、特定の特許権者のSEPポートフォリオの規模を示すことが可能になる。このデータに要求される信頼水準は、関連する全ての特許権者の集計データであるため低レベルの精度で足り、全ての特許に対して適切に取得されたサンプル評価で十分であるとしている。

(iii)「検証済みの要約クレームチャート（Validated summary claim chart)」は、対象特許の請求項（クレーム）を技術標準文書の関連部分にマッピングさせた1ページの要約である。このデータは、その特許が規格必須である理由・根拠を理解するために役立ち、その特許が特定の製品によって使用されているかどうかを判断するために利用できる。このデータに要求される信頼水準は高く、個々の特許ごとに正確なデータを必要とする。

(iv)「詳細な評価結果（Detailed assessment outcomes)」は、規格必須であると評価された特許と、規格必須でないと判断された特許のいずれに対しても有益な情報を提供する。特に特許権者にとって、評価結果に対して異議を唱えたい場合や、侵害の可能性を証明する必要がある場合に価値がある情報である。このデータに要求される信頼水準も高く、個々の特許ごとに正確なデータを必要とする。

(v)「現在の特許権者情報（Current ownership data)」は、対象特許の現在の所有者に関する情報である。これに関する正確なデータは、上記 i）の分子データを作成する際に必要とされる。

また、この研究では、この大規模な必須性評価システムが制度的に実現可能か否かを検討している。様々なSEPの関係者の関心を満たす透明性のある評価データを提供するために、どのような評価の手順を踏み、どれくらいのリソース（時間・人・資金）を投入すればよいか、幾つかのシナリオを想定して検討している。ここでは紙幅の関係上、有力なシナリオの概要を紹介する。

シナリオBとシナリオCは、SEPになる可能性があるとしてSDOに開示された特許について、システム的に規格必須性の評価を行うシナリオであり、シナリオBは開示された全特許の評価を行い、シナリオCはランダムにサンプル特許を選択して行うものである。評価に必要となるリソースの算出は、ETSIに対して宣言書が提出された3GPPセルラー規格（2G／3G／4G／5G）の1万1000ファミリーの特許を1件当たり12時間(クレームチャートがない状態での評価)かかると仮定し、シナリオBは全シナリオのなかで最もリソース・コストがかかる72人年（person-year）と算定している。リソースはかかるものの、この評価シナリオは特許権者など利害関係者の関与とは完全に独立して評価されるため、客観性が高い評価データが得られる。

シナリオＤは、特許権者が自発的に規格必須性の評価をリクエストすることにより評価を開始するという、利害関係者を積極的に関与させるシナリオである。特許権者は、潜在的なSEPを自ら選択し、クレームチャートを評価者に提供して評価を依頼することになるが、特許権者としては第三者による特許の客観的評価（検証済みの要約クレームチャート）を得ることができる点で有益である。このシナリオにおいて必要となる評価リソースは、特許権者がクレームチャートを提供するため１件当たりの評価時間は８時間と仮定し、特許権者の25％が評価リクエストした場合は4.8人年、50％が評価リクエストした場合は9.6人年、75％が評価リクエストした場合は14.4人年のコストがかかると算定している。このシナリオＤは、どの程度の特許権者が自発的に本スキームに参加してくるのかが重要な問題となってくる。

シナリオＥは、シナリオＤを補完するものであり、特許権者だけでなく、第三者も評価リクエストを提出することができるシナリオである。特許権者が自発的に本スキームに参加しなくても、評価が開始される点で評価対象が増えるため、より精度の高いデータが得られることになる。

シナリオＦは、特許権者が自発的に評価リクエストするシナリオＤの長所と、SDOに対して必須宣言された特許群の中からサンプルベースで評価を行うシナリオＣの長所を組み合わせたシナリオであり、評価リクエストをしない企業の特許も必須性評価の対象となる。このシナリオＦは、必須性に関する透明性のあるデータが生成される程度として、「中から高」のスコアが付けられている。また、評価に必要なリソースは13.2人年（50％が評価リクエストした場合）と算定されている。このシナリオの全体的な実現可能性（資金調達を含む。）についても、シナリオＤと同じくらい高いスコアが付けられており、この報告書では、このシナリオＦを最も魅力的なシナリオと位置付けている。

シナリオＧは、AIを使用して必須性の評価を自動化したシステムである。

シナリオＨは、シナリオＤをAIシステムで補完するシナリオである。評価リクエストをした特許権者は、自らが選択した特許について評価されるが、評価リクエストをしないことを選択した企業の特許は、AIシステムが最も必須性が高いと判断した特許について人間が必須性評価を行うことによって評価者の評価作業を支援する。必須性に関する透明性のあるデータを生成するという点では、このシナリオＨが全シナリオの中で最高のスコア「高」を獲得しているが、このシナリオは現時点では実現可能ではないとしている。将来的に、他の参加型シナリオ（Ｄ、Ｅ、又はＦ）のいずれかで開始され、AIによる評価システムを開発・検証するための十分な数の参照データが生成されれば、このシナリオＨも実現可能になってくるとしている。

各シナリオの特徴をまとめたものが下表である。

シナリオ	評価対象・評価手法	透明性のあるデータが生成され、関係者の関心を満たす程度	2G-5G規格のGlobal SEPの評価に必要となるリソース概算（person-year）	そのシナリオが実現する可能性と課題
A	特許権者による自己評価	低	不明	低 ［特許権者の意欲］
B	SDOに開示された全特許を評価	中	72	低 ［評価コスト・評価リソース］
C	SDOに開示された一部特許を評価	低―中	7.2	中 ［評価コスト］
D	特許権者が自発的に評価依頼を行う	中	4.8/9.6/14.4	中―高 ［特許権者の評価スキームへの参加］
E	特許権者又は第三者が評価依頼を行う	中	6.6/13.2/19.8	中―高 ［特許権者の評価スキームへの参加］
F	特許権者による自発的評価依頼と、SDO開示特許の一部特許の評価	中―高	12.2/13.2/16.2	中―高 ［特許権者の評価スキームへの参加／評価コスト］
G	AIによる自動的な特許評価	低―中	不明	現状不可 将来的には実現可能性あり。
H	特許権者による自発的評価依頼と、AIによる評価支援	高	不明	現状不可 将来的には実現可能性あり。 ［特許権者の評価スキームへの参加］

3．解説

この報告書では、提唱する「必須性評価システム」の実際の導入は、必須性評価のための費用や、評価のためのリソース（キャパシティ）の問題などがかなり高いハードルではあるものの、SEPの関係者それぞれが導入に向けて貢献することで技術的にも制度的にも実現可能であると結論付けている。そして、その実現のためには、「必須性評価システム」の導入検討の様々な段階で利害関係者を関与させることが肝要であるとしている。

冒頭でも述べたが、今後はモバイル通信技術だけでなくIoT、コネクテッドカーなど、標準技術の使用を必要とする技術が拡大し、SEPライセンスに不慣れな多くの企業がSEPライセンス交渉に関わってくることが予想される。この新たな必須性評価システムが立ち上がり、透明性のある信頼できる評価データが蓄積されれば、SEP交渉の円滑化に貢献するであろう。また、世界各地で発生するSEP訴訟において裁判所がそのデータを損害額の算定根拠などに活用していくことも期待される。訴訟で使われるデータとなれば、特許権者や実施者にとっても無視することはできず、特許権者としては自らのSEPポートフォリオの価値・規模を正確に表現するために、評価機関に対してクレームチャートを提供し、自発的に必須性評価を依頼するスキームが定着する可能性はあると思われる。

特許権者がこうした評価システムへ自発的に参加するかどうかがこのシステムがうまく稼働するか否かの分かれ目であり、特にその規格のSEPを多く保有する主要特許権者の参加が重要になるであろう。特許権者がこのシステムに参加したいと思うインセンティブを提供し、かつ、評価コストは特許権者だけでなく、利害関係者の全てで負担するシステムを構築することがポイントになってくる。

この必須性評価システムが立ち上がる前に、SEP情報の透明性を高めるためにできる手段は、SDOがIPRポリシーにおいて、SEP宣言をした特許権者に対し、その特許の規格必須性や権利の状態に変更があった場合に情報を更新する義務を課すことである。この調査報告にも挙げられているが、欧州のSDOであるCENとCENELECは、既にIPRポリシーで情報更新義務を特許権者に課している。各SDOでも情報更新義務をIPRポリシーに加えられるように検討していくことが期待される。

また、特許番号を特定せずにSEPを保有していることを包括的に宣言する方式を許容するIPRポリシーも見られる。そうしたIPRポリシーを採用するSDOは、特許権者が特許番号を特定できるようになった時点で改めて特許番号をSDOに通知することを義務とするルール改訂の検討を行うことが望まれる。

（沖　哲也）

3．IoT時代のSEPライセンスの在り方（有識者報告書）

（欧州委員会諮問委員会、2021年１月）

1．はじめに

欧州委員会（EC）の諮問を受けた13人の有識者グループ（構成は下記の表を参照）が標準必須特許（SEP）ライセンスに関わる諸問題を検討した。そのうち79の課題について有識者の意見を網羅したのがこの報告書である。

有識者は、欧州連合（EU）の中小企業がIoT時代に生き残るためにはSEPライセンスが不可欠であるとの認識の下で、ほぼ３年をかけてSEPライセンスの実務課題を分析・検討し、そのあるべき姿についての提言を報告書にまとめた。報告書は他の有識者の賛同を得られなかった意見も含まれているため、必ずしも有識者グループによる統一見解ではない。

報告書はExecutive Summary（要約）、Part 1（目的・方法・成果物）、Part 2（IoTエコシステムとFRANDライセンス）、Part 3（主要課題の分析と提案）、Annexes（資料）から構成され、SEPライセンスの具体的な課題については主にPart 3で議論されている。

ここではExecutive Summaryの記載をベースにして報告書の内容を紹介するが、一部の項目については読者の利便性を考え、著者の小見出しを追加した。

有識者グループの構成メンバー

職種／職業	中小企業連合・コンサルタント	企業幹部	大学教員・研究者	裁判官・弁護士
人数	2	5	3	3

2．IoTエコシステムとFRANDライセンス

IoT時代には従来と異なる多様な標準が必要とされる。具体的には「IoT通信技術の品質と安全を確保する標準」「IoTサービスとクラウドサービスで異なる機器を協同させるための標準」「モノとIoTの標準」「サイバーセキュリティ標準」―などの標準の使用が不可欠となる。

コネクテッドカーの場合、相互操作性を担保する標準が必要となり、接続性を維持するための標準が不可欠となる。このようなIoT時代に生じる、SEPライセンサーと標準実施者が直面する諸問題について、有識者は具体的に検討し、その内容を報告書にまとめた。

これらの問題は、IoT関連の標準の数が多いことが状況を複雑にし、問題解決を難しくしている。そして、「取引コストの増加」「透明性の欠如」「ライセンスの不確実性の増加」などの問題がその背景にある。中でも「FRAND条件を統一的に適用することの適否」が喫緊の課題である。

IoTは広い分野を対象とする。一方、標準の価値は、使用分野により異なる。そのような状況にあるにもかかわらず、FRAND条件を統一的に適用すべきであるという議論は依然として根強い。この問題については各国裁判所の判断も割れており、有識者グループにおいても議論が分かれた。報告書でもコンセンサスは得られていない。

3．SEP情報の透明性をどのように改善するか

「SEPの現在の所有者は誰か」「SEPが真に標準にとって不可欠なものか」―これらの確認事項は、ライセンス実務者がSEPライセンスが必要かどうかを判断する際に極めて重要な問題である。しかし、現実には、SEPの件数が飛躍的に増加したことや、費用の問題もあって事前の確認を効率的かつ合理的に行うことができない。

この問題について、報告書は、SEPに関わる情報を公開して情報の透明性を改善することを提案する。現在、「欧州電気通信標準化機構（ETSI）」を除き、ほとんどの標準化機関は、SEP保有者に関連データの提出を求めていない。ETSIでも、提出後のSEPの権利状況の変動についてのデータ更新は行われていない。

（1） SEPデータベース

標準化機関の多くは、SEP関連データのデジタル化への取組が遅れている。このような現状に鑑みて報告書は、SEP関連情報、具体的には、SEPの必須性・有効性などに関する審決・判決をデータ化するためのプラットフォームを創設し、標準化機関のメンバーが自由にアクセスできるように提案している。

（2） 必須性

SEPが標準にとって不可欠かどうかを判断するための手段として、報告書はSEPの関連情報の公開を提案する。関連情報が公開されれば、標準実施者の製品にSEPライセンスが必要かどうかの判断がしやすくなるためである。

また、報告書はSEPポートフォリオのFRANDロイヤルティーを決定するためのシステムづくりを提案する。具体的には、① SEP保有者が欧州特許庁のような独立機関を設立し、その機関が標準採択後すぐにSEPの必須性を確認できるようにする、② 必須性確認費用を抑えるため、ファミリー特許の場合は主要国の特許だけを調べ、それ以外についてはSEP保有者に必須性を確認させる、③ 独立した評価者が必須性を評価し、必須性が確認された場合にクレームチャートを含めたSEP情報をデータベース化して利害関係者に情報提供する、④ 標準実施者がSEPの必須性について争えるよう迅速かつ低廉な手続を導入する、⑤ SEP保有者に標準採択後速やかに必須性確認を求める—などである。

（3） 有効性

SEPの有効性を確認する方法について、報告書は① SEPの有効性が担保されるよう標準化機関が標準関連文書を特許庁と共有する、② SEPに対する異議申立制度を導入する、③ SEP保有者にAIによる公知例調査を奨励し、特許庁の審査を改善する、④ 第三者機関にSEPの有効性審査を委ねる、⑤ これらの手続をSEPに対する無効裁判の前に義務付ける—ことを提案する。

4．バリューチェーンのライセンスの在り方

SEP保有者が「license to all」と「access to all」のどちらに依拠すべきか—これは、SEP保有者が価値連鎖（バリューチェーン）のなかでライセンシーを

自由に選べるかどうかという問題である。この点についての有識者の見解は分かれ、議論は以下の３原則に収斂《しゅうれん》した。

①　特定バリューチェーンへのライセンス

特定部品（例えばスマートフォンの「チップ」や「汎用部品」）のサプライヤーに対するライセンスは経済学的な観点で考えるべきである。関連SEPが全てライセンスされた場合には「取引コスト」が減少し、他のサプライヤーとのロイヤルティー過不足問題が生じない。これらの要素を考慮する場合、SEP保有者とサプライヤーとの間に水平的・垂直的な協調が存在することが前提となる。

②　SEPポートフォリオのFRANDロイヤルティー

バリューチェーンのどのレベルのサプライヤーであろうと、そのサプライヤーがライセンスを得る場合にはSEPポートフォリオのロイヤルティーは同一であるべきである。つまり、ライセンシーが自動車メーカーであろうと部品サプライヤーであろうとロイヤルティーは同一であるべきである。

③　FRANDロイヤルティー

FRANDロイヤルティーは最終製品価格に含まれるべきである。部品サプライヤーが自分の利益を吐き出してSEPロイヤルティーを支払うような状況は避けなければならない。バリューチェーンの上流に対するライセンスの場合、部品サプライヤーがライセンスコストを価格に上乗せできるようにすべきであり、そのためにはバリューチェーンの垂直的な協調についての協議が必要となる。

5．FRAND条件をどのように判定すべきか

（1）「公正・合理的」なロイヤルティーとは何か

SEPライセンスのロイヤルティーは、その「ベース」を決定し、それに「料率」を掛けて算出する。「ベース」として使用される数値は、最終製品や中間製品の販売額、特許技術を使用した最小販売可能特許実施ユニット （SSPPU）など、その種類は多い。通常、「料率」や「定額ロイヤルティー」が使用される。ロイヤルティーに上限が設けられる場合もある。

特許技術が本来持つ価値を超えた「過分の」ロイヤルティーを求めることは、「公正・合理的」とはいえず、標準実施品に使用されたことで生み出される「付加的な価値」を回収しようとすることも「公正・合理的」とはいえない。

SEP保有者が提示した条件が本当に「公正・合理的」であるかを判定するための方法として幾つかのアプローチがある。どのアプローチを採用するかは個々のケースにより異なる。様々なアプローチを組み合わせてもよい。例えば「ライセンス事例比較アプローチ」により幾つかの契約事例を比較し、その結果を「トップダウン・アプローチ」で検証することもできる。その結果は想定範囲を示すものであって、正確な数値を特定するものではないことに注意が必要である。

（2） ライセンス条件が非差別的となる場合

FRAND宣言とはSEPライセンスを非差別的にする旨のSEP保有者による約束である。非差別的にするという約束をしたライセンサーは、同じ状況にあるライセンシーを同等に扱わなければならない。提示条件が非差別的かどうかは公正・合理的の基準と切り離して独自に判断されるものではない。

① License to All

ライセンス条件を非差別的にすると宣言したからといって、全てのライセンシーに同一条件でライセンスすることが求められるわけではない。ライセンサーは市場に応じた異なるライセンス条件を提示できる。その場合、ライセンサーはロイヤルティーが市場の状況（販売量、ロイヤルティー支払の確実性、地理的範囲など）に応じて異なることを客観的に正当化できなければならない。

数量割引、一括割引、及び年間ロイヤルティーの上限は、同様の状況にある競合他社に提供される場合には一般的に受け入れられるが、それがライセンサーに追加の利益をもたらさずに一部又は複数のライセンシーを大幅に優遇する場合は許容されない。

② 非差別的の判定

SEP保有者が提示する条件が非差別的であるかどうかは、類似する業種・業界のライセンシーに対するライセンス条件と比較することで判断できる（ライセンス比較事例アプローチ）。

しかし、実際にはライセンス契約に非開示義務があるため、ライセンス条件の内容を第三者が検証することは容易ではない。

報告者は、この問題を解決するため「レポジトリー」（データベース）を設置し、既存のSEPライセンス契約のデータを蓄積することを提案する。レポジトリーに蓄積されたデータについては裁判所や独禁当局など、特定の機関による限定された使用目的でのアクセスが認められる。

6．交渉促進と紛争処理をどのように進めるか

SEP保有者と標準実施者のライセンス交渉は、SEP保有者が標準化機関に対して行ったFRAND宣言を前提とする。また、SEP保有者の差止請求は、欧州連合司法裁判所（CJEU）の「ファーウェイ対ZTE」判決に準ずる。ファーウェイ判決は両当事者に誠実交渉を求めるため、交渉当事者はライセンスに「前向きである」ことを立証しなければならない。

SEP問題には複雑な利害関係が絡むことから、その解決のために第三者のライセンス契約と照合することが必要となる。これはファーウェイ判決では解決できない問題であり、報告書は以下のように提案する。

（1）ライセンス契約の透明性

ライセンス契約の透明性は、SEPライセンス契約の情報をデータベース化すれば改善できる。交渉当事者がデータベースにアクセスできるようにすれば、ある程度の透明性は確保される。

この点について報告書は、① 標準実施者が標準実施品の販売前にライセンスを取得できるようSEP保有者が特許の必須性を実証すること、② 15品目の標準実施製品に標準的なライセンス条件を明示すること―を提案する。

また、標準実施者がSEPライセンスを求めないときにはそれを「ホールドアウト」とみなし、ペナルティーとしてFRANDロイヤルティーより高いライセンス料を課すことも提案している。

SEP保有者が標準的なライセンス条件を開示しない場合の対策として、標準実施者が上市した製品を標準化機関のデータベースに登録しておき、善意の証明に後日利用する方法が提案されている。標準実施者が事前登録を行わない場合には、制裁としてFRANDロイヤルティーよりも高いライセンス料を支払うことになる。

（2） 交渉促進策

報告書は、ライセンス交渉の当事者間の話合いを促進し、不当な交渉の引き延ばしを防止する方策として悪意の当事者に「ペナルティー」を科すことを提案する。裁判所がライセンシーの悪意を認定した場合、ライセンシーはFRANDロイヤルティーに加えて追加の実施料が求められる。ライセンサーに悪意が認められる場合の制裁は「FRANDロイヤルティーの割引」である。

（3） 裁判所の裁定

交渉当事者がライセンス条件に合意しないとき、裁判所がFRANDロイヤルティーを裁定すべきかどうかについては、２つの対立する意見が出された。報告書は、① 両当事者にFRANDロイヤルティー案を出させ、どちらの案がより妥当かを裁判所が判断する、② SEP保有者にFRANDロイヤルティー案を提示させ、ライセンシーがその受入れを拒絶したときに裁判所が非FRANDの理由の立証をライセンシーに求める―という両論を併記している。

（4） 外部団体による評価

裁判所が交渉当事者間の紛争に関わる事項について外部専門家の評価や和解提案を積極的に利用すべきかどうか、幾つかの見解が示されている。その中で代表的なものが、① 外部の評価結果により訴訟当事者が拘束されるべきではない、② 裁判所は専門家の理由を参考意見にとどめるべき―などである。

7. パテントプール

SEP件数と保有者数が飛躍的に増加した結果、多数の標準を実施するIoT関連商品には数多くのSEPライセンスが必要となるため、パテントプールがライセンス実務の煩雑さを解消する方法として有力視されている。パテントプールは「取引コスト」の低減をもたらし、全SEPのロイヤルティーを一括払できるメリットがある。

パテントプールの魅力を更に向上させるにはSEPの捕捉率を高めなければならない。報告書はこの点について、標準採択後できるだけ早くパテントプールに含まれることが可能となるよう、標準化機関が早期に外部団体によるパテントプールの形成を促すべきであると提案する。

（1） 公営ライセンス管理団体の設置

SEP保有者が複数存在する場合、パテントプールを立ち上げ、運用できるようになるまでに相当の時間がかかる。そこで報告書は、希望者ができるだけ早く全ての欧州関連SEPライセンスを受けられるよう、パテントプールの正式運用が始まるまでの間、暫定的な公営ライセンス管理団体を規則で定めるべきであると提案する。

（2） 共同パテントプール

IoT製品は多数の標準を用いるため、パテントプールの使いやすさを担保するための方法が提案された。製品に使用される同一技術や機能に関する一群のパテントプールを傘下に持つ「共同パテントプール」を形成することである。

これによりライセンサーとライセンシーの両方に取引コストの低減効果が期待できる。また、標準実施者が共同でライセンス交渉できるようになれば、取引コストの低減は更に進む。その場合、共同パテントプールの運用管理のために規則を制定することが必要となる。

（藤野 仁三）

4．中国のSEPガイドライン

［内　容］

中国におけるSEP関連ガイドライン・レポートは複数示されているが、本稿では中国において知的財産権の行使が濫用的であり独占禁止法違反になるとする場合の評価基準（考慮要素）の明確化を目的として策定された中国国務院の直轄機関である中国国家市場監督管理総局（SAMR）によるガイドラインを取り上げて解説する。なお、中国独占禁止法は2022年に改正が行われた。本稿で解説するガイドラインは、改正前のものに対応したものであり、現在改訂作業が進んでいる。

1．はじめに

中華人民共和国（以下、「中国」という。）における中華人民共和国独占禁止法（以下、「独禁法」という。）は、知的財産権制度と共通し、市場競争の保護とイノベーションの奨励、効率性の確保などを目的としている。そして、知的財産権の行使は、独禁法の適用から除外されている。しかしながら、一律に除外されるわけではなく、濫用的であり市場競争を排除・制限する場合には、独禁法が適用されることになる。しかしながら、「濫用的」とされる場合については必ずしも明確ではなく、独禁法の保護を高め過ぎれば知的財産権の保護を十分に図れなくなることが懸念されため、具体的なガイドラインの制定が市場から求められていた。そこで、中国国務院（State Council of the People's Republic of China）独禁法委員会（反垄断委员会）は、「国務院独占禁止委員会による知的財産権分野に関する独占禁止指南（国务院反垄断委员会关于知识产权领域的反垄断指南）」（以下、「ガイドライン」という。）を2019年１月４日に成立させ、同国務院の直轄機関である中国国家市場監督管理総局（SAMR：State Administration for Market Regulation）が2020年９月18日に公布した。

なお、SAMRは、2018年に行われた政府機関の再編で設立された局であり、品質監督検査検疫局（AQSIQ)、中国食品薬品監督局（CDFA)、国家工商行政管理局（SAIC）がそれぞれ担っていた市場規制機能を１つの局に統合したものである。このガイドラインは、2017年３月に草案が公表されており、意見募集を経て成立したが、おおむね日米欧などのガイドラインと類似する点も多く、これらを意識して策定されたものと思われる。

２．ガイドラインの位置付け

中国においてSEP関連のガイドライン・レポートは、複数示されている。ガイドラインであるため、法的拘束力があるわけではないが、リーガルリスクが指摘されることが少なくない中国での事業活動においては、これらに頼り潜在的な問題をできる限り回避せざるを得ないと思われる。

従来は、2015年に国家工商行政管理局が公表した「知財権濫用による競争排除・制限行為の禁止に関する規定」があったが、これを更に具体化したものである。例えばガイドラインでは、各契約において独禁法に違反するシチュエーションを列挙していることや、評価するための包括的な枠組みを示しているという特徴がある。そのため、従来よりも事業者が法的安定性を確保することができるようになったと評価できると思われる。

中国SEP関連ガイドライン・レポート

2015年：知財権濫用による競争排除・制限行為の禁止に関する規定
〈国家工商行政管理局（SAIC)〉
2017年：専利権侵害判定指南（北京高級法院）
2018年：SEP紛争事件審理に関する指南（試行）
（広東高級法院）
2019年：知的財産権分野に関する独占禁止指南
〈中国国務院国家市場監督管理総局（SAMR)〉
2020年：SEP訴訟における法的問題と対策に関する調査報告書
（北京高級法院）
2021年：SEP禁訴令に関する最高人民法院の見解
2021年：5G＋産業SEP発展動向〈工業信息化部（MIIT）中国信息通信研究院〉

３．評価方法について

ガイドラインは、独占禁止法違反となる場合に関する評価のフレームワークについて４つの項目を原則として挙げている。

評価に伴う原則／ガイドライン２条（分析原則）

(ⅰ)他の財産的権利と同一の規制基準を採用し、独占禁止法に係る規定に従うこと。
(ⅱ)知的財産権の性質を考慮すること。
(ⅲ)事業者が知的財産権を保有していることを理由に、関連市場において市場支配的地位を有していると推定されないこと。
(ⅳ)個別具体的な状況に応じて、関連行為が効率性とイノベーションに与える好影響を考慮すること。

そして、評価のステップとして、以下の４項目を挙げている。

評価ステップ／ガイドライン３条（分析方法）

(ⅰ)行為の特徴と表現、及び独占的行為となり得るか否か評価する。
(ⅱ)関連市場を決定する。
(ⅲ)基礎となる行為が市場競争に与える排除・制限の影響を評価する。
(ⅳ)イノベーションの促進と効率性の向上に与える競争促進効果を評価する。

ステップ２に関し、関連商品市場を定義するだけでは行為が競争に与える影響を評価できない場合を除き、関連技術市場を定義する必要はない。この点は、関連市場の定義に関する国務院独占禁止委員会のガイドラインを踏襲している。

ステップ３は、基礎となる行為が市場競争に与える排除・制限の影響を評価する。ここでは、通常、市場の競争状況を踏まえて、具体的な行為を分析する必要があるが、具体的な考慮要素についてはガイドライン５条に示されている。

競争を排除・制限し得る知的財産権に係る契約の具体例

１．共同研究開発（７条）	(ⅰ)事業者が共同研究開発と無関係な分野において、独立して、あるいは、第三者と連携して行う研究開発を制限する場合。 (ⅱ)事業者が共同研究開発の完了後に行う後続の研究開発を制限する場合。 (ⅲ)事業者が共同研究開発と無関係に研究開発した新技術又は新製品に係る知的財産権の帰属と行使を限定する場合。

2．クロスライセンス（8条）	(ⅰ)排他的ライセンスである場合。 (ⅱ)第三者の市場参入の障壁を構成する場合。 (ⅲ)川下市場の競争を排除・制限する場合。 (ⅳ)関連商品のコストが向上する場合。
3．排他的グラントバックと独占的グラントバック（9条）	(ⅰ)ライセンサーがグラントバックについて実質的な対価を提供する場合。 (ⅱ)ライセンス当事者がクロスライセンスにおいて相互に独占的グラントバック又は排他的グラントバックを要求する場合。 (ⅲ)グラントバックが改良又は新しい成果を単一の事業者に集中させ、市場支配力を獲得又は増強させる場合。 (ⅳ)グラントバックがライセンシーの改善への積極性に影響を与えるかどうか。ライセンサーがライセンシーに上記の改良又は新しい成果をライセンサー又はその指定した第三者に譲渡するよう要求した場合、当該行為が競争を排除・制限するかどうかを分析する際には、同様に上記の要素を考慮する。
4．不争義務条項(10条)	(ⅰ)ライセンサーが全てのライセンシーにその知的財産権の有効性を疑わないことを要求する場合。 (ⅱ)不争義務条項に係る知的財産権のライセンスが有償である場合。 (ⅲ)不争義務条項に係る知的財産権が川下市場の参入障壁を構成する可能性がある場合。 (ⅳ)不争義務条項に係る知的財産権が他の競争的知的財産権の実施を阻害する場合。 (ⅴ)不争義務条項に係る知的財産権のライセンスが排他的である場合。 (ⅵ)ライセンシーがライセンサーの知的財産権の有効性を疑っており、これにより重大な損失を受ける可能性がある場合。
5．標準の策定（11条）	(ⅰ)正当な理由なく、他の特定の事業者を排除する場合。 (ⅱ)正当な理由なく、特定の事業者の関連提案を排除する場合。 (ⅲ)他の競争的標準を実施しないことを約束した場合。 (ⅳ)標準に含まれる知的財産権の行使に必要かつ合理的な制約メカニズムがある場合。
6．その他の制限(12条)	(ⅰ)知的財産権の使用分野を制限する場合。 (ⅱ)知的財産権を利用して提供される商品の販売又はルート、範囲又は対象を制限する場合。 (ⅲ)事業者が知的財産権を利用して提供する商品数を制限する場合。 (ⅳ)事業者が競争関係にある技術を使用するか、競争関係にある商

	品を提供することを制限する場合。 これらの制限は通常、商業的合理性があり、効率を向上させ、知的財産権の実施を促進することができると認められ得るが、市場競争を排除・制限する可能性もある。 評価を行う際には、以下の要素を考慮することができる。 （ⅰ）制限される内容、程度及び実施形態 （ⅱ）知的財産権を利用して提供される商品の特徴 （ⅲ）制限と知的財産権のライセンス条件との関係 （ⅳ）複数の制限が含まれている場合。 （ⅴ）他の事業者の保有する知的財産権が代替技術である場合に、同一又は類似の制限を実施していたことが認められる場合。

ステップ４は、いわゆる「適用除外」について示しており、事業者の行為がイノベーションと効率性の観点から好影響を及ぼすか否かについて評価する。この評価は厳格であり、ガイドライン６条に掲げられた以下の５つの項目を全て満たす必要がある。

（ⅰ）当該行為と、イノベーションの促進又は効率性の向上との間に因果関係があること。
（ⅱ）他のイノベーションの促進、効率性の向上に係る行為と比べ、事業者の合理的な事業選択の範囲内で、当該行為による市場競争への排除・制限の影響が小さいこと。
（ⅲ）当該行為が市場競争を排除したり、深刻に制限したりしないこと。
（ⅳ）当該行為が他の事業者のイノベーションを大きく阻害しないこと。
（ⅴ）消費者がイノベーションの促進、効率性の向上により生じた利益を共有できること。

なお、これらの項目は、ガイドライン公布時の改正前中国独占禁止法（中華人民共和国反垄断法）が禁止している項目の一つである独占的協定に係る適用除外（15条）と整合性があるものと思われる。

４．競争を排除・制限し得る知的財産権に係る契約

ガイドラインでは、知的財産権に係る契約のうち、競争を排除・制限し得る場合について６つの具体例を示している（ガイドライン７条～12条）。これらの具体例に挙げられている契約のうち、特に共同研究開発やクロスライセンス

はビジネスにおいて通常行われている契約であり、イノベーションや競争促進効果があることはガイドラインでもそれ自体を問題視しているわけではない。しかしながら、市場競争を排除・制限し得る可能性もあることから、その場合の考慮要素について説明している。

以上、６つの具体例によって評価項目が示されているが、これらは飽くまで例示であり、同じ契約であってもケース・バイ・ケースで結論が異なる場合があると思われる。

また、これらの契約に関し、13条にセーフハーバーを規定している。セーフハーバー規定とは、事業者が締結した知的財産権に関わる協定が、市場競争に排除的・制限的な影響を与えるという反対の証拠がない限り、セーフハーバーに該当し、通常は独占禁止法13条１項６号及び14条３項による独占協定とはみなされない。

5．知的財産権に係る市場支配的地位の濫用行為

知的財産権に係る市場支配的地位の濫用行為の認定には、独占禁止法第三章の規定を適用し、関連市場を確定し、事業者が市場支配力を有しているかどうかを考慮した後に、個別具体的な状況に応じて、当該行為が「知的財産権を濫用して競争を排除、制限する行為」を構成するかどうかを具体的に評価する。典型例としては、過剰な価格設定、ライセンス拒否、抱き合わせ、不合理な条件、差別が挙げられる。

6．交渉促進と紛争処理をどのように進めるか

事業者が、知的財産権に係る取引により、他の事業者への支配権を取得したり、決定的な影響を与えたりすることができる場合、事業者に支配力が集中すると評価できる場合がある。その場合の考慮要素は、知的財産権が独立した業務を構成するか、知的財産権が前の会計年度において独立かつ計算可能な売上高を生じたかどうか、知的財産権のライセンスの方法及び期限について評価される。

なお、事業者に支配力が集中しているかについての審査は、改正前独占禁止法27条に規定する要素を考慮するとともに、知的財産権の特徴も考慮することになる（ガイドライン21条）。

7．知的財産権に係るその他の状況（ガイドライン第５章）

①　パテントプールに係る特殊な問題（ガイドライン26条）

パテントプールに関し、通常、取引コストを低減し、ライセンス効率を向上させることができ、競争を促進する効果があることを前提としつつも、競争を排除・制限する可能性があることから、その評価に伴う考慮要素について列挙している。

(ⅰ)関連市場のシェアと支配力
(ⅱ)パテントプールにおける特許の代替関係
(ⅲ)パテントプールメンバーが単独で対外的な特許又は研究開発に係る技術ライセンスを制限しているかどうか。
(ⅳ)事業者がパテントプールを通じて商品価格、生産量などの情報交換を行っているかどうか。
(ⅴ)事業者がパテントプールを通じてクロスライセンス、独占的グラントバック若しくは排他的グラントバックを行い、不争義務条項を締結し、又はその他の制限などを実施しているかどうか。
(ⅵ)事業者がパテントプールを通じて特許を不公平な高値でライセンスし、抱き合わせ販売を行い、不合理な取引条件を付加し、又は差別的待遇などを実施しているかどうか。

②　標準必須特許（SEP）に係る特殊な問題（ガイドライン27条）

SEPを有する事業者が市場支配的地位を有しているかどうかを認定するための評価基準としては、ガイドライン14条に規定する「知的財産権に係る市場支配的地位の濫用行為」に基づくことになる。これに加えて、以下の要素を同時に考慮できる。

(ⅰ)標準の市場価値、応用範囲、程度
(ⅱ)代替関係にある標準又は技術の存在と代替関係にある標準又は技術を使用する可能性（転換コストも含む。）
(ⅲ)関連する標準に対する業界の依存度
(ⅳ)関連する標準の進化状況と互換性
(ⅴ)標準に組み込まれた関連技術が代替される可能性

市場支配的地位を有する標準必須特許権者が、裁判所又は関連当局に知的財産権の使用を禁止する旨の判決、裁定又は決定を下すよう請求することによって、ライセンシーにその提案した不公平で高価なロイヤルティー又はその他の不合理なライセンス条件の受入れを迫った場合には、競争を排除・制限する可能性がある。具体的な評価については以下を考慮する。

(ⅰ)交渉過程において交渉双方が行った行動及び表明した真意
(ⅱ)標準必須特許に関連して負担させられる条件
(ⅲ)交渉過程において双方が提案したライセンス条件
(ⅳ)裁判所又は関連当局による当該知的財産権の使用を禁止する判決、裁定又は決定がライセンス交渉に及ぼす影響
(ⅴ)裁判所又は関連当局が当該知的財産権の使用を禁止する判決、裁定又は決定を下すよう求めることが、川下市場における競争及び消費者の利益に与える影響

8．おわりに

中国は、独禁法の役割が高まっていることから2022年に同法を改正した。これを受けてSAMRは、「知的財産権の濫用による競争排除・制限の禁止に関する規定」の草案を公開し、新たなガイドラインの策定に向けて動いていることから、近年中に改正法に則したものになると思われる。

ガイドラインのほかにも、知的財産分野（SEP関連）については、中国司法当局による見解が示されていることや、産業界向けに政策の企画をし、実施を担う行政機関である工業情報化部［MIIT］の研究機関である中国情報通信研究院によるレポートが参考となる。そのため、これらを併せて検討していく必要がある。

（安田 和史）

5．米国におけるSEP政策の変遷

［内　容］

米国司法省、米国特許商標庁などの政府機関は、2013年、標準必須特許（SEP）の保有者と実施者のバランスを保ちつつイノベーションを創出し、次世代の技術標準においても米国が強力な立場を維持し続けることを目的として、FRAND条件でライセンスすることが約束されたSEPの救済範囲について政策声明を発表した。その後、同声明は撤回され、2019年に新たな政策声明が発表されるなど、状況は目まぐるしく変化したが、2022年6月にはその2019年の政策声明も撤回されることになった。本稿では、米国のSEP政策の変遷をたどっていく。

1．背景

標準必須特許（SEP）は、その性質上、その技術標準が搭載される製品を製造・販売する者によって必ず実施されるため、特許権侵害の回避が事実上不可能になる。このような背景の下、SEP保有者がSEP実施者に対し、差止請求により実施者のビジネスを止めるリスクをちらつかせて、法外なロイヤルティーを請求する「ホールドアップ問題」がスマートフォンの普及に伴い2010年頃から顕在化してきた。SEP実施者のビジネス参入への意欲をそぎ、その技術標準が世の中に普及しなくなるという事態につながるおそれもあるホールドアップ問題を低減するため、標準化機関（SDO）はそのIPRポリシーにおいて、標準化活動に関わった特許権者は「FRAND条件」、すなわち合理的かつ非差別的な条件でそのSEPのライセンスを行う旨を宣言させるルールを設けることが多い。

一方、SEP実施者がSEP保有者に課されるFRAND義務を逆手に取り、SEPによる差止請求が認められるリスクが低くなるのをよいことにライセンス交渉に臨まなくなるなど、SEP実施者の立場が強くなる「ホールドアウト問題」も生じてきた。

このような状況の下、イノベーション創出に資する特許制度の枠組みを維持しつつ、FRAND条件でライセンスすることが約束されているSEPについてSEP保有者と実施者のバランスを保ち、将来にわたって主要技術の技術標準を先導する米国の強力な立場を維持するため、米国司法省（DOJ）反トラスト局や米国特許商標庁（USPTO）などが政府機関としてSEPに関する政策声明（以下、「2013年のSEP政策声明」という。）を発表した。

2．2013年のSEP政策声明（Policy Statement）

DOJとUSPTOは、FRAND条件でライセンスすることを約束した特許権者が利用可能な救済の範囲、すなわちSEPに基づく差止命令による救済（injunctive relief）や関税法337条に基づく排除命令（exclusion orders）による救済が認められるべきかどうかについて見解を示した。この政策声明[1]ではまず、特許制度は、発明者がリスクを冒して研究開発に投資するインセンティブを提供し、イノベーションと経済成長を促進させるシステムであり、新しい価値ある技術が導入されることにより、低価格、品質の向上、消費者の選択肢の増加などを通じて、社会全体に利益をもたらしていることを指摘している。そして、DOJとUSPTOは、他者を排除して特許発明を独占実施する権利は、特許権者が利益を得るために不可欠であると認識している。

一方、技術標準の策定に関わった参加者が所有する特許技術がその技術標準に組み込まれると、別の技術に切り替えることは困難で費用がかかるようになる。その結果、その技術の特許権者は市場支配力を獲得して不当に高いロイヤルティーを得る事態が想定されるが、これは商品に価格転嫁され、消費者も損害を被る可能性がある。このような事態を避けるために、SDOは標準化の参加者に技術標準に関連したSEPをFRAND条件でライセンスすることを義務付けて、特許技術の利用と、マーケット拡大による特許権者の収益確保のバランスを取っている。

2013年のSEP政策声明では、FRAND条件でのライセンス義務を負うSEPに基づく差止命令又は排除命令による排他的救済の適用には慎重であるべきとし、損害賠償などの金銭的な補償による解決を推奨した。

1　“POLICY STATEMENT ON REMEDIES FOR STANDARDS-ESSENTIAL PATENTS SUBJECT TO VOLUNTARY F/RAND COMMITMENTS”（https://www.justice.gov/atr/page/file/1118381/download）

ただし、排他的救済を全て禁止しているわけではなく、状況によっては、差止命令や排除命令が適切な救済策となる場合があることを明示している。

3．2013年のSEP政策声明の撤回

トランプ大統領の共和党政権の時代になると、DOJは2013年のSEP政策声明を2018年に撤回し、後にUSPTOもそれに続いた。その背景として、同声明がFRAND宣言の対象となるSEPに関する紛争には独自の法的規則を適用すべきであり、差止命令やその他の排他的救済は、SEPの侵害訴訟では利用できない旨を示すものだと誤解されている、という懸念を挙げた。このような考えは特許権者と実施者との間でバランスの取れた特許制度に有害であり、ひいてはイノベーションの促進に害を及ぼすとしている。

こうしたことから、DOJとUSPTOは2013年のSEP政策声明を撤回し、国立標準技術研究所（NIST：National Institute of Standards and Technology）とともに新たなSEP政策声明を発表することになる。

4．2019年のSEP政策声明

2019年12月に新たに発表されたSEPに関する政策声明（以下、「2019年のSEP政策声明」という。）では、まずSEP保有者と、その技術を実装しようとする者との間の誠実なライセンス交渉を促すことが、特許訴訟に関連する費用やその他の負担を軽減させてイノベーションを促進、更には消費者の選択肢を増やし、ひいてはその業界の競争力を高めることを指摘している。

しかし、両当事者間のライセンス交渉が失敗した場合は、SEP保有者は適切な救済策を利用できるべきであり、そのことにより競争を維持し、次のイノベーション及び次世代技術の標準化活動への継続的な参加のインセンティブになるとしている。

つまり、2019年のSEP政策声明では、差止命令による救済や適切な損害賠償（金銭的補償）など、国内法で利用可能な全ての救済策は、FRAND条件でのライセンスを約束したSEPの特許権侵害に対しても利用可能であるべきであると述べている。

そして、特許権者によるFRAND宣言は、SEPの適切な救済策を決定するための考慮要素になるが、適切な救済方法を適用する際の障害とはならないことを明確にしている。

また、この政策声明は政府機関の見解を提供するものであり、法的拘束力はないことを確認している。

5．バイデン大統領による米国経済における競争

2021年7月、バイデン大統領は米国経済における競争促進に関する大統領令（Executive Order）を発令し、公正で開かれた競争力のあるマーケットを確保することが、これまで長期間にわたり米国経済の基礎となってきたことを指摘した上で、2019年のSEP政策声明が競争を適切に促進しているかどうかを調査するよう政府機関に指示した。具体的には、大統領令のセクション5（d）において、付与された特許の範囲を超えて市場支配力が反競争的に拡大する可能性を回避し、技術標準策定プロセスの濫用（abuse）から市場を保護するために、司法長官（the Attorney General）と商務長官（the Secretary of Commerce）に対し、知的財産と反競争法が交わる点に関して彼らの立場を修正するかどうかを調査するよう奨励している。

この大統領令に基づき、DOJ・USPTO・NISTが共同で発表した2019年のSEP政策声明を改訂するかどうかについて検討されることになる。

6．SEP政策声明のドラフト版（2021年）

この大統領令に応じた検討を行った結果、2021年12月6日、政府機関は修正されたSEP政策声明のドラフト版[2]を公表し、パブリック・コメントを募集した。このSEP政策声明ドラフトでは、SEP保有者と潜在的なSEPライセンシー（potential SEP licensees）の間の誠実な交渉（good-faith negotiation）を奨励しており、両当事者が誠実な交渉態度をとることにより効率的なライセンス供与が促進されれば、訴訟コストやその他の負担軽減につながるとしている。そして、SEP保有者及び潜在的ライセンシーが誠実な交渉をどのような態度で行うべきかについて、以下のような具体例を挙げて説明している。

まず、SEP保有者はSEPの潜在的なライセンシーに対して特許権侵害の可能性があることを警告し、SEPがどのように実施されているかについての情報を提供してFRAND条件でのライセンスオファーを行う。

2　“DRAFT POLICY STATEMENT ON LICENSING NEGOTIATIONS AND REMEDIES FOR STANDARDS-ESSENTIAL PATENTS SUBJECT TO VOLUNTARY F/RAND COMMITMENTS”（https://www.justice.gov/atr/page/file/1453471/download）

FRAND条件でライセンスを取得する意思がある潜在的なライセンシーは、提供された情報を評価し、交渉を進めるべく合理的な期間内に応答する必要がある。

具体的な対応として① ライセンスオファーを受け入れる、② FRAND条件でのカウンターオファーを行う、③ 特許の有効性及び特許権侵害に関する点など、オファーの条件について具体的な懸念を提起する、④ 争われている問題を中立的な団体によって解決することを提案する、⑤ SEP保有者に対し、オファーを評価するためにより具体的な情報を提供するよう要求する――ことを挙げている。

このような潜在的ライセンシーの対応に対し、SEP保有者は合理的な期間内に応答する必要がある。

具体的対応として、① カウンターオファーを受け入れる、② 元のオファーの条件に関する特定の懸念に対処し、新たなFRAND条件でのライセンスオファーを行う、③ 潜在的なライセンシーがオファーをより適切に評価できるように追加の情報を提供する――ことを挙げている。

そして、ライセンス交渉が決裂した場合は、両当事者が司法による解決を求めることに同意し、争われている問題を解決することを奨励している。

さらに、このSEP政策声明ドラフトでは、差止命令による救済を適用するための要件を提示した米国最高裁判所のeBay事件や、FRAND義務を負うSEPの侵害においても他の特許と同様にeBay事件で示された枠組みで差止命令による救済を利用できるとした連邦巡回区控訴裁判所（CAFC）の判断（アップル対モトローラ事件）についても触れている。

7．2019年のSEP政策声明の撤回

2019年のSEP政策声明及びその改訂案に対するパブリック・コメントの結果を検討した後、2022年6月、DOJ・USPTO・NISTは2019年のSEP政策声明を撤回[3]することが技術標準のエコシステムにおいて、競争とイノベーションを促進させることに最も役立つと結論付けた。

撤回する理由として、NISTのディレクターであるLaurieLocascio氏は「米国企業が国際標準に関与し、影響を与える能力を強化すること」を挙げている。

3　https://www.uspto.gov/sites/default/files/documents/SEP2019-Withdrawal.pdf

そして、利害関係者のパブリック・コメントの多くに共通するのは、米国の企業・業界が国際標準の開発に主導的な役割を果たすアプローチを確保することの重要性であると指摘している。

また、知的財産担当の商務次官でUSPTOのディレクターであるKathi Vidal氏は「USPTOは、より多くのイノベーションが創出されるインセンティブを確保し、そのイノベーションの影響力を最大化することに重点を置いている」とし、「新産業におけるグローバルリーダーシップの構築は、国際標準となる可能性のある技術の研究開発への投資を増やすことなしには実現できないこと」や「大規模な多国籍企業だけでなく、中小企業や新興企業からのグローバルな標準設定組織への米国の関与を更に強化する必要性」について指摘している。そのために、米国経済の持続可能で長期的な成長を促進するイノベーションに資するあらゆる手段をサポートするとしている。

また、DOJ反トラスト局のJonathan Kanter氏は「DOJがSEP保有者又は標準実施者による行為をケース・バイ・ケースで審査し、いずれかの当事者が市場支配力の反競争的な使用につながる慣行に関与しているかどうかを判断すべきであること」及び「このケース・バイ・ケースのアプローチが、FRANDライセンスに到達するための誠実な努力を促して反トラスト法執行政策の一貫性を生み出し、米国経済の重要分野で競争が促進されることにつながる」と指摘する。

その上で、バイデン大統領の大統領令に従って、各政府機関が、競争、標準開発、及び知的財産権の交わる点（intersection）に影響を与える問題について、適切に協力し続けていきたいと述べている。

8．解説

DOJ・USPTO・NISTが政策声明を発表してコントロールしようとした対象は、標準化活動に関わった特許権者がSDOに対して自発的に「FRAND条件でライセンスすること」を約束したSEPである。このFRAND宣言は非差別的に誰に対してもライセンス権を付与する用意があることの表明であるため、SEP保有者がSEP実施者に対し、FRAND宣言されたSEPについての実施許諾を拒否したり、差止請求権を行使したりする行為はFRAND宣言と矛盾するとも考えられる。

SEP保有者が差止請求権の脅威を利用して高額のロイヤルティーを得ようとする行為は、その標準技術を搭載する製品への投資を思いとどまらせ、その標準技術の導入を遅らせ、更には製品価格の上昇につながり、消費者にも損害を与えるおそれがある。SEP実施者の立場を重視して、ホールドアップ問題を低減させることを目的に発表されたのが、民主党・オバマ政権下の2013年のSEP政策声明であり、差止命令などの排他的救済よりも、損害賠償などの金銭的な補償による解決を推奨している。

他方、標準技術を実施する者が、FRAND条件でのライセンスを受け入れない、あるいは悪意をもってライセンス交渉を遅らせるといった態度をとった場合に、SEP保有者が差止請求権を行使できずこの事態を解消するすべがないのであれば、技術標準化の開発プロセスに参加したり、自社の技術を標準化に貢献させたりしようとする特許権者のインセンティブを低下させることになる。SEP保有者の立場を重視し、ホールドアウト問題の解決を目的に発表されたのが、共和党・トランプ政権下の2019年のSEP政策声明である。FRAND宣言の対象となるSEPの侵害の場合であっても、通常の特許権と同様、差止命令による救済や金銭による補償など、全ての救済策が利用可能であることを明示している。

正式発表に至らなかったものの、2021年の政策声明ドラフト版では、SEP保有者とSEPの潜在的ライセンシーの間で誠実な交渉を行うことが、FRAND義務を負うSEPの広範かつ効率的なライセンス供与につながり、標準化のエコシステム全体に利益をもたらすとして、両当事者が誠実な交渉をどのように行うべきか具体例を挙げて指針を示している。

結局のところいずれの政策声明も撤回されることになったが、競争環境やイノベーションのインセンティブを確保し、米国の企業・業界が次世代の国際標準の開発においても主導的な役割を果たすことが重要であるという考え方は一貫しており、それを実現するためにはどのようなアプローチをとるべきかを熟考した結果の撤回であるといえる。

今後、FRAND宣言の対象となるSEPに基づく差止請求・排除命令の適用に関し、政府機関の見解が新たに発表されるか否かは定かではないが、SEP保有者とSEP実施者の両方の立場を満たす統一見解を示すことは困難であり、両当事者間の問題の解決はケース・バイ・ケースの判断に委ねることになりそうである。

時期	政権政党・米国大統領	出来事
2013年1月8日	民主党・ オバマ大統領	DoJ・USPTOによるSEP救済に関する政策声明を発行
2019年12月19日	共和党・ トランプ大統領	DoJが2013年のSEP政策声明を撤回
2019年12月19日	共和党・ トランプ大統領	USPTOも、2013年の政策声明を撤回 DoJ・USPTO・NISTによる新たなSEP政策声明を発表
2021年7月9日	民主党・ バイデン大統領	米国経済における競争促進に関する大統領令を発行。2019年のSEP政策声明の検討を指示
2021年12月6日	民主党・ バイデン大統領	新たなSEP救済の政策声明ドラフトについてパブリック・コメントの募集
2022年6月8日	民主党・ バイデン大統領	2019年のSEP政策声明の撤回を発表

（沖　哲也）

6．日本のSEPガイドライン

［内　容］

標準規格の普及や当該規格に必要な技術の複雑化により、SEPライセンスに関する紛争が世界各国で生じていることや、第４次産業革命により通信関連事業者のみならず、多種多様な事業者がSEPライセンス交渉や紛争の当事者となり得ることに伴い、ガイドラインの策定や速やかな改訂が求められている。本稿では独占禁止法を所管する公正取引委員会と特許法などを所管する経済産業省（特許庁を含む。）が公表したガイドラインを紹介するとともに、若干の解説を加える。

1．はじめに

標準必須特許（SEP）のライセンスに関する紛争が世界中で起きていることに鑑み、実務上のリスクをできる限り下げられるように各国でガイドラインの策定が進められてきている。

日本においても、公正取引委員会や経済産業省（特許庁を含む。）が中心となり、ガイドラインを公表している。

SEPは、標準規格に準拠した技術であることから、その規格を製品等に搭載する以上、技術を迂回することができないという事情がある。現在において通信規格は、IoT機器のみならず自動車などあらゆる業種で使用されており、異業種間交渉も今後活発に行われていくことが予想されている。そのため、事業者においては紛争を未然に防止し、早期解決することが求められている。

なお、ガイドラインの紹介においては、SEPライセンスに関連するところを中心に紹介する。

2．公正取引委員会のガイドライン

公正取引委員会は、平成19年９月28日に「知的財産の利用に関する独占禁止法上の指針」を公表し、その後の平成22年１月１日及び平成28年１月21日に改訂している。この指針は、SEPに関する差止請求訴訟において独占禁止法の適用可否について具体的に示したものであり、実務上注目されるものである。

（1）　独占禁止法と知的財産法

公正取引委員会は、同ガイドラインの中で知的財産制度に関し「競争を促進する効果が生ずることが期待される」との前提を述べつつも、「その態様や内容いかんによっては、技術や製品をめぐる競争に悪影響を及ぼす場合がある」との懸念点（競争減殺効果）を示し、「技術の利用に係る制限行為についての独占禁止法の運用においては、知的財産制度に期待される競争促進効果を生かしつつ、知的財産制度の趣旨を逸脱した行為によって技術や製品をめぐる競争に悪影響が及ぶことのないようにすることが競争政策上重要である」とする。

そもそも、知的財産制度は、独占禁止法21条により「この法律の規定は、著作権法、特許法、実用新案法、意匠法又は商標法による権利の行使と認められる行為にはこれを適用しない」と規定されており、原則的には独占禁止法の適用除外となっている。しかしながら、例外的に「技術に権利を有する者が、他の者にその技術を利用させないようにする行為及び利用できる範囲を限定する行為は、外形上、権利の行使とみられるが、これらの行為についても、実質的に権利の行使とは評価できない場合は、同じく独占禁止法の規定が適用される」ことになる。

（2）　市場の画定

技術の利用に係る制限行為について独占禁止法上の評価を行うに当たっては、原則として、当該制限行為の影響の及ぶ取引を想定し、当該制限行為により当該取引の行われる市場における競争が減殺されるか否かが検討される。

具体的には、「取引される技術の市場、当該技術を用いて供給される製品の市場、その他の技術又は製品の市場を画定し、競争への影響を検討する」ことになる。

独占禁止法の評価を行う前提として、技術市場及び当該技術を用いた製品市場の画定が行われることになるが、「製品又は役務一般と異なるところはなく、技術又は当該技術を用いた製品のそれぞれについて、基本的には、需要者にとっての代替性という観点から市場が画定される」ことになる。

この際、技術市場の画定は、まだ当該技術が取引されていない分野に関しても、その影響力に鑑み、広く捉えられる場合があることに留意する必要がある。

（3） 競争減殺効果の分析

競争減殺効果は、「制限の内容及び態様、当該技術の用途や有力性のほか、対象市場ごとに、当該制限に係る当事者間の競争関係の有無、当事者の占める地位（シェア順位等）、対象市場全体の状況（当事者の競争者の数、市場集中度、取引される製品の特性、差別化の程度、流通経路、新規参入の難易性等）、制限を課すことについての合理的理由の有無並びに研究開発意欲及びライセンス意欲への影響を総合的に勘案し、判断」される。なお、原則として、製品シェアの合計が20％以下であれば競争減殺効果は軽微であると考えられる。

（4） 競争に及ぼす影響が大きい場合の例

ガイドラインでは、① 技術の利用に係る制限行為が競争者間で行われる場合、② 有力な技術に関しては市場の影響が大きいとしており、その例示として技術市場又は製品市場で事実上の標準としての地位を有するに至った技術を挙げている。

（5） 私的独占及び不当な取引制限

技術を利用させないようにする行為については、技術の利用に係る制限行為が、「他の事業者の事業活動を排除し、又は支配する」（独占禁止法２条５項）ものである場合には、私的独占の規定の適用が問題となり、「事業者が他の事業者と共同して、相互にその事業活動を拘束し又は遂行する」（独占禁止法２条６項）ものである場合は、不当な取引制限の規定の適用が問題となる。

① 私的独占の具体例（SEP関連抜粋）

A．パテントプールで他の事業者の事業活動を排除する行為

多数の事業者がパテントプールに参加し、プールの管理者から一定の製品市場において事業活動を行うために必要な技術のライセンスを受けて事業活動を行っている場合に、参加事業者の一部が、他の参加者に知らせることなく、プールの管理者からプールされている技術を買い取って他の参加事業者に使わせないようにする行為

B．FRAND宣言がされた標準必須特許に係るライセンス拒絶や差止請求訴訟の提起

FRAND宣言をした標準必須特許を有する者が、FRAND条件でライセンスを受ける意思を有する者に対し、ライセンスを拒絶し、又は差止請求訴訟を提起することや、FRAND宣言を撤回して、FRAND条件でライセンスを受ける意思を有する者に対し、ライセンスを拒絶し、又は差止請求訴訟を提起することは、規格を採用した製品の研究開発、生産又は販売を困難とすることにより、他の事業者の事業活動を排除する行為

C．技術の利用範囲を制限する行為

知的財産制度の趣旨を逸脱するなどと認められる場合は私的独占に該当する場合がある。

D．技術の利用に条件を付す行為

一定の取引分野における競争を実質的に制限する場合。例えば製品の規格に係る技術又は製品市場で事業活動を行う上で必要不可欠な技術（必須技術）について、当該技術に権利を有する者が、他の事業者にライセンスをする際、当該技術の代替技術を開発することを禁止する行為。また、代替技術を採用することを禁止する行為

②　不当な取引制限

パテントプールは、事業活動に必要な技術の効率的利用に資することが目的である。したがって、それ自体が直ちに不当な取引制限に該当することはない。しかしながら、特定の技術市場において、同じような技術について権利を有する者同士が、それぞれにパテントプールを通じてライセンスすることについては、問題が指摘される場合がある。

例えば以下のようなケースで競争を実質的に制限する場合は、不当な取引制限に該当し得る。

(ⅰ)ライセンス条件について共同で取り決める際、プールしている技術の改良を相互に規制する場合

(ⅱ)ライセンスする相手先を相互に制限する場合

(ⅲ)一定の製品市場で競争関係に立つ事業者が、製品の供給に必要な技術を

相互利用するためにパテントプールを形成し、それを通じて必要な技術のライセンスを受けるとともに、当該技術を用いて供給する製品の対価、数量、供給先などについても共同で取り決める場合

(iv)一定の製品市場において競争関係にある事業者が、製品の供給に必要な技術についてパテントプールを形成し、他の事業者へのライセンスは当該パテントプールを通じて行うこととする場合において、新規参入や特定の既存事業者に対するライセンスを合理的理由なく拒絶する場合

なお、パテントプールに関する公正取引委員会の考え方に関しては、公正取引委員会「標準化に伴うパテントプールの形成等に関する独占禁止法上の考え方」(公表：平成17年6月29日、改正：平成19年9月28日)にて詳述されている。

(6) 不公正な取引方法

技術を利用させないようにする行為等が不公正な取引方法として問題となる。技術を利用させないようにする行為とは、ライセンスを拒絶する行為等が考えられる。

例えばFRAND宣言をした標準必須特許を有する者が、FRAND条件でライセンスを受ける意思を有する者に対し、ライセンスを拒絶し、又は差止請求訴訟を提起することや、FRAND宣言を撤回して、FRAND条件でライセンスを受ける意思を有する者に対し、ライセンスを拒絶し、又は差止請求訴訟を提起することは、規格を採用した製品の研究開発、生産又は販売を困難とすることにより、当該規格を採用した製品の研究開発、生産又は販売を行う者の取引機会を排除し、又はその競争機能を低下させる場合がある。

当該行為は、当該製品の市場における競争を実質的に制限するまでには至らず、私的独占に該当しない場合であっても公正競争阻害性を有するときには、不公正な取引方法に該当する。

3．経済産業省のガイドライン

経済産業省は、第4次産業革命により、今後標準必須特許のライセンスなどが異業種間に及び複雑化していくことを予見し、標準必須特許のライセンス交渉の透明性・予見可能性の向上を通じて適正な取引環境を実現し、国内特許を含む標準必須特許のライセンス交渉に携わる権利者及び実施者がのっとるべき

誠実交渉の規範を示すものとして、「標準必須特許のライセンスに関する誠実交渉指針」(令和４年３月31日)(以下、「誠実交渉指針」という。)を公表した。

なお、これに続いて同省が所管する特許庁から「標準必須特許のライセンス交渉に関する手引き」(公表：平成30年６月、改訂：令和４年６月)(以下、「手引」という。) が改訂されている。

上記の位置付けは、「誠実交渉指針」が国内特許を含むSEPライセンス交渉に携わる権利者及び実施者がのっとるべき、我が国としての誠実交渉の規範であるのに対し、「ライセンス交渉に関する手引き」は国内外の裁判例や競争当局の判断、ライセンス実務等の動向を踏まえ、SEPライセンス交渉をめぐる論点を客観的に整理して策定した資料であるとの位置付けである。

なお、いずれも法的拘束力を持たず、将来の司法の判断を予断するものではないと説明されている。ただし、「誠実交渉指針」を引用する形で「手引」が改訂され、まとめられていることから、内容に重複する部分も多い上、後者の方が後に改訂されたこともあって、より踏み込んだ内容になっているように思われる。

（1） 標準必須特許のライセンスに関する誠実交渉

ライセンス交渉において誠実交渉義務を果たしているかという点は、国内外の関連裁判において重要なポイントになっている。しかしながら、何をもって誠実交渉義務を果たしているといえるのかという点について明らかではない。そのため、「誠実交渉指針」においては、国内外の企業等の意見や、我が国における知的財産法・競争法の有識者や産業界の意見を踏まえて策定している。

「手引」においては、SEP紛争に関し、「ホールドアップ」と「ホールドアウト」という２つの問題を背景として冒頭に挙げている。ホールドアップは、実施者が不利なライセンス条件を強いられるという問題であり、SEP紛争が始まった初期から現在に至るまで継続的に議論が続いており、依然として生じ得るものである。他方、SEP紛争において、差止請求が認められにくいことに鑑み、実施権者がライセンス交渉を拒否することや交渉を遅延することでライセンス料を得られないという「ホールドアウト」についても触れられている。

また、ライセンス交渉を行う事業者が異業種間交渉であるなどによりクロスライセンスによる解決が難しいことや、料率の相場観が異なることなどにより紛争などが起きかねないという不安の声が高まっていることを指摘している。

そこで、国内外の裁判例や競争当局の判断、ライセンス実務の動向に関する情報を収集し、論点整理を行ったものである。

「誠実交渉指針」では、FRAND宣言がなされたSEPのライセンス交渉における具体的なステップと各ステップにおいて権利者・実施者がそれぞれ誠実交渉義務を果たしたといえるために何をすべきかが分かりやすく示されている。この点は「手引」でも引用あるいは踏襲され情報が加えられており、両者を一緒に見ていくことで理解が進むものと思われる。

以下の図表は「誠実交渉指針」に示されたライセンス交渉の主要な４つのステップである。

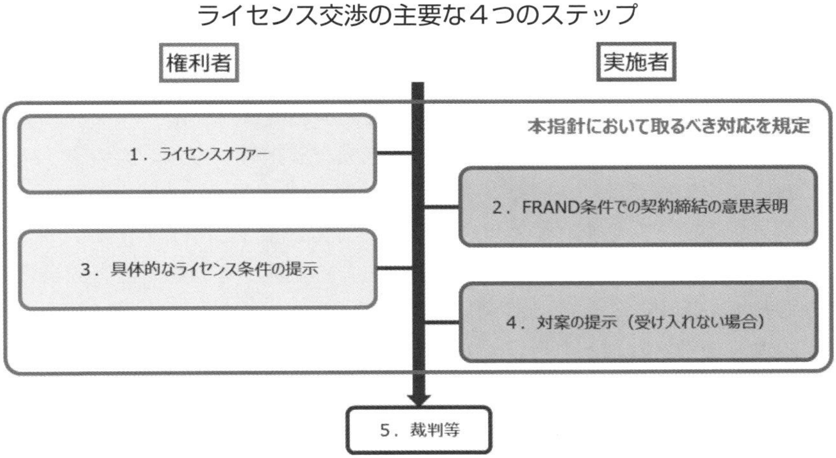

「誠実交渉指針」３頁「ライセンス交渉の主要な４つのステップに関するイメージ」参照

①　ステップ１：ライセンスオファー【権利者】

権利者は、実施者による権利侵害が疑われる場合は、当該権利侵害が行われていると思われる特許権を特定し、侵害の態様を明らかにした上で実施者とライセンス交渉などを行うことになる。「誠実交渉指針」では、このタイミングにおいて「権利者は、SEPに関するライセンスオファーを行う際、自ら又は実施者からの求めに応じて以下の事項を提示すべき」であるとする。

(ⅰ)特許番号のリスト
(ⅱ)特許請求項と規格を構成要件単位で対応させたクレームチャート（対象特許の件数が多い場合には代表的な特許に関するもの）
＊実施者が求める場合には、権利者は当該クレームチャートを秘密保持契約（Non-Disclosure Agreement、以下、「NDA」という。）の対象に含めないことが望ましい。
(ⅲ)実施者の製品が対応する規格に準拠していることを示す情報
(ⅳ)FRAND宣言がなされていることを示す情報及び対応する規格書の番号

②　ステップ２：FRAND条件での契約締結の意思表明【実施者】

FRAND宣言がされている特許である場合、実施者に対してライセンスのオファーがされることになると思われる。「誠実交渉指針」では、このタイミングにおいて「実施者は、ライセンスオファーを受けた場合、FRAND条件でライセンスを受ける意思を有する旨を表明することが望ましい」とする。

なお、「意思表示の前提として、対象特許の必須性・有効性・侵害該当性を争うことを留保することは、FRAND条件で誠実にライセンスを受ける意思を有する実施者であることを否定することにはならない」ことから、この点に関して十分な議論をすることができるものと思われる。

権利者は、「ライセンスオファーに当たり、実施者に弁護士・弁理士等への情報開示を妨げるべきではない」としている。

権利者・実施者ともにライセンス交渉において、解決の妨げになるようなことを行うと、誠実性を疑われることになりかねないということだと思われる。

③　ステップ３：具体的なライセンス条件の提示【権利者】

権利者は、実施者がFRAND条件での契約締結の意思を表明した場合、「実施者に対して、ロイヤルティーを含む具体的なライセンス条件を提示すべき」であるとする。「その際、権利者はロイヤルティーの算出方法に加えて、第三者ライセンスに関する情報、パテントプールの料率、裁判例等から適切な情報を用いて、当該ライセンス条件がFRANDであることを客観的に理解できるように説明すべき」である。

なお、この点「手引」においては、不誠実と評価される方向に働く可能性がある特許権者の行為として以下の４つを挙げる。

(ⅰ)FRAND条件を提示する前に、優位に交渉を進めることを目的として、FRAND条件によるライセンスを受ける意思を表明した実施者に対して、差止請求訴訟を提起する
(ⅱ)交渉中にもかかわらず、FRAND条件によるライセンスを受ける意思を表明した実施者の取引相手に対して、差止請求権を行使する旨の警告書を送付する。
(ⅲ)裁判例や比較可能なライセンス条件に照らして明らかに不合理なオファーを最初に提示し、交渉中もそのオファーに執着する。
(ⅳ)ロイヤルティーの算定方法やライセンスの提案がFRAND条件であることの説明をしない。

④　ステップ４：対案の提示（ステップ３のライセンス条件を受け入れない場合）【実施者】

実施者は、権利者からステップ３の提示を受けて、提示されたライセンス条件を受け入れないときは、権利者に対してロイヤルティーを含むライセンス条件を対案として提示すべきである。

対案として提示する場合には、具体的な根拠を示すことが望ましい。

例えばロイヤルティーの算出根拠、比較可能なライセンスがある場合にはその情報、パテントプールの料率、裁判例等から適切な情報を用いることが求められる。

以上が、「誠実交渉指針」における交渉ステップの解説（一部「手引」を参照）であるが、「手引」においては、ステップ５として「特許権者による対案の拒否と裁判・ADRによる紛争解決」が掲載されている。仮に特許権者が実施者による対案を拒んで合意に至らない場合や、当事者の一方又は双方が合意に至らない状態のまま時間が経過するのを望まない場合においては、裁判での紛争解決や、裁判外紛争解決手続（Alternative Dispute Resolution、以下、「ADR」という。）による解決をすることになる。

(2) 効率性

「手引」においては、ライセンス交渉を円滑に進めるための条件として、効率性の観点から以下の7つのポイントを挙げている。

① 交渉期間の通知

交渉にかかると予想される期間全体と各ステップで必要となる期間を相手方に知らせることが望ましいが、対象特許の数や技術の複雑さなどによって交渉期間が変わることになる。仮に交渉期間に猶予が欲しい場合には、相手に対して理解を得る努力をする必要がある。

② サプライチェーンにおける交渉の主体

製品を製造するに当たり、最終製品メーカーのみならず、サプライヤーが関係することがある。この場合、ライセンス交渉を最終製品メーカーのみとすることで足りるのか、サプライヤーとも交渉する必要があるのかという問題が議論されてきた。これに対して「手引」においては、サプライヤーが少数の最終製品メーカーに納品している場合は最終製品メーカーと交渉をまとめることが効率的であるという意見があることや、サプライヤーが多数の最終製品メーカーに納品している場合は、逆に当該サプライヤーと交渉した方が効率的だという意見を紹介しつつ、特許権の消尽とロイヤルティーの二重取りの問題が生じ得ることや、ライセンス料の負担の分配の問題が生じ得るとの意見も紹介している。

③ 機密情報の保護

秘密保持契約の締結により、情報開示がしやすくなるメリットがあるものの、裁判の証拠として採用できないことにならないように文言に留意する必要がある。

④ 交渉の対象とする特許の選択

特許権者が大量のSEPを保有している場合に、交渉の円滑化を目的に対象とする特許を限定する場合がある。また、SEPではない特許についても商業的価値がある場合に交渉の対象に含めるか否か議論する場合がある。

⑤　ライセンス契約の地理的範囲

ライセンス契約の地理的範囲に関して、地域を限定したものにするか、グローバルに適用されるものにするかについて検討する場合がある。なお、ライセンス契約の地理的範囲に関連し、SEPの国際裁判管轄について特許権は各国で独立しており、特許権に対する特許法の適用には属地主義が妥当するとされているものの、国際裁判管轄については属地主義とはまた別個に管轄の適否が判断される場合があることを紹介している〈Unwired Planet対ファーウェイ事件（本書第Ⅲ章B－８参照）〉。また、「外国の裁判の結果や判決の執行がある国での訴訟に影響を及ぼすと認められた場合などに、その外国における訴訟の開始や係属、判決の執行を禁止する命令（ASI）が下されることがあ」る〈ファーウェイ対Conversant（中国、最高人民法院、2020年）等〉ことに加え、反対にASIの主張が不誠実だと判断されたことがあると紹介されている〈インターデジタル対シャオミ（ドイツ、ミュンヘン地裁、2021年）〉。

⑥　プールライセンス

パテントプールは、「特許権者と実施者が幅広く参加すれば、ライセンス条件が両者の利益のバランスを踏まえたものとなり、複数当事者が個別に二者間で交渉する場合と比べて、ライセンス交渉の効率性を高められる場合があ」るが、「特許権者が個別にライセンス活動を行ったり、複数のパテントプールが存在したり、商業的必須特許など他の特許も保有する企業があったりするなど、標準に関するライセンス問題が１つのパテントプールで解決できない場合があ」る。

⑦　SEPの透明性向上

SEPの必須性や有効性に関する透明性が向上することは、ライセンス交渉の効率性向上につながるとして、欧州におけるSEP関連情報のデータベース整備に期待を寄せるものの、必須性を否定されたり無効にされるリスクが増したりするという意見があることを紹介している。

（3）　ロイヤルティーの算定方法

SEPライセンス交渉の前提として、合理的で非差別なロイヤルティーの基準がないことから権利者と実施者の間で争いが起きることになる。

（1）ロイヤルティー・ベース（算定の基礎）×（2）ロイヤルティー・レート（料率）というのが基本的な考え方であるが、技術が標準に組み込まれた後に加えられた価値や算定基礎の特定など、ロイヤルティー・レートをどのように算定するか意見の対立が見られる。

ロイヤルティー・レートとしてよく見られる考え方として① ボトムアップ型アプローチ（比較可能なライセンスを基準にする）と② トップダウン型アプローチ〈標準に係る全てのSEPが貢献している範囲（標準をカバーする全てのSEPのロイヤルティー料率の合計）として累積ロイヤルティー料率を算出し、その後に個々のSEPに配分する。〉がある。

なお、トップダウン型は、ロイヤルティー・スタッキングを回避するためにも有用であるとの意見がある。

料率を決定するその他の考慮要素としては、① ロイヤルティー料率を受け入れたライセンシーの数、② ライセンスの範囲、③ 特許の必須性・有効性・侵害の該当性、④ 個々の特許の価値等が総合的に考慮されることになる。

なお、SEPの特許権者は、実施者に対し、FRAND条件でのロイヤルティーを求めることができるが、そのロイヤルティーは非差別的である必要がある。ただし、何が非差別的かについては、論争がある。

4．おわりに

第４次産業革命によりあらゆる製品が通信環境を必要とすることになり、日本が強みを持つ産業分野が広くSEPライセンス交渉の当事者となることが見込まれる中、公正取引委員会や経済産業省が指針を示したことは、事業者の予見可能性が高まり紛争の円滑な解決が期待できるものと思われる。

（安田 和史）

7. 欧州委員会「SEPに関するEU規則案」(2023年4月27日)

［内　容］

欧州委員会は2017年に標準必須特許（SEP）に関するガイダンスを公表して以降、SEPをめぐる諸問題を解決する施策について検討を行ってきたが、2023年４月27日、IoT時代において中小企業を含め、発明を活用することによりEUの産業発展や競争力確保に貢献するためのSEP規則案を公表した。本規則案には、SEPの登録制度、規格必須性チェックの具体的運用手順などが定められている。まだドラフト段階であり、実際の導入のためにはEU議会での承認をはじめとして数々のハードルがあるが、SEP問題を解決するための全体的枠組みを示すものといえる[1]。

1．EU規則案提案の背景、目的

SEPライセンスに関わる諸問題は、4Gや5Gのモバイル通信技術だけでなく、IoT、コネクテッドカーなどの標準技術を採用する新技術にも波及し、更に多くの企業、特に中小企業が将来のSEPライセンス交渉に関わってくることが予想される。

SEPライセンス交渉の当事者であるSEPの保有者と実施者の間には、通常、そのSEPに関して保有する情報量に大きな格差が存在する。そのため、ライセンス交渉が遅滞し、訴訟によって解決するケースが多いという問題がある。

欧州委員会は2017年以降、このようなSEPをめぐる問題を解決する施策について検討を行ってきた（本書第Ⅱ章２～３参照）。本EU規則案はそれらの検討結果を考慮し、具体的運用手順に落とし込んだ内容となっている。すなわちSEPに関する情報を集約して公開することによりその透明性を高め、SEPライ

1　“Proposal for a regulation of the European Parliament and of the Council on standard essential patents and amending Regulation（EU）2017/1001”（https://single-market-economy.ec.europa.eu/publications/com2023232-proposal-regulation-standard-essential-patents_en）

センス交渉における公正、合理的、非差別（FRAND）な契約条件に関する意見の不一致をなくしてSEP紛争の解決を促進させるメカニズムを提供することを目的に、種々の規定が提案されている。

2．EU規則案において導入が提案された主な仕組み

本稿では、今回のEU規則案において新たに導入が提案された下記の仕組みを解説する。なお、本規則案の後段では条文形式で各規定について定められている。主要な条文番号も併記するので、興味がある方はそちらも参照されたい。

（ⅰ）欧州連合知的財産庁（EUIPO）に委託された任務を遂行するコンピテンスセンター（Competence Center）の設立

（ⅱ）その規格に関連するSEPのロイヤルティーの総額を知る仕組み⇒SEP保有者からコンピテンスセンターへの累積ロイヤルティー（Aggregate Royalty）の通知

（ⅲ）SEPの透明性を高めるための仕組み⇒SEPの登録

（ⅳ）登録されたSEPの質を確保し、過剰登録を回避するための仕組み⇒SEPの規格必須性チェック（Essentiality Check）

（ⅴ）合理的ロイヤルティーに関する当事者間の交渉を簡素化／迅速化する仕組み⇒FRAND条件の決定（FRAND Determination）

3．EU規則案の主な内容

（1） EU規則案の適用の対象（1条）

この規則案は、1つ以上の加盟国で有効なSEPに適用される。標準化機関（SDO）が発行した技術標準に関し、SEP保有者がFRAND条件に基づくライセンス供与を約束したSEPが適用対象である。一方、当該技術標準を発行したSDOが、関連するSEPをロイヤルティーフリーでライセンスすることを定めた知的財産ポリシーを採用している場合は、本EU規則案の適用対象外である。

（2） コンピテンスセンターの役割（3条）

コンピテンスセンターはSEPに関する透明性確保及びFRAND条件決定のサポートのために、「SEP用の電子登録簿と電子データベースの管理」「SEPの必須性を評価するためのシステムの管理」「FRAND条件の決定や累積ロイヤル

ティー決定のプロセスの管理」「評価者及び調停者の名簿設定、トレーニングの提供」などの業務を行う。

上記の登録簿、データベースを公開することにより、SEPの関係者はSEPやSEPライセンスについて知る必要がある全ての情報をワンストップで入手できるようになる。すなわちSEP実施者にとっては、ライセンスを取得する必要があるSEP保有者の情報を知ることができるなど、信頼できる情報源となる。SEP保有者にとっては、自らの特許群が他のSEP保有者の特許群とどのように比較されるかについて、より理解できるようになる。

また、コンピテンスセンターには、中小企業に対してSEPに関するトレーニング、サポート、一般的なアドバイスを提供し、SEPライセンスに対する意識を高める役割もある。

（3） コンピテンスセンターへの累積ロイヤルティーの通知（15〜18条）

その規格を搭載した製品を製造するメーカーなど、SEP実施者の立場からすると、その技術標準に関連する全てのSEPの潜在的な累積ロイヤルティー（ロイヤルティーの合計額）を知ることは、販売する製品のコスト算定に重要な役割を果たす。また、SEP保有者にとっても、累積ロイヤルティーが特定されれば期待される投資収益率の算出に有益である。予想される累積ロイヤルティーと特定の規格の標準ライセンス契約条件が公開されれば、SEPライセンス交渉の負担が軽減され、ライセンスのコストが削減される。そこで本規則案では、SEP保有者が共同して、コンピテンスセンターに対し、その規格の累積ロイヤルティーを通知することができる旨を定めている（15条）。

また、SEP保有者間で累積ロイヤルティー通知の合意が取れない場合も想定し、その規格について20％以上のSEPを保有する代表的なSEP保有者がコンピテンスセンターに対し、累積ロイヤルティーを決定するプロセスに参加する意欲のある調停者を任命するようリクエストする仕組み（17条）や、累積ロイヤルティーに関し専門家による拘束力のない意見（Non-binding Expert Opinion）を求める仕組み（18条）を設けている。

（4） SEPの登録手続（19〜25条）

コンピテンスセンターは、FRAND条件が適用される規格について、SEP登録用エントリーを作成し、SEP保有者に登録を促す通知を発行する（19条）。

SEP保有者はその通知の発行から6か月以内にSEP（少なくとも1つの請求項、標準規格名、Version／Release）を登録する必要がある。また、特定のSEPがこの期間後に特許庁で付与された場合は、特許発行から6か月以内にSEPの登録を行うことになる（図1を参照）。

この6か月以内のタイムリーな登録を奨励するため、SEP保有者はSEP登録するまでSEPの権利行使が制限されるという制度設計になっている。具体的には、定められた期限内にSEP登録をしなかったSEP保有者は、ロイヤルティーを受け取ったり、当該SEPの侵害に対する損害賠償を請求したりする権利を有しない（24条）。これはSEP登録を奨励するだけでなく、実施者に対する法的確実性を確保する意義もある。

SEPは特許満了となった場合、特許無効とされた場合、又は規格必須ではないことが判明した場合にのみ、SEP登録簿から削除される。

図1　SEP登録プロセス

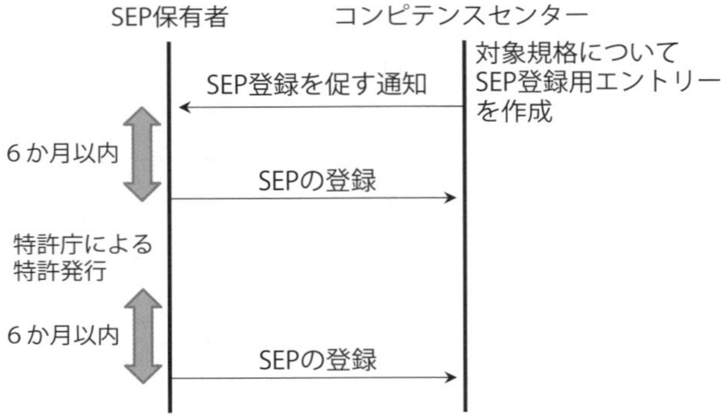

（5）SEPの規格必須性チェックの手続

SEP登録簿に登録されたSEPの質を更に高め、過剰登録を回避するために、規格必須性チェックがランダムに実施される。評価者は関連する技術分野の専門知識を有する中立な立場の者が担う。

このチェックはサンプリングベースで毎年行われるが、パテントファミリーごとに1回のみであり、ファミリー内で複数のSEPに実行されることはない（28条3項）。

SEP保有者又は実施者は、必須性チェックを行ってほしいSEPを１つの規格につき毎年100件まで指定できる。

必須性チェックの手続フローを図２に示す。

規格必須性チェックの対象特許の選択

・コンピテンスセンターが、SEP登録簿からサンプルを選択
・SEP保有者が、毎年最大100件の登録SEPを指定
・SEP実施者が、毎年最大100件の登録SEPを指定

図２　規格必須性チェックの手続プロセス

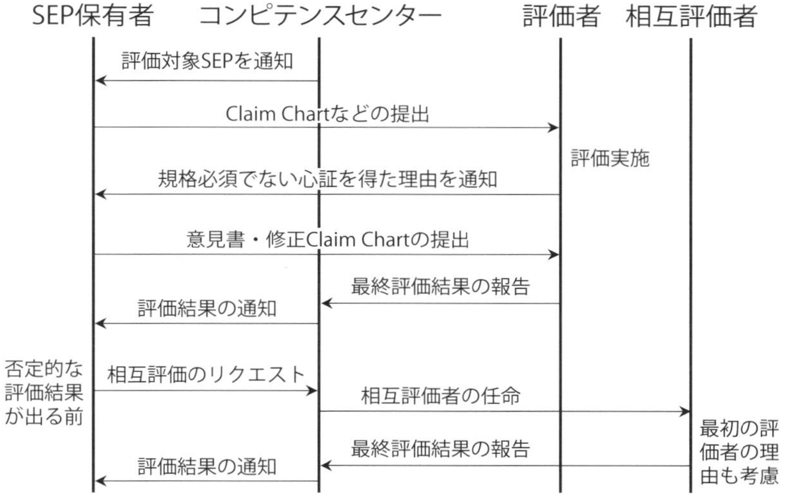

コンピテンスセンターはチェック対象のSEPをSEP保有者に通知する。SEP保有者は当該特許と規格書との対応関係を示すクレームチャートや関連技術資料を提出することができ（29条２項）、評価者はそれらを参考に評価を行う。もし評価者が対象のSEPは当該規格の必須特許ではない可能性があるとの心証を持った場合、評価者はコンピテンスセンターを通じてSEP保有者に対してその理由を通知し、SEP保有者は所定の期間内に反論する機会が与えられる。SEP保有者は意見書やクレームチャートの修正版を提出することができる。評価者はそれらの書面を検討して最終的な評価を行い、その結果をコンピテンス

センターに報告する。コンピテンスセンターはSEP保有者にその評価結果を通知する（31条）。

SEP保有者は否定的な評価が出る前に、コンピテンスセンターに対して相互評価（Peer Evaluation）を要求することができる。相互評価とは、最初の規格必須性チェックを実施した評価者以外の評価者によって、必須性チェックの予備的評価結果を再検討するプロセスである。相互評価の要求を受けたコンピテンスセンターは相互評価者を任命し、相互評価者はSEP保有者によって提出された全ての資料、最初の評価者の評価理由を考慮し、評価を行う。相互評価者はその結果をコンピテンスセンターに報告し、コンピテンスセンターはSEP保有者にその評価結果を通知する（32条）。

コンピテンスセンターは、規格必須性チェックの結果が肯定的か否かにかかわらず、評価結果を登録簿とデータベースで公開する。必須性チェックの結果に法的拘束力はなく、規格必須性に関するその後の争いは、裁判所で行われることになる。ただし、必須性チェックの結果は、ライセンス交渉、パテントプール、法廷においてそれらのSEPの規格必須性を証明する目的で使用され得る。

（6） FRAND条件の決定の手続（34～58条）

FRAND条件を決定する目的は、SEP実施者が公正かつ合理的なロイヤルティーでSEPを利用できるようにすることにより当該技術標準の利用を促進するとともに、そのイノベーションに対する公正かつ合理的な対価をSEP保有者に提供することである。FRAND契約条件に関する当事者間の争いを解決し、早期にFRANDライセンス契約を締結することができれば、SEP実施者とSEP保有者の双方にとって利益になる。本EU規則案では、FRAND条件を決定するための法廷外紛争解決メカニズムが適切に機能するよう、その決定手続を提案している。

この手続は、SEP保有者が加盟国の裁判所に特許権侵害訴訟を提起する前、又はSEP実施者が加盟国の裁判所にSEPに関するFRAND条件の決定を要求する前の必須のステップとなる（34条）。

各当事者はFRAND条件決定の手続に参加し、その結果に従うことを約束するかどうかを選択できる。当事者がFRAND条件の決定要求に応答しない場合、又は決定の結果に従うことを約束しない場合は、相手方当事者は手続の終了又は一方的な継続を要求することができる。

両当事者が手続に参加する場合、又は一方の当事者のみで手続が継続される場合には、コンピテンスセンターにより調停人が任命される。調停人は登録簿やデータベースで入手可能な全ての情報（他のFRAND条件決定に関する機密報告書を含む。）や専門家の意見を参照し、FRAND条件についての最終提案を行う。この一連のプロセスは、９か月以内に完了しなければならない。当事者は調停人の最終提案を受け入れる場合もあれば、受け入れない場合もある。

４．今後の流れ

欧州委員会によるこの規則案はまだドラフト段階であり、立法化されて実際に運用が始まるためには、欧州議会（European Parliament）や、評議会（Council on Minister）での審議、承認手続、更には欧州委員会、欧州議会、理事会の三者協議などの立法化手続を経る必要がある。

欧州委員会の規則案は、基本的な枠組みは変わっていないものの、欧州議会の委員会によって、多数の修正が加えられ、2024年２月に欧州議会が可決した。修正された内容については、欧州議会のウェブサイトに項目ごとに列記されているので参照されたい[2]。2024年11月現在、評議会において審議中であるが、立法化までにはまだ時間がかかる見込みである。

５．解説

標準規格に採用された技術を搭載した製品に関するビジネスをこれから立ち上げようとする者は、その製品を製造・販売する際、当該規格のSEP保有者に対し、どの程度の金額の特許ロイヤルティー（累積ロイヤルティー）を支払うことになるのか見通しが立たなければ、当該ビジネスに参入するか否かの判断もできない。また、既にビジネスを立ち上げていた場合は、SEP保有者からライセンスオファーを受けることもあろう。その場合、SEP実施者はそのSEP保有者のSEP特許群の価値を適切に把握する必要がある。交渉相手が保有する特許の価値が分からないと、合理的なロイヤルティーの金額を見積ることができず、ライセンス交渉はスムーズに進まなくなる。SEP保有者の保有する特許群の価値を見積る方法の一つは、下記式で表されるように、その規格に対する全SEP総数（分母）に対するその特許保有者のSEP数（分子）の割合を算出することにより、その特許保有者のSEP保有シェアを把握することである。

2　https://www.europarl.europa.eu/doceo/document/A-9-2024-0016_EN.html#_section6

$$\text{特許保有者AのSEP数のシェア} = \frac{\text{特許保有者AのSEP数}}{\text{全てのSEP保有者のSEP総数}}$$

今回、欧州委員会が提言したSEPに関するEU規則案は、これまで余り公開されてこなかったSEPに関する情報、例えば累積ロイヤルティーの金額や、各SEP保有者が保有するSEPのうちの真にSEPといえるものの数などについて、なるべく正確な情報を提供することにより、SEP保有者とSEP実施者のライセンス交渉をスムーズに進めて技術標準を広く普及させ、欧州域内のイノベーションを活発に推進していくための環境を整備しようという壮大な試みである。

本EU規則案で導入が提案された「SEPの登録」「SEPの規格必須性チェック」の手続は、SEP保有者に手続的にも金銭的にも大きな負担をかけることになる。そもそも、技術標準の内容自体が更新されて変化していくものであり、必須性チェックを受ける特許についても最初に登録した特許ではなく、分割出願された特許の方がSEPと判定される可能性が高いことも多く、「必須性チェックは１つのファミリーについて１回のみ」と定める現在の案は問題となる可能性もある。また、SEP保有者が加盟国の裁判所に特許権侵害訴訟を提起する前に、本EU規則案に定められたFRAND条件決定の手続を経る必要があることも、EU加盟国のSEP保有者にとっては迅速な権利行使を妨げる要因になるため、多くの反対意見が出そうである。

このように、このEU規則案が実際に動き出すためにはいろいろなハードルがあるが、SEPをめぐる問題を解決していくためにあるべき姿をまず描いて、それを実行に移していこうという欧州委員会の意気込みは称賛に値する。この規則案が適用されるのは６Gなどの将来規格であるが、特にSEP保有者の反対が多いことが予想されるので、SEP保有者にもメリットが多い仕組みになるかどうかがキーとなると思われる。

（沖　哲也）

第Ⅲ章

世界のFRAND判例

A. 米国

1．米国FRAND判例概観

1．はじめに

標準必須特許（SEP）をめぐる米国の裁判事例は、SEPに基づく差止請求の可否や合理的ロイヤルティー額の算定などが主な争点となっている。本章では、個々の事件の裁判所やITCの判断を横断的に俯瞰し、米国のSEP関連訴訟の傾向や背後にある基本的な考え方などを考察する。

権利者に独占排他権を与えて投下した資本を回収させることを目的とする特許制度と、標準技術が広く実施され、その標準技術が世界的に普及することを目的とする標準化制度のバランス、すなわち、SEP保有者の利益とSEP実施者の利益のバランスに配慮した判断がなされている傾向が見えてくる。

2．標準必須特許（SEP）の特徴

標準必須特許を権利行使する場合、差止請求の可否や合理的ロイヤルティーの金額などがなぜ問題となるのか―この問題を考える場合、標準必須特許特有の事情（特徴）を考慮する必要がある。

まず、SEPは特許権の侵害を立証しやすいという特徴がある。通常、特許権の侵害を立証するためには、特許権侵害が疑われる製品を購入し、リバース・エンジニアリングにより製品の構造や動作解析を行い、特許権侵害が生じている事実を特定する作業が必要になる。これは、時間も費用もかかる作業である。一方、SEPの場合は、特許の請求項（クレーム）の構成要素と規格書の記載を比較し、その対応関係を合理的に説明できれば、その標準規格を搭載した製品の一応の特許権侵害が立証可能になる。例えば規格書に通信パケットのフレーム構造の図が記載されており、このフレームの最後に「誤り検出用符号」のフィールドが明示されているとする。

もし特許権者が、「通信パケットに誤り検出用符号を付加することにより、通信途中の伝搬障害によりパケットの内容に誤りが生じたことを検出し再度そのパケットを送信することにより、通信の品質向上を実現できる」という内容の特許を保有していれば、その特許は標準必須特許になり得る。特許権者は、請求項の記載と規格書の記載を対比したクレームチャートを作成することにより、その標準規格を搭載する製品の特許権侵害を立証することになる。このように、SEPの特許権侵害の立証は、通常の特許の侵害立証よりも容易であることが多く、このことが特許権侵害訴訟においてSEPが使われることが多い理由の一つである。

同期信号	宛先	ユーザーデータ	シーケンス番号	誤り検出用符号

（例）規格書に記載された通信パケットのフレーム構造

次に、技術を標準化するメリットとリスクの視点から述べる。

本書第Ⅲ章A－7で取り上げているマイクロソフト対モトローラ事件（以下、「マイクロソフト事件」という。）[1]において、第9巡回区控訴裁判所は、技術を標準化してその採用を促すことは、その技術を採用して製品を製造・販売する事業者の参入障壁を低くすることにつながるため、事業者間の競争が促進され、製品価格が下がり、結果的には消費者のメリットにつながると述べている。

しかし、標準化プロセスにおいて標準技術が単一化され、その技術分野において技術間の競争がなくなった場合、代替技術を選択する余地がなくなり、いわゆるロックインの状態が生じる。つまり、製造事業者はその標準技術を採用して製品を製造すれば、その標準技術に必須の特許（SEP）を実施することとなり、特許権侵害を避けることができなくなってしまう。

例えばセルラー通信（移動体通信）システムの標準技術は、3GPPという標準化団体で規格化された、第4世代ではLTE（Long Term Evolution）、第5世代ではNR（New Radio）、という技術仕様がほぼ単一に存在し、世界的に普及している。通信の場合、相手とつながらないと意味がないため、スマートフォンのメーカーは、4G LTE規格や5G NRに準拠した通信機能を搭載せざるを得なくなる。代替技術を選択する余地がないため、ロックインの状態になるのである。その結果、その規格のSEP保有者がロックインの状態に乗じてその特許技術本来の価値（特許出願時点の技術水準と比較して有利な技術的効果を奏すること＝進歩性を有する技術に対する価値）よりも高い価値に対する高額ロイヤルティーを得ようとする「ホールドアップ問題」や、多数のSEP保有者

1　*Microsoft Corp. v. Motorola, Inc.*, Case No. 14—35393, (9th Cir. 2015)（本書第Ⅲ章A－7参照）

からロイヤルティー支払を要求され、当該規格を搭載した製品を製造する際に支払う累積の特許料が、技術標準の実際の価値を超えてしまう「累積ロイヤルティー問題」が生じることになる。

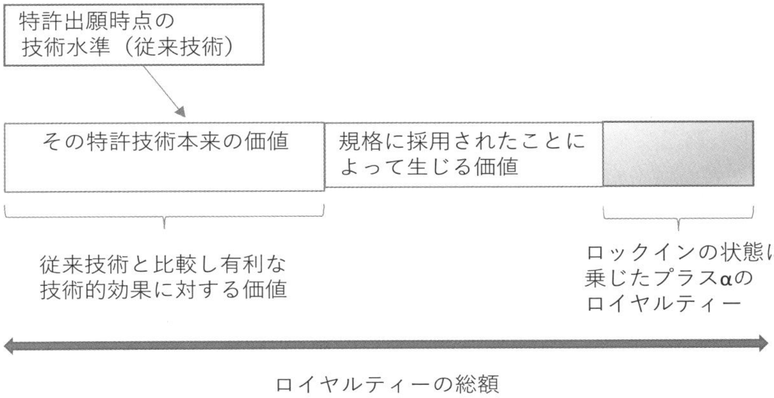

これらの問題は、その標準技術を実施する製造事業者の参入障壁を高くし、事業者間の競争を妨げ、SEPに対するロイヤルティーを製品価格に上乗せする結果をもたらすため、最終的には消費者のデメリットにつながることになる。技術を広く普及させるために技術を標準化したにもかかわらず、その標準技術の必須特許の存在により技術普及の妨げになってしまうという一面もあるのである。

このように、技術を標準化することにより特許とぶつかる場面も出てくるが、標準化機関は、技術を標準化するメリットを維持しつつ特許に基づく問題を低減させるため、IPRポリシーを規定している。一例を挙げると、ある標準化機関のIPRポリシーでは、SEP保有者に対し、そのSEPのライセンス方針の意思表示（例えばFRAND条件でライセンスする意思表示）をさせるための書面の提出を義務付ける。なお、主要標準化機関のIPRポリシーの主な内容と、SEP保有者に課される義務、手続については、本書第Ⅰ章「1．標準化機関のIPRポリシー」を参照されたい。

3．FRAND宣言の法的効果

前述のマイクロソフト事件において、第９巡回区控訴裁判所は、SEP保有者が標準化機関に対してFRAND条件でライセンスする意思表示を行うこと、この意思表示の交換を「契約行為」として捉え、標準化機関とSEP保有者の間で契約が成立し、両当事者に契約に基づく義務が生じるとしている。具体的には、SEP保有者は、SEP実施者に対し、「FRAND条件でライセンスする義務」及び「誠実・公正に契約を履行する義務」を負うことになる。さらに、FRAND宣言の法的効果として挙げられるのが、SEPを実施する潜在的ライセンシーが、FRAND宣言による契約の当事者でないにもかかわらず、SEP保有者のFRAND義務違反を根拠に契約違反訴訟を提起できることである。

マイクロソフト事件において第９巡回区控訴裁判所は、潜在的ライセンシーであるマイクロソフトが当事者間の契約に直接的な影響を受ける「意図的な受益者」であると認定し、SEP保有者であるモトローラに対してFRAND義務違反を根拠に契約違反訴訟を提起できるとしている。

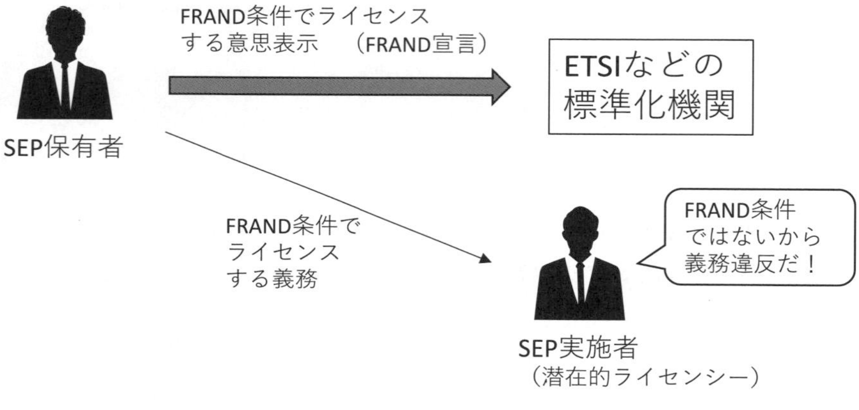

この点は、本書第Ⅲ章A－3で取り上げているリアルテック対LSI事件（以下、「LSI事件」[2]という。）においても当事者間に争いがなく、その後の審理の前提となっている。ただし、カリフォルニア州北部地区地裁は、SEP保有者であるLSIのFRAND義務違反を認めるに当たり、LSIが米国国際貿易委員会（ITC）の排除措置手続を開始する前に、潜在的ライセンシーであるリアルテックに対してライセンスオファーをしなかった事実を重視している。SEP保有者であるLSIがライセンス交渉においてライセンスオファーを提示し、誠実

2　*Realtek Semiconductor Corp. v. LSI Corp. and Agere Systems LLC,* (Case No. 12―03451, N.D. California, February 23, 2014)

に交渉を進めていればFRAND義務違反を構成しないと判断されていた可能性がある。

なお、標準化機関に対してFRAND条件でライセンスする意思表示がなされたとしても、標準化機関は、その特許が真にSEPであるか否かについて判断するわけではない。FRAND宣言された特許が、実は標準必須特許ではないと判断されることもある。その場合、その特許については、特許権者にFRAND義務は生じないことになる。

4．SEPに基づく差止請求権の行使

標準化機関に対し、FRAND条件でSEPをライセンスする意思表示がなされた場合、特許権者は、非差別的に誰に対してもライセンス権を付与する用意があることを宣言しているのであり、その特許に対してライセンスを付与することを拒絶し、差止請求権を行使する行為はFRAND条件でライセンスする義務に違反しているともいえる。この考え方を根拠に、SEP実施者の立場からは、SEPに基づく差止請求は認められないと主張されることになる。

これに対し、SEP保有者の立場からは、差止請求権は特許法によって認められた特許権者の権利であり、標準化機関に対してFRAND宣言されたSEPであったとしても差止請求権の行使が制限される理由はないと主張される。さらに、SEPに基づく差止請求権が行使できないとなると、ライセンス交渉のテーブルに着かない不誠実なSEP実施者が出てきた場合に対処するすべがなくなる、などと主張されることになる。

米国の裁判所は一般的に、FRAND条件でのライセンスを希望するライセンシー（willing licensee）に対しては、差止請求を認めないと判断するケースが多い。つまり、SEP保有者が標準化機関に対してFRAND条件でライセンスする意思表示がなされた場合であっても、当該SEPに基づく差止請求権の行使が全く認められなくなるわけではなく、ライセンス交渉において不誠実な対応をとるような者に対しては差止請求権の行使が認められる余地はある。標準化機関に対してFRAND宣言をしたことが、差止請求権を放棄したことにはならないのである。

本書第Ⅲ章A－5で取り上げているアップル対モトローラ事件[3]では、連邦巡回区控訴裁判所（CAFC）は、FRAND宣言したSEPに基づく差止救済は当然

3　*Apple Inc. v. Motorola, Inc.*, 757 F. 3d1286（Fed. Cir., April25, 2014）

認められないとした地裁の判決は誤りであり、FRAND条件でのライセンスに合意したSEPに基づく差止救済権の行使が、当然に制限されるルールはないと判断している。差止請求権の行使については、SEPであっても他の特許と同様、eBay事件の最高裁判決で提示された4要素（① 権利者が回復不可能な損害を被ったこと、② 金銭賠償など、法律が規定する救済手段だけではその損害の補償が不十分であること、③ 原告と被告の双方が受ける影響のバランスを考慮すること、④ 差止命令の適用により、公共の利益が損なわれないこと）を具備すれば認められる余地があり、差止請求権を行使しても、FRAND条件でライセンスをする意思表示に反したとして直ちに契約違反を構成することにはならない。

5．合理的実施料の算定方法

IEEEやITUなどの標準化機関が定める「パテントポリシー」（又は「IPRポリシー」）は、FRAND条件での合理的実施料を算定するための計算式を規定しておらず、具体的ライセンス条件については当事者間の交渉に委ねている。当事者間のライセンス交渉で、合理的ロイヤルティーの金額について合意に至らない場合には訴訟に発展し、裁判所の判断に委ねられることになる。

裁判所は、標準技術を広く普及させるという標準化の目的に沿いつつ、標準規格の策定に貢献したSEP保有者への補償、さらには、ホールドアップ問題や累積ロイヤルティー問題にも配慮して「合理的実施料」を算定する必要がある。

最初にその具体的算定方法の大枠を示したのが、前述のマイクロソフト事件の地裁判決（2013年4月25日）である。同判決でロバート判事は、FRAND実施料を算定する際に考慮すべき5つの基本原則を挙げている。この基本原則の下、ジョージア・パシフィック事件（1970年）で示された当事者間の仮想交渉を想定し、その際に考慮すべき15の要件を一部修正して（SEPであることを考慮し、下表に示した13の判断要素に修正）、当事者が合意に至るであろう実施料を特定していくアプローチを示した。

ロバート判事が示した修正ジョージア・パシフィック要素

1	FRAND義務に基づき、特許権者が過去に受領した実施料の額
2	ライセンシーが、当該特許と同等の特許に支払う実施料の料率

3	ライセンスの性質（独占か否か）、及びライセンスの範囲（地域制限など）
4	ライセンスにより、ライセンシーの他の製品の販売促進に与える影響。ただし、特許技術そのものの価値を評価し、標準技術に組み込まれたことによって生じた価値は考慮しない。
5	本特許の存続期間、及びライセンス許諾期間
6	本特許を利用した製品の利益、商業的成功の度合い。ただし、特許技術そのものの価値を評価し、標準技術に組み込まれたことによって生じた価値は考慮しない。
7	標準技術に採用される可能性があった代替技術に対する、本特許技術の優位性
8	特許発明の性質、及び特許発明の利用者の利益。ただし、特許技術そのものの価値を評価し、標準技術に組み込まれたことによって生じた価値は考慮しない。
9	被疑侵害者による特許権侵害の程度、及びその実施により得られた利益。ただし、特許技術そのものの価値を評価し、標準技術に組み込まれたことによって生じた価値は考慮しない。
10	FRAND宣言された特許ビジネスにおけるライセンス慣行を配慮
11	製造過程や被疑侵害者により加えられた改良など、特許発明以外の要素を除いて実現可能な本特許の利益率。ただし、特許技術そのものの価値を評価し、標準技術に組み込まれたことによって生じた価値は考慮しない。
12	専門家による意見、証言
13	特許権者と特許実施者が、特許権侵害開始時点で合理的かつ自発的に交渉を行った場合に、合意したであろう実施料。ただし、特許技術そのものの価値を評価し、標準技術に組み込まれたことによって生じた価値は考慮しない。

この実施料算定アプローチの基本的部分は、本書第Ⅲ章A－4で取り上げているInnovatio事件[4]、本書第Ⅲ章A－6のエリクソン対D-Link事件（以下、「D-Link事件[5]」という。）、CSIRO対Cisco事件（以下、「CSIRO事件[6]」という。）にも引き継がれている。これらの事件において裁判所がFRAND実施料を算定する際に考慮すべき５つの基本原則の判断について以下に説明する。

4　*In re Innovatio IP Ventures*（Case No. 11 C9308）, N.D. Illinois, October 3, 2013
5　*Ericsson, Inc. v. D-Link Sytems, Inc.*,（Fed. Cir., December 4, 2014）
6　*Commonwealth Scientific and Industrial Research Organisation v. Cisco Systems, Inc.*

（1）　標準技術を普及促進させることに配慮する

FRAND実施料は、当該標準技術が広く採用され、普及を促進するという標準化団体の目的に沿って決定されるべきである。上述したとおり、技術標準の普及は最終的には消費者のメリットにつながることになる。

（2）　ホールドアップ問題を回避する

FRAND実施料は、高額の特許ロイヤルティーが製品価格に転嫁され、消費者が不利益を被ることにならないように配慮すべきである。ロイヤルティーの算定に大きく影響するのが、「実施料算定のベース」を最終製品の価格とすべきか、それとも特許に関わる部品の価格とすべきかという点である。その特許技術により消費者の需要を喚起し、関連する製品の販売数が伸びたという事情を合理的に立証できるのであれば、その特許技術の製品全体への貢献が認められ、最終製品の価格を実施料算定のベースとして実施料を算定することに合理性は認められるであろう（Entire Market Value Rule）。

上記事件の訴訟対象特許は、いずれも無線LAN（Wi-Fi）規格のSEPであるが、裁判所は、Innovatio事件とD-Link事件では、最小販売単位である無線LANチップの価格を実施料算定の出発点としている。一方、CSIRO事件では、CAFCは地裁が行った最終製品価格をベースとした実施料算定に違法性はないとしているが、実施料の算定方法は1つではなく、地裁が採用した算定方法が適切であったともいえないと指摘している。

これらの事件において米国の裁判所は、無線LAN規格に関連するSEPは、製品のネットワーク接続を可能とする通信インターフェースを提供する一手段に貢献しているにすぎず、最終製品の売上げ増加に直接的な貢献が認められるとまではいえないと判断していると考えられる。

（3）　累積ロイヤルティーにも配慮する

個々のSEPのロイヤルティー額が妥当だとしても、当該標準技術に多数の特許が含まれる場合、多数のSEP保有者がそれぞれロイヤルティーを要求した場合、それらのロイヤルティー額を積み上げた累積ロイヤルティーの総額が高額になってしまう（ロイヤルティー・スタッキング問題）。FRAND条件における合理的ロイヤルティーを考える際は、個々のSEPのロイヤルティーだけでなく、累積ロイヤルティーも合理的な範囲に収まる必要がある。

Innovatio事件では、無線LANチップ製造者がチップを販売することで得られる平均利益額を特許実施料として支払われるべき最大の金額と特定した上で、規格全体のSEPの価値から訴訟対象特許の価値を算定するアプローチが採られている（トップダウン・アプローチ）。一方で、D-Link事件においてCAFCは、被疑侵害者がホールドアップ問題やロイヤルティー・スタッキング問題が実際に発生しているとする具体的証拠を示さない限り、陪審員に対して実施料額算定の考慮要素にそれらを含めることを説示する必要はないと指摘している。

（4） SEP保有者の利益にも配慮する

SEP保有者が技術標準の策定のために投資した研究開発費・活動費を回収することは、次世代技術へのイノベーションを継続し、将来の技術標準を策定するために必要な補償である。標準化団体が価値ある技術標準をつくり上げるためには、SEP保有者が対価として受け取るFRANDロイヤルティーを妥当なレベルに設定する必要がある。SEPに対する補償が低過ぎると、将来の標準化活動に参加するインセンティブの低下につながることになり、これは標準化団体にとっても望ましくない結果である。

（5） 特許技術そのものの価値に着目する

FRANDロイヤルティーは、当該特許技術の経済的価値に限定されるべきであり、その特許技術が技術標準に採用されたことによって生じた価値とは区別すべきである。CSIRO事件では、特許が規格に採用されたことによって生じた価値は人為的に生じた価値であるとして、本来の特許技術の価値と分離すべきであると判示している。規格に採用されることによって生じた利益は、本来その規格を利用する消費者や事業者に帰属させるべきで、特許権者だけにその利益を帰属されるのは不合理であるという考え方である。観念的には理解できるが、特許技術の価値と、規格に採用されたことによって生じた人為的価値を具体的に区別することはなかなか困難な作業であると思われる。

結果として、米国の裁判所は、FRANDに基づく実施料率を、SEP保有者が提案する実施料率を下回るものと認定する傾向が見られる。標準技術の普及促進や、競争環境を維持することによる消費者の利益保護などを重視しているものと考えられる。

6．ITCによる輸入禁止命令

米国国際貿易委員会（ITC）は米国の国内産業保護を目的に、関税法337条に基づき差止命令（排除命令／輸入禁止命令）を行う権限を有する行政機関である。ITCによる審理が早期に結論に至ることや、eBay事件判決以降、裁判所による差止判決が出るハードルが上がったことなどを理由に、SEP保有者は、ITCでの審理を選択する傾向が生じていた。

上述のLSI事件では、ITCによる審理結果（排除措置）を行使することに対して、連邦地方裁判所が仮差止め可能と判断している。さらには、本書第Ⅲ章A－２で取り上げているサムスン対アップル事件では、ITCが認めた排除命令の決定が、オバマ大統領による拒否権により覆っている。このように米国では、ITCによるSEPに基づく排除命令の発動は抑制的であるべきとの方針が見えてくる。これは、差止請求権が行使されるリスクがある限り、SEP保有者とのライセンス交渉において、SEP実施者が不利な立場に置かれ、公平な立場での交渉が事実上できなくなることを配慮していると考えられる。

7．米国のSEPに関する政策動向

米国では、司法省と米国特許商標庁が、2013年にSEPに関する政策声明を公表したが、政権が代わるとSEP政策も変わり、政策声明が取り下げられるなど動きが激しい。その動きの詳細については、本書第Ⅱ章「５．米国におけるSEP政策の変遷」を参照されたい。

米国SEP判例リスト

事件名(本書での略称)	判断主体	特徴的判断
アップル対サムスン（ITC）事件	国際貿易委員会（ITC）	標準化機関にFRAND宣言された特許に基づき、関税法337条の排除措置命令を執行することが可能
リアルテック対LSI事件	カリフォルニア北地裁	SEP保有者がライセンスオファーを提示することなくITCによる排除措置審理を提起する行為は、FRAND義務違反となる。

Innovatio事件	イリノイ北地裁	Wi-Fiチップ製造業者が得る利益額を、累積実施料の上限とし、係争特許の規格への貢献度も考慮して実施料を算定する。
アップル対モトローラ事件	連邦巡回区控訴裁（CAFC）	SEPに基づく差止請求は、eBay事件判決の４要素を満たさなければならない。
エリクソン対D-Link事件	連邦巡回区控訴裁（CAFC）	発明による技術的価値と標準化による付加的な価値を分け後者を含めずに実施料を算定する。
マイクロソフト対モトローラ事件	第９巡回区控訴裁	第三者であるSEP実施者が、SEP保有者のFRAND義務違反に基づく契約違反訴訟を提起できる。
CSIRO対Cisco事件	連邦巡回区控訴裁（CAFC）	合理的な実施料の算定は、必ずしも最小販売単位であるチップ価格をベースとする必要はない。
Core Wireless対LG事件	テキサス東地裁	FRAND宣言されたSEPの故意侵害に対しては、損害賠償額が増額される余地がある。
アップル対クアルコム事件	カリフォルニア南地裁	外国訴訟差止めは認められるが、そのためには判例で確立した基準をクリアする必要がある。
TCL対エリクソン事件	カリフォルニア中地裁	ポートフォリオ・ライセンスの実施料を、トップダウン・アプローチで算定する。
Netlist対SK Hynix（ITC）事件	国際貿易委員会（ITC）	FRAND義務違反が、FRAND抗弁ではなく、公益性判断のなかで考慮された。
ファーウェイ対サムスン事件	カリフォルニア北地域	対応するSEPに基づく外国裁判所の差止命令執行を一時的に停止することができる。
SLC対モトローラ事件	テキサス東地裁	原告のSEP行使に対して、パテントミスユースの法理を適用してFRAND義務違反の有無を判断した。
Core Wireless対アップル事件	連邦巡回控訴裁（CAFC）	標準化機関への関連特許の開示時期をめぐり、特許権の行使が制限されるか否かが争われ、黙示の放棄の法理を適用して判断した。

パンオプティス対ファーウェイ事件	テキサス東地裁	米国特許と外国特許から構成されるポートフォリオ・ライセンス契約において、それを構成する単位に分解してFRAND適格が判断された。
ASUS対インターデジタル事件	カリフォルニア北地裁	SEPライセンス交渉において、同種の他社となされた契約条件と比較して差別的な条件であるか判断された。
FTC対クアルコム事件	カリフォルニア北地裁	クアルコムのライセンス慣行が、関連市場の競争を阻害しているとして反トラスト法に違反すると判断された。

（沖　哲也）

2. アップル対サムスン(ITC)事件

（米国国際貿易委員会、2013年）

判決文

［内　容］

本件[1]は、スマートフォン等の通信機器を製造・販売する代表的な国際的企業間の争いで、米国関税法337条に基づき特許権侵害製品の排除命令が認められた事例である。両当事者が世界でSEPに係る訴訟合戦を展開し、その一環として米国国際貿易委員会（ITC）においてFRAND宣言をしたSEPに基づく差止請求の可否が争われた。ITCの決定に対して、大統領が拒否権を発動したことでも注目された事案である。

カテゴリー	SEPに基づく差止めの可否
対象規格技術	3G
関連用語	米国関税法（the U.S. Tariff Act of 1930）、米国関税法337条調査、国際貿易委員会（USITC）、適時開示義務、USITCにおける大統領拒否権（veto）

1．事案の概要

本事案は、サムスンがアップル製品（「iPhone4S」「iPad2」の一部製品等）によるサムスンの米国特許５件の侵害（うち１件は仮決定前に取下げ）を理由として、米国国際貿易委員会（ITC）に対し、米国関税法337条（以下、337条）に基づく特許権侵害製品の排除命令を求めて提訴したものである。

1　*In the Matter of Certain Electronic Devices, Including Wireless Communication Devices, Portable Music and Data Processing Devices, and Tablet Computers*（Inv. No. 337-TA-794）（June 4th, 2013）

サムスンは、対象となった特許のうち、無線通信に関する米国特許第7,706,348号（348特許）と米国特許第7,486,644号（644特許）の２件について、欧州における電気通信に係る標準化団体である欧州電気通信標準化機構（ETSI）に対して、FOMAやW-CDMAといった通信規格（UMTS規格）の必須特許（SEP）としてFRAND宣言をしていた。

ITCは、サムスンの提訴を受け、2011年８月１日に337条に基づく調査を開始した。調査において、被告のアップルは特許無効及び非侵害の主張のほか、抗弁として、FRAND宣言は契約であって、それに伴う義務にサムスンは違反している、すなわちFRAND宣言をしたことによって両特許に関する差止請求権を放棄したものであると主張した。また、両特許に関して、規格への採用が決まった後もETSIへの通知を怠ったため、サムスンは権利行使をすることができない（適時開示義務違反)、などと主張した。

そして、2012年９月14日、ITCの行政法判事（ALJ）は、348特許、644特許、米国特許第6,771,980号については有効であるが非侵害、米国特許第7,450,114号は無効により非侵害として、サムスンの排除命令（輸入の禁止及び米国内での販売禁止）の請求を退ける仮決定を出した。

このALJの仮決定に対しては、ITC委員６人の合議体が、それを承認するか再審査するかを選択することになる。ITCは、同年11月19日、再審査を決定し、FRANDの抗弁並びに特許技術について質問項目を公表し、パブリック・コメントを２回募集し、調査を開始した。その後、2013年６月４日に最終決定が公表（最終決定の詳細な理由は同年７月５日に公開）された。

2．争点

ITCが取り上げた争点は、特許の有効性、特許権侵害の成否、国内産業要件の充足性、FRANDの抗弁など多岐にわたるが、本稿では下記の点に限定して紹介する。

（１）FRANDの抗弁について
（２）誠実交渉義務違反について
（３）適時開示義務違反について
（４）救済と公益のバランスについて

3. 判旨

（1） FRANDの抗弁について

アップルは、ITCはFRAND宣言しているSEPに基づく337条に係る調査をすべきでないと主張するが、それに関する法的根拠を示していない。

337条は、有効な特許権の侵害を排除する権限をITCに与えており、この点に関して、SEPとそれ以外の特許権を区別していない。先例においても、ITCがSEPに基づく差止めに係る調査をすべきでないという主張は認められていない。また、アップル自身も提出書面において、ETSIのIPRポリシーが差止めを明示的に禁じているわけではないことを認めている。以上のことなどから、アップルの主張は受け入れられない。

アップルは、FRAND宣言されたSEPに基づく差止請求が制限されるとの主張について適切な抗弁をしていない。

アップルは、FRAND宣言を契約とみなして、サムスンによる契約義務違反を主張するが、アップルは、「契約当事者、申込み、受諾、対価、明確な契約条件」といった契約上不可欠な要素について何ら証明していない。契約の意思や明確な条件を抜きに、契約上の義務は発生し得ないものである。

また、アップルは、他の衡平法上の抗弁（例えばエストッペル：禁反言、ラッチェス：特許権行使を怠ること、フロード：詐欺的な行為）の根拠も示していない。

アップルは、サムスンのFRAND宣言を受けて、それによって生じる固有の義務を特定していない。

FRAND宣言に基づく契約義務違反を主張するのであれば、まず、その義務がどのようなものであるかを明らかにする必要がある。しかし、本調査で問題となっているFRAND宣言が、ETSIのIPRポリシーに基づきフランス法に準拠することを前提として、アップルはフランス法に基づくサムスンの違法性を立証しておらず、FRAND宣言の適切な法的解釈における主張・立証が不十分であるといえる。サムスンがFRAND宣言した特許が、真にSEPであるか否かについて、判断することはできない。

一般に、FRAND宣言された特許が真にSEPであるか否かについては論争がある。

真にSEPでなければそもそもFRAND宣言に拘束されないが、サムスンが自称するSEPが真にSEPであるかどうかは、アップルがこの調査で示した主張・立証では判断することができない。また、その検討を抜きに、FRAND宣言がサムスンに義務を課すのか否か、そして、この宣言の準拠法であるフランス法の下でその義務がどのようなものとなるのかについて判断することはできない。

アップルは、ITCがSEPの侵害に対する差止めはできないという主張について、いかなる先例も示していない。

アップルは、潜在的ライセンシーが連邦裁判所の設定したFRANDロイヤルティーの支払を拒絶した場合や連邦裁判所が潜在的ライセンシーに対するFRANDレートの設定についての司法管轄権を有しない場合などの例外を除いて、ITCがSEPの侵害に対して差し止められないと主張するが、それについていかなる先例も示していない。

（2）　誠実交渉義務違反について

仮にアップルが上記の点について十分な証拠を提出していたとしても、サムスンが将来締結することになるライセンス契約に関して、求められるべき交渉義務を果たしたか否かという点についての検証が必要となる。しかしながら、実際のアップルとサムスンの交渉過程に照らしても、アップルは、サムスンの誠実交渉義務違反を立証できていない。

サムスンから提示されたロイヤルティーは不合理で誠実さを欠くとはいえず、むしろ交渉過程において双方の担当者が一定の覚書を交わしている事実からすれば、サムスンは誠実に交渉を進めていたことがうかがえる。

また、サムスンには最初から具体的なFRAND条件を提示する義務があったと主張するが、採用できない。交渉の結果として、FRAND条件の内容が決定されることは、アップル側の証人も認めており、先例でもそのように判断されている。

さらに、アップルはサムスンが交渉過程でクロスライセンス契約を提案したことを非難するが、これも不合理とはいえない。サムスンは、348特許等を含む特許ポートフォリオに対し、30以上の契約を締結しているが、全てがクロスライセンス契約である。クロスライセンス契約の提案は、業界慣行として一般的かつ合理的であるといえる。

また、アップルはそれに関して反証していないし、アップル側の証人も、ETSIのIPRポリシーも、いずれもクロスライセンス契約を二者間の交渉プロセスとして許容している。さらに、アップル自身もサムスンに対してクロスライセンスの提案を行っている。

加えて、アップルはサムスンによる訴訟の和解を含んだ提案を非難するが、これも採用し得ない。他方、アップルが提出した書面からは、訴訟が終結するまでサムスンにロイヤルティーを支払う意思がなかったものと判断できる。

このようなアップルの考え方は、SEP利用者がSEP保有者とのFRAND条件によるライセンス交渉を拒否し、ロイヤルティーの支払を拒否する、いわゆる「リバース・ホールドアップ問題」を想起させる。

（3） 適時開示義務違反について

アップルは、348特許については4年、644特許については1年の間、規格への採用が決定した後もETSIへの通知を怠ったとして、適時開示義務違反によりサムスンは権利行使ができないと主張する。適時開示義務違反によって、権利行使が制限されるか否かを判断するには、クアルコム対ブロードコム事件（2008年）で示された要件に倣って検証することが求められる。本件でいえば、以下について検討する必要がある。

（i）ETSIのIPRポリシーにおいて、規格に必須な特許の開示義務を負っているか否か

（ii）348特許及び644特許は、当該義務の範囲内か否か

（iii）サムスンは適時開示義務に違反したか否か

（iv）権利行使を不可能にする適切な状況が存在するか否か

しかし、アップルはこれらについて立証していないから、適時開示義務違反により権利行使ができないとする主張は採用し得ない。

そして、「適時」がどのような時期を指すかについては、ETSIでは何ら合意が得られていない。仮に標準化策定期間中に、必須特許の存在を隠し、それを開示する時期が遅れた場合、ホールドアップ問題が懸念されるが、サムスンは、1998年にあらかじめ包括宣言を行っており、348特許及び644特許を含むSEPが30社以上にライセンスされていることからみて、そのような問題は生じない。

（4）　救済と公益のバランスについて

ITCは、まず337条違反について検討し、排除命令を出すか否かを決定する。そして、ITCによって違反があると認定されれば、① 公衆衛生と福祉、② 米国経済の競争条件、③ 米国内における競合製品の生産状況、④ 米国の消費者、という４つの「公益」に与える影響を検討し、提示された救済が各要素に過度に悪影響を及ぼす場合を除いては、排除命令が発せられる。

しかしながら、この調査では、排除命令が救済を否定すべきといえる程度まで各要素に悪影響を与えていることは立証されていない。

以上の点から、ITCはALJの仮決定を覆し、アップルの抗弁を退け、サムスンの主張どおりアップル製品の排除命令を発した。

４．解説

（1）　ITCにおける特許権侵害に基づく排除命令について

ITCは、外国からの不公正な輸入品等から国内産業を保護することを目的とした準司法的機関である。ITCには、337条に基づいて、米国内で輸入・販売されている物品が米国権利者の知的財産権を侵害しているか否かを調査し、同条違反と認められる場合には、行政措置として、当該侵害物品の通関を禁止する命令を発する権限がある。

裁判所での特許権侵害訴訟に比べて、ITCの337条調査は、陪審が置かれず、調査や審理の手続が迅速で、侵害物品に対する強力な排除命令が発せられるなどのメリットがあり、企業間の知的財産紛争解決手段の一つとして利用されている。ただし、金銭的賠償の申立てはできず、権利の有効性及び侵害判断についての裁判所への拘束力はない。

なお、ITCによる最終決定後60日は、大統領審査期間に充てられ、大統領は侵害の決定及び救済を認定するか否かを審査する。大統領は、政策的な理由により拒否権を発動することもできる。

ITCへの特許権侵害に基づく排除命令の申立ては、近年増加傾向にあるといわれている。その背景の一つとして、米国最高裁判所が下したeBay事件判決が挙げられる。eBay事件判決では、衡平法上の差止救済に関して、特許権侵害が認められる場合であっても、直ちに差止めが認められないことが示され、特許権者による差止請求権の行使が難しくなった。具体的には、特許権者は、①回復不可能な損害の存在、②損害賠償等の救済が不十分であること、③両当事者の不利益のバランス、④公共の利益が害されないこと、の4要素を立証することが要求される。一方で、ITCにおける手続では、裁判所と異なり、上記衡平法上の4要素を考慮しなくてもよいというCAFC判決[2]が2010年に出されたこともあり、特許権者はITCを連邦裁判所との併用又は代替手段として活用する事例が増加している。

（2） FRAND宣言と差止命令の可否について

米国ではSEP保有者と標準規格の実装者（SEP利用者）の関係について、FRAND宣言は原則として標準化機関とFRAND宣言をしたSEP保有者の間の契約に当たると捉えた上で、その契約は第三者受益者（third-party beneficiary）のためにする契約として成立し、一定の義務を負うという考え方が多く主張され、政府機関の声明や学説においても支持されている。アップルの主張はそれに沿ったものではあるが、SEP保有者が負う義務の具体的内容については多様な見解があり得るところである。

アップルは、SEP保有者であるサムスンのFRAND宣言に係る誠実交渉義務や適時開示義務について様々な指摘をしたものの、適切に立証できていないとしてそれらの主張は排斥された。また、救済と公益のバランスについても立証が不十分であり、FRANDの抗弁は不成立として、アップル製品の排除命令を決定した。

本事案は、ITCにおいてSEPに基づく差止請求権の行使の可否が問われた事案であるが、アップルの抗弁を排斥した理由については、本稿で取り上げた全ての争点において立証不十分と判断しており、とりわけ参考となる意義は見いだし難い。

しかし、連邦地裁においてはFRAND宣言をしたSEPに基づく差止めは認められないなかで、ITCは衡平法の救済である特許法に基づく差止請求と、侵害品を水際で排除する手段である関税法に基づく排除命令は異なることを強調し、結論として排除命令の請求を認容したものである。これは、侵害が認定されれば基本的には差止めが認められてきたこれまでのITCの傾向に沿ったものといえよう。

2　*Spansion Inc. v. ITC*, 629F, 3d 1331（Fed. Cir. 2010）

（3）　大統領による拒否権の行使

このITCの決定に対して、2013年８月３日、オバマ大統領は拒否権を行使し、ITCによるアップルに対する輸入差止め等の排除命令を無効とした。大統領の拒否権によってITCの決定が覆されるのは、1987年以来のこととなる。

政権は、拒否権の行使に当たって、ITCの決定が及ぼす影響を、① 公衆衛生と福祉、② 米国経済における競争条件、③ 米国内での競合製品の生産状況、④ 米国の消費者、⑤ 米国の経済的・政治的な外交関係の５つの観点から検討し、特に②と④の影響を重視した。そして、2013年１月８日付け米国司法省と特許商標庁の合同声明を援用し、FRAND宣言をしたSEP保有者がその優位性を利用し、SEP利用者に対して高額のライセンス料を要求する「ホールドアップ問題」や、逆にSEP利用者が不当な要求を行うなどの「リバース・ホールドアップ問題」について懸念を示した。

こうした判断は、SEPのFRAND宣言に基づくライセンスは、イノベーションと経済進展を促進するために重要であるとの認識から、容易に差止めが認められれば、競争が阻害され、消費者にも不利益が生じるとの考え方に立つものであり、SEPに基づく差止めによる救済を抑制的に捉えるものといえよう。

本事案では、前述のように、ITCは、特許権侵害物品の米国国内への流入を水際で防ぐ役割を担う準司法機関として、公益に過度の悪影響はないとして排除命令を認容したところであるが、政権は、政策的判断として、米国における競争状況と消費者保護の観点から、ITCによる排除命令を無効とする判断を行ったものである。今回のITCの決定とそれに対する大統領による拒否権の行使を踏まえて、今後のITCにおける特許権侵害物品の水際規制の動向に注目したい。

（清水 利明）

3．リアルテック対LSI事件

（カリフォルニア州北部地区連邦地方裁判所、2013年）

判決文

［内　容］

ライセンスオファーを提示せずにITCで製品排除手続を開始することがFRAND義務違反となるか否かが争われた事例[1]。SEP利用者は、当該行為がFRAND義務違反を構成するとして契約違反確認訴訟を提起した。本件では、ITCにおいて製品排除措置が決定された場合に備え、当該措置の執行を事前に仮差止めすることができるか否かが争われている点に特徴がある。

カテゴリー	SEPに基づく差止めの可否
対象規格技術	Wi-Fi（IEEE802. 11）
関連用語	国際貿易委員会（USITC）、製品排除命令（exclusion order）、第三者受益者（third party beneficiary）

1．事案の概要

本件は、通信・電子・情報工学分野の技術に関する標準化機関であるIEEE[2]が策定した無線通信規格のIEEE 802. 11（通称Wi-Fi）に関するSEPを対象とした事件である。なお、Wi-Fiには規格策定に関するタスクグループや、世代の違いによって複数のタイプが存在する（製品実装された順にIEEE 802. 11 b／a／g／n／ac等）。

本件被告のAgere Systems LLCは、2002年に無線通信機器メーカーのLu-

1　*Realtek Semiconductor Corp. v. LSI Corp. and Agere Systems LLC*（Case No. 12-03451, United States District Court Northern District of California）

2　The Institute of Electrical and Electronics Engineers, Inc.

cent Technologies, Inc. から分離独立した米国の通信機器用半導体メーカーで、本件訴訟の対象特許である米国特許第6,452,958号（958特許）及び第6,707,867号（867特許）を含む多くのWi-Fi規格に係るSEPを保有している。Agereは2002年10月、台湾に本拠を構えるRealtek Semiconductor Corp.（Wi-Fi機器等に組み込まれる無線通信用ICチップのメーカー／本件原告）に対し、958特許を含むIEEE 802.11b関連SEPについて、製品価格の５％の対価支払でライセンス許諾する旨を申し入れた。

これに対してリアルテックは2003年１月、「Agereの主張を検討するには、より詳細な情報が必要である」旨を回答した。同年２月、Agereは技術論争等を行うべく電話会議の開催を提案したところリアルテックからは何ら返答がなく、翌月、再び申し入れても回答はなかった。その後、両社間における接触はなく、本件契約問題は解決されないままであった。

なお、Agereは2003年１月～2004年９月頃にかけて、958特許及び867特許を含む複数の特許権に関し、IEEE802.11（ｅ／ｇ／ｎ）に必須であるとして、いわゆるFRAND宣言を提出している。また、Agereは2007年４月、米国に本拠を置くネットワーク機器メーカーであるLSI Corp.（本件被告）によって買収された。2012年３月、Agereの親会社となったLSIは、リアルテックに対して、同社製品が958特許及び867特許を侵害するとして警告状を送付した。当該警告状は、対象特許権についてのライセンスオファーではなく、即時に侵害製品の製造・販売の停止を求める内容であった。

さらに、LSIは当該警告状の送付から１週間もたたないうちに侵害製品の排除措置（米国への輸入禁止及び米国内での流通停止）を求め、リアルテックを米国国際貿易委員会（ITC）に提訴した。同年５月、AgereはLSIに対して「FRAND宣言に則したライセンスを提供すべきである」とする書信を送付し、LSIはこれに応じてライセンス条件を提示したが（６月20日）、双方合意には至らず、交渉は事実上決裂した。

なお、LSIが提示したライセンス条件は非公開であるが、本件審理におけるリアルテックの証言によれば、「リアルテック製品が組み込まれた最終製品の価格をベースに実施料が算出されており、当社製品の販売価格以上の額を請求するものであった」とのことである。これを受け、リアルテックは６月29日、カリフォルニア州北部地区連邦地方裁判所にLSI及びAgereのFRAND義務違反に関する確認訴訟を提起した。

2．争点

(1)LSI及びAgereによるITC審理（製品排除措置請求手続）の提起が、契約違反（FRAND義務違反）及び禁反言に該当するか
(2)LSIらがITCにおいて勝訴した場合に獲得する「リアルテック製品に対する排除措置請求権を行使すること」に対する仮差止処分発令の可否
(3)LSI及びAgereは、FRAND宣言に則して関連特許をライセンス許諾する義務があるか。また、義務が認められる場合のライセンス条件はどのようなものか
(4)LSI及びAgereによる行為はカリフォルニア州競争法に違反するか

3．判旨

裁判所は、上記(1)～(3)の審理を行うことを認めたが、「リアルテックは、被告らの行為により市場全体における競争が阻害されることを立証すべきであるところ、自身への影響以外は十分に主張・立証しておらず、訴訟審理の要件を満たしていない」として(4)については訴えを退けた。

(1) 2013年5月20日付決定

① 争点(1)について

SEPが対象となる「FRAND義務違反の有無に関する確認訴訟」の場合、まず、「FRAND宣言はSEPの保有者と利用者間の契約を構成するか否か」が争われるのが通常である。

しかし、本件では、この点について両者間に争いはなく、「LSIはFRAND宣言を根拠として、保有する関連SEPをIEEEにFRAND条件でライセンス提供する契約上の義務を負い、リアルテックは第三者受益者としてその契約上の利益を享受する」という前提で審理が行われた結果、最初の争点は「LSIらがリアルテックに対してライセンスオファーを提示する前にITCに提訴したことが契約違反を構成するか否か」となった。この点について裁判所は、本判決に先立って示されたマイクロソフト対モトローラ事件[3]及びアップル対モトローラ事件[4]などの裁判例を参照しつつ、あらためて以下の原則を示した。

---

3 *Microsoft Corp. v. Motorola Inc.*, No. 14-35393 (9th Cir. 2015). 判決内容は、本書第Ⅲ章A－7参照
4 *Apple v. Motorola Inc.* 判決内容は、本書第Ⅲ章A－5参照

(ⅰ)SEP保有者はFRAND宣言により、不特定の申込者に対して合理的かつ非差別的な条件でのライセンスを提供することを表明しており、これは明確に、差止請求ではなくライセンス契約（金銭による補償）によって問題を解決する旨の約束を意味している。
(ⅱ)したがって、差止請求権を行使することはFRAND宣言に反する行為であり、契約違反を構成する。
(ⅲ)ただし、SEP利用者がFRAND条件でのライセンス受諾を拒否する場合には、SEP保有者による差止請求権の行使が認められる。

上記原則に関して、本件においては以下の事実を認定し、LSIによるリアルテックに対する契約違反を認めた。
(ⅰ)LSIはIEEEへのFRAND宣言により、対象特許権侵害への補償はFRAND条件でのロイヤルティーで満たされる旨を表明している。
(ⅱ)LSIはライセンスオファーの提示に先立ってITCにおける製品排除措置請求手続を開始している（これはライセンスオファーの後に差止請求訴訟を提起したモトローラ対マイクロソフト事件よりもFRAND義務への違反性が高い）。
(ⅲ)ITC審理により製品排除の脅威にさらされたリアルテックは、LSIとの交渉において不利な立場に置かれるなどの被害を被っている。
(ⅳ)リアルテックは、裁判所が決定するFRAND条件に則したライセンス受諾の意思を示している。ただし裁判所は、「当該判断は排除措置請求手続を開始するまでライセンスオファーを提示しなかったという本件に特有の事情に依拠したものである」旨を付言している。

LSIは上記の認定に対し、2002～2003年におけるAgereとリアルテックによる交渉の存在を根拠として「排除措置請求以前にライセンスオファーを提示した」旨の反論をしたが、裁判所は、主に以下の理由から「当時の交渉は、もはや本件に関するライセンスオファーとはみなされない」という判断を下した。
(ⅰ)当時の交渉はIEEE 802.11bに関するものであり、ITCで争われている規格タイプとは対象が異なる。
(ⅱ)具体的な条件を互いに提示する前に交渉を終えている。
(ⅲ)リアルテックはその後、９年間にわたってWi-Fi規格準拠製品の販売を継続しているが、その間にLSIからの接触はなかった。これは、LSIにライセンスオファーを提示する意思がないことを暗示するものであった。

さらに、裁判所はLSIによる2012年3月の警告状についても「その内容は侵害行為の即時停止を求めるものであり、ライセンスオファーではない」とした。

一方でLSIは、リアルテックによる非侵害・特許無効の主張等を根拠に、リアルテックのライセンス受諾意思の有無についても争ったが、裁判所は以下を理由として退けた。

（ⅰ）FRAND条件の認定請求と同時に侵害性や特許権の有効性を争うことは、リアルテックのライセンス意思の有無に関する判断について影響を与えるものではない。

（ⅱ）リアルテックがライセンス受諾を拒否していることを示す証拠は示されていない。

②　争点（2）について

裁判所は、仮差止めが認められるためには以下の4要件が満たされる必要があるとして、本件がこれらを充足するか否かについて審理を行った。

（ⅰ）仮差止めを請求する者が、本案審理において主張の立証に成功する可能性が高いこと。

（ⅱ）仮差止めが認められない場合、仮差止めを求める者が回復不能な損害を被ること。

（ⅲ）両当事者間の衡平法上のバランスが保たれていること。

（ⅳ）仮差止処分が公共の利益に資すること。

そして、上記要件のそれぞれを以下のとおり認定してリアルテックの請求を認め、仮にLSIらがITCにおいて勝訴した場合に獲得するであろう排除措置請求権については、本件訴訟が終結するまで行使を禁じる旨の決定を下した。

（ⅰ）LSIによるリアルテック製品の排除措置を求めるITC手続は、契約違反に該当する旨が既に示されている。

（ⅱ）リアルテックの顧客はLSIによる権利行使について懸念を表明しており、顧客を失う現実的なリスクが存在する。

（ⅲ）仮にITCでの排除措置が執行された場合、リアルテックは顧客を失うことになる上、製品排除の脅威を背景とした非常に不利な立場で交渉に臨まなければならないこととなるのに対し、LSIは本件仮差止めが認められたとしても、裁判所が認定するFRAND条件に従う限り、本件訴訟終了後の権利行使が認められており、両者間における衡平のバランスは保たれている。

(iv)本件仮差止めを認めることで、（FRAND宣言された）SEPは、FRAND条件に従う限り、全てのライセンス希望者に対してライセンス提供されるものであることが示されるため、公共の利益に資する。

LSIは、上記決定について第９巡回区控訴裁判所に控訴したが、ITCが権利満了（867特許）や非侵害かつ国内産業要件非充足（958特許）を理由としてLSIが求めた排除措置請求を棄却しており、「審理の前提を欠く」として当該控訴は退けられた。

（2）　2014年２月26日付陪審評決及び2014年６月16日付決定・判決〈争点（3）について〉

裁判所は陪審による審理を開催し、本件訴訟の対象特許(958特許と867特許)のライセンスに関する合理的な実施料及びLSIの契約違反により、リアルテックが被った損害額について陪審の判断を仰いだ。この際、裁判所は陪審員に対して次のような指示を与えている。

(ｉ)対象特許が真にWi-Fi規格にとって必須かどうかや、リアルテック製品が特許権を侵害しているか否かは考慮せず、「仮に両当事者が互いにライセンス契約の締結に向けて交渉を行ったのであれば、いったいどのような条件が合理的であったと判断すると考えられるか」についてのみを検討すること。

(ⅱ)LSIの特許権が標準規格に採用された結果としての価値ではなく、特許権そのものの価値を検討すること。

審理の結果、陪審は以下の評決を下した。

(ⅲ)対象特許に関する実施料率は、それぞれリアルテック製品価格の0.12%（958特許）及び0.07%（867特許）が妥当である。

(iv)LSIによる本件契約違反により、リアルテックは382万5000米ドル（約３億8500万円）の損害を被った。

この損害額に関してLSIは、「2012年6月に提示したライセンスオファーの交渉にリアルテックが応じなかった結果として拡大した損害分は除外されるべきである」と主張した。しかし裁判所は、「LSIのライセンスオファーはITCへの提訴後に、これと並行して行われたものである。こうした製品排除の脅威を前にしてリアルテックが合理的な交渉を行うことは困難であり、交渉に応じなかったとしてもリアルテックに責はない」としてLSIの主張を退けた。そして、実施料及びリアルテックの損害額について、評決内容を支持する判決を下した。

4. 解説

本判決は、「FRAND宣言は標準化機関に対するSEPライセンス契約であり、SEP利用者は第三者受益者として当該契約の利益を享受できる。そのため、SEP保有者がライセンス受諾を希望するSEP利用者に対して差止請求権を行使することは、原則として契約違反を構成する」旨を判示しており、基本的に、先行する米国SEP関連裁判例の考え方を踏襲したものとなっている。

一方、ITC審理という行政手続における判断に対してであっても、その控訴審としての司法手続によらず、裁判所の判断で事前にその行使を禁じることができると判断した点に本判決の特徴がある。

本来、ITCの審理は行政庁による準司法的手続であり、当該判断に不服がある場合は、連邦巡回区控訴裁判所（CAFC）に控訴してその判断内容を争うことになる。つまり、本来であれば地方裁判所はITCによる審理結果について、その権利行使の可否を判断できる立場にはないということである。しかしながら本件においては、「ITCでの審理結果（排除措置）を行使すること」の仮差止めが可能であると判断しており、この点が特徴的である。

上記判断は「差止めの脅威を背景とした交渉はSEP利用者を不合理に不利な立場に立たせるもの」との考え方に基づいており、SEP保有者がITCを訴訟戦略の一環として利用し、不合理な条件を引き出そうとする濫用的権利行使を牽制するという意味においては妥当な判断であると思われる。

要するに、衡平法上の観点等に鑑み、真に必要であると判断される場合を除き、差止めは認められるべきではないとしたeBay事件判決以降は、差止判決の獲得が困難となった裁判所による手続を避け、侵害が認定されれば基本的に差止め（製品排除）が認められるITCでの審理が好んで選択される傾向が顕著となっていたのである。

ITCは審理スピードも速く、特にSEPを対象とした案件の場合、被疑侵害者においては防御手段が限定され、大きな脅威となる。本判決は、そうしたITCの濫用的な利用に一定の歯止めをかけたものであるとも考えられる。

他方、SEP保有者の視点に立てば、SEP利用者が合理的な交渉に応じない場合において、交渉のテーブルに着かせるための手段として訴訟やITC審理を利用するケースも実務上は数多く存在するため、もし差止めを請求内容に含む全ての権利行使がFRAND義務違反を構成すると判断されるのであれば、これはSEP保有者の立場を不当に弱めるものであり、行き過ぎた判断となるであろう。

この点、本件はSEP保有者がライセンスオファーに先立ってITCにおける製品排除措置請求手続を開始しており、裁判所も「本件の事情に限定して判断した」としているため、SEPの保有者と利用者のバランスを考慮したものと考えられる。

結果として、FRAND宣言を行ったSEPを用いた差止請求の可否やその要件（当事者間でどのような交渉を行うべきか）については明確な結論が得られないままとなったが、その点は今後の判例の蓄積に期待するところである。

（佐藤 智文）

4．Innovatio事件

（イリノイ州北部地区連邦地方裁判所、2013年）

判決文

［内　容］

標準化機関に対してFRAND宣言されたWi-Fi特許ポートフォリオに対する合理的な実施料額の算定方法を提示した事例[1]。SEPポートフォリオに対する合理的ロイヤルティーの算定は、考慮要素が多く困難である。個々の特許の価値も異なることに加え、当該規格に関連する必須特許全体を考慮しながらも、累積されるロイヤルティーが合理的である必要もある。本事件で裁判所は、これら要素を考慮した合理的実施料の一つの算定方法（トップダウン・アプローチ）を具体的に提示した。

カテゴリー	合理的実施料の算定
対象規格技術	Wi-Fi（IEEE802. 11）
関連用語	ジョージア・パシフィック・ファクター、トップダウン・アプローチ、最小販売可能単位（SSPPU）、全市場価値ルール（EMVルール）、comparable license

1．事案の概要

2011年２月、Innovatio IP venture（Innovatio）は、他社から23件の無線LAN規格（IEEE802. 11規格：Wi-Fi）に関連する特許を購入し、それらの特許権を侵害されたとしてカフェ、ホテル、レストラン、運輸会社など無線LANを利用する事業者を相手に特許権侵害訴訟を提起した。それに対し、2012年10月、無線LAN機能を提供する製品を供給していたCisco Systemsなどの無線LAN製

1　*In re Innovatio IP Ventures*（Case No. 11 C 9308）, N.D. Illinois, 2013, Oct. 3

品製造者が、Innovatio特許の非侵害及び無効の確認を求める確認訴訟をイリノイ州北部地裁に提起した。なお、Innovatioに特許を譲渡した元々の特許権者は、全ての譲渡特許について、無線LAN規格の標準化機関であるIEEEに対し、FRAND条件でライセンスする意思表示（FRAND宣言）をしていた。

米国特許権侵害訴訟では本来、陪審が損害賠償額を決定するが、本件では両当事者が損害賠償額の決定を裁判所に委ねた。また、和解の可能性を促進するため、両当事者は、特許の有効性や特許権侵害の有無を判断する前に、損害額を特定することに合意した。さらに、Innovatioの訴訟対象特許の全てが無線LAN規格のSEPであることから、FRAND条件でのライセンス義務があることを前提として損害額の算定に合意した。

2．争点

Innovatioの無線LAN標準必須特許のポートフォリオに対する合理的なロイヤルティーの算定方法が争点となり、具体的には、以下の各要素について検討がなされた。

（1）ロイヤルティーの計算は、最終製品の販売価格をベース（基準）にするのか、それとも部品である無線LANチップ（最小販売単位）をベースとすべきか

（2）Innovatioの特許ポートフォリオの無線LAN規格に対する重要性・貢献度をどの程度評価すべきか

（3）比較参照し得る他のライセンス契約は存在するのか

3．両当事者の主張及び裁判所の判断

裁判所は、Innovatioの特許ポートフォリオに対するFRAND条件でのロイヤルティーの金額を決定するため、マイクロソフト対モトローラ事件（本章5．で取り上げた地裁判決）においてロバート判事が示した手法を基本的に踏襲した。すなわち、両当事者間の仮想交渉を想定し、修正されたジョージア・パシフィック・ファクター（GP要素）と以下の３つのプロセスを判断要素としてロイヤルティーを算定する手法である。

（ⅰ）特許ポートフォリオの当該技術標準に対する重要性

（ⅱ）特許ポートフォリオの被疑侵害製品に対する重要性

（ⅲ）比較され得る他のライセンス契約におけるロイヤルティー

ただし裁判所は、ロバート判事が採用した手法をそのまま本事件に採用することはできないとした。マイクロソフト対モトローラ事件では、特許権者であるモトローラによるライセンスオファーがFRAND義務に違反しているかどうかを判断することが目的であったため、ある程度の幅をもった「合理的なロイヤルティーといえる範囲」を特定すれば足りたが、本事件では、特許権侵害による損害額を計算するため、幅のない「合理的なロイヤルティー額」をピンポイントで特定する必要があった点が異なるからである。

（1） ロイヤルティー算出のベースの特定

裁判所は当初、FRANDロイヤルティーを計算するために基準となるベースを、無線LAN機能を提供する無線LANチップとすることが適切であるとの指針を示した。

しかし、特許権者であるInnovatioは、無線機能を有する最終製品の販売価格をロイヤルティー計算のベース（基準）とし、その製品について無線LAN機能が占める位置付け・割合（無線LAN feature factor）を考慮してロイヤルティーを決定すべきであると主張した。例えばノートパソコンの場合は無線LAN機能は通信インタフェースの一つにすぎないので最終製品価格の10％の金額をロイヤルティーとし、一方、無線LANアクセスポイント（制御局）のような無線LANの通信機能がその製品の主要な役割を占めている場合は、最終製品価格の95％とすべきと主張した。それによると、合理的ロイヤルティーは、アクセスポイントの場合は１台当たり3.39ドル、ノートPCの場合は１台当たり16.17ドルとなる。

一方、特許発明を実施する側である無線LAN製品製造者は、部品である無線LANチップの価格をベースにロイヤルティーを算定すべきであると主張した。また、累積ロイヤルティーの問題に配慮し、ロイヤルティーの上限を決めるため、無線LANチップ製造者の平均営業利益を判断要素にすべきであると主張した。それによると、合理的ロイヤルティーは、無線LAN１チップ当たり0.72～3.09セントになる。

この主張に対してInnovatioは、訴訟対象特許の一部の請求項はアンテナ等の無線LANチップを超えた構成要素を含んでおり、Wi-Fiチップだけでは無線LANの機能を提供できないことから、最小販売・特許実施単位[2]は、無線LANチップではなく無線LAN機能を実現するシステム全体であると反論した。

これに対して無線LAN製造者は、連邦巡回区控訴裁（CAFC）の判決[3]で提案された、「ロイヤルティー・ベースは、クレームされた発明に密接な関連を有する、『最小販売・侵害単位』であるべき」との考え方を参照し、特許権者であるInnovatioは、アンテナやアクセスポイントを発明したのではないため、最小販売・特許実施単位は無線LANチップであると反論した。

裁判所は、Innovatioが主張した最終製品の価値をInnovatio特許の価値に配分（apportion）するロジックは信頼に値せず、立証は不十分であるので、ロイヤルティー・ベースは無線LANチップにせざるを得ないと判断した。

（2） Innovatio特許の無線LAN規格に対する重要性・貢献度

マイクロソフト対モトローラ事件において、ロバート判事が修正適用した「９番目のGP要素」は、FRAND宣言された特許技術の価値を評価するに当たり、「特許技術が規格に採用される前に、当該特許技術の代わりに採用され得た代替技術と比較した特許技術の有用性・優位性を考慮する」と指摘する。

同等の作用効果を有する代替技術が存在すると、特許権者が要求するロイヤルティーの金額は下がる方向に力が働く。なぜなら、もし特許権者がその特許技術に対して高額のロイヤルティーを要求した場合は、標準化機関は単にその代替技術を規格に採用すれば足りるからである。

裁判所は、Innovatio特許の無線LAN規格に対する重要性を評価するに当たり、規格に採用され得た代替技術の存在、すなわち、標準化の過程で実際に考慮された技術の存在を判断要素に含めるとした。

具体的には、Innovatio特許のうち、複数端末からの送信パケットが衝突することを回避するチャンネル・アクセス技術に関連する特許については、代替技術が存在しないことから、無線LAN規格に対して中程度から高度の重要性（貢献度）を有すると判断した。また、複数送信機に関する特許については、他の代替技術が存在するため、その重要度は若干下がるものの、中程度から高度の重要性を有すると判断した。

（3） 比較参照し得る他のライセンス契約は存在するか

裁判所は、修正された「１番目のGP要素」（FRAND義務に基づき、特許権

2　Smallest salable patent-practicing unit又はSSPPU
3　*Laser Dynamic v. Quanta et al*, 694F.3d51, (Fed. Cir. Aug. 30, 2012)

者が過去に受領したロイヤルティー額）と、「２番目のGP要素」（ライセンシーが当該特許と同等の特許に支払ったロイヤルティー額）に基づき、比較可能な他のライセンス条件を参考にFRANDロイヤルティーを特定することにした。

Innovatioは、過去に自らが特許ライセンスを締結した複数の企業とのライセンス契約を、「比較参照し得るライセンス」として提案した。しかし、裁判所は、過去の契約におけるロイヤルティーの算定が、最終製品の価格をベースに計算されていたことなどを理由に、それらを参考にはできないとした。

一方、無線LAN製品製造者は、「比較参照し得るライセンス」として、マイクロソフト対モトローラ事件で参照された無線LAN規格のパテントプールである「Via Licensing」が採用したロイヤルティーの料率を参考にすることを提案した。しかし裁判所は、VIA Licensingにプールされている特許は、高価値の特許が含まれていないため、低価値の特許のFRANDロイヤルティーにおける料率の決定には参照できたとしても、本事件でのInnovatioの特許ポートフォリオには採用できないと判断した。Innovatioの特許ポートフォーリオは、規格に対して中程度から高度の重要性（貢献度）を有しているからである。

さらに、裁判所は適切なFRANDロイヤルティーを決定するために、特許ロイヤルティーとして支払われるべき最大の金額を特定した上で、個々の規格関連特許の価値に落とし込んでいく「トップダウン・アプローチ」を採用した。

トップダウン・アプローチでは、まず、無線LANチップの価格に基づき、チップ製造者がチップを販売することで得られる平均利益を求める（Step１）。次に、Innovatioが保有する無線LAN規格特許の数を無線LAN規格特許の全体の数で割ったものを、無線LANチップの平均利益額に掛ける（Step２）。

１チップ当たりのFRANDロイヤルティー
＝無線LANチップの平均価格×平均利益率×802.11の上位10％のSEPに帰属せしめる価値 × Innovatio が保有する SEP 数 ／ 802.11 の上位10％のSEP数

裁判所は、Step１の無線LANチップの平均価格については、調査会社のマーケットレポートを参照し、1997年～2013年までの平均価格を計算して18.85ドルと認定した。また、Step１のロイヤルティー支払額の上限を算出するために使われる無線LANチップの平均利益率は、主要な無線LANチップ製造者からの情報を基に、12.1％と認定した。

そして、無線LAN規格のSEPの総数は3000件とした。

さらに、「電気分野の全特許の価値の84％は、電気分野の全特許の上位10％に帰属する」との1998年の論文[4]を根拠に、「無線LAN規格に必須となる全特許の価値の84％が、上位10％のSEPに帰属する」とした。そして、Innovatioの19件のSEPは、全てこの上位10％に含まれると判断した。

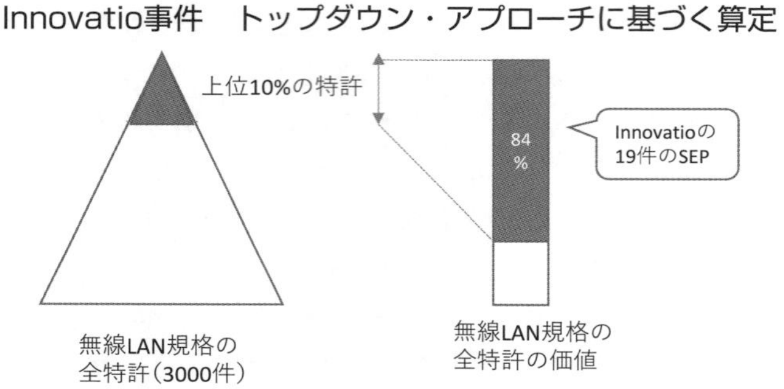

これらを上記計算式に当てはめると、無線LAN１チップの平均利益は、1.8ドル（＝14.85ドル×12.1％）であり、これに無線LANの上位10％のSEPに帰属せしめる価値84％を乗算すると1.51ドルとなる。さらに、無線LANの上位10％のSEP数に対するInnovatio特許のSEP数の割合（＝19/300）を乗算することで、Innovatio特許ポートフォリオのFRANDロイヤルティーを無線LAN１チップ当たり9.56セントと認定した。

これを他の裁判例で認定されたロイヤルティーと比較すると、マイクロソフト事件でモトローラの11件の無線LAN規格SEPに対して認定された合理的な実施料の範囲、すなわち、「製品１台当たり0.8～19.5セントの範囲」に含まれている。

マイクロソフト事件においては、ロイヤルティーとして「１ユニット当たり3.471セント」という判断もされたが、これと本事件で認定されたロイヤルティーを比較すると、約３倍の開きがある。この違いについては、モトローラ特許の無線LAN規格に対する重要度が低く、Innovatio特許の当該規格に対する重要度は、中程度から高程度であったという点から説明できる。

4　Mark Schankarman “How valuable is patent protection? Estimates by technology field”（1998）

4. 解説

Innovatioは、他社から特許を買収し、自らは製品の製造を行わず、当該特許を第三者にライセンスして利益を得るNPE(Non-Practicing Entity)である。

Innovatioは、IEEE無線LAN（無線LAN）の標準化活動には参加しておらず、FRAND宣言を自らは行っていないが、元々の特許権者であるブロードコムなどがFRAND宣言をしており、特許を譲り受けた際にInnovatioはFRAND義務を承継しており、裁判所はそれを前提に合理的なロイヤルティーを算定している。一般的に、ロイヤルティーの金額は下記の式で計算される。

ロイヤルティー額＝ロイヤルティーのベース×ロイヤルティーの料率

「ロイヤルティーのベース」として、製品全体の価格をベースにするか、チップの価格などの最小販売単位の価格をベースにするかでロイヤルティー額は大きく異なる。通常、特許権者（ライセンサー）は、受け取る金額を大きくするためにロイヤルティーのベースを最終製品価格にすべきであると主張し、実施者(ライセンシー)は、支払う金額を小さくするためにその機能を実現するチップの価格にすべきであると主張する。この対立構造は本事件でも同様である。

この点について、2011年3月の連邦取引委員会（FTC）のレポートの第7章[5]では、最終製品の価格をベースとしてロイヤルティーを計算する根拠として持ち出される“Entire Market Value Rule”は、逸失利益を算定するために発展してきた方法論であり、FRANDロイヤルティーの算定の際には、その適用は抑制的であるべきと指摘している。さらに、同レポートは裁判所に対する提言として、仮想交渉において発明の価値を考慮し、両当事者が選択する基準を特定すべきであり、それは多くの場合、発明を含む最小販売可能単位（smallest priceable component）になるのではないかとも指摘している。

本事件でも、ロイヤルティー算定のベースは、最終製品の価格ではなく無線LANチップとすべきであると判断されたが、最終製品の価格をロイヤルティーのベースにすることが全くできないわけではない。例えば当該特許技術の機能・効果が最終製品の全体価値に結び付いていることを合理的に立証できれば、最終製品の価格をロイヤルティーのベースとする場合もあろう。

5 Federal Trade Commission（2011年3月）“The Evolving IP Marketplace: Aligning Patent Notice and Remedies With Competition”第7章（“Calculating Reasonable Royalty Damage”）

次に、個々の特許の価値評価であるが、特許が付与された技術といっても、その規格に対する重要度や貢献度は、特許ごとに異なってくる。上記FTCレポートの第７章には、FRANDロイヤルティーを算定する際の「代替する技術の役割」についての記載もある。特許に支払うロイヤルティーが、その発明の経済的価値を超えてしまえば、製造者は代替技術を選択するであろうという常識的判断を根拠に、FRANDロイヤルティーの上限は、特許技術とその次に優れた代替技術を比較したときの特許技術について増加した価値であり、これを超えるFRANDロイヤルティーを認定すべきではないと提言している。

本事件で裁判所は、Innovatioの19件の特許を、標準規格として採用され得た代替技術が規格策定当時において存在していたかどうかを基準に、無線LAN規格に対する各特許の重要度を評価しており、FTCレポート同様、技術の価値そのものを判断するアプローチを採っている。

さらには、個々の特許の価値を単独で評価するだけではなく、当該規格に関連するSEP全体を考慮し、累積されたロイヤルティーも、合理的である必要がある（累積ロイヤルティーの問題）。通信規格は、関連するSEPの件数も多く、累積された特許料が高額になれば、当該規格を搭載した製品の製造・販売ビジネスへ参入する意欲が失われ、規格普及の妨げになる場合もある。

本事件では、累積ロイヤルティーの問題が存在することを前提に、無線LAN規格に関連するSEPの総数を考慮して合理的ロイヤルティーを算定した。裁判所が採用した「トップダウン・アプローチ」は、無線LANチップ製造者がビジネスにより得られる利益を超えてロイヤルティーを支払うことはないであろうという常識的判断を根拠に、FRAND実施料の上限を無線LANチップの平均利益と結び付けて制限している。

また、無線LANのSEP総数を考慮することで、ライセンシーが支払う無線LAN規格に対するロイヤルティーの総額が、無線LANチップの平均利益を超えないようにすることにも配慮している。当該規格を広く普及させるという標準化の目的にも資するアプローチである。

このように、トップダウン・アプローチは、合理的なロイヤルティーを算定するための一つの手法であり絶対的な算定方法ではないが、SEPの保有者及び実施者の立場、更には技術標準の目的をも配慮した有力な算定方法である。

（沖　哲也）

5．アップル対モトローラ（控訴審）事件

（連邦巡回区控訴裁判所、2014年）

判決文

［内　容］

FRAND宣言後のSEPによる差止めはeBay事件４要素を満たす必要があるとした事例[1]。モトローラはモバイル通信方式に係るSEPを持ち、FRAND宣言しており、特許権侵害訴訟において、アップルが当該通信方式を採用するに当たり、ライセンス交渉を拒絶したと主張した。CAFCは、「FRAND宣言したSEPに基づく権利行使に係る差止請求は当然違法である」とした地裁の判断を覆し、eBay事件で示された４要素を満たさなければならないとした最高裁の判断を踏襲した。

カテゴリー	SEPに基づく差止めの可否
対象規格技術	3G
関連用語	eBay事件判決、irrevocable harm、当然違法（per se illegal）、衡平法（equity）

1．事案の概要

本事件の原審は、2010年10月、ウィスコンシン州西部地区連邦地方裁判所において、アップルがモトローラに特許権侵害訴訟を提起し、モトローラがアップルに特許権（FRAND宣言しているSEPを含む。）侵害の反訴を行った事案である。アップルは、モトローラ製品がアップルの保有する携帯電話ハンドセットの使用を容易にするソフトウエア特許を侵害していると主張した。

アップルは当初、自社が保有する３件の特許権侵害を主張していたが、その

1　*Apple Inc. v. Motorola, Inc.*, 757 F.3d 1286（Fed. Cir. 2014）

後、12件の特許を加えるように訴状を修正、計15件の侵害を主張していた。

モトローラは、アップル製品が、モトローラの保有するスマートフォンの相互利用の保証に必須である特許を含む複数の特許権を侵害していると反訴し、６件の特許権侵害を主張していた。そのうち、米国特許第6,359,898号（898特許）は、モバイル通信方式のなかでもUMTS〈3G（第３世代）の通信方式〉に属する技術である。モトローラは898特許に関してFRAND宣言している。両当事者は、特許権の非侵害及び無効の宣言を求めた。

その後、両者による特許権侵害訴訟はイリノイ州北部地区連邦地裁に移送・併合され、指名によってポズナー判事が担当することになった。そこで、係争特許のクレーム解釈がなされた後、当該クレーム解釈に基づき、あるクレームは非侵害、残りのクレームは両当事者が提出した膨大な量の損害賠償に関する専門家の証拠を排除する略式判決を下した。そして、いずれの当事者も差止めを得る権利はないという略式判決を下した。FRAND宣言がなされた898特許の差止救済に関し、ポズナー判事はモトローラのFRAND義務により救済を排除されると述べた。その理由は以下のとおりである。

（ⅰ）モトローラは、898特許をFRAND条件でライセンスする義務を負っているため、FRAND条件に基づいてロイヤルティーを支払ういかなる者にも当該特許をライセンスする義務がある。すなわち、これは明示されているわけではないが、当該特許を使用するライセンスに対して、ロイヤルティーが適切な補償になることを認識している。

（ⅱ）連邦取引委員会（FRC）が発行したステートメントには、SEPを含む紛争の差止救済に対する潜在的な経済上及び競争上のリスクに関する記載がある。

（ⅲ）アップルがモトローラとの交渉を拒絶することによって、訴訟の結果、（ロイヤルティーの支払と）同等又はそれ以上の支払を負わされるリスクが生じることになるが、それによってモトローラがFRAND義務を遵守しなくてもいいという理由にはならない。

（ⅳ）訴訟に費用を要するリスクは両者同様であり、モトローラの差止請求を肯定するものではない。

以上の理由から、FRAND宣言がなされた898特許に関して、ポズナー判事は、モトローラのFRAND義務は差止救済を排除すると結論付けた。

さらに、モトローラ特許が技術標準に含まれた場合、モトローラはFRAND条件に基づくロイヤルティーを支払うことに前向きないかなる者にも当該特許をライセンスする義務があるため、差止めではなく、ロイヤルティーが侵害に対する適切な補償であると決定した。

アップルとモトローラは、これらの判断に不服があるとして、連邦巡回区控訴裁判所（CAFC）にそれぞれ控訴した。

2．争点

（1）係争特許のクレーム解釈の妥当性について

（2）損害賠償に対する専門家証言が拒絶されたのは妥当であるか

（3）FRAND宣言した898特許に基づく差止請求が当然排除されるべきであるとした地裁判決の妥当性について

なお、本稿では上記（3）に絞って検討を加える。

3．判旨

CAFCの多数意見は、FRAND条件でのライセンスに合意したSEPに基づく差止救済を当然に禁止するルールはないと判断し、以下のとおり述べている。

地裁が、SEPに基づく差止めは利用不可能であるという当然違法の原則（per se illegal rule）を適用したのは誤りである。モトローラのFRAND義務は、確かにモトローラの差止救済の有無に関する基準となるが、FRAND義務が課せられる特許に対し、差止めを認めるための特別なルールを設ける理由にはならない。eBay事件の最高裁判決で示され、その後、本裁判所の判決で解釈された同事件の規範は、FRAND義務を有する特許及び一般的な技術標準に対しても適用可能である。eBay事件の規範を考慮すれば、FRAND義務を負う特許権者は、回復不能な損害の証明が困難であろう。

一方、侵害者が単独でFRAND条件に基づくロイヤルティーの支払を拒絶することや、不合理な交渉の遅延行為に対する差止めは正当化される場合があるかもしれないが、ライセンスオファーを拒絶したからといって、そのこと全てが、差止めを正当化する理由になるわけではない。なぜなら、オファーされたライセンスがFRAND条件に沿うものではないかもしれないからである。

さらに、一般的に標準技術の利用者が増えることはメリットがあるといえるが、利用者が増加することでSEPが過度に評価されてしまうと適正な条件を維持できなくなるため、その点もしっかりと保証されていなければならない。しかし、地裁はeBay事件判決の原則の下で差止めを発行するかどうかを決定する際、必要以上にこれらの事実を考慮している。

モトローラは898特許の侵害に基づく差止救済を得る権利はないという地裁の判断に同意した。CAFCの多数意見は、モトローラがこれまでに898特許を含む多くのライセンス契約を締結していることから、モトローラのFRAND義務は、モトローラに対する侵害を補償するのに損害賠償が適切であることを強く示していると述べた。同様に、モトローラはアップルによる侵害が回復不能な損害を生じさせた証拠を示していない。モトローラは競合他社を含めた多くの市場参加者が898特許を搭載するシステム特許を使用しており、FRAND条件に基づくロイヤルティーの支払を望む市場参加者が大勢いることを認めているが、そうした状況のなか、新たなユーザーを更に追加することによって回復不能な損害が生じる証拠を示せてはいない。

アップルが単独でライセンスオファーの承諾を拒絶し、交渉を頓挫させたかどうかについて、地裁の記録によれば現在交渉中の状態であるとされており、アップルが単独で取引への合意を拒絶したという証拠は認められない。結果として、CAFCは、モトローラが898特許の侵害に対する差止めの権利を有しないという地裁の略式判決に同意すると結論付けた。CAFCの多数意見によるSEPに基づく差止請求に関しては、以下のとおり、レーダー判事、プロスト判事等が意見を表明している。

（1）　レーダー判事の意見

差止めに関する法的規則に関して、CAFCの多数意見が当該規則を正確に述べており、「FRAND宣言したSEPに基づく差止救済が当然認められないとした地裁の判決は誤りである」と判断した点には同意する。

一方、CAFCが「侵害者が単独でFRAND条件に基づくロイヤルティーを拒絶することや、同様の効果を有するライセンス交渉の過程で見られる不合理な遅延行為に対しては、差止めが正当化されるかもしれない」と判断した点に関して、アップルが長年にわたり、モトローラのライセンス交渉の要請を拒絶し続けてきた事実は立証されているため、交渉する意思がなかったと推認することは可能である。そのため、CAFCの多数意見は、アップルに交渉の意思がなかったことを理由として、モトローラに対する補償は損害賠償だけでは不十分であり、回復不能な損害を被っているといった主張の機会がモトローラに与えられるべきである。

（2） プロスト判事の意見

CAFCの多数意見が示した「898特許に差止救済が認められない」という判断には同意するが、「潜在的ライセンシーの交渉の拒絶によって侵害の認定後、差止めが認められ得る」という判断には反対である。FRAND宣言は、eBay事件の4要素に当てはめて考える必要があり、補償については損害賠償の認容で十分である。したがって、潜在的ライセンシーの交渉態度によって差止請求が可能となるような例外を設けるべきではない。

さらに、潜在的ライセンシーが交渉を拒絶したとしても、以下の理由から、FRAND条件に応じなければならなくなると思われ、それをもって交渉する意思が認められないと捉えるべきではない。

（i）ライセンス契約締結前に特許の有効性等を争うことが認められるべきである。

（ii）訴訟で侵害が認められた場合、それを拒絶することは結果的に懲罰賠償や代理人費用等、法的リスクを負うことになる。

結論として、SEPに基づいて特許権者には損害賠償が認められるが、差止めを認める場合は極めて例外的である。例えば特許権者が損害賠償を十分に得られない場合や、SEPの侵害を認める判決であるにもかかわらず、被告が損害賠償の支払を拒絶するなどの場合以外には、例外的な差止めが認められるべきではないといえる。

4．解説

本事件は、FRAND宣言がなされている特許権の行使、あるいはFRAND条件に基づいて交渉した場合の差止請求等について、CAFCがどのような要件を用いて評価するかが示された点で、実務上参考となる事案である。

差止請求権は、一般的に特許権の内容の完全な実現が妨げられているケースにおいて、その妨害を排除して権利内容の完全な実現を可能とするものであり、損害賠償よりも大きなダメージを侵害者に与えることから、その可否については慎重に判断されるべきである。

米国特許法283条は「衡平法の4原則に従って、差止めを命令できる」としている。この差止命令の効果について、連邦取引委員会（FTC）は、2011年に公表した「FTCレポート（The Evolving IP Marketplace）」の中で、イノベーションの促進や侵害の未然抑止、ライセンス活動の奨励等も期待されるものであるとしている。

FRAND宣言された特許権は、原則的にFRAND条件でライセンスする義務が生じていることから、ライセンスを拒絶できない。そして、ライセンシーがその条件に基づいてロイヤルティーを支払う限り、差止めの必要性はない。

しかし、ライセンスを拒絶する者やライセンス交渉がいつまでも決着しない場合などは、救済方法について検討の余地があった。また、FTCレポートにおいても、米国司法省（DOJ）と米国特許商標庁（USPTO）が2013年に出した共同声明においても、FRAND条件でのライセンスを拒絶する者に対する差止請求には肯定的な見解が示されている。

本事件において、地裁は、FRAND宣言された特許権に係る差止請求権の行使は当然違法であると判断した。一方、CAFCは、4要素に基づいてそれを満たしているか否かを判断する必要があるとしており、CAFCがこのような判断指標を明らかにしたことは評価できる。

そもそも、米国において特許権侵害は損害賠償によって救済されることが原則であり、差止請求は、ケースごとに衡平法上認められる補完的な役割として扱われてきた。そして、差止命令を求める者は、伝統的に衡平の原則に従い、以下の4要素テストを満たす必要があるとされてきた。

(ⅰ)権利者が回復不可能な損害を被ったこと。

(ⅱ)損害賠償など、法律が規定する救済だけではその損害の補償が不十分であること。

(ⅲ)原告と被告の双方が受ける影響のバランスを考慮した場合、衡平法に基づく差止命令を認めることが正当化されること。

(ⅳ)差止命令の適用によって公共の利益が損なわれるおそれがないこと。

そして2006年のeBay事件の最高裁判決は、特許権侵害について当然に差止請求が可能となるわけではなく、原則どおり、上記4要素テストを受ける必要があると判示している。

この点、我が国の特許法においては、差止請求権を規定する100条の文言を根拠として、当然に差止請求が特許権侵害の救済手段として認められることになるが、米国では、同じように差止請求が認められるとしても、理論的根拠は大きく異なっている点に留意する必要がある。

また、この４要素は、差止請求を認めるに当たり、どの要件が重要なのかを特定する意味があったが、差止請求が否定された場合の対応方法に係る課題が残されていた。

米国の衡平の原則に従い、例外的に認められるとした差止請求については、その程度に関してどのような根拠に基づいて制限されたり、行使可能になったりするかは、具体的な事例ごとに異なることになる。

とりわけ、FRAND宣言されたSEPにおいては、自主的にライセンスすることを約束しているものであるため、損害賠償による救済を原則としていると捉えられることから、回復不能な損害という要件を満たすのは難しいといった考え方もあり得る。

本事件において、差止請求に関する考え方は判事によって異なり、判決に対して意見が表明されている。レーダー判事は権利者側の立場を採っており、潜在的ライセンシーに交渉の意思がなかった場合は差止請求を認めるべきであるとしている。これは、ライセンシーが実際には交渉する意思がないにもかかわらず、交渉の遅延行為等が行われれば、特許権者の損害が拡大してしまうことを懸念して早急な解決を求めているものと思われる。

これに対して、プロスト判事は差止請求を認めることについては厳格な基準を用いるべきであると考えている。例えば先行してパテントプールを築き、プールしている個別の特許権についても優越的な力を持つ企業との交渉に当たって、潜在的ライセンシーは不利な立場に立たされ、実質的に交渉は困難である。その上、差止請求のように強力な効力を発揮する救済手段を権利者側に認めた場合、ライセンシーの立場が更に弱まることを懸念しているのであろう。

本事件は、FRAND宣言後のSEPに係る侵害に対する差止請求について、2006年のeBay事件の４要素が採用されることをCAFCの判断として明示したところに意義がある。通常の特許権侵害事件では、損害賠償による救済のみで足りるかどうかを裁判所が判断する際に、権利者がマーケットシェアを失うことや、ブランドあるいは社会的信頼や評判の毀《き》損《そん》、ライセンス条件などをコントロールする機能を失うことなどが認定され、差止めが認められる場合がある。

これに対してFRAND宣言後のSEPの侵害事件においては、侵害者が単独でFRAND宣言した特許権に関し、ライセンス交渉を拒絶する場合や、同様の効果を有する不合理な交渉の遅延行為があった場合、差止請求が認められる余地はあるとされている。

ただし、ライセンス交渉を拒絶したからといって、提示された内容がFRAND条件に合わないと反論されてしまえば差止めが認められなくなる可能性もあり得るから、その立証は厳しいものになるであろう。

このようにCAFCの判断は示されたものの、個別の状況によって評価が異なることが考えられるため、今後の裁判の動向を注視する必要があると思われる。

（安田 和史）

6．エリクソン対D-Link事件

（連邦巡回区控訴裁判所、2014年）

判決文

［内　容］

FRANDライセンスの実施料は発明の技術的価値を対象とするものであり、標準化で生じた追加的価値は含まないと明示したCAFC判決[1]。連邦地裁（陪審裁判）は、FRAND宣言したSEPに基づく差止請求を当然違法としたが、控訴裁（CAFC）はその判断を退け、eBay事件判決の４要素に従うこと、そして合理的ロイヤルティーの料率を算定する際には発明の技術的価値と標準化の付加的価値を分け、後者を含めないことを明らかにした。ホールドアップや累積ロイヤルティーの問題について裁判官の陪審に対する説示がどのようにあるべきかの指針を示した。

カテゴリー	合理的実施料の算定
対象規格技術	Wi-Fi（IEEE802. 11）
関連用語	apportionment（配分：ロイヤルティー）、全市場価値ルール（EMVルール）、ロイヤルティー・スタッキング（累積実施料の問題）

1．事案の概要

エリクソン等（原告）は2010年９月14日、自社特許が侵害されたとしてインターネット接続のための電子機材を販売するD-Link、エイサー、デルなど８社（「被告」と総称）をテキサス州東部地区連邦地方裁判所（地裁）に提訴した。特許を侵害するとされた機材の全てにはインテル製Wi-Fiチップが搭載されており、後にインテルも訴訟に参加して被告の一員となった。

1　*Ericsson, Inc. v. D-Link Systems, Inc.*, 773 F. 3d 1201（Fed. Cir., December 4, 2014）。

原告の主張によれば、係争特許はIEEEが採択したWi-Fi規格〈802.11(n)〉に必須となる技術を開示している。

地裁で原告は５件の特許について被告の侵害を主張した。陪審はそのうち３件の侵害を認定したが、その他の特許については侵害を認めなかった。その上で陪審は、特許権侵害に対する損害賠償額として約1000万ドルを認定した。侵害品１個当たり約15セントに相当する。

陪審裁判の終了後、裁判官はFRANDに関連する問題を法律問題として審理した。そこで被告は、FRANDの実施料率の裁定と、原告によるFRAND義務違反・原告の差止請求権不存在の認定を申し立てた。しかし裁判官は、既に陪審裁判で実施料率が決定済みという理由で被告の申立てを退けた。

両当事者は陪審の認定（評決）に対して６件の「ポスト・トライアル・モーション」（審理後の申立て）[2]を提出した。各モーションは、申立て事項について陪審ではなく裁判官による新たな判断を求めるものである。モーションの内容については下表を参照されたい。

ポスト・トライアル・モーション

申立人	申立て内容	判断主体
原告	将来の実施料の決定	裁判官
原告	裁判記録への補充	裁判官
被告	被告勝訴の判決及び再審理	裁判官
被告	損害賠償に関する判決	裁判官
被告	トライアル後の事実認定と法の結論	裁判官
被告	トライアル後の判決	裁判官

被告が申し立てた「被告勝訴の判決及び再審理」と「損害賠償に関する判決」について、被告は以下の理由を挙げた。

（ｉ）原告の専門家証人が最終製品の価値を根拠にしたロイヤルティーを参考にして損害賠償を算定したが、それは「全体市場価値（EMV）ルール」[3]

2　米国の裁判で判決が下された後に提出されるモーション。通常、新しい審理（trial）を求め、それに対する判決が出される。

3　「全体市場価値ルール」（“the entire market value rule” 又は「EMVルール」）とは、特許関連の機能が顧客の需要を喚起する根拠となっている場合に装置全体の価値に基づく損害賠償額の回復を認めるという判例で認められた考え方である（本書第Ⅳ章「関連用語解説」参照）。

を誤用したものである。

(ⅱ)本件には関係のないライセンス契約のロイヤルティーが参考事例として引用されており、適正な特許寄与率のための配分（apportionment）が行われていない。

(ⅲ)陪審の認定した損害賠償は原告のFRAND義務を反映していない。

EMVルールに関する判例は多様であり、特許部品の販売価値よりも大きい経済価値を認めるものから、軽微な改良特許にはEMVルールを適用しないとするものまである。被告は後者の判例に依拠して本件にEMVルールを適用するのは誤りであると主張した。

被告は、原告と被告の間には「基本購入契約（Master Purchase Agreement）」があり、この契約の下で被告には係争特許のライセンスが許諾されていると主張した。そしてさらに、FRAND条件で係争特許をライセンスするのは原告の義務であるとして、FRAND義務についての具体的な説示を陪審に行うよう裁判官に求めた。とりわけ、FRAND宣言した場合、特許ホールドアップや累積ロイヤルティーの問題があるのでそれを説示に含めるように求めた。

裁判官は、結局、被告の申立てを全て退け、侵害・特許有効性の認定、損害賠償額についての陪審による認定を支持した。また、EMVルールの適用に違反はないこと、原告のFRAND義務についての陪審への説示も適切であったことを確認した。さらに、侵害とされた特許３件に対する将来の損害賠償を１製品当たり15セントにすることを確認した。

原告がインテルにライセンスオファーをしなかったことについては、FRAND義務違反には当たらず、むしろ50セントの料率でライセンスを申し入れたインテルに誠実交渉義務の違反があったと認定した。

ホールドアップや累積ロイヤルティーの問題に対する説示については、ジョージア・パシフィック・ファクターに基づく既存の15要素[4]（GP要素）に、新たに16番目の要素として「FRAND条件で特許技術をライセンスする原告の義務…を考慮してもよい」という一文を追加した。

被告は、この地裁の判決を不服としてCAFCに控訴した。

4　*Georgia Pacific v. United States Plywood Corp.*, 318 F. Supp. 1116 (S.D.N.Y. 1970) modified and aff'd, 446 F. 2d (2d Cir. 1971). この判決で裁判所は、合理的実施料を決定する際に考慮すべき15の要素を明示した。

2．争点

（1）陪審が侵害を認定する上で必要な実質的証拠が適切に陪審に提示されていたか
（2）特許クレーム中の用語解釈が適切に行われたか。用語解釈に必要な証拠が陪審に提示されていたか
（3）公知例の存在によって米国特許第6,424,625号は新規性を喪失するか
（4）損害賠償についての原告の主張はEMVルールに違反しているか
（5）被告は原告との基本購入契約により、係争特許の実施権を許諾されているか

3．判旨

CAFCは、争点（1）、（2）の地裁の認定を支持したが、争点（3）、（4）については地裁の認定を破棄し、事案を地裁に差し戻した。また、争点（5）に関しては、基本購入契約に基づくライセンス抗弁を認めなかった。

CAFCの判決文は、クレーム解釈や侵害問題、有効性などの争点に関連する法律問題に3分の2以上の紙面を費やしている。本稿の意義は損害賠償算定ルールの明確化、具体的にはEMVルールとロイヤルティー計算のための「配分」の分析にあるので、以下では争点（4）についてCAFCの判決理由を詳細に検討する。

（1）　妥当なロイヤルティー算定

陪審がロイヤルティーを算出する際、何をベースに計算するかによってロイヤルティー額は大きく変わる。対象製品が多数の部品からなる組合せで、製品全体が特許部品の特徴と同等でない場合、陪審が製品全体の価値に不当に依存しないように裁判官は細心の注意を払う必要がある。これは必ずしも多数の部品からなる製品の全体の価値を基準にしてはならないという意味ではない。全体の価値を基準にした場合であっても、料率を下げるなどして適正に調整することは可能である。

全体の価値に依存することがなぜ問題となるのか。それは、陪審がロイヤルティーの料率をどの程度調整すればよいかが分からない場合、陪審の判断をミスリードする危険性があるからである。裁判官はこのことを認識しなければならない。CAFCはロイヤルティーの計算の基礎として、過度に高い基準値を採

用することを禁止した判例（例えばLaser Dynamic対Quanta事件[5]）で、ロイヤルティーを調整するにしても、過剰な賠償額につながる危険性がある基礎数値を採用する場合は、陪審の判断基準がゆがめられ、特許権者の主張する損害賠償が適正であると陪審に思い込ませるおそれがあると指摘している。

特許が販売製品の市場価値を高める場合にはその価値を参考にロイヤルティーを計算してもよいが、そうでない場合には出発点をより現実的なものにしなければならない。例えば最小ユニットで販売される製品の価格もその一つである。被告は、地裁の裁判官がライセンス専門家の証言を排除したことが連邦証拠規則に違反すると主張したが、その主張は当を得ない。裁判官が極端なライセンスの事例であるという理由からそれを排除し、証拠として採用しなかったからといって、それによって連邦証拠規則上の問題が発生することはない。陪審が合理的なロイヤルティーを設定するために必要となる証拠は適正に採用されている。

ただし、多数の部品から構成される製品の価値を根拠としたライセンスの事例を参考にする場合は注意が必要である。その際、裁判官は製品全体の価値を基準にした特許価値を割り引く必要性があることを陪審への説示のなかで十分に説明しておかなければならない。

被告は、EMVルールについて地裁の裁判官が通常の説示を行うことを要求した。しかし、それは比較参考のためのライセンス事例やその他の専門家証人による証言についての説示まで求めるものではない。また、ジョージア・パシフィック・ファクター（GP要素）について触れてはいるが、それは飽くまでもロイヤルティーの調整という文脈で言及されたものであって、調整の重要性について注意喚起するよう陪審に求めるものではない。

（2） FRAND宣言についての注意喚起

FRANDにおける説示の在り方について、被告は「FRAND宣言を実行に移すことが重要であり、損害賠償の算定においてもそのことが十分に考慮されなければならない。したがって、地裁の裁判官はGP要素に言及したものの、陪審への説示の中で個別のGP要素の適否に踏み込まなかったのは誤りである。また、ホールドアップや累積ロイヤルティーの問題について考慮するよう説示のなかで注意喚起しなかったのも誤りである」と主張する。

5　*Laser Dynamic v. Quanta et al,* 694 F. 3d 51, (Fed. Cir. Aug. 30, 2012.)

FRAND宣言のあったSEPの場合、GP要素によってはその適用に配慮が必要な場合がある。例えば「要素８」は「(発明の）現在の知名度」であるが、標準の場合、当該技術の使用が市場参入の前提となり、それが過剰な評価につながる場合がある。

また、「要素９」は「従来例と比較したときの特許発明の有用性と長所」であるが、SEPの場合にはこれは正しい評価項目とはならない。標準にとって発明が不可欠であるから標準に使用されるのであって、公知技術の改良だから使用されるわけではないからである。また、「要素10」は「ライセンサーの商業的実施」であるが、これも標準の場合には無関係であり、本件には関連しない。

SEPに無関係であるこれらのGP要素は、適用すると陪審の誤解を招くおそれがあるので、陪審への説示に含めるべきではない。地裁の裁判官はそれらを説示に含めたので、その判断には誤りがある。裁判官は、特許権者のFRAND宣言を考慮するよう、陪審に指示しなければならない。本件の場合、原告は「不公平な差別のない合理的な条件で、世界中の不特定多数の申請者に合理的な料率でライセンスを許諾する」ことを標準化機関に約束している。単に「FRAND条件で技術をライセンスする原告の義務」を考慮するようにと陪審に指示するよりも、具体的に原告の実際のFRAND宣言の内容に言及すべきであり、FRAND宣言によってSEP保有者が請求できる対価は市場価値に限定されるということを陪審に適切に指示しなければならない。

（3）　技術的価値と標準化の価値の区別

連邦最高裁の判例[6]により、ロイヤルティーは特許発明の価値に応じたものでなければならない。しかし、SEPの場合には必ずしもそのとおりにならない。まず、特許の技術的特徴と、標準に組み込まれた他の非特許の特徴を切り分けなければならない。次に、SEP保有者が受け取るロイヤルティーは特許の価値を前提としたものであって、その特許が標準に組み込まれたことによって生じる価値であってはならない。つまり、SEPのロイヤルティーは、特許によって生じる価値を基準にすべきであって、特許発明が標準化されたことによって付加された価値を根拠とすべきではない。

最近の電子機器の場合、技術標準に多くの技術が内包されている。特許はその一部に関連する場合が少なくない。

6　*Westinghouse Elec. Co. v. Wagner Elec. Co.*, 225 U.S. 604（U.S. Sup. Ct., June 7, 1912）

このような場合のロイヤルティーを調整する方法を示した判例があり、SEP特許が標準全体のごく一部の技術にのみ関連する場合も少なくない。ある技術が標準に組み込まれると、その技術は他の競合技術より先に普及するのが一般的である。それは、その技術が従来技術より優れているからではなく、標準に準拠するためにその使用が必須となるからである。このように、特許が標準にとって不可欠な場合には、裁判官は陪審に対して、技術的な貢献度と標準の貢献度を分けて特許に対するロイヤルティーを算定するように適切な指示を与えなければならない。本件の場合、地裁の裁判官は陪審への説示のなかでそのような指示を行っていない。

4．解説

米国の特許権侵害訴訟では、侵害が認定された後に損害賠償や差止めが争われる。しかし、FRAND宣言されたSEPの場合、eBay事件判決の4要素のなかでも、特に「回復不能な損害の存在」の要件を満たすことが難しいため、通常、差止請求は認められない（アップル対モトローラ事件）。差止めが認められない場合、SEP侵害に対する救済は金銭賠償のみとなる。金銭賠償は合理的実施料（reasonable royalty）に基づいて算定される。合理的実施料は、GP要素を用いて実施料のベース（royalty base）と実施料の料率（royalty rate）を決定し、それらを掛けて算出する。

特許技術が製品全体の需要喚起に大きく貢献した場合、CAFCのRite-Hite判決[7]に基づき、製品全体の市場価格を基準に実施料のベースを決めることができる。これがEMVルールの考え方である。しかし、近年になって、EMVルールは過剰な損害賠償算定の原因になっているという批判が強くなり、判例の見直しが求められていた。その結果、EMVルールは、特許技術が製品全体の需要を喚起していることを特許権者が立証した場合にのみ認める判例が増え、2013年には実施料のベースとして最少販売単位（SSPPU）を根拠とすることが明確にされた（Innovatio事件）。

しかしこれらの判決はEMVルールを廃止するものではないため、特許製品の市場価格と最小販売単位の間のどこに基準を置くかが未解決の問題となっていた。その問題の解決のために考え出されたのが配分（apportionment）である。これは、SEPの貢献度に見合ったロイヤルティーを決定するために、全市

7　*Rite-Hite Corporation v. Kelley Company, Inc.*, 56 F.3d 1538 (Fed. Cir., June 15, 1995)

場価値からSEPの貢献しない部分を取り除いてSEPの貢献部分を特定するという概念である。

例えば合理的実施料を算定する場合、「実施料ベース」と「実施料率」という２つの要素のほかに、実施料ベースを「配分」することによって適正ベースを画定し、それに基づいて妥当なロイヤルティーを決定する。

本判決の意義は、「実施料ベース」について明確な指針を示した点にある。つまり、標準化されたことで特許の市場価値が増した場合、実施料のベースとみなす特許の価値には標準化によって生じた価値を含めない旨を明確にしたということである。この考え方は、ロバート・マージェス教授（カリフォルニア大学バークレー校）が2011年の著書[8]で発表した発明による価値と標準化による価値を分けるという二分論を発展させた法理論ということができよう。

本判決でCAFCは、ホールドアップ又は累積ロイヤルティーについての説示の在り方を初めて取り上げ、それらが証拠によって立証されていない限り、裁判官はそれについての説示を行う必要はないと判示した。ホールドアップや累積ロイヤルティーの問題を主張しようとする当事者は、あらかじめ関連する証拠を準備しておかなければならないことが明らかにされた。

（藤野　仁三）

8　Robert P. Merges "Justifying Intellectual Property" Harvard University Press, London, 2011年（山根崇邦＝前田健＝泉卓也　訳『知財の正義』（勁草書房、2017））

7. マイクロソフト対モトローラ事件

（第９巡回区控訴裁判所、2015年）

判決文

［内　容］

FRAND義務違反に基づき提起された契約違反訴訟で、SEPの実施料算定方法を示した地裁判決が維持された事例[1]。SEP保有者であるモトローラがマイクロソフトに提示したライセンスオファーの実施料が高額であることを理由に、マイクロソフトがFRAND義務違反に基づく契約違反訴訟を提起した。本事件では、標準化がもたらすメリットや問題点を裁判所が指摘した上で、SEPに基づく実施料算定方法が示されている。また、一定環境下でのSEP保有者による差止めの請求がFRAND義務違反になるとも判断されている。

カテゴリー	(i)　合理的実施料の算定 (ii)　SEPに基づく差止めの可否
対象規格技術	Wi-Fi（IEEE802. 11）、H. 264
関連用語	FRAND実施料を算定するための経済的指標、ジョージア・パシフィック・ファクター、第三者受益者（third party beneficiary）

1．事案の概要

本事件は、“Wi-Fi”として知られる無線通信と、動画符号に関する標準技術に関する事例である。モトローラは、IEEE802. 11（802. 11）とITU-T H. 264（H. 264）に準拠する特許ポートフォリオ〈それぞれ、無線のローカルエリアネットワーク標準（WLAN）と、ビデオ圧縮標準に関する技術〉を保有して

1　*Microsoft Corp. v. Motorola, Inc.* (Case No. 14-35393), Ninth Circuit, July 30, 2015

おり、上記特許ポートフォリオに含まれる標準技術をFRAND条件でライセンスすると宣言していた。モトローラはマイクロソフトに対して、各標準技術を含むマイクロソフトの最終製品（「Xbox360」やWindowsを起動するコンピュータなど）において、FRANDに基づく実施料率を最終製品価格の2.25％とする条件で、SEPをライセンスする旨を記した２通のレターを送った。

その後、マイクロソフトは、モトローラからレターで示されたライセンス条件は、実施料が年間40億ドルを超え、IEEE及びITU-Tのメンバーとして課せられるFRAND義務に違反していることを理由に契約違反の訴訟を提起した。

その翌日、モトローラはマイクロソフトに対し、米国連邦地裁、国際貿易委員会（ITC)、ドイツの裁判所で、モトローラの複数のSEPを含むマイクロソフトの侵害被疑製品を排除する差止命令を求める特許権侵害訴訟を提起した。

モトローラが特許権侵害訴訟を提起したドイツには、マイクロソフトの「Xbox360」製品などの流通センターがあり、モトローラの当該訴訟後、マイクロソフトは流通センターをドイツからオランダに移転させている。

ワシントン州西部地区地裁の判決では、主に、①判事によるFRANDに基づく適切な実施料率の算定、②FRAND宣言後に生じるモトローラの契約義務（陪審審理）に関して陪審による判断がなされた。

上記①について、適切なFRAND条件を決定するために、ロバート判事は、以下の「経済的指標」に基づいたFRANDレートを決定する枠組みを示した。

(ⅰ)FRAND実施料は、標準技術の広い採用を促進するという標準化機関の目的に合致したレベルで設定すべきである。

(ⅱ)FRAND条件の決定方法は、「ホールドアップ(SEPに関して、高額な実施料を払うまでライセンスを差し控えること。)」と「累積ロイヤルティー」（①標準に組み込まれる特許に支払われる累積の実施料が、標準の特徴が有する価値を超えてしまうこと、及び②製品の多様な特徴を得るために加算された実施料が、製品そのものの価値を超えてしまうこと。）を認識し、これらのリスクを軽減するようになされるべきである。

(ⅲ)FRAND実施料は、特許権者が知的財産権の投資に基づく合理的なリターンが得られるように決定すべきである。

(ⅳ)FRAND実施料は、特許の産業標準への組込みに関連する価値とは離れ、特許権者に対して、特許技術それ自体の経済的価値に基づく合理的な実施料に制限されるように解釈すべきである。

前記の経済的指標に基づいて適切な実施料を決定するため、ロバート判事は802.11及びH.264の標準技術に係るポートフォリオにおいて、当事者間で仮想交渉を行った場合に考慮すべき15の要件が示された、「ジョージア・パシフィック・ファクター」[2]（GP要素）を用いて分析を行った。

本事件の地裁判決では、SEPのFRANDライセンスという事情を考慮し、ロバート判事はGP要素を修正した。その要素を幾つか挙げると、要素1では、特許権者が過去に係争特許のライセンスによって獲得した実施料を算出するが、修正要素では、過去の実施料はFRAND条件に基づくライセンス、又はそれと比較可能な状況で算出されるべきであると判断した。

要素4（特許権者のライセンス・ポリシー：誰にもライセンス許諾せず、特許による独占を享受するか、ある一定の条件を付けることで確保したい独占権を享受しつつ、ライセンス許諾を実施するか）や要素5（ライセンサーとライセンシーの間のビジネス関係など）に関しては、FRAND条件を適用するには不適切であると判断した。

要素15は、ライセンサーとライセンシーが自発的かつ合理的な契約を締結しようとした場合に両者が合意するであろう額を考慮する。修正要素15では、SEP保有者とその実施者は、契約を締結するためにFRAND義務と目的を考慮しなければならず、SEP保有者は、ホールドアップや累積ロイヤルティーを避け、標準技術の幅広い利用を促進するため、当該SEPをFRAND条件でライセンスするという義務を考慮しなければならないと判断した。

さらに、ロバート判事は上記の枠組みに基づく実施料率の決定に当たり、既存のパテントプールで用いられるライセンス実施料率の運用を比較対象として用いた。その結果、FRANDに基づく実施料率は、モトローラが提案した、1ユニットにつき2.25％をはるかに下回るものであり、H.264については1ユニットにつき0.555セント、Wi-Fiについては、1ユニットにつき3.471セントが妥当とされた。結果として、実施料の合計は各年180万ドルが妥当であるとロバート判事は判断した。

前記②のマイクロソフトの契約違反の申立てに関して、ロバート判事のFRANDに基づく実施料の計算及びその背景にある事実認定は、陪審審理で証拠として採用された。

2　*Georgia-Pacific Corp. v. U.S. Plywood Corp.*, 318 F. Supp. 1116（S.D.N.Y. 1970）

マイクロソフトは、モトローラのライセンスオファーとマイクロソフトの訴訟提起後の差止請求は、SEP保有者に課せられる黙示の誠実かつ公正な取扱い義務（契約の履行に際し、契約の当事者は当然に誠実かつ公正な取扱いをする義務を有する〈以下、「誠実公正義務」という。〉）に反すると陪審に主張した。

陪審は、マイクロソフトに好意的な評決を下し、1452万ドルの損害を認めた。モトローラは上訴し、ロバート判事がFRANDレートを算定するのに用いた方法、及びモトローラの誠実公正義務違反を結論付けた陪審による事実認定のための証拠が不十分であると争った。

2．争点

（1）地裁判決で示されたFRANDに基づく実施料率の算出方法は妥当か
（2）FRAND宣言後のモトローラの誠実公正義務に関する地裁判決は妥当か

3．判旨

本事件の上訴裁判所である第９巡回区控訴裁判所（第９控訴審）は、最初に標準化プロセスのメリットと問題点に関する見解を述べた。前者は、消費者及び製造業者にとって参入障壁を低くし、競争を促進させ、互換性を高めて製品に付加価値を与えることである。

後者にはホールドアップや累積ロイヤルティーなどの問題が挙げられる。当該行為によってSEP保有者がその特許技術の公正な価値よりも多くのものを得ようとするリスクを軽減するため、標準化機関はSEP保有者に対して、彼らの特許を「合理的かつ非差別」、すなわち「FRAND」条件でライセンスすることに合意する。FRAND義務の目的は、SEP保有者が市場から競争者を排除するために自らのSEPを活用することや、有利なライセンス条件を取得を取得すること防止するためである。

争点（1）に関して第９控訴審は、ロバート判事の以下の分析は適切であると判断した。

（ⅰ）特許の損害に関しては、これまでの連邦巡回区控訴裁判所（CAFC）の先例と合致している。

（ⅱ）適切に仮想交渉の枠組みを当てはめている。

（ⅲ）FRANDレートに関連する指標としてパテントプールに用いられるライセンス契約の実施料率を比較対象とした。

第９控訴審は、ロバート判事によって修正されたGP要素の適用に関して、モトローラは当該アプローチを批判しているにもかかわらず、GP要素に代替する有効な方法を示していないとしてモトローラの主張を認めなかった。

さらに、パテントプールの実施料率を比較対象とした点に関して、パテントプールは標準技術の広い採用を促進する目的で設計されていることから、その実施料率について、二者間の契約では得られないメリットを考慮するように修正適用し、FRANDに基づくレートを算定する１つの要素でしかないという理由で、下級審の判断を支持した。

争点（２）に関して第９控訴審は、モトローラがFRAND義務に関する誠実公正義務に違反しているという認定に十分な証拠があるとする陪審の評決が妥当であると判断した。

第９控訴審は、陪審が複数の専門家から、モトローラによるマイクロソフトへの訴訟は、「FRANDの目的に沿うものでなく、FRANDに基づくレートよりも高い実施料の条件を受け入れさせるためのホールドアップを誘引する行為である」という証言を得ていると述べた。

さらに、マイクロソフトに対する差止請求は「大打撃」であり、モトローラが要求する実施料率は裁判所で認定する率よりも極めて高いことを証明する証拠も存在する。

ライセンスオファーの承諾期限が過ぎた直後にモトローラが差止めを請求したという事実は、「我々（モトローラ）はオファーをした。彼ら（マイクロソフト）はそれを受け入れなかった。そうであれば、我々は訴訟を提起する」という主張を許容するようなものである。

第９控訴審は、以上の理由から下級審の判決を肯定し、モトローラの行為は、FRAND義務に関する誠実公正義務に反していると判断した。

4．解説

本事件は、特許権侵害訴訟の事案ではなく、マイクロソフトがモトローラのFRAND義務違反に対して提起した契約違反訴訟である。

ここで問題になるのは、モトローラからライセンスを受けていないマイクロソフトが、何の権利に基づいて契約違反訴訟を提起できたのかである。

まずは本事件に関与する当事者の契約関係を検討する。米国の契約法で、契約とは執行力のある「約束」であり、契約の成立要件は、「申込み」と「承諾」、そして「約因」を必要とする。約因とは、約束に対する何らかの対価であり、約因のない契約は効力を有しない。

本事件においてモトローラが行ったFRAND宣言の法的構成は以下のとおりである。標準化機関がモトローラに対してFRAND条件でのライセンスを許諾するか否かの意思を確認する行為は「申込み」、同社が標準化機関にFRAND宣言書を提出することが「承諾」、同社が保有するSEPをFRAND条件でライセンスする代わりに、標準化機関が、当該SEPを標準技術の一部として採用することが「約因」に当たり、この点は裁判所でも認定されている。

そのため、FRAND宣言を行うことにより、モトローラと各標準化機関の間で執行可能な契約が形成され、モトローラは自らの特許がSEPとして採用されることの見返りに、当該SEPをFRAND条件でライセンスする義務が生じる。

次に、マイクロソフトのようにSEPを実施する可能性のある潜在的ライセンシーとの関係はどうなるであろうか。

米国では、標準における潜在的ライセンシーを、標準化機関とSEP保有者間で締結される契約の第三者受益者であると捉えている。すなわち、マイクロソフトは第三者受益者として、モトローラと標準化機関の契約を行使する権利を有していることになる。その場合、いかなる潜在的ライセンシーが、契約の執行を要求できる第三者受益者となり得るのか、また、どのような法的要件が必要になるのかが問題となる。

米国契約法の第２次リステイトメントによれば、当事者間の契約の受益者とは、「意図的な受益者」であり、付随的な受益者は含まないとしている。意図的な受益者とは、債権者や受贈者としての第三者である。

例えば保険契約において被保険者が保険金の受取人を第三者に指定した場合、指定された第三者は受贈者としての意図的な第三者であるといえる。一方、付随的な受益者とは、意図的な受益者以外の受益者であり、当事者間の契約に対して権利を取得することのない者である。

以下は過去の事例である。ある者が、大学バスケットボールの複数の試合で審判を務める契約を大学バスケットボール協会と締結していた。ある試合で審判は誤審を行い、試合の勝敗に影響を与えた。その試合のグッズ販売店のオーナーは、審判の誤審によってグッズの売上げが落ちたことを理由に、当該審判と大学バスケットボール協会の契約の第三者受益者であるとして、損害賠償を求める訴えを提起した。

判決では、当該グッズ販売店のオーナーは契約の付随的な受益者であり、審判と同協会の契約に対して権利を有しないと判断された。つまり、意図的な受益者と付随的な受益者を区別するポイントは、第三者が当事者間の契約において直接的な影響を受けるか否かである。

これを本事件に当てはめると、契約の第三者受益者となるためには、単に標準技術のライセンスに興味を持っているだけでは不十分であり、標準技術のライセンスを得るための交渉を行っていることや、SEP保有者からライセンスオファーを受けていることが必要であると考えられる。

今回は、SEP保有者であるモトローラはFRAND宣言を行っており、SEPを合理的な条件でライセンスする義務を負うところ、マイクロソフトに提示したライセンス料が高額であることから、マイクロソフトはモトローラと標準化機関の契約の直接的な影響を受けており、第三者受益者として、モトローラの誠実公正義務を争う権利を有していたと捉えることが可能である。

本事件の意義は、下級審で初めて用いられたSEPに基づく実施料の算定方法（修正されたGP要素）が妥当と判断されたことである。ロバート判事は、SEPに基づく訴訟と通常の特許訴訟は以下の点で異なると述べている。

（ⅰ）SEP保有者はFRAND条件でライセンスする義務を負うが、SEPでない特許権者は、自らの特許に独占的権利を有し、ライセンスしないという選択も可能である。

（ⅱ）SEPを使用するには、複数のSEP保有者からライセンスを受ける必要があることから、ほぼ確実に当事者間の個別交渉とはならない。

こうした状況を踏まえ、SEPに基づく実施料を算出するための「経済的指標」を示した上で、GP要素を修正して適用し、SEPに基づいて実施料を算出するという手法が上訴裁判所でも支持されている。

ロバート判事が示した経済的指標は非常に重要である。特に特許が技術標準に組み込まれたことによって生じる価値ではなく、特許技術それ自体の経済価値に基づいて合理的な実施料を算出すべきであるという要件は、SEPが飽くまで技術標準を普及させるためのツールであり、客観的にその価値を評価しなければならないことを示しており、重要な指摘であると考える。本事件は契約違反訴訟であることから、特許法に関して専属管轄を有するCAFCでの特許権侵害訴訟の場合、本事件と同じ枠組みで判断がなされるかどうかが注目される。

同様に、本事件では実施料率算定の枠組み、及び実施料率の決定が判事によってなされたため、今後、別事件において、陪審審理で実施料が計算される場合、どのように本事件の枠組みが適用されるかが問題となる。

今回のように、SEPに基づく高額な実施料の請求と差止請求の提起は、限りなくホールドアップに近い行為であり、FRAND義務違反と判断されたことは妥当と考えるが、今後、どのような行為にまでFRAND義務違反という判断が下されるかについては、以降の判決を注視していく必要があろう。

（鈴木 信也）

8．Core Wireless対LGE事件

（テキサス州東部地区連邦地方裁判所、2016年）

判決文

［内　容］

標準化機関に対してFRAND宣言された標準必須特許が故意に侵害された場合に、損害賠償額が増額される余地があると判断した地裁判決[1]。米国特許法284条に基づく損害賠償額を増額する基準は、2016年６月のHalo事件最高裁判決において従来の「２段階テスト」に基づく判断が否定され、典型的な侵害を超える悪質な事件に対する制裁として賠償額を増額させる裁量権が地裁にあることが確認された。本事件は、Hallo判決後の地裁判決の一つであり、どの程度増額させるかは侵害者の故意侵害行為の悪質さに比例するとし、本事件では20％の増額がなされた。

カテゴリー	合理的実施料の算定
対象規格技術	2G、3G、4G
関連用語	故意侵害・３倍賠償、サマリージャッジメント、クレームチャート

１．事案の概要

原告のCore Wireless Licensing（以下、Core）は、特許ライセンス会社であるConversant Intellectual Property Management社の子会社である。2011年にノキアから、GSM、GPRS、UMTS、LTEなどのセルラー通信規格の必須特許（SEP）を多数買収した。

1　*Core Wireless Licensing S.A.R.L., v. LG Electronics, Inc.*, Case Nos. 2: 14-cv-912., D.C., E.D. Texas, Marshall Division. September 3, 2016（Summary Judgement）, November 2, 2016（Final Judgement）

Coreはその特許ポートフォリオについて、LG Electronics（以下、LGE）に対して特許ライセンスオファーを行い、詳細なクレームチャートを提供し、数回にわたるライセンス交渉を行ったが、交渉は不調に終わった。

Coreは、2014年９月26日、LGEに対して特許権侵害訴訟を提起し、LGEがCoreの13件の移動体通信規格特許を侵害していると主張した。一方、被告のLGEは、Coreが主張する特許は、いずれの規格も必須ではないと主張した。Coreは、最終的には訴訟対象特許を２件〈米国特許第6,633,536号（536特許）、米国特許第7,804,850号（850特許）〉に絞り、特許権侵害の有無、特許の有効性及び損害賠償額を争った。

2．争点

FRAND宣言されたSEPが故意に侵害された場合、損害賠償額が増額される余地があるか

3．判旨

米国特許法284条第２パラグラフは、「裁判所は、陪審による評決により認定された賠償額を３倍まで増額することができる」と規定し、故意侵害が認められた場合の損害賠償額を増額することについて裁判所の裁量権を認めている。

また、2016年のHalo事件最高裁判決〈Halo Elecs., Inc. v. Pulse Elecs., Inc., 136 S. Ct. 1923, 1932（2016）〉では、それまでの故意侵害の判断基準であったSeagate事件の連邦巡回区控訴裁判所（CAFC）大法廷判決[2]で示された「２段階テスト」による判断を否定し、284条の損害賠償額の増額は、典型的な侵害には適用されないが、意図的、意識的、不正、悪意のあるなど悪質なケースにおいては増額するかどうか、地方裁判所に裁量があると判示した。賠償額をどの程度増額するかについても、地方裁判所に裁量があることが確認されている。

（1） SEPが故意に侵害された場合に、損害賠償額が増額される余地はあるか

被告LGEは、故意侵害に基づく損害賠償額の増額を、SEPの侵害事例に適用することは不適切であるとして、サマリージャッジメントの申立てを行った。

2　*In re Seagate Technology*（Fed.Cir. 2007）

284条第２パラグラフの規定の趣旨が懲罰目的であることを根拠に、規格搭載製品の製造によって特許権侵害が必然的に生じるSEPの侵害事例への適用は不適切であると主張した。また、LGEは、SEPの保有者は、いずれの標準規格の実施者に対しても、FRAND条件でライセンス供与することを約束しているため、損害賠償額の増額の規定はSEPの侵害事例に単純に適用すべきではないと主張した。

一方、Coreは、被告LGEは、Coreから詳細なクレームチャートを受領しただけでなく、ライセンス交渉を通じてCoreの特許の内容について広範な知識を得ながら、製品の製造を継続しており、故意侵害が認定されるべきであると主張した。

裁判所は、まず、被告LGEの矛盾する主張について指摘した。すなわち、LGEは、特許権侵害の成否を争う際に訴訟対象特許はSEPではないと主張する一方で、故意侵害か否かの争点においては、SEPに対してはその本質から故意侵害の規定を適用すべきではないと主張している。

訴訟対象特許がSEPであるかどうかにかかわらず、このように矛盾する主張は否定されるべきである。仮にCoreの特許がSEPでないのであれば、故意侵害かどうかの判断手順は、典型的な特許権侵害事件の場合と変わらない。つまり、合理的な陪審員が、被告の行為が故意であったか否かを判断することになる。そして、Coreの特許がSEPであったと仮定しても、LGEはSEPの侵害の場合に損害賠償額を増額させてはならないことについて十分な根拠を示せていないと判断した。

さらに、被告LGEはこのような賠償額の増額は、侵害行為の隠蔽《いんぺい》行為に対する懲罰の意味もあり、侵害行為を隠蔽し得ないSEPの事例には適用できないと主張した。

この点について、裁判所は、侵害行為の隠蔽が、SEPの場合には常に存在しないとは必ずしもいえないとしている。例えばLGEは当初、3GPP規格の“UL DTX”と“UL DRX”の機能はLGEの製品では実施していないと主張していたが、その後の証言録取（デポジション）においてLGEの代表は、これらの機能を実装していると証言している。つまり、LGEが故意に、あるいは誤って特許権侵害の事実を隠そうとしたと認められ、SEPであっても侵害行為を隠蔽することは可能であり、その行為に対して懲罰的賠償を認める余地はあると判断した。

さらに、裁判所はHalo事件最高裁判決において、損害賠償額を増額することについて地裁の裁量権が改めて保障されたことに照らし、侵害された特許がSEPであることを理由に、賠償額の増額を禁じるルールを作るのは不適切であるとした。

結論として、裁判所は、LGEの主張を否定するサマリージャッジメントを下し、FRAND宣言されたSEPに対しても、損害賠償額の増額規定が適用される余地があると判示した。

LGEの侵害が故意的であったかどうかについては事実問題とし、陪審の判断を待つことになった。

５日間のトライアルを経て、2016年９月16日、陪審により以下の評決がなされた。

（ⅰ）LGEが、536特許、850特許の両特許を侵害している。

（ⅱ）両特許は無効ではない。

（ⅲ）LGEは、故意に両特許を侵害した。

（ⅳ）Coreに対する賠償額は、228万米ドルが相当である。

（2）　損害賠償額の増額についての裁判所の判断

この陪審の評決を受けて、裁判所は、損害賠償額を増額するかどうか、増額するのであればどれくらいの額を増額すべきかについて、最終判決を行った。裁判所はまず、米国特許法284条は、地方裁判所に増額の程度についても裁量権を認めており、意図的に侵害した者の行為の悪質さの程度に比例して、賠償額の増額の程度を調整できるものとした。例えば三倍賠償は、最も悪質な故意侵害行為に対する懲罰として適用され、悪質さの程度が低い場合は、増額の程度も相対的に低くなる。裁判所は、仮に故意侵害があったとしても、その悪質さが最小限であるならば、損害賠償額を増額させないという判断も可能になる。

本事件では、裁判所は、ライセンス交渉における両当事者の以下の行為に特に着目して、意図的な侵害行為の悪質さの程度を判断した。

（ⅰ）Coreは、LGEに対して詳細なクレームチャートを提供し、LGE製品が訴訟対象特許をどのように侵害しているかを詳しく説明しており、LGEは特許権侵害訴訟が提起されるかなり前から、訴訟対象特許を認識していたこと。

（ⅱ）LGEは、Coreの特許の非侵害又は特許無効について十分な主張ができていなかったこと。

（ⅲ）LGEが、７回目の交渉においてCoreの代表者を韓国に招いたにもかかわらず、１ページの文書を提示して「交渉よりも訴訟による解決の方が望ましい」と伝え、突然ライセンス交渉を終結させたこと。

裁判所は、LGEがライセンス交渉を終了させたのは、Coreから特許ライセンスを取得する最初の携帯電話メーカーになることに対して抵抗するためであり、非侵害や特許無効についての反論も十分ではないと結論付けた。その結果、LGEに陪審員が定めた損害賠償額（228万米ドル）に対し、20％の増額（45万6000米ドル）を命じた。

４．解説

以上のとおり、テキサス東部地区地裁は、FRAND宣言されたSEPが侵害された場合にも、損害賠償額の増額がなされる余地があると判断した。そして、侵害行為が故意になされたか否かは事実問題であり、陪審が判断する事項であって、陪審が故意侵害と判断すれば、裁判所の裁量により賠償額が増額され得ることになる。

ここで、SEPに限らず一般的な特許事件について、米国で賠償額の増額がどのような基準に基づいてなされるか確認する。

（１） 損害賠償額の増額に係る判断基準の変遷

米国において有効な特許権が侵害された場合の特許権者の救済としては、① 侵害製品の製造・販売などを禁止する差止命令と、② 侵害行為により特許権者が被った損害を賠償する金銭的補償がある。

後者の損害賠償については、米国特許法284条第１パラグラフにおいて、「裁判所は、その侵害を補償するのに十分な賠償額を裁定しなければならない。その賠償額は、いかなる場合においても、合理的ロイヤルティーを下回ってはならない」と規定し、損害賠償額の下限を定めている。

また、同条第２パラグラフでは、裁判官に損害賠償額を３倍まで引き上げる裁量権を認めており、故意侵害の抑止を目的とした懲罰的賠償の規定となっている。

損害賠償額の増額が認定されるための基準は、2016年のHalo事件最高裁判決において否定されるまでは、Seagate事件で確立された規範（２段階テスト）が採用されていた。すなわち、被疑侵害者の侵害行為に「客観的な無謀さ」があったことを、特許権者が明確で説得力のある証拠により立証する必要があり、「客観的な無謀さ」は以下に示すように客観と主観の両面から２段階テストで判断されるという基準である。

（ⅰ）被疑侵害者の侵害行為が、有効な特許を侵害する可能性が客観的に高い行為であること（客観的要件）。

（ⅱ）上記第一要素の客観的な侵害のリスクを侵害者が知っていたか、あるいは知っているべきであったといえること（主観的要件）。

しかし、Halo事件最高裁判決では、Seagate事件判決における２段階テストは過度に厳格であり、地裁の裁量権を認める米国特許法284条に抵触するとして、同テストにより損害賠償額の増額可否を判断するアプローチを否定した。具体的には、同条は損害賠償額の増額について明確な制限又は条件を定めておらず、裁判所は、典型的な侵害を超える不正行為という悪質な行為に対し、制裁として損害賠償額の増額を命じる裁量権を持つとする。

また、悪質な違法行為が認定されたとしても、必ずしも損害賠償額の増額につながるものではなく、裁判所は、個々のケースの事情を考慮して判断する裁量があるとする。被告が故意に特許を侵害したか否かという点と、裁判所が故意の事実に基づいて損害賠償額を拡張するかどうかという点は別の問題であり、悪質な行為が認められても裁判所に賠償額を増額させる強制力はなく、この原則的考え方は、Halo事件最高裁判決においても変わっていない。

さらに、Halo事件最高裁判決では米国特許法284条を規定する証拠基準は「証拠の優越」であるとし、Seagate事件の証拠基準を緩めた。

（2）　悪質な侵害行為（Egregious Infringement）

Halo事件においても、悪質な行為として、“Willful”、“Wanton” などの例を挙げて、故意・悪意のある行為を抽象的に示しているものの、「悪質な侵害行為」について具体的な定義はされていない。損害賠償額を増額させるかどうかの判断において考慮すべき要素として、CAFCは、1992年のRead Corp.対Portec. Inc事件で示された、下表の９点を挙げている。

1	侵害者が他人のアイデア又はデザインを意図的に模倣したか
2	侵害者が他人の特許の存在を知ったとき、その特許の権利範囲を調査し、その特許が無効、又は非侵害であると真摯に信念を形成したかどうか
3	訴訟当事者としての新会社の振る舞い
4	被告（会社）の規模と財務状況
5	当該事件に類似する事件における判断
6	被告の違法行為の期間
7	被告の救済されるべき行為（e.g. 自発的に製造を中止した）
8	被告の違法行為の動機（e.g. 顧客からの経済的圧力があった）
9	被告が違法行為を隠蔽しようとしたか

本事件では、裁判所がRead事件の判断要素を考慮したかどうかは分からないが、LGEのライセンス交渉の態度から侵害行為が悪質であると結論付けている。確かに僅か１ページのプレゼン資料で伝えられる内容であれば、韓国にCoreの代表を呼びつけることなく、電子メールで足りるであろう。

一方で裁判所は、ライセンス交渉において、Coreがクレームチャートを詳細に説明したことにより、LGEが特許の存在を認識していたことを、侵害行為の悪質性を認定する根拠の一つとしているが、これは、LGEがその特許が規格必須でないこと又は特許が無効であることについて十分に反論しなかったことが前提とされている。クレームチャートが提示されたとしても、規格との対応関係が合理的に説明されているとは限らない。クレームチャートが提示されてもその後の被告の行為が全て悪質な侵害行為になるわけではないと考える。

（3） SEP特有の事情

米国特許法284条や、前述のSeagate事件、Halo事件の判決においても、SEPであるから損害賠償額を増額させてはならない、というルールは存在しない。

SEP特有の事情としては、SEP保有者が標準化機関に対してFRAND宣言をすることにより、標準化機関とSEP保有者の間に契約が成立し、SEP保有者はSEP実施者に対し、FRAND条件でライセンスする義務が生じること、さらに、SEP実施者には第三者受益者としての地位が生じることが挙げられる（本書第Ⅲ章A－7参照）。

このFRAND義務を重視すれば、SEPの侵害に対しては損害賠償額を増額させるべきではないとも考えられる。一方で、近年の米国判例の動向を考慮すると、SEPによる差止命令を得るハードルは高くなっており、SEP保有者の救済は金銭的賠償によるべきであるという考え方もあるため、SEPの侵害にも賠償額を増額させる余地は残すべきとも考えられる。SEPが故意に侵害された場合に賠償額が増額され得るのか、CAFCなどの上級審での判断が待たれる。

また、本事件において、裁判所は、被告であるLGEが訴訟において、Coreの特許の規格必須性を否定しつつ、一方で、故意侵害の適用を否定する際には、Coreの特許がSEPであることを前提としていることを矛盾する行為と指摘する。このような状況は、SEP訴訟における他の場面でも生じ得る。例えば被告が規格必須性を否定しつつ、つまり特許権侵害は存在しないと主張しつつ、一方で、特許権侵害が肯定された場合に備えて、FRAND義務に基づく損害賠償の算定を主張する場合である。欧州の事例であるが、本章B.4.で取り上げている「ファーウェイ対ZTE事件」での欧州司法裁判所判決においても、その特許がSEPであることを前提に、ライセンス交渉の場でSEP保有者及び被疑侵害者がとるべき手続を示しつつ、一方で、被告（被疑侵害者）が、原告の特許が無効であるとして無効訴訟を提起することを許容している。

本事件において裁判所が示した、被告の一見矛盾する行動を否定・制限する考え方は、欧州の事例である「オレンジブック事件」（本書第Ⅲ章B－2参照）において、被告（被疑侵害者）が無効訴訟を提起することなく、無条件で受入れ可能なオファーを行うことを要求した点と類似する。

私見では、ライセンス交渉あるいはその後の特許権侵害訴訟において、被疑侵害者（被告）による特許の非侵害又は無効の主張が制限されると、特許権者の立場が強くなり過ぎるので問題があると考える。提示された特許に対してチャレンジする権利は確保しつつ、仮に侵害が認められた場合に備え、SEPには故意侵害が適用されるべきではないという主張も、矛盾した主張として捉えるのではなく、許容すべきである。

（沖　哲也）

9．アップル対クアルコム事件

（カリフォルニア州南部地区連邦地方裁判所、2017年）

判決文

［内　容］

外国訴訟差止命令（Anti-suit Injunction）が認められなかった事例[1]。クアルコムは、アップルとのSEPライセンスの交渉に失敗し、アップルから訴訟を提起されたが、反訴として外国訴訟差止命令を発するよう求めた。連邦地裁は、裁判所による外国訴訟差止めは一般的に認められることを示しながら、それには過去の判例の判断基準に照らす必要があるとした。外国訴訟差止めの可否に関して当該判断基準を当てはめた結果、当該命令を発する理由が認められないとしてクアルコムの訴えを退けた。

カテゴリー	その他（anti-suit injunction）
対象規格技術	3G、4G
関連用語	anti-suit injunction、unterweser要素、属地主義、衡平法(equity)、ポートフォリオ・ライセンス

1．事案の概要

クアルコムは、カリフォルニア州サンディエゴの半導体メーカーで、工場を持たないファブレスメーカーであるという特徴がある。同社は、国際的な3G/UTMS及び4G/LTEセルラーについて標準化された通信規格（以下、「本件通信規格」という。）の必須特許（SEPを有しており、それらの規格を製品に利用する通信機器メーカーと世界的に特許紛争が起きていることで知られる。

1　*Apple v. Qualcomm Inc.*（Case No. 3: 17-cv-00108-GPCMDD, United States District Court Southern District of California） iPhone、iPad等のデバイスで知られる通信デバイスメーカーのアップルは、グローバル市場においてシェアを有しており、本件通信規格の利用者である。

通信業界の多くの企業はグローバル化に対応するために、主要プレーヤーで構成される標準化機関、例えば代表的なものとして欧州電気通信標準化機構（ETSI）のような団体のメンバーとなっている。クアルコムやアップルもETSIの構成メンバーである。

ETSIは、標準を構成する前提として、SEPを保有すると推定される者が公正で非差別的（FRAND）なライセンスに同意することを要求している。そして、そのようなSEP保有者には、当該標準規格を実施したい全ての企業からロイヤルティーを求める資格があるとして上記のFRAND条件を課している。なお、このFRAND条件は、SEP保有者と標準化機関の間にある契約上の義務と位置付けられる。

本事案において問題となったクアルコムのSEPは、ETSIが標準化を担った本件通信規格に関するものである。アップルの製品であるiPhone、iPad等は、本件通信規格を採用している。この規格を採用するに当たり、アップルは、iPhone等の製造を委託するメーカー（以下、「契約製造業者」という。）とクアルコムの間で結ばれたライセンス契約に従ってクアルコムのSEPを実施してきた。つまり、アップルは、クアルコムのSEPの利用者であるものの、同社と直接契約を締結しているわけではない。

2007年にiPhoneが発売されて以来、アップルとクアルコムは、使用されているSEPについてクアルコムが主張するポートフォリオ・ライセンスを両社間で直接交渉してきた（契約製造業者を介するのではなく）。本事案に関するものとして裁判所が認定した最新の交渉は、2015年から2017年にかけて行われたものであった。そのなかで、2016年６月にクアルコムは、同社の中国における3G及び4Gに係るSEPのライセンスをアップルに持ち掛け、１か月後には口頭でグローバルポートフォリオに基づくライセンス料率を条件とするように申し出た。これに対して、アップルは、これらの申出がFRANDでないとして拒否した上で、即時に訴訟を提起した。

なお、本判決は、マイクロソフト事件[2]を引用し、標準化機関の説明、ETSIの基本、FRAND条件の説明、ETSIの定めるポリシーについて認定している。

2　*Microsoft corp. v. Motorola, Inc*, 696F 3d872（9th Cir. 2012）

ETSIは、標準に参加する全てのSEP保有者にFRAND条件を遵守させることにより標準化から生じた反競争的な衝突に対して緩和的な措置を行っている。このような衝突の可能性を減らすため、標準化機関は、SEPの開示とライセンスに関するルールを明確にしている。

クアルコムは、ETSIの本件標準規格におけるSEPを有しているが、ETSIのFRAND条件に準拠しなければならないことを理解し、その条件について契約上の義務が生じていることを認めている。

アップルは、クアルコムに対して63の訴訟原因を主張している。アップルの請求は、契約違反、特許クレーム、反トラスト法の請求の３つのカテゴリーに分類できる。これらの訴えに対してクアルコムは、アップルに多数の契約違反による訴訟原因があると主張し、裁判所に対してクアルコムのFRAND宣言が遵守されていること及び反競争的行為には当たらないことを認定するよう求めた。また、アップルがクアルコムと契約製造業者とのライセンス契約を不当に妨げているとして、その責任を追及した。

なお、2017年１月23日～2017年４月11日の間に、アップルは、英国、日本、中国、台湾においてクアルコムとその子会社に対して、合計11件の訴訟を提起している。

2．争点

外国訴訟差止命令が認められるか

3．判旨

当裁判所は、外国訴訟差止命令を発する権限を持つ。

外国訴訟差止命令について、裁判所は、不当な状況が認められれば、外国の裁判所で訴訟を起こすことを訴訟の当事者に制限することを認めている。まず裁判所は、衡平法上の権原から外国訴訟差止命令を出す能力を有する。そして、裁判所は管轄権のある当事者を拘束し、不当に外国の裁判所に提訴することを禁じられる。具体的な執行に関し、差止命令は個人を対象として行われることになる。つまり、裁判所は、外国の裁判所ではなく、申立人を強制することになる。

ただし、裁判所は、外国訴訟を差し止める権原を有しているが、それは控えめに使用されるべきである。

以下の３点は、裁判所がマイクロソフト事件で示した外国訴訟差止命令が認められるかどうかを判断する際の評価項目である。

（ｉ）対象となる訴訟の当事者及び争点の同一性及び、一連の訴訟のうち、最初に提起された訴訟が差し止められる訴訟として適切であるか否か

（ⅱ）いわゆる「Unterweser要素」のうち、少なくとも一つが適用されるか否か
前記Unterweser要素とは、以下のａ．～ｄ．を指す。

ａ．差止命令を発する裁判所の方針を挫折させるもの

ｂ．重複訴訟である、又は訴訟権の濫用に当たるもの

ｃ．裁判所の管轄権を脅かすもの

ｄ．その他衡平法の考え方を害するもの

（ⅲ）国際礼譲への影響が許容できるか否か

本判決においては、上記のうち評価項目（ｉ）及び（ⅱ）について判断された。

評価項目（ｉ）について、まず争点が同じでなければ、米国訴訟において外国訴訟の処分は行わない。当事者及び争点が同一であるかどうかは機能的な調査である。本事案においては、米国の当事者と外国訴訟の当事者が同一であると評価できるものは存在しない。したがって、裁判所の調査の焦点は、争点が機能的に同じかどうかである。機能的類似性は、「外国における訴訟の全ての問題が現地の訴訟で解決できるかどうか」によって決まる。なお、異なる国では用語が必然的に異なるため、争点に係る用語を正確に一致させる必要はない（正確に争点の言葉を一致させることは逆効果であり、意図していない結果につながる場合がある。）。むしろ、分析の第一歩として機能的な調査の要点は、外国訴訟の争点全てにおいて同じ意味であるかどうかを判断することである。

評価項目（ⅱ）について、アップルの外国訴訟は、重複訴訟である場合や、訴訟権の濫用に当たる場合ではない。まず当事者は、その訴訟が、合理的である場合、相当の理由がある場合、又は責任を免れられる場合を除いて、相手に対する嫌がらせ等に当たることを証明する必要がある。アップルは、2017年１月に米国で訴訟を提起し、2017年１月～2017年４月英国、日本、中国、台湾で次々と提訴していることが認められる。これらアップルが行ってきた外国訴訟は、当裁判所が判断を示す以前に提訴されたものである。つまり、最初の訴訟とそれに続く訴訟に関し、フォーラムショッピングや不当な意図を持って行われているとは認められない。

従来の判決では、原告が米国の訴訟を提起した6か月後に2件の特許権侵害を主張した被告に対し、同一の異議申立てを提起したものがある。

次にアップルは、英国、日本、中国、台湾の外国裁判所が判断を示す前に、訴状を提出しているが、それによれば、外国訴訟において求められている救済内容は、米国訴訟で求められている請求及び救済と重複していない。

アップルがクアルコムのSEPポートフォリオに係るライセンスを受けるに当たって、グローバルポートフォリオ・ライセンスの提案を受けているが、その前に、当該SEPについて外国訴訟を提起することは合理的で正当な理由であると認められる。

結局のところ、どちらの当事者についても、当裁判所は、英国、日本、中国又は台湾の特許法に基づいて判決あるいは執行することができない。最終的に裁判所は、アップルが関係する米国の訴訟と、クアルコムが指摘した外国訴訟とは重複訴訟であるとはいえず、不合理であるとは認められないとし、訴権の濫用には当たらない旨を結論付けた。

4．解説

本事案は、世界中で巻き起こされているアップルとクアルコムによる、本件通信規格に採用されているFRAND宣言されたSEPに関する紛争の一つである。

クアルコムは多くの標準規格に参加し、同社の有する特許についてFRAND宣言を行って、その義務を負っている。FRAND宣言を行うことで、ホールドアップ問題の回避が期待されている。スタンフォード大学のマーク・A・レムリー（Mark A. Lemley）教授も、「FRANDの合意がない場合、標準が設定された特定の市場において法令を遵守するように要求されるようになると、規格に準拠した特許を保有する者は標準に準拠した製品やサービスのサプライヤーから高いロイヤルティーを得られることになり不当な競争をもたらす」と述べている。しかしながら、具体的なライセンス条件を標準化機関が明確にしているわけではないことから、権利者と利用者の間で条件が折り合わず、訴訟に発展するケースも多い。とりわけ、クアルコムは世界有数の技術を背景に、製造業者に対して厳しい交渉を仕掛けていることで知られている。

本事案において、アップルは、自社製品がクアルコムのSEPを利用していることを認めている。

しかしながら、製造しているのがアップルではなく、OEM先の契約製造業者であるところに特徴がある。これらの契約製造業者は、クアルコムとの間でライセンスに合意し、ライセンス料を支払っている。それをアップルに納品し、アップルは完成品を販売している構図である。

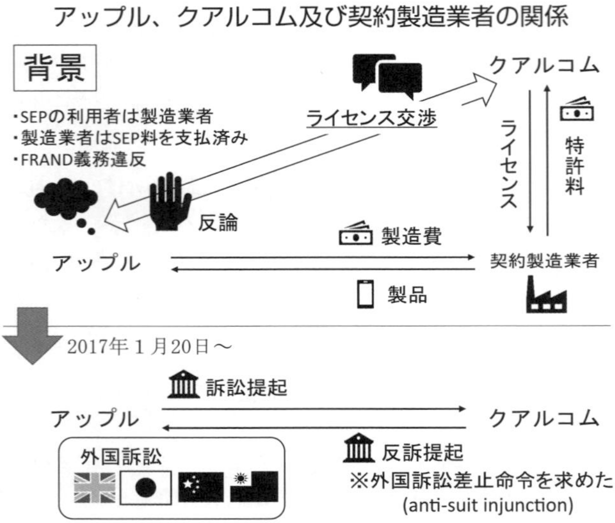

アップルはクアルコムに対して、既に契約製造業者から支払われていることなどからライセンス料の支払を拒み訴訟を提起した。それに対してクアルコムは反訴を行ったが、この反訴は外国訴訟差止命令を求めるものであった。

衡平法を採用する各国においては、裁判管轄を広範に規定していることから、管轄についての問題が生じる場合がある。

このような問題に対しては、幾つかの対応策があるが、その一つとして認められるのが、外国訴訟差止命令である。この命令は、外国を法廷地とする訴訟手続の進行を間接的に抑止するものである。例えば自国を指定する管轄合意違反に対する訴訟であれば、原則として差止命令の申立てが認められる。このような対応については、国際礼譲の観点から問題が指摘されることがあるが、この差止命令は外国裁判所に対して行われるものではなく、特定個人がその命令の対象になるとの考え方により、国際礼譲についての問題にならないとの立場をとることが一般的である。

本事案は、アップルがクアルコムに対し、英国、日本、中国、及び台湾で並行して訴訟を提起していることに対し、クアルコムが米国の制度を利用して阻止しようとしたものである。なお、外国訴訟差止命令は前述したとおり、国際礼譲の観点なども考慮されるものであることから、それが認められるハードルは極めて高い。

本判決においては、外国訴訟差止命令の可否についてUnterweser要素を中心に検討が行われた。とりわけ、クアルコムは、少なくともUnterweser要素の２つに当てはまると主張しており、重複訴訟である場合、訴訟権の濫用に当たる場合、あるいは、アップルが米国訴訟と外国訴訟を同時に行っていることについて「その他衡平法の考え方を害するもの」である場合に当たると主張していた。しかしながら、裁判所は、そのどれにも該当しないと判断した。

Unterweser要素は、マイクロソフト対モトローラ事件でも使用されている外国訴訟差止命令の可否を決定する判断基準である。同事件は、SEPの特許権者であるモトローラがドイツで提訴し、マイクロソフトに対する差止めが認容されていた判決に対して、マイクロソフトが米国裁判所から外国訴訟差止命令を発してもらうことを求めて提訴した事案である。この事案においては、地裁が外国訴訟差止命令を認め、更に控訴審は地裁の判断を維持している。

ここでも、訴訟の当事者や争点が同一であるか否か（訴訟同一性）が問題になった。これに対し、モトローラは属地主義の原則に従うべきであると主張したものの、① ライセンスオファーが全世界におけるSEPを対象としていたこと、 ② FRAND条件でのライセンス義務があること――を理由にそれを退け、訴訟同一性を認めている。この問題については、属地主義の原則が採用される特許法上の問題ではなく、特許の権利行使が可能か否かの契約上の問題であり、米国裁判所が特許の有効性や侵害性の判断を基に、ドイツ訴訟の権利行使を禁じるものではない。

そもそも、FRAND義務を課されているSEPは、ライセンスを受けられる者や地域の制限なく、潜在的ライセンシーに対して差止請求権を行使せずにライセンスを供与するものであるから、このライセンスの供与に対し、それを実行することができるかどうかが問題になるとして、Unterweser要素のうち「重複訴訟である」場合や、「訴訟権の濫用に当たる」場合、及び「その他衡平法の考え方を害するもの」である場合に該当するとして、外国訴訟差止命令を発した。

本判決は、当該判決の判断基準に従ってなされたが、Unterweser要素の全てに該当しないとの結論である。

クアルコムは、上記の判断基準を頼りに、重複訴訟や、訴訟権の濫用について主張したが、本事案においては各国における特許権の有効性や、独占禁止法の問題が争われており、また、時系列的に見ても、訴訟を遅らせる意図などを見いだせないことから、要件充足を否定している。この結論は妥当であると思われる。

クアルコムは、米国、EU、韓国において独占禁止法に抵触する可能性が指摘されており、各国で包囲網が敷かれている。さらに、本判決によって、アップルが市場を有する全ての地域において、特許訴訟に繰り返し対応しなければならないことが決定的となった。

現時点でクアルコム製のチップには、最高水準の技術が組み込まれているほか、同社は次世代のチップもいち早く上市できるとの見込みがある。そうしたなか、このような係争が続くことは最終的には消費者にそのコストが転嫁されることにつながると思われ、グローバル市場における全ての紛争について、速やかな解決が望まれる。

（安田 和史）

10. TCL対エリクソン事件

（カリフォルニア州中部地区連邦地方裁判所、2017年）

判決文

［内　容］

SEPのFRANDライセンス料率を「トップダウン方式」を用いて独自に算定し、ボトムアップ方式からの離脱を決定づけた地裁判決。[1]この判決でカリフォルニア州中部地区連邦地裁は、FRANDとみなされるライセンス料をどのように算定するかを具体的に提示した。今後のFRAND条件の考え方に大きな影響を与える判決である。争点はライセンス料の算定と非差別性の検証の２点。ライセンス料は「トップダウン方式」により算定された。この方式は累積ロイヤルティーの問題を解消する上では有効であるが、非差別性の問題には対応できないため、地裁は同業他社とのライセンス契約でのライセンス料率を分析し、ライセンサーが提示したライセンス料が非差別とみなされるかどうかを検討した。

カテゴリー	合理的実施料の算定
対象規格技術	2G、3G、4G
関連用語	トップダウン・アプローチ、ボトムダウン・アプローチ、ロイヤルティー・スタッキング（累積実施料の問題）、comparable license

1．事案の概要

原告のTCL Communicationグループ（本社、中国・深圳。以下、「TCL」と

1　*TCL Communication v. Ericsson,* U.S. C. D. California, SACV 14-341 NS（DFMx）, November 8, 2017. 本判決は、控訴審（CAFC）判決（2019. 12. 5）により破棄され、地裁に差し戻された。CAFC判決の詳細は、月刊「発明」（2020年７月号pp. 56–59、発明推進協会）を参照されたい。

いう。）は、携帯電話やスマートフォンなどの無線通信機器を製造し、TCL、Alcatel、BlackBerryなどのブランド名を用いて世界市場で販売している。

被告のエリクソンは、スウェーデンのストックホルムに本社を置き、特許ライセンス事業を展開する国際企業である。同社は無線通信技術や情報技術に関する特許を４万2000件保有しており（2016年現在）、移動体通信規格に必要な無線通信インフラ設備で世界シェアの27％を有する（2017年現在）。

TCLは2007年３月、エリクソンとの間で契約期間を７年間とするポートフォリオ・ライセンス契約を締結し、第２世代移動体通信規格（2G）関連特許のライセンスを得た。その後、TCLは2011年に第３世代移動体通信規格（3G）関連の特許ライセンスを申し入れた。しかし、その交渉中にエリクソンはTCLを相手取り、フランス、英国、ブラジル、ロシア、アルゼンチン、インドの６か国で特許権侵害訴訟を提起した。

2013年になるとTCLは第４世代移動体通信規格（4G）を利用する製品の製造・販売を開始し、4G規格関連の特許ライセンスを得るためにエリクソンと交渉を開始した。エリクソンはライセンス条件として、TCLの4G規格製品による過去の侵害を精算するために、1000万ドルの利益（revenue）に対し３％のライセンス料の支払を求めた（これが後に裁判所の要求に応じて提出するオプションA）。ライセンス料には単価当たりの上限及び下限が設定されていた。

TCLは、エリクソンのライセンス料がFRANDではないとしてその受入れを拒否。そして2014年３月、エリクソンの提示ライセンス料がFRAND条件に違反することの確認と、裁判所によるFRANDに相当するライセンス料率の裁定を求める訴訟（本件訴訟）をカリフォルニア州中部地区連邦地方裁判所（以下、「カリフォルニア地裁」という。）に提起した。

2014年４月にエリクソンは、1000万ドル当たり３％の料率を２％に下げる提案を行った。これは翌年の２月に更に1.5％に減額された。この料率は携帯端末やモデム、パソコンなど１台当たりの純販売価格に適用される。料率は無線通信規格の種類（2G、3G、4Gなど）によって異なる。

上記TCLの確認訴訟に対してエリクソンは、TCLとの７年間にわたるポートフォリオ・ライセンス契約が切れて間もない2014年６月、TCLに提示していた一連のライセンス料が「FRAND条件にかなうこと」「侵害差止めに代わる強制実施権を設定すること」の確認を求める裁判をテキサス州東部地区連邦地方裁判所に提起した。同地裁がこの確認訴訟をカリフォルニア地裁に移送し、同地裁は当該確認訴訟を本件に併合して裁判官による審理を行った。

カリフォルニア地裁は2015年２月、エリクソンに対し、保有する標準必須特許（SEP）をライセンス許諾するためのFRAND条件を提示するよう命じた。これを受けてエリクソンは、オプションＡとオプションＢの２案（詳細は表１）を示した。２案とも基本的にこれまでの両社の交渉のなかで提示されたライセンス料をベースとするものである。

TCLは2015年５月、ライセンス料を除けばエリクソンから提示されたライセンス条件については全て合意できるとした上で、裁判所がライセンス料について結論を出すまで本件訴訟の審理及び外国で係属中の特許権侵害訴訟の手続を停止するよう裁判所に請願した。カリフォルニア地裁はそれを認めた。

表１　エリクソンのオプションＡとオプションＢ

Standard	Option A（2014年4月23日提示）	Option B（2015年2月11日提示）
2G	携帯：　3億ドル/年 モデム：　1.5%（下限$0.40） PC：　$0.50（GPRS 1台） $0.75（EDGE 1台）	携帯：　0.8%（GSM/GPRS） 1.0%（EDGE）上下限あり モデム：　$0.75（1台当たり） PC：　Option Aと同じ
3G	携帯：　1.5%（純販売価格） モデム：　1.5%（純販売価格） PC：　$2.25（単一モード） $2.75（マルチモード）	携帯：　1.2%（純販売価格） モデム：　0.75%（純販売価格） PC：　Option Aと同じ
4G	携帯：　2.0%（純販売価格） モデム：　$3（純販売価格<$60） $1（それ以外） PC：　$3.5（1台当たり）	携帯：　1.5%（純販売価格）上下限あり モデム：　1.5%（純販売価格）下限あり PC：　$3.5（Option Aと同じ）
過去の侵害責任	あり	あり

2．争点

（１）エリクソンはFRAND義務を遵守したか

（２）エリクソンが提示したライセンス料はFRANDか

（３）ライセンス料がFRANDとなるための条件とは

3．判旨

エリクソンは誠意ある態度で交渉に臨んでおり、FRAND義務に違反したとはいえない。ライセンス料の合意が成立しなかった事実をもってFRAND義務違反を判断することはできない。しかし、エリクソンが提案したライセンス料がFRANDかどうかについては訴訟の争点でもあり、判断しなければならない。エリクソンのライセンス料はFRANDとはいえないので、裁判所が以下のようにFRANDに相当するライセンス料率を決定する。

（1）「トップダウン方式」によるライセンス料算定

FRAND適格のライセンス料を算定するための方法としてTCLはトップダウン方式、エリクソンはボトムアップ方式をそれぞれ提案した（両方式については本書第Ⅳ章「関連用語解説」参照）。

TCLが提示した方式は、「4G規格全体の総ライセンス料の決定」「規格ごとのSEP総数の決定」に始まり、幾つかの数値調整を経て最終的に「世界共通の単一ライセンス料率の決定」に至る。裁判所は基本的にこの方式を採用した。

4G規格についてエリクソンが一桁の料率、最低でも６％のロイヤルティーを主張しており、標準設定の前のFRAND宣言等を考慮して4G規格全体の料率を６％（又は10％)、2G/3G規格のそれを５％と設定した。

次に各世代規格の総SEP数に占めるエリクソンのSEP数の比率を決定する。総SEP数（分母）は、2G規格が365件、3G規格が953件、そして4G規格が1481件である。エリクソンが主張する保有SEP数（分子）は、パテントファミリーベースで2Gが12件、3Gが24. 65件、4Gが111. 51件であり、TCLが主張するエリクソンのSEP数は、2G規格が12件、3Gが19. 65件、4Gが69. 88件である（注：有効特許の件数を月単位で計算したため端数が生じている)。エリクソン保有の2G規格SEP数は12件であり、総SEP数に対する比率は以下のようになる。

［エリクソン　2GのSEP比率］　12÷365＝3. 288％

両社の見解が一致していない3G規格と4G規格の件数について、TCLはエリクソンのSEPファミリーの必須性について重要度と貢献度の観点から調整を行ったが、そのような調整は誤りである。ただし、エリクソンの特許ポートフォリオは米国で充実しているのに対し、他の地域では相対的に充実度が下がるので、ポートフォリオの充実度の地域差を調整する必要はある。そのための調整は以下の算定式で行う。

ライセンス料＝総ライセンス料×当該SEP貢献度……………………………（１）

当該SEP貢献度＝当該SEP件数÷SEP総数 ………………………………（２）

ポートフォリオ充実度の地域差を調整するため、世界市場を米国、欧州、その他に分け、2G規格が最も充実している米国を100％とし、欧州を72.2％、その他を54.9％とする。2G規格の場合、ライセンス料率は以下となる。

米　国：５％×(12÷365)×100％＝0.16402％

欧　州：５％×(12÷365)×72.2％＝0.11842％

その他：５％×(12÷365)×54.90％＝0.09005％

4G規格の場合、全体の料率は６％と10％であるため、４つの組合せ（両者が主張するエリクソン保有SEP数が異なるため）が可能になる。その結果は表２のとおり。

表２　4G規格関連の世界ベースのライセンス料

	SEP数	６％	10％
米国	69.88	0.2827	0.471611
	111.51	0.45145	0.752576
その他	69.88	0.19751	0.32918
	111.51	0.31517	0.52529

（2）　類似事例のライセンス料比較

FRAND条件の２番目の要件はライセンスに差別性がないことである。その立証のために両当事者は類似企業との間で結ばれたライセンス契約の条件比較を行い、その結果を裁判所に提出した。裁判所は同業６社（アップル、サムスン、LG、HTC、ファーウェイ、ZTE）とTCLの間のライセンス契約を類似事例とし、そこで規定されたライセンス料率を比較事例とした。比較事例の分析結果とエリクソンが提案したオプションＡとオプションＢの数値を比較して差別性の有無を判断する。

比較事例には、クロスライセンスや一括払ライセンスなど必ずしも支払ライセンス料率が特定されない類型の契約が含まれている。そのような場合、ライセンスの要素を分解して（unpacking）実質的な支払額を算定する。

①　要素分解によるライセンス料率

比較事例として提示されたライセンス契約は、多様なライセンス料の支払形態を持つ。クロスライセンスの場合には双方の支払ライセンス料が相殺されるため、SEPに対する各当事者のライセンス料が明示されないこともある。また、イニシャルペイメントとランニングを組み合わせた支払形式の契約の場合、当事者の意向により配分比を調整してライセンス料の負担を調整できるため、単なる金額の比較は余り意味を持たない。そのため、裁判所は以下の算定式を使用する。

ライセンス料＝ライセンシーの料率×同社収益……………………………（3）

クロスライセンスの場合、支払額の差分（NBP：Net Balancing Payment）が生じるが、ライセンスの要素分解により算定できる。

NBP＝(エリクソンの料率×ライセンシーの収益)－(ライセンシーの料率×エリクソンの収益) ……………………………………………………（4）

ライセンシーのポートフォリオの強さ（PSR）がエリクソンのPSRと同じであるとすると、エリクソンのポートフォリオの強さは次のように表すことができる。

エリクソンのPSR＝同社の料率÷ライセンシーの料率…………………（5）

ここから、ライセンシーの料率は、

ライセンシーの料率＝エリクソンの料率÷同社のPSR…………………（6）

となる。式（6）を式（4）に取り込むと、

NBP＝(エリクソンの料率×ライセンシーの収益)－{(エリクソンの料率÷PSR)×エリクソンの収益}＝エリクソンの料率×{ライセンシーの収益－(エリクソンの収益÷PSR)} ………………………………（7）

となる。結果として、ライセンス料率は以下となる。

エリクソンの料率＝NBP÷[ライセンシーの収益－(エリクソンの収益÷PSR)]

②　各オプションの検討

次に、ライセンスの要素分解の手法により算定されたライセンス料とエリクソンのオプションAとオプションBを比較してライセンシーの差別的扱いの有無を検証する。オプションAは、携帯端末の販売価格をベースとした定額ロイヤルティーであるため、比較するにはTCLの収益データに基づき要素分解して支払料率を計算する必要がある。オプションBは、定率のライセンス料を提示するが、販売数量の下限が設けられているので、数値をそのまま使用できない。数値を要素分解する必要がある。

アップルとファーウェイのライセンス契約におけるライセンス料を基準として比較した結果、オプションAとオプションBのライセンス料は、比較事例のライセンスを要素分解した場合よりも高い料率であり、FRANDとはいえない。

（3） 裁定ライセンス料率

世界レベルでの4G規格のライセンス料は、米国におけるライセンス料とそれ以外の地域のライセンス料を合算したものである。そのため、ライセンサーのライセンス料率をライセンシーのライセンス料率に掛けて算出する。

4．解説

FRAND宣言をしたSEPのライセンス料算定法として、「ボトムアップ方式」と「トップダウン方式」の２通りがある。ボトムアップ方式は個々のSEPのロイヤルティーをベースに計算するもので、他のライセンス契約やその他のロイヤルティーを参考にする。この方式は同一標準に関連する他の特許については考慮しないため、累積ロイヤルティー（royalty stacking）の問題が生じるが、マイクロソフト対モトローラ事件（第９巡回区控訴裁）やエリクソン対D-Link事件（CAFC）などの米国の主要なFRAND判例で採用された。[2]

それに対して今回の判決で採用されたトップダウン方式は、まず特定の標準に関係するSEP総数に対するライセンス料を決定する。その上で問題となった特定のSEPのSEP総数に対する割合を計算する。この方式は、米国のInnovatio事件[3]で初めて採用された。英国のUnwired Planet事件[4]でも採用され、基本的な考え方は日本のアップル対サムスン事件[5]にも共通する。

2017年11月に発表された「標準必須特許問題に対する欧州委員会の指針」もこの方法を推奨している。本稿ではトップダウン方式に採用された要素分解法（unpacking）の具体的な手法を中心に紹介したが、紙幅の関係で言及できなかった幾つかの論点があるので指摘しておく。その一つが「FRAND義務」である。欧州電気通信標準化機構（ETSI）が定めるFRAND義務がライセンサーにFRAND適格なライセンス料率を実際に求めているかどうかという点につい

2　両判決については、本書第Ⅲ章A－6、A－7参照
3　本書第Ⅲ章A－4参照
4　本書第Ⅲ章B－8参照
5　本書第Ⅲ章C－3参照

て、地裁はETSIそのものとIPRポシリーについてかなり検討したものの訴訟手続上の理由から踏み込んだ判断を示していない。

もう一つの争点がFRAND条件の差別（discrimination）の認否である。地裁は、どのような場合に差別となるか具体的に判断した判例はないとした上で、FRANDとなる料率は必ずしも単一ではないことを明示した。ライセンシーごとに料率が異なったとしても、状況を勘案してそれが合理的かつ非差別的であればFRANDになるという解釈である。

また、専門家証人による「ETSIのIPRポリシー自体がSEPのポートフォリオに対して全て同じライセンス条件にすることを想定して作成されたものではない」という証言を引用して、TCLが述べる「FRAND条件を満たすライセンス料率はライセンス市場での最低料率とすべきであって、それ以外は当然違法になる」という主張は無理があるとして退けている。

これまで米国の連邦地裁におけるロイヤルティーのFRAND基準はボトムアップ方式が主流であった。しかし、Innovatio事件にトップダウン方式が導入され、英国のUnwired Planet事件を契機にしてトップダウン方式への流れがほぼ定着したといえよう。今後の判例の展開が注目されるところである。

（藤野　仁三）

11. ファーウェイ対サムスン事件

（カリフォルニア州北部地区連邦地方裁判所、2018年）

判決文

［内　容］

中国裁判所が出した侵害差止命令をFRAND問題の判決が出るまで執行停止することを求める「外国訴訟差止め（Anti-suit Injunction）」のモーションを認めた連邦地裁判決[1]。無線通信規格に関するSEPの侵害訴訟が中国と米国でほぼ同時に提起され、中国裁判所はSEP侵害を認定し、侵害の差止めを命じた。米国の地裁で中国裁判所の差止命令の執行停止を当事者に求められるかどうかが争われた。米国地裁は、判例の適合性や国際礼譲の観点から判断して、FRAND問題についての判断を連邦地裁が下すまで、中国裁判所の差止めの執行停止をファーウェイに求めた。マイクロソフト対モトローラ事件との比較で興味深い。

カテゴリー	その他（anti-suit injunction）
対象規格技術	3G、3GPP、4G
関連用語	anti-suit injunction、unterweser要素、Gallo対Andina事件、motion（申立て／モーション）、国際礼譲（international comity）

1．事案の概要

ファーウェイとサムスンは、無線通信技術に関する多くの特許を保有する。両社は3GPP（第３世代移動体通信規格以降の移動体通信システムに係る標準規格の仕様の検討や調整を行う各国標準化機関による国際プロジェクト）が開

1　*Huawei Technology et al. v. Samsung Electronics et al.*, N.D. California, 3: 16-cv-02787-WHO, April 13, 2018

発したスマートフォン製造に必要な標準規格（UMTS及びLTE）に関連する特許を全世界でクロスライセンスするための交渉を2011年に開始した。交渉は条件が合わず最終合意には至らなかった。

ファーウェイは2016年５月24日、サムスンとその米国子会社２社が自社の11件の特許〈UMTSとLTE関連の必須特許(SEP)〉を侵害したとしてカリフォルニア州北部地区連邦地方裁判所(以下､「カリフォルニア地裁」という｡)に訴えた。

また、同地裁に対して、3Gと4Gのポートフォリオ・ライセンスのFRAND条件（世界共通）を定めること、そして、サムスンが保有する3GPPのSEPの侵害に対して差止請求を禁止するよう求めた。

一方、サムスンは① ファーウェイ製品がサムスンのSEPを侵害している、② サムスン製品はファーウェイのSEPを侵害していない、③ ファーウェイはシャーマン法２条に違反している――の確認を求める訴訟を地裁に提起した。

ファーウェイは翌25日、本件訴訟で争われているSEPの対応特許10件の侵害訴訟を中国の深圳《シンセン》中級人民法院（人民法院）に提起してサムスンによる特許権侵害を主張し、中国でサムスンが製造した4G準拠のスマートフォンの差止めを求めた（以下、中国訴訟）。

これに対してサムスンは、自社保有のSEPにファーウェイが侵害するとの抗弁を行い、併せて特許権侵害を理由にファーウェイ製スマートフォンの販売差止めを求めた。

人民法院は2018年１月、サムスンによるファーウェイのSEP２件の侵害を認め、侵害品の販売差止めを命じた。人民法院は侵害認定に先立って、当事者がそれぞれのSEPに対するFRANDライセンス義務を守ったかどうかを審理し、ファーウェイのライセンスのオファーはFRAND義務を遵守しているが、サムスンは契約交渉で不当な引き延ばしを行ったとして、サムスンがFRAND義務に違反したと認定した。サムスンはこの判決を不服として、広東省高級人民法院に控訴した。

サムスンは中国で控訴する一方で、カリフォルニア地裁に中国訴訟で下された差止判決の暫定的な執行停止を求める申立て（モーション）を提出した。そこでGallo対Andina事件[2]（第９巡回区控訴裁判決）を根拠にして、中国訴訟の差止命令が執行されると米国で訴訟する意味がなくなり、自社の中国での事業推進に大きな損害を与えると主張した。

結局、カリフォルニア地裁はサムスンによるモーションを認めた。

2．争点

深圳中級人民法院の差止命令を一時的に停止できるか

3．判旨

判例により米国の連邦地裁は外国訴訟で出された差止判決を停止することができる。しかし、それが認められるにはマイクロソフト対モトローラ事件（以下、マイクロソフト事件）[3]の３要件（① 当該外国訴訟と米国訴訟は当事者及び争点が同一、② Unterweser要素のうち、１つでも適用可能、③ 国際礼譲の観点から許容できる。）を全て満たさなければならない。

（1） マイクロソフト事件

カリフォルニア地裁は「モトローラには保有するSEPをFRAND条件でライセンスする義務があり、マイクロソフトはFRAND宣言の第三者の受益者である」と認めた。しかし、判決が出る前にモトローラは、対応するドイツ特許に基づいてドイツで侵害訴訟を起こし、侵害差止めの判決を求めた。

ドイツ裁判所は「マイクロソフトにはモトローラ特許の実施権がない。国際標準化団体に対するモトローラのFRAND宣言は国際標準化団体との間の契約を構成するものであり、マイクロソフトにはその契約の恩恵は直接的には及ばない。マイクロソフトにはライセンスが認められず、モトローラのドイツ特許を侵害した」と判決し、結果的にマイクロソフトに対する差止めを認めた。

この判決を受けたマイクロソフトは、カリフォルニア地裁においてドイツ訴訟での差止めの執行停止を求めるモーションを提出し、米国地裁はそのモーションを認めた。事件は控訴されたが、第９巡回区控訴裁もその判決を支持した。

（2） Gallo基準の適用可能性

外国訴訟の差止めが認められるためには幾つかの条件をクリアしなければならない。Gallo対Andina事件の第１要件は、「当事者と争点が同一かどうか」である。

2 *Gallo Winery v, Andina Licores*, 9th Cir. 2006
3 本書第Ⅲ章A－7参照

Gallo対Andina事件概要

内容	ワイン販売代理店契約をめぐる契約違反問題
経緯	1978年—Gallo（米国大手ワイナリー）とAndina（ワイン販売店、本社エクアドル）が1978年に代理店契約を締結（契約書では紛争時の裁判地はカリフォルニア州と規定） 2004年８月—AndinaがエクアドルでGalloを契約違反を理由に提訴 2004年10月—Galloが損害賠償を求め、Andinaをカリフォルニア州地裁に提訴
地裁判決	Galloの訴えを却下（理由：国際礼譲に反する）
控訴裁判決	地裁判決の破棄・差戻し(理由：契約書の裁判地の規定が有効であり、国際礼譲にも反しない)

当事者の同一性について、カリフォルニア地裁の訴訟当事者と中国訴訟の当事者は、現地子会社が異なるものの実質的な相違はない。しかし、争点の同一性については意見が異なる。

サムスンの主張によれば、中国訴訟の主要争点はファーウェイのSEPに基づく差止めの可否であり、それはFRAND宣言に基づくFRANDライセンス義務を考慮して判断されなければならない。無線通信関連のSEPポートフォリオには世界共通のFRANDライセンス義務があると認識していながら、ファーウェイはその履行を怠ったので、当該SEPに基づく差止めを求める資格はないとサムスンは主張する。また、本件の状況はマイクロソフト事件のそれと類似しており、同事件を本件訴訟に適用すべきであるとも述べている。

これらの主張に対してファーウェイは、特許はその国でのみ効力を持つとする属地主義を根拠にして、米国での裁判で外国の侵害問題を解決すべきでないと主張する。

マイクロソフト事件においてカリフォルニア地裁は、モトローラのドイツ特許が包括的クロスライセンスの対象に含まれており、同社がSEP（欧州特許）をFRAND条件でライセンスすることを宣言した以上、国際標準化団体との間に契約関係が発生し、ドイツでの訴訟原因が消滅し、同社のFRAND宣言は国際標準化団体との間での契約を構成すると判示した。そして、モトローラはその契約を履行する義務があると解釈した。この解釈に法的な誤りはなく、地裁が裁量を逸脱したともいえない。

ファーウェイは、本件訴訟の事実関係はマイクロソフト事件の場合と異なると主張する。同事件では最初にFRAND料率が争われたものの、モトローラが持つSEPの必須性や侵害の問題は争われていないからである。本件訴訟はSEPの必須性と侵害の問題が裁判で争われ、また、中国訴訟とほぼ同時に始まっており、米独間で８か月の時差があるマイクロソフト事件とは出訴のタイミングが異なる。そして、マイクロソフト事件のドイツ訴訟ではFRANDライセンス義務を遵守したかどうかを審理することなく差止めが認められたが、本件では同義務の遵守の有無が中国訴訟で前提問題として審理されている。これらは決定的な相違であるとファーウェイは主張する。

しかし、これらの相違点は本件訴訟に直接影響しない。両当事者はそれぞれ「相手方が国際標準化団体との契約に違反した」と主張しているが、そもそもSEPに対する差止救済は、「契約の当事者がFRAND義務に違反した」場合にだけ認められるものだからである。

ファーウェイは当初、サムスンがライセンスを受けるなら特許権侵害による損害賠償問題は生じないのでFRAND問題を最初に審理すべきであると主張した。これに対しサムスンは、FRAND問題を切り離して審理することは適切でなく特許無効や侵害問題を優先して審理すべきであり、地裁には両当事者間のクロスライセンスのFRAND条件を決定する権限がないと主張した。しかし、このサムスンの主張は受け入れられない。

もしサムスンの主張が正しければ、地裁には国際標準化団体とSEP保有者の間の契約違反の問題を判断する手段がなくなってしまう。本件訴訟はマイクロソフト事件と異なり、両当事者の契約違反の有無はそれぞれのライセンスオファーがFRANDであったかどうかにかかっている。問題は侵害に対する救済がライセンス宣言に沿ったものかどうかではない。もし全ての許諾特許を全世界ベースで評価し、しかも個々の特許の有効性や必須性を確認した上で両当事者のライセンスオファーがFRANDかどうかを決定しなければならないとするならば、裁判所はなすすべを持たないことになる。

ファーウェイは、サムスンのモーションが地裁の衡平法上の権限行使を妨げるので認められないと主張する。特に連邦最高裁判例[4]により、不当な利益を得る手段として故意に矛盾する供述をすることは禁反言（estoppel）として禁止されると指摘した。これは、米国特許を争いながら、対応する中国特許について差止執行の一時停止を求めることを指し、同社の理屈には一定の説得力がある。しかし、禁反言の理由だけで本件訴訟で求められているモーションを退けることはできない。特許権の侵害については中国訴訟で下された差止判決は適正であるが、本件訴訟では差止めが執行される前に契約違反の有無を判断しなければならないからである。

（3） Unterweser要素

米国の連邦地裁は、判例に基づき、以下の４つの条件が満たされた場合には外国裁判所の下した差止命令の執行停止を求めることができる。つまり、① 差止命令を発行した裁判所の方針に抵触するとき、② 嫌がらせ又は抑圧的な訴訟であるとき、③ 管轄権（特に対物）を脅かすとき、④ 衡平法上の考慮事項に抵触するとき――である。[5]

① 裁判所の方針に抵触するか

サムスンは中国訴訟で下された差止命令が執行されると、米国内の政策や方針及び反競争行為や契約違反に対する公共政策一般との間であつれきが生じると述べる。その主張を支持する判例は少なくない。例えばマイクロソフト事件(控訴審)、リアルテック対LSI事件、アップル対モトローラ事件(一審)等がある。

これに対してファーウェイは、SEPに差止めを認めないとする法律は存在しないとし、一方的なFRANDロイヤルティーの拒絶や不当な交渉遅延に当たる場合には差止めが認められるとする判例を引用する（例えば司法省と特許庁の共同宣言等)。確かにファーウェイの主張も誤りとはいえないが、それは差止救済の適否を決定する一審の権限を損ねかねない。仮にサムスンに対する差止救済が認められないと判決したら、それはこれまでの判例に抵触しかねないし、中国での差止め執行停止を認めないとするとするならば、サムスンは中国だけでなく世界のビジネスで大きな被害を受けるであろう。

中国訴訟で下された差止めが執行されると、当法廷が当事者と国際標準化団体の間に契約違反があったかどうかを判断する前に、ファーウェイが提示するライセンス条件で解決することを強いるであろう。しかし、それは訴訟終結前の「ホールドアップ」に相当する。サムスンがそのような圧力を受けずに裁判所で審理を受けられることは、衡平法上認められる正当な権利である。

4　*New Hampshire v. Maine,* 532 U.S. 742, (2001)
5　*In re Unterweser Reederei GmbH,* M.D. Fla. 1969.

② 嫌がらせ又は抑圧的

マイクロソフト事件（控訴審）で第９巡回区控訴裁は、場合によっては外国での裁判が嫌がらせ又は抑圧的になるとする地裁判決を支持した。サムスンは本件訴訟にこのおそれがあることを指摘し、マイクロソフト事件の基準を本件に適用すべきであると主張する。

ファーウェイによる中国訴訟の出訴日は本件訴訟の翌日である。米独間に８か月の時差があったマイクロソフト事件とは出訴のタイミングが異なる。しかし本件の場合、中国訴訟は法廷地漁り（forum shopping）を構成するおそれがある。ファーウェイは、サムスンがクロスライセンスの条件について裁判所や仲裁人の提案を受け入れるならば訴訟を取り下げてもよいと宣言しており、嫌がらせでもなく抑圧的でもないと主張する。しかし、証拠として提出されたファーウェイの副社長の発言によれば、中国訴訟での差止めがサムスンとの包括クロスライセンス交渉を促進させるために請求されたことは明らかである。しかしながら、このことをもって中国訴訟に「嫌がらせ」や「抑圧的」というレッテルを貼ることは適当でない。

③ 国際礼譲の観点

国際礼譲（international comity）とは、外国政府の行為に対する国内裁判所の外交的な配慮をいうが、その適用には限界がある。外国での行為が礼譲の根底にある基準を超えた場合や国内の利益に反する場合には礼譲は適用されない。

国際礼譲は、当初から国内の司法政策に背反する外国の行為や利益には及ばないと考えられてきた。マイクロソフト事件で第９巡回区控訴裁は、「契約上の私的紛争の場合は、国際公法の絡む政府間訴訟の場合より国際礼譲が脅かされる可能性は少ない」とし、それは「国際公法の問題を提起するものではない」と述べている。

中国訴訟で人民法院は「両当事者がクロスライセンスに同意すればファーウェイは差止めの執行を取りやめることができる。そのことを裁判所は承認する」と述べている。これは、差止めの執行を停止しても中国裁判所には何ら影響がないことを示す。むしろ、本件訴訟の判決まで差止命令を執行しないことを示唆しているといえよう。また、中国訴訟の判決は、中国特許の侵害に対してファーウェイは金銭賠償、つまり損害賠償を求めることもできるとも指摘している。本件訴訟は中国訴訟より１日早く提訴されているが、このことも国際礼譲の適用にとってマイナスとはならない。

以上の理由から、FRAND義務違反について当法廷が結論を出すまでは、ファーウェイは中国訴訟で得られた差止命令を執行することはできない。

ファーウェイ対サムスン事件の米中裁判比較

	カリフォルニア地裁	深圳中級人民法院
当事者	原告：ファーウェイ 被告：サムスンとその現地法人	原告：ファーウェイ 被告：サムスンとその現地法人
出訴日	2016年５月24日	2016年５月25日
争点	特許権侵害(3G/4G関連のSEP11件) FRAND条件の裁定	特許権侵害（3G/4G関連のSEP10件） 差止救済（米SEPの中国対応特許）
判決	FRAND問題についての判決まで 中国での差止執行を停止	サムスンの侵害を認定 差止命令を発行

４．解説

本件で注目されるのは、サムスンが中国の裁判で差止救済を求めながら米国の地裁でファーウェイの差止執行の停止を求めることは「禁反言を構成する」という議論がなされていることである。本判決ではこの点について結論が出されていないが、この問題が今後どのように判断されるのか興味深い。

外国訴訟差止めをめぐる訴訟では、外国裁判所の管轄権や礼譲など通常の特許問題では争われることのない法律論が展開される。SEP問題はこのように、単に特許法だけではなく様々な周辺法や法律論を巻き込んで展開されることに特徴がある。そのことがSEP問題を複雑にし、かつ、FRAND問題の理解を難しくしている。なお、外国訴訟差止めは、アップル対クアルコム事件（本書第Ⅲ章A−９参照）でも取り上げている問題である。

（藤野　仁三）

12. SLC対モトローラ事件

（テキサス州東部地区連邦地方裁判所、2018年）

判決文

［内　容］

SEPに基づく権利行使に関するパテントミスユースの該当性が争われた事例[1]。パテントミスユースとは、特許権者に付与された特許の範囲を逸脱した行為に対し、公共政策の観点から規制する考え方であり、判例法により創出された概念である。本事件で、被告は、原告のライセンス慣行はFRAND義務違反に当たることから、SEPの権利行使はパテントミスユースに該当すると主張している。本事件では、FRAND宣言がなされたSEPに基づく権利行使に対するパテントミスユースの考え方が示されている。

カテゴリー	その他（権利行使に対するパテントミスユースの適用可否）
対象規格技術	AMR-WB
関連用語	パテントミスユース、証拠の優越（preponderance of evidence）、明白かつ確信を抱くに足る証拠（clear and convincing evidence）、抱き合わせ（tying）

1．事案の概要

本事件の原告は、特許ポートフォリオのライセンスを事業として行う米国法人のSt. Lawrence（SLC）である。被告のモトローラは米国の電子・通信機器メーカーである。本事件で争われた対象特許（AMR-WB音声圧縮技術に関する５件の特許）の原権利者は、音声符号化技術を開発するカナダ法人の

1　*Saint Lawrence Communications LLC v. Motorola Mobility LLC* Case No. 2: 15-CV-351-JRG United States District Court, E.D. Texas. February 15, 2018

VoiceAgeである。同社はノキアと協同で、ETSIと3GPP（3G Partnership Project）が主催する音声符号化技術開発のための公募に参加したところ、VoiceAgeとノキアの符号化技術が採用され、AMR-WB音声符号化技術に取り込まれた。この過程で、VoiceAgeはETSIのIPRポリシーに基づきFRAND宣言を行った。上記標準化活動の結果、AMR-WBは、LTEネットワークでスマートフォンを含む携帯電話を用いたデータ通信（VoLTE：Voice over LTE）を行うための必須の技術となった。

W-CDMA〈第３世代携帯電話（3G）の無線アクセス方式の一つ〉パテントプールは、AMR-WBを含むW-CDMA又は3G標準技術に関する特許を保有・管理している。VoiceAgeも同パテントプールに参加していたが、脱退し、対象特許をSLCに譲渡した。なお、本事件においてVoiceAgeのFRAND義務がSLCに承継されていることについては争いがない。

モトローラは、VoiceAgeがW-CDMAパテントプールに参加している時期に、同パテントプールから特許のライセンスオファーを受けていたが、ライセンスは取得していない（その後、SLCがモトローラに対象特許のライセンス取得を要請したようであるが、具体的な交渉の経緯は訴訟資料の記載が黒塗りされており明らかではない。）。

その後、SLCは、モトローラが販売するHDVoice対応通信端末がSLC保有の対象特許を侵害しているとして、テキサス州東部地区連邦裁判所に特許権侵害訴訟を提起した。また、SLCはドイツでも同様の訴訟を提起している。

米国訴訟において、陪審は、モトローラがSLCの対象特許を侵害しており、かつ、対象特許は無効でないと判断し、917万7483米ドルの損害賠償を認めた。その後、裁判所はモトローラから提起された衡平法上の抗弁について、公判後の書面（post-trial brief）において、当事者間で主張・反論を行う機会を与えた。モトローラは公判後の書面において、パテントミスユースの抗弁及びFRAND義務違反に基づく損害賠償の軽減を主張した。

2．争点

（1）FRAND義務違反によるパテントミスユースの該当性
（2）抱き合わせによるパテントミスユースの該当性
（3）SLCのFRAND義務違反により、認定された損害賠償額は軽減されるか

3．判旨

パテントミスユース該当性についての重要なポイントは、争点となる行為により、特許権者に付与された権利範囲を拡張することになり、かつ、当該行為が反競争的効果をもたらす場合に該当するか否かである。パテントミスユースの主張は被告によってなされなければならないが、パテントミスユース該当性の立証の程度に関しては裁判所ごとに意見が分かれる。当裁判所は、該当性の立証程度を「証拠の優越（preponderance of evidence）」ではなく、「明白かつ確信を抱くに足る証拠（clear and convincing evidence）」とすべきであると判断する。

米国訴訟における立証の程度（Standard of Proof）

	意　味	例
証拠の優越	ある事実についての証拠の重さ、証明力が全体として、相手方よりも優越している程度の証明	・特許庁審査官が特許出願を拒絶する場合 ・IPR等で特許の無効を証明する場合 ・特許権侵害や損害の証明等
明白かつ確信を抱くに足る証拠	事実認定者に当該事実の存否について確信を抱かせる程度の証明	・米国裁判所において特許の無効を証明する場合 ・その他、米国裁判所において不公正行為、ラッチェス、エストッペル等を証明する場合
（参考）合理的疑いの余地のない証明	合理的な疑いを差し挟む余地のない程度の証明	刑事事件の場合（刑事事件では冤罪を回避するために高い証明度が必要とされている）
合理的疑いの余地のない証明＞明白かつ確信を抱くに足る証拠＞証拠の優越		

（1） FRAND義務違反によるパテントミスユースの該当性

モトローラは、SLCが侵害されたと主張する特許に関して、FRAND義務に違反しており、パテントミスユースに該当すると述べている。その根拠としてモトローラは以下の判例を提示する。

（i）幾つかの裁判所では、特許権者によるFRAND義務違反が認められる状況では、一定条件下でパテントミスユースを構成し得ることを支持している。

(ⅱ)原告（SEP保有者）が意図的に、標準化団体に特許に関する情報を開示せず、被告に対して合理的かつ非差別的なライセンスオファーを行う義務を果たさない場合、被告はパテントミスユースに該当するという反訴が可能である。

(ⅲ)特許権者が意図的に、SEPを公平、合理的かつ非差別的な条件でライセンスするという虚偽の約束を行い、その後、当該約束に違反することは反競争的行為である。

しかし、どの判例もFRAND義務違反がパテントミスユースに当たるという主張を正当化するには不十分である。連邦巡回区控訴裁判所（CAFC）も過去の判例で、パテントミスユースの広範な適用は制限されるべきとの見解を示しているとおり、当裁判所は、特許権者の行為が反競争的効果を持つ可能性があるとしても、単に特許権者がある種の不正な（wrongful）行為に及んだという理由のみではパテントミスユースの抗弁は適用できないと考える。

当裁判所は、FRAND義務違反と上記要件（特許権者が特許法によって与えられた権利範囲を拡張する行為に該当するか否か）は関連性があるものの、FRAND義務違反自体がパテントミスユースを決定づけるものではないと判断する。本事件の事実を考慮すると、SLCによる行為はパテントミスユースに該当しない。

モトローラは、SLCがドイツ裁判所で対象特許に関連する特許に基づき差止めを求めるのは、「特許権者が特許法上付与された権利範囲を拡張する行為」に当たると述べるが、この主張は受け入れられない。なぜならモトローラは、SLCによる当該行為がパテントミスユースに当たることの実質的な証拠を示していないからである。モトローラは、SLCの行為がFRAND義務違反である（SLCは対象特許をFRAND条件でライセンスする義務があるため）と主張する。しかし、当該主張はパテントミスユースの該当性を決定づけるものにはならず、SLCの特許の権利範囲を拡張する証拠にもならない。また、モトローラは、SLCによるドイツでの訴訟が反競争的効果をもたらす証明もしていない。

さらに、モトローラはSLCが異なる環境で、ライセンシーごとに異なるライセンス料と条件を求めることがパテントミスユースに該当すると主張する。

しかし、そのように判断することは、FRAND義務を負う特許権者に対して、状況の変化にかかわらず、常に同じ条件によるライセンスを要請することになるため受け入れられない。

最後に、モトローラは、SLCが潜在的ライセンシーとの交渉の過程で、W-CDMAパテントプールの一部であった対象特許の有効な実施料率を通知しないなど、様々な虚偽の表示・不作為を行ったことがパテントミスユースに該当すると主張する。当裁判所は、SLCが故意に当該行為に従事したという主張には同意しない上、仮にそうであったとしても、モトローラが反競争的効果を及ぼしたことを立証しない限り、当該行為自体がパテントミスユースに該当する程度には至っていないと考える。

(2) 抱き合わせによるパテントミスユースの該当

モトローラの次の主張は、SLCが潜在的ライセンシーに対して、SLCの米国特許とドイツ特許をセットでライセンス取得するように要請する行為が、許容されない抱き合わせに当たるというものである。過去の判例によれば、抱き合わせに該当するかどうかの分析において、パテントミスユースの観点と反トラスト法の観点は密接である。しかし、米国議会は、ある種の慣行に関しては、それが反トラスト法上問題となる行為であったとしても、パテントミスユースには該当しないことを宣言している。その慣行とは、特許権者が市場支配力を有していない範囲において、特許のライセンス又は取得の条件を定める行為である。そのため、本事件では、抱き合わせによるパテントミスユースの該当性を以下の２ステップに分類して判断する。

(ⅰ)被告は、明確に定義された市場において、特許権者が市場支配力（market power）を有することを証明しなければならない。

(ⅱ)被告は、争点となる行為が、当然違法（per se illegal）のミスユース又は合理の原則（rule of reason）に基づくミスユースに該当することを証明しなければならない。

抱き合わせを「当然違法のミスユース」として扱うことには懐疑的である。特にCAFCは、複数の特許をパッケージとしてライセンスすることは反競争的な影響を及ぼす可能性がある一方、潜在的な問題特許の事前のクリアランスや補完技術の統合、訴訟の回避等の競争的な効果を有する点にも言及している。

当裁判所は、特許の抱き合わせは絶対に「当然違法のミスユースには該当しない」との言明はしないが、SLCの行為についてはこれに当たらないと判断する。SLCがワールドワイドのライセンスを要請する行為は、当事者が国ごと又は特許ごとに訴訟を提起したり、ライセンスを取得したりしなければならないことで生じる膨大なコストを回避できる点で多くの競争的な効果を有すると考えられる。

結論として、当裁判所は本争点に関し、「合理の原則」を採用する。合理の原則に基づく場合、問題となる行為が競争に不合理な制約を課すか否かを判断しなければならない。この点、モトローラは、SLCによるグローバルライセンスの慣行は以下の反競争的効果を有すると主張する。

（ｉ）米国又はドイツ特許のライセンスに対する個別の対価支払に比べて、ライセンシーがより高い費用を支払う必要がある。

（ⅱ）SLCの外国特許に対する設計変更による回避の可能性を制限する。

当裁判所は、モトローラの上記主張は、SLCの行為が合理の原則に反することを立証するのに不十分であると判断する。なぜならモトローラは、SLCのライセンス慣行が競争を阻害していることを立証しておらず、また、グローバルライセンスによる反競争的な制約が、競争的な効果を上回ることも立証していないからである。以上の点から、当裁判所は、SLCがAMR-WB規格に関する特許ポートフォリオをワールドワイドでライセンスする慣行は、「当然違法の原則」にも「合理の原則」にも該当しないと判断する。

（３）　SLCのFRAND義務違反により、認定された損害賠償額は軽減されるか

SLCがFRAND義務に違反するかどうかは事実問題である（matter of fact）。公判の間、陪審はSLCによるモトローラへのライセンスオファーがFRAND義務を遵守しているか否かという点について、当事者から広範な主張を聞き入れている。そのため、陪審が下した損害額に争いがある場合、今回の衡平法上の抗弁の場面で主張するのではなく、伝統的方法〈連邦民事訴訟規則50条（ｂ）と59条：陪審評決後の申立て〉に基づく手続をとるべきである。

〈著者注：結論として、裁判所は公判後書面の段階において、争点（３）に関する判断を下さなかった。〉

4．解説

（1） はじめに

本事件は、FRAND宣言を行ったSEPに基づく権利行使に対して、被告側のパテントミスユースの抗弁に関する該当性の判断基準が示された事例である。SEP保有者の権利行使に対する被告側の反論内容として、SEP保有者によるFRAND義務違反がある。例えばSEP保有者が、潜在的ライセンシーに対して、① 差止請求をてこにライセンス取得を強制したこと、② 提案する実施料が合理的でなかったこと、③ ライセンシーごとに異なる実施料等の条件を提示したこと、又は実施料に関する重要な情報を開示しないこと、④ FRAND条件でライセンスする意思がないにもかかわらず、FRAND宣言をし、特許を標準規格に採用するよう誘引したこと（虚偽のFRAND宣言）等が挙げられる。

本事件では、上記のようなFRAND義務違反があった場合に、SEP保有者による当該行為がパテントミスユースに該当するかどうかが判断されている。

（2） パテントミスユースに関する考え方

パテントミスユースは判例法により形成された法理である。一般的に、特許権者によるライセンスが、反倫理的・反社会的要素を有すると判断される場合に、公共政策の観点から規制の対象となる。こうした反倫理的・反社会的要素の強い行為の規制という点で、反トラスト法とも区別され、個別に適用することが可能であった。

パテントミスユースに該当する行為として、① 特許権者がライセンス契約で、ライセンス付与の見返りに権利者製品の購入を強制する抱き合わせ契約や、② 特許権者の権利期間の延長を認める取決めをし、特許権の効力満了後も実施料の支払を要求すること等が挙げられる。一方、公共政策上許容できない行為を規制するというパテントミスユースの性格上、その外延が不明確であった。この不明確さは問題視されていたが、1988年、米国議会は、市場支配力がない状況で特許権者がライセンスの拒否及び抱き合わせの取決めを行うことはパテントミスユースの範囲外であることを立法で定めた〈米国特許法271条(d)(5)〉。これにより、抱き合わせ行為に関しては反トラスト法と同様の基準になった。

パテントミスユースが認められると、特許権者は該当行為が解消されるまで裁判上、特許権を行使できなくなる。権利行使できないという点では、不公正行為（inequitable conduct：例えばIDS違反）と同様であるが、例えば特許の審査過程で不公正行為があったと認定された場合、当該特許は（回復不能に）権利行使ができなくなるのに対し、パテントミスユースの場合は該当行為が解消されれば権利行使が可能になる点で両者は異なっている。

（3）　本事件について

本事件からは以下の点が読み取れる。

（ⅰ）SEP保有者による権利行使の事案において、パテントミスユースの適用は非常に限定的であること。特にFRAND義務違反が認められるからといってパテントミスユースが認められるわけではないこと。

（ⅱ）本事件では、パテントミスユースの適用に関して、当然違法の原則、合理の原則のいずれかを適用すべきであるという確定的な判断が示されていないこと。

（ⅲ）パテントファミリーを含むワールドワイドのライセンスは反競争的制約が存在する一方、競争的効果も認められること。

FRAND義務違反をめぐる争いにおいて、パテントミスユースの抗弁は訴訟戦略上の一つの手段にすぎないが、本事件はパテントミスユースの考え方を示し、その該当性を判断した事例として、実務上も参考になると思われる。

（鈴木　信也）

13. Core Wireless対アップル事件

（連邦巡回控訴裁判所、2018年）

判決文

［内　容］

標準化機関への関連特許の開示時期が遅れた場合、その特許の権利行使が不能となるか否かが争われた事例[1]。欧州の標準化機関であるETSIのIPRポリシーでは、ETSIのメンバーに対し、規格必須となり得る特許出願を認識した場合にその開示を義務付けている。本事例では、元々の特許権者であるノキアは、標準化の過程で技術提案書を標準化機関に提出したが、その提案は規格に採用されず、関連する特許出願の標準化機関への開示（いわゆる「FRAND宣言」）を特許査定後に行った。この行為が、その特許権の行使を行わないことの黙示的な意思表示に該当し、特許権の行使が制限されるか否かが争われた。CAFCは、黙示の放棄の法理は、特許権者の不正行為により特許権者が不当な利益を得ていた場合にのみ適用されるとの判断基準を示し、地裁に差し戻した。

カテゴリー	その他（権利行使に対するimplied waiverの適用可否）
対象規格技術	2G、3G
関連用語	適時開示義務、implied waiver、IPRポリシー、衡平法（equity）

1．事案の概要及び原審の判断

原審原告のCore Wireless Licensingは、特許ライセンス会社であるConversant Intellectual Property Management 社の子会社である。2011年にノキアから、GSM、GPRS、UMTS、LTEなどのセルラー通信規格の必須特許（SEP）

1　*Core Wireless Licensing S. A. R. L. v. Apple INC.* CAFC 2017-2102, August 16, 2018

を多数買収し、その後、スマートフォンメーカーに対し、多数の特許権侵害訴訟を提起している（本書第Ⅲ章A－8「Core Wireless対LGE事件」など）。今回のケースも、Core Wirelessは、第２世代移動体通信規格GSM、及び第３世代移動体通信規格WCDMAのSEPを侵害したとして、アップルを提訴した事例である。

原審（Case No. 15-cv-05008　NC：カリフォルニア北部地裁）では、ノキアから譲り受けたCore Wirelessの２件のGSM規格特許〈米国特許第6,477,151号、第6,633,536号（以下、それぞれ151特許、536特許)〉について、特許権侵害の有無、及び特許の有効性が争われた。更に被告であるアップルは、151特許について、元々の特許権者であるノキアが、欧州電気通信標準化機構（ETSI）のIPRポリシーに定められた「適切な時期に規格必須となり得る知的財産を開示する義務」に違反しているので、特許権の行使をすることができないというエクイティ（衡平法）に基づく防御（Equitable Defense）を展開し、この点についても争われた。

ノキアが、151特許についてETSIに宣言書を提出するまでの経緯をまとめると次のようになる。

ノキアが151特許についてETSIに宣言書を提出する経緯

1997年11月４日	ノキアが「GSM 03.64」規格のTiming Advance技術の修正を提案する寄書（Change Request）を提出
1997年11月11日	ノキアがフィンランド特許庁に対し、関連発明（後の151特許）について特許出願
1997年11月10日～14日	ノキアの提案がETSIのワーキンググループで検討され、その会合にはノキアも参加
1998年１月	GSMの技術会合において、ノキアの修正提案は拒絶された。代わりに、エリクソンから提出された類似の提案が採用された。
1998年６月	「GSM 03.64」の標準化が完了
2002年６月17日	ノキアがフィンランド特許庁から151の特許出願について、特許査定の通知を受領
2002年７月24日	ノキアがETSIに対し、151特許について宣言書を提出

アップルは、ノキアの規格修正提案が議論された会合の間(1997年11月10日～14日)、又は遅くとも「GSM 03.64」の規格の内容が固まった1998年6月までには、ノキアはETSIに対し、SEPとなる可能性がある特許出願の存在を通知すべきであったと主張した。陪審は、151特許、536特許のいずれも有効であるとし、損害賠償額については730万ドルと判断した。

また、カリフォルニア北部地裁は、ベンチ・トライアル(裁判官による審理)において、151特許は、権利行使可能と判断した。その理由は以下のとおりである。

同地裁は、アップルがエクイティに従って主張する151特許の権利行使が制限される理由が、(ⅰ)黙示の放棄(implied waiver)の法理に基づくのか、(ⅱ)エクイティ上の禁反言の法理(equitable estoppel)に基づくのかはっきりしないとしたが、両方の理論に基づいて検討を行った。

(ⅰ)の「黙示の放棄」論に基づき権利不行使を主張するためには、被告(アップル)は、特許権者(ノキア)が標準化団体(ETSI)との関係でとった行為により、その権利を行使する意思が放棄され、権利を行使する意思とは矛盾していることを、明確かつ説得力のある証拠(clear and convincing evidence)で示す必要がある〈Hynix Semiconductor Inc. v. Rambus Inc., 645 F.3d 1336, 1348 (Fed. Cir. 2011)〉。このことは、いつ特許権者が特許開示の義務を負い、その義務を怠ったかによって判断される。

しかしながら、本件におけるノキアの行為は、権利を行使する意思と矛盾はない。なぜならば、① 151特許に関するノキアの技術提案は標準化の議論において拒絶されており、② 151特許のクレーム(権利範囲)は、2002年まで確定せず、ノキアは、特許査定を受領した後に151特許について、ETSIに対して速やかにFRAND宣言書を提出しているからである。加えて、アップルは、1998年にノキアが151特許についてETSIに対して開示しなかった行為を、ETSIメンバーがノキアが特許権を放棄したと解釈するという証拠も示していない。

一方、(ⅱ)のエクイティ上の禁反言の理論に基づき権利不行使を主張するためには、被告(アップル)は、① 特許権者(ノキア)が、誤解を招く行為(misleading conduct)により、侵害を主張された者(アップル)に対して特許権を行使する意思がないと合理的に推論させたこと、② 侵害を主張された者がその行為を信頼したこと、③ その信頼のために、もし特許権者(ノキア)が侵害訴訟を提起したら、侵害を主張された者(アップル)が重大な損害(materially prejudice）を受けることを示す必要がある〈A.C. Aukerman Co. v. R.L. Chaides Const. Co., 960 F.2d 1020, 1028（Fed. Cir. 1992)〉。

しかしながらアップルは、2002年より前に151特許を開示しなかったというノキアの誤解を招く行為を信頼したためにアップルが重大な損害を受けたことを説明できていない。なぜならば、アップルは、特許権侵害の対象製品（accused product）を2011年まで製造・販売していなかったからである。

結論として同地裁は、アップルがベンチ・トライアルで主張した「エクイティに基づく防御」を否定し、151特許をアップルに対し権利行使することができると結論付けた。

2．争点

ノキアが関連するフィンランド特許出願を適切な時期にETSIに開示しなかったことが、特許権の行使の「黙示の放棄」に該当するか、なお、控訴審（CAFC)においても、特許権侵害の有無、特許の有効性について争われたが、本稿では上記争点を取り上げる。

3．判旨

CAFCは、地裁が151特許の権利行使可能と結論付けた３つの理由（ノキアによる技術提案が拒絶されたこと、関連特許出願が審査中であり、最終的なクレーム範囲が2002年まで確定していなかったこと、権利行使の放棄に関する第三者の信頼の必要性）について、以下の理由で同意しなかった。

（1）　技術提案が拒絶されたこと

ノキアによる技術提案が、標準化の議論の結果として規格に採用されなかったとしても、ノキアが標準化機関に対して関連特許出願を開示する義務から解放されることにはならない。なぜならば、ETSIのIPRポリシー4.1項では、「ETSIのメンバーは、規格必須となる知的財産（IPR）を認識した場合は、合理的な努力をして適時に(timely)、ETSIに対して通知しなければならない。特にその技術標準に対し、技術提案（technical proposal）をしたメンバーは、その提案が採用された場合にはSEPとなる可能性があることを、ETSIに対して注意喚起させなければならない」と規定し、開示の義務をを技術提案の提出と関連付けているからである。

アップルの専門家証人の証言によれば、メンバーの技術開示の義務は、最終的にその技術提案がETSI規格に含まれることまでは条件としていないと解釈できる。そして、本事件の場合、151特許の発明者証言を参照すると、ノキアの技術提案と、規格に採用されたエリクソンの対案との違いは、単にその技術をオプションとして仕様に採用するかどうかの違いだけであったという事情がある。ノキアの技術提案がもし採用されていれば標準必須特許となったと認識し得る。

(2) 特許出願審査中であったこと

アップル側の証人による、ETSIのIPRポリシーの関連する知的財産の開示規定において、特許出願審査中である場合は開示しなくてよいという例外はないという主張に対してCore Wirelessから反論はなかった。

また、アップルは、遅くともその標準規格の内容が承認された1998年6月までにはノキアはその特許を開示すべきであったのに、実際は特許が発行された後の2002年に開示したのは、時機に遅れた（untimely）開示であると主張したのに対し、Core Wirelessは規格が採択されてから4年後の2002年に開示したとしてもIPRポリシーに定める適時の開示に該当しているといえると主張する。しかしながら、Core Wirelessの主張は記録（the record）によってサポートされていない。

アップルの証人の証言に基づけば、ノキアには、規格が採択された1998年6月までに関連するIPRを開示する義務があり、それより遅い時期の開示は、適時に開示しているとはいえない。

(3) 権利行使をする権利の放棄に関する第三者の信頼

エクイティに基づく防御が認められるのは、一方の当事者が不法な行為（wrongful actions）により不当な利益を得ることを防止するためである。すなわち、その当事者が不法な行為により利益を得ていないのであれば、エクイティに基づく防御は認められないということになる（Therasense v. Becton：CAFC；2011年、以下、Therasense事件）。

最高裁判決（Columbus Bd. of Educ. v. Penick；1979年）においても、エクイティ裁判所による救済は、違反の程度と釣り合っているべきであると判示している。

同地裁は、黙示の放棄の法理を適用するに当たり、第三者がその特許権者の行為によりその特許権を行使する権利を放棄したと解釈できなければならないと判断したが、そのような要件はない。その要件は、エクイティ上の禁反言の法理を適用する際に考慮されるものである。

（4）　黙示の放棄の法理を適用する条件

Therasense事件において議論された不公正行為の法理（a doctrine of inequitable conduct）のように、黙示の放棄の法理によって特許全体の権利行使が不能とされると特許権者の行為とのバランスを欠く可能性があるので、黙示の放棄の法理は、特許権者の不法な行為により特許権者が不当な利益を得ていた場合にのみ適用すべきである。

本件事例に当てはめると、ノキアの技術提案は規格に採用されなかったため、ノキアとその特許譲受人であるCore Wirelessは、関連する特許出願をETSIに開示する義務に違反したにもかかわらず、不当な利益を得ていなかった可能性がある。しかし、地裁は、ノキアが関連特許出願の開示を怠ったことで、ノキア又はCore Wirelessが結果として得た可能性がある利益を考慮することなしに、黙示の放棄の法理を適用すると判断しているので、CAFCは、同地裁に手続を差し戻した。

4．解説

（1）　ETSIのIPRポリシーにおけるSEPの開示に関する規定

ITUをはじめとする標準化機関は、各々がその標準化機関が策定した規格に関連する知的財産の取扱いについて定めたIPRポリシーを規定している。欧州の地域標準化機関であるETSIは、そのIPRポリシーを、ETSI手続規則（ETSI Rules of Procedure）のAnnex 6として規定している。

規格に関連する知的財産の開示（Disclosure of IPRs）については、その第４章に規定があり、本事件では、ETSI IPRポリシー4.1項の解釈が問題となった。このようにSEPを標準化機関に開示させる趣旨は、ETSI IPRポリシーの背景が説明された“ETSI Guide on IPRs”が参考になる。その第２章において、ETSIに対して遅れてSEPが開示され、もしその特許権者が当該特許を使わせない、又は当該特許を使わせたとしても公平で合理的な非差別的な条件

（FRAND条件）に反したライセンス条件でライセンスするとの意思表示をした場合に、その規格が事実上実施できなくなり、その技術仕様を変更、あるいは最初から作り直さなければならなくなることが問題であると指摘している。ただし、そのGuideの注記として、IPRポリシー内で“timely”の語を定義することは合意に至らなかったとの経緯説明があり、いつSEPをETSIに対して開示すべきか具体的な日程は規定されていない。

本事件では、ETSIのIPRポリシーの規定の解釈について、原審被告であるアップルは、ETSIのIPR Boardの元議長であるIPRポリシーの専門家を証言者として証言させたのに対し、Core Wirelessは専門家証人を立てることなくアップルの主張に対し、証拠をもって十分に反論しなかった。これは若干特殊なケースである。裁判所としては、当時者から提出された証拠に基づいて判断せざるを得ず、アップル側の証言者が主張した解釈に基づいて、ノキアがETSIに対して関連する特許出願を開示すべき時期を特定している。

なお、ETSI IPRポリシー4.1項は、2005年11月に若干の文言修正がなされている。改訂前後の規定文言は、ETSI Guide on IPRs（2013年９月19日改訂版）4.6.1項に記載されている。

（２） SEPになる可能性がある特許出願を標準化機関に開示した場合の弊害

技術提案が標準化の過程で採用に至らなかった場合や、その特許出願が審査により特許にならなかった場合であっても、標準化の過程の早い段階で、SEPになる可能性があったというだけで、全ての関連特許出願を標準化機関に通知するとした場合は、弊害も生じる。

その標準規格に真に必須ではない特許が、標準化機関のデータベースに蓄積され、実態以上にSEPが存在するような外観になり、その規格に関する適切なロイヤルティー額を算出できなくなることが考えられる。例えばInnovatio事件（本書第Ⅱ章A−４参照）などで採用されたロイヤルティー算出方法の一つである「トップダウン・アプローチ」では、その規格に関連する全SEPの数に対するその特許権者の特許の数を、ロイヤルティー算定に取り入れており、この計算にも影響が出てくる。

また、最近のETSIのIPR Meetingでは、データベースの“transparency”（透明性）の向上が議論され、IPRデータベースに真に必須であると評価される特許が蓄積されるためにはどのようにすべきか検討がなされている。

SEPになる可能性があっても、実際にSEPにならなかった場合は、そもそもFRAND義務も生じないことになるのであるから、SEPになる可能性が低いと判断できる特許についてまで、標準化機関に対してなるべく早く開示すべきであるという解釈にはならないと思われる。

（3）　エクイティに基づく権利行使制限の法理

エクイティ（衡平法）に基づく防御は、特許が有効に存在し、特許権の侵害が認められた場合であっても、当事者の行為を根拠として、その権利行使を認めることが正義の観点から公正原理に従って禁止されるべき、という判断がなされることを期待してなされる主張である。本件原審で判断されたように、特許の権利行使が制限される理由となる法理には、①「黙示の放棄」の法理、②エクイティ上の禁反言の法理がある。

CAFCは、標準化機関に対して関連知的財産を開示する義務を判断する際には、黙示の放棄の法理を採用すべきとし、その適用は、「特許権者の不法な行為により特許権者が不当な利益を得ていた場合」に限定すべきと、新たな基準を明示した。原審の差戻審理の結果が待たれるが、標準化機関に開示が遅れて特許権者が不当な利益を得る、というケースはなかなか考えにくいと思われる。

（沖　哲也）

14. パンオプティス対ファーウェイ事件

（テキサス州東部地区地方裁判所、2019年）

判決文

［内　容］

米国特許と外国特許から構成されるポートフォリオ・ライセンスの契約交渉に関して、① 原告の交渉姿勢はFRAND義務を遵守していること、② 原告のライセンスオファーがFRANDであったこと—の確認を原告が地裁に求めた訴訟[1]。地裁は、確認判決の対象は米国特許に限定し、米国SEPに関する証拠の提出がないとして原告の請求を退けた。FRAND問題はこれまでポートフォリオの枠組みの違法性を争点とすることが多かったが、本件では、ポートフォリオではなく、その構成単位が議論されている。

カテゴリー	合理的実施料の算定
対象規格技術	2G、3G、4G
関連用語	ポートフォリオ・ライセンス、subject matter jurisdiction（事物管轄権）、declatory judgement action（確認判決訴訟）、comparable license、IPRポリシー

1．事案の概要

電気通信産業にとって、異なる製造業者が製造した機器同士を相互接続させる相互操作性の確立は最も重要な基盤技術の一つである。ネットワーク環境のなかでの相互操作性は標準規格によって確保できる。標準規格は標準化機関により決められた手順に従って作成される。関連特許との関係は、それぞれの標

1　District Court for the Eastern District of Texas, Civ. Action No. 2: 16-CV-00123-JRG, decided 3/18/2019

準化機関が定める知的財産権ポリシー（IPRポリシー）で規定されている。例えば移動体通信に関連する第２世代移動体通信規格（2G）、第３世代移動体通信規格（3G）そして、第４世代移動体通信規格（4G）やLTEなどの標準規格を作る欧州電気通信標準化機構（ETSI）のIPRポリシーは、① 標準に必須である特許を正式に宣言すること、② 当該標準を実施する企業に対して当該特許の取消し不能なライセンスを公正、合理的かつ非差別的な（FRAND）条件で許諾する用意がある旨を表明すること―をSEP保有者に求めている。

SEPライセンスをFRAND条件で提供する約束は、SEP保有者とETSIの間の契約である。そうであれば、ETSIの標準規格を実施する企業はSEP保有者とETSIの間の契約を第三者受益者(third-party beneficiaries)として援用できる。

原告（Optis Wireless Technology，LLC、PanOptis Patent Management, LLC、及びOptis Cellular Technology，LLCの３社―以下、「パンオプティス」と総称）はETSIの会員であり、2G、3G、そして4G/LTEなどのSEPを保有し、そのライセンスをFRAND条件で提供することをETSIに約束した。

被告（Huawei Device USA, Inc.及びHuawei Device［Shenzhen］Co., Ltd.―以下、「ファーウェイ」と総称）は、2G、3G及び4G/LTEを実施するモバイル通信機器を製造・販売する会社で、ETSIに対するパンオプティスのFRAND宣言の第三者受益者である。

パンオプティスは2017年２月10日、テキサス州東部地区地方裁判所（以下、地裁）に被告を特許権侵害で提訴した。訴状は何度か修正されたが、パンオプティスは３度目の修正訴状の中で、① ファーウェイとのライセンス交渉で自らのFRAND義務を遵守したこと、② ファーウェイに提示した2017年９月のライセンスオファーがFRANDであったこと―の確認を地裁に求めた。この確認判決の請求に対して、ファーウェイは請求の棄却を求める申立て（モーション）を行った。

地裁は2018年７月11日、ファーウェイのモーションの一部を認め、外国特許についてはパンオプティスが求める確認判決の対象から除外した。その結果、確認判決の請求は米国特許に限定されることになった。そして、交渉時のFRAND義務の履行及び米国SEPについてのFRAND適格については、パンオプティスが適切な証拠を提出していないとして原告の求める確認判決を行わないことを決定した。

2. 争点

(1)原告はFRAND義務を遵守したか
(2)原告の米国SEPに関するライセンスオファーはFRANDか

3. 判旨

(1) 事実認定

① 当事者と訴訟原因

原告はいずれも米国法人である。エリクソン、LG、パナソニックなどの企業から譲り受けた移動体通信に関連する特許を多数保有し、それらをまとめて使用許諾するポートフォリオ・ライセンス事業を実施している。原告のポートフォリオには、2G、3G、4G/LTEなどの移動体通信規格に必須の特許が含まれており、原告はETSIに対して保有するSEPをFRAND条件でライセンスする用意があることを宣言していた。

被告は、上記移動体通信規格に準拠したスマートフォンやタブレット端末製品、インフラ装置などを製造・販売する中国法人とその米国子会社である。

原告は2017年２月10日、保有する７件の米国特許が侵害されたとして被告を提訴した（後日、２件を取り下げた。）。訴状第９項（Count IX）で原告は「原告が自らの必須特許宣言によって生じたFRAND義務を履行したこと」「SEPライセンスについて原告が被告と交渉した際、関連する法律を遵守したこと」の確認を求めた。対象は米国特許だけではなく、外国特許も含まれる。

被告は2018年５月14日、外国特許に関わる確認判決は事物管轄（subject matter jurisdiction）を欠くとして原告の確認判決請求の棄却を求めるモーションを提出した。地裁はそのモーションを認め、確認判決の対象は米国特許に限定された。これは、外国の裁判所が、FRAND義務やロイヤルティーを判断するに当たり自国の国内法を適用するが、その法律（例えば「特許権侵害について定める国内法」）は合衆国の法律とは異なっており効力が米国に及ばないためである。訴状第９項の対象は当事者間のライセンス交渉であり、地裁判事がこの問題を審理した。

上記移動体通信規格に関するSEPを保有する原告は、FRAND条件でSEPライセンスを希望者に提供する義務を負っている。そして被告は、上記移動体通信規格を実施する製品を製造・販売しているので、原告SEPのFRANDライセンスを受ける資格がある。

原告は2017年９月、被告にSEPライセンスの申入れ（以下、本件オファー）を行ったが、被告はそのライセンス条件がFRANDではないとして本件オファーの受入れを拒否した。そして、本件オファーの交渉の際に原告がFRAND義務に違反したと主張した。

②　ライセンス交渉の経緯と結果

原告と被告のライセンス交渉は、2014年初頭に始まり数回行われた。原告は各交渉でライセンス条件を提示した。全て外国特許を含むポートフォリオ・ライセンスに関するものであった。

原告は2016年に、訴外Unwired Planet社を買収した。その時、被告は英国でUnwired Planet社と特許権侵害訴訟を争っていた（以下、Unwired Planet事件[2]）。この訴訟で英国の特許法院はUnwired Planet社のポートフォリオ・ライセンスのFRANDロイヤルティーを決めるため、ライセンス契約の他社事例を比較分析している。

被告は、Unwired Planet事件で英国の裁判所が導入した比較事例のロイヤルティー算定方法を本件でも採用するよう提案した。これに対し原告は、自らのポートフォリオに関わるロイヤルティーが同事件のポートフォリオのロイヤルティーよりも料率が高いことを理由にその比較事例の導入に反対した。代わりに原告は、「主要市場」を導入した本件オファーを行った。

被告は本件オファーの受入れを拒否して対案を提示したが、原告はそれを受け入れなかった。仲裁による解決が検討されたものの、結局、本件訴訟の提起に至った。訴訟提起後も交渉は継続され、被告は一定料率での米国のみのSEPライセンスの受入れを書面で表明したが、原告は米国SEPを分離するライセンスに応じなかった。

③　ライセンスオファーの内容

本件オファーはグローバルなライセンス契約の主要条件を提示している。その内容は商品区分・市場区分ごとのロイヤルティー、８年の許諾期間（2013年１月１日から2020年12月31日まで）、市場区分の定義（米国、カナダ、フラン

2　本書第Ⅲ章B－8参照

ス、ドイツ、日本を含む40数箇国）などである。専門家証人（Warren氏、原告役員）が証言したところによれば、原告のライセンスは製品、技術、国・地域により分離・分割できないので米国SEPに限定するものでない。つまり、① ライセンスを部分的に選択できない、② 3つの市場区分を全て受け入れなければならない、③ 米国特許だけのライセンスは提示されておらず、今後も提示されない、④ 市場区分を分割することはできない、⑤ 単一国限定のライセンスを提供していない―などである。さらに、Warren氏は主要市場のロイヤルティーを単一国に適用することはできず、本件オファーから米国特許に限定したロイヤルティーを計算することはできない旨を証言した。

原告は、被告に対する本件オファーがグローバルベースでのライセンス提案であり、それを米国だけのロイヤルティーに分割することはできないと主張した。被告のモーションに対する予審判事の勧告に対して、原告は、本件オファーが単一のグローバルライセンスのためのものであり、FRAND宣言も外国特許を区別しておらず、米国特許に限定した国別のライセンスは受け入れられないと反対意見を述べている。また、米国特許は他の国・地域の特許とともにポートフォリオを構成するもので、本件オファーから米国特許に限定したロイヤルティーを分離することはできないと主張した。

原告が提示したロイヤルティー率

商品	市場区分	4G	3G	2G
末端ユーザー用機器	主要市場	0.26%	0.08%	0.12%
	その他	0.13%	0.04%	0.06%
	中国	0.10%	0.03%	0.05%
インフラ装置	主要市場	0.37%	0.06%	0.13%
	その他	0.19%	0.03%	0.07%
	中国	0.14%	0.02%	0.06%

原告側の専門家証人（Akemann氏）によれば、グローバルライセンスのロイヤルティーを米国特許に限定して適用することはできない。また、米国特許のロイヤルティーを計算するにはグローバルライセンスのロイヤルティーを特定の国や特定の商品区分に分解する必要があり、それは簡単なことではない。

専門家証人は、本件オファーから米国特許限定のロイヤルティーを算出することは不可能であるとして米国特許に限定した本件オファーのFRAND適格の問題についての証言を保留した。

④　他のライセンス事例との比較

Akemann氏は比較事例として京セラとZTEに対するライセンスを引用した。京セラに対するライセンスは、Optis Wireless TechnologiesとOptis Cellular Technologiesの２社が保有する特許ポートフォリオのグローバルライセンスである。ZTEに対するライセンスは、Optis Wireless Technologiesが保有する米国、英国、カナダ、スペイン、イタリア、ドイツ及びフランスでのモバイル機器の販売に関するライセンスである。

これらのライセンスと本件オファーのロイヤルティーを比較すると、彼の証言によれば、経済的には本件オファーはFRAND原則を遵守したものである。

⑤　FRANDロイヤルティー

Akemann氏は、本件オファーのロイヤルティーがFRAND適格であると述べた。氏によれば、FRAND適格なロイヤルティーを算定するには幾つかの基準（benchmarks）があり、その中にはUnwired Planet事件の判決で決定された複数市場向けのレートや被告とエリクソンの間のライセンス契約のレートも含まれる。本件オファーはグローバルライセンスとしてFRANDである。

また、トップダウン方式を用いた原告ポートフォリオに対するロイヤルティーは累積ロイヤルティーのおそれがなく、合理的な集合ロイヤルティー（reasonable aggregate royalty rate）を示唆している。

（2）　結論

事物管轄権は正当化できる「紛争性」がある場合に認められる。紛争性が存在すると評価されるのは「主張された事実が、相反する法的な利害を持つ当事者の間で、確認判決の発行を要するほど十分な緊急性と現実性のある、実質的な紛争があるとき」である[3]。

仮定の事実関係に法律を適用して判決を下すことは法的な助言を与えることになるので裁判所は慎まなければならない。訴状第９項で原告はライセンス交

3　*MedImmune v. Genentech,* 549 U.S. 118, (2007)

渉時にFRAND義務に違反しなかったことの確認を求めた。既に外国特許については対象から除外したのでこの請求は米国特許についてのものであると考えられるが、原告はそのための証拠（米国特許に対する本件オファーがFRANDであったかどうかを判断するために必要な証拠）を提出していない。

本件オファーは、原告SEPのグローバルライセンスについてのものであり、原告SEPには米国特許と外国特許の両方が含まれている。トライアルで提出された証拠に基づく限り、本件オファーは分離・分割不能であり、製品ごと、地域ごと、あるいは特許ごとに区分けして分析することはできない。いずれの当事者も、本件オファーが米国特許に限定されたたものとは考えていない。

Warren氏の証言によれば、本件オファーは国ごとに分割不能であり、米国特許のロイヤルティーを計算することはできない。また、Akemann氏は、本件オファーが米国特許だけを対象にしたものではないため、米国特許についてのFRAND適格の問題には専門家としての証言を控えた。トライアルは米国特許と外国特許を区別した分析をしておらず、提出された証拠に基づく限り本件オファーは米国SEPに対するロイヤルティーのための条件となっていない。

また、訴状第９項は、分割不能なグローバルライセンスをオファーした原告が、米国特許についてFRAND適格であったことの確認判決を求めている。しかし、米国SEPのロイヤルティーを計算できるような証拠は提出していない。

米国SEPについての本件オファーのFRAND義務遵守を判断できない以上、当法廷はその裁量で、訴状第９項が請求する確認判決を下すことは控える。原告がFRAND義務を遵守したかどうかについての確認判決は法的利益がなく、むしろこの分野における法と取引に混乱と不安定を招きかねないからである。

４．解説

本件は特許権侵害訴訟から派生した確認訴訟であるが、その特徴は、① FRAND問題を確認判決に委ねたこと、② ポートフォリオ全体のFRAND適格ではなく、ポートフォリオを構成する単位に分解してFRAND適格を問題にしていること―の２点にみられる。特許分野での米国の確認訴訟は、特許権侵害訴訟の被告から侵害特許の有効性や非侵害の確認を求める反訴という形で提起されるのが一般的である（もちろん、訴訟提起の前に被疑侵害者から提起されることもある。）。本件は、米国SEPに関する原告のFRAND義務の履行の確認を訴訟の対象とした珍しい事例である。

FRAND義務の問題は、従来、ポートフォリオ・ライセンスの違法性に焦点が当てられてきた。外国特許を含むポートフォリオ・ライセンスに対しては、抱き合わせや裁判管轄などの問題が争われてきたが、近年、裁判所は、競争法上の違法性を否定する傾向にある。EUでは「標準必須特許問題に対する欧州委員会の指針」でもポートフォリオ・ライセンスの効用を明記している。

本件でファーウェイはポートフォリオそのものではなく、構成単位の米国SEPについてFRAND適格を争った。これまでとは逆のアプローチでの議論である。ファーウェイはこのような逆転の発想に立つ議論を英国でのUnwired Planet事件でも展開している。同事件ではFRAND義務を構成単位のF（公正）-R（妥当）-ND（非差別）に小分けし、ND（非差別）に特化して原告のFRAND義務不履行の議論を展開している。

本件はFRAND訴訟の基本的な論点ではなく、テクニカルな法律論に収斂《しゅうれん》している。FRAND問題が新たなフェーズに移りつつあることを示している。

（藤野　仁三）

15. FTC対クアルコム事件

（カリフォルニア州北部地区連邦地方裁判所、2019年[1]）
（第９巡回区控訴裁判所、2020年[2]）

判決文

［内　容］

クアルコムのライセンス慣行が不公正な競争を禁止するシャーマン法及びFTC法に違反するかどうかが判断された事例。具体的には、クアルコムのライセンス慣行：① クアルコム製チップの顧客に対して、別途同社と特許ライセンス契約を締結しない限り当該チップを販売しない方針、② クアルコムの競合に対するクアルコム保有のSEPライセンス許諾の拒否、等が関連市場の競争を阻害しているか否かが争われ、一審では違法性ありと認定されたが、控訴審にて一審破棄、クアルコムの行為は反トラスト法には違反しないと判断された。

カテゴリー	その他（反トラスト法の適用可否）
対象規格技術	2G、3G、4G
関連用語	ノーライセンス・ノーチップ、米国反トラスト法、シャーマン法（Sherman Antitrust Act）、独占力（monopoly power）、FTC：Federal Trade Commission（連邦取引委員会）

1．事案の概要

原告である連邦取引委員会（FTC）は、FTC法に基づき設立された米国の公正取引を監督・監視する行政機関である。

1　*Federal Trade Commission v. Qualcomm Incorporated.* Case No. 17-CV-00220-LHK. Findings of Fact and Conclusions of Law. United States District Court Northern District of California, May 21, 2019

2　*Federal Trade Commission v. Qualcomm Inc.*, No. 19−16122（9th Cir. 2020）

FTCは、自らが執行権限を持つ行為について、法的救済のために裁判所に差止命令を求めることができる。

被告クアルコムはカリフォルニア州サンディエゴに本社を置く、移動体通信技術及び半導体の設計開発を行う企業である。特に携帯電話やその他のモバイル通信端末（総称して「端末等」）に用いるモデムチップ[3]や半導体装置の設計開発・販売を行い、移動体通信技術に関する知的財産権のライセンスを行っている。クアルコムは、欧州電気通信標準化機構（ETSI）や米国電気通信工業会（TIA）等の標準化団体を通じて移動体通信技術の標準化設定プロセスに参画し、2G、3G、4G技術をカバーする移動体通信の標準必須特許（SEP）に関してFRAND宣言を行っていた。

2017年１月、FTCはクアルコムに対し、同社が提供するライセンス慣行に反競争的行為があったとして、不公正な競争方法を禁止するFTC法５条違反を理由にカリフォルニア州北部地区連邦地方裁判所に訴訟を提起した。訴状によると、クアルコムの反競争的行為とは、① モデムチップの顧客である端末等製造業者[4]に対して、クアルコムのSEPライセンスを取得しない限りモデムチップを販売しない方針としていたこと、② モデムチップの競合に対して、クアルコム保有のSEPライセンスの許諾を拒否したこと、③ アップルと「独占取引協定」を締結したこと――である。

上記行為により、クアルコム製モデムチップの顧客は高額なロイヤルティーを支払わなければならない上、自社のモデムチップの調達をクアルコムに依存せざるを得ない状況になった（クアルコムが競合するモデムチップ供給業者へのライセンスを拒否しているため）とFTCは主張する。さらに、クアルコムがアップルと排他的協定を結んだことで、クアルコムの競合が他の顧客と取引する機会を排除し、その結果、関連市場の競争を阻害していると主張する。

その後、裁判所は2019年１月４日から10日間にわたり非陪審裁判（Bench Trial）を実施し、当事者による最終弁論（Closing Argument）を経て一審の地裁判決に至る。一審では、クアルコムの行為が米国反トラスト法に違反すると判断されたが、上訴審では反トラスト法に該当しないと判断し、一審判決を棄却した。

3　携帯電話等の通信端末に組み込まれる音声やデータ通信を行うためのチップ
4　本件では、端末等の設計、開発、販売等を行う企業。端末等製造業者としてサムスン、ファーウェイ、アップルなどが登場する。

本事件は、クアルコムによるSEPライセンス慣行の反トラスト法該当性が裁判所にて詳細に検討されていることから、地裁から高裁までの判決を合わせて取り上げる。

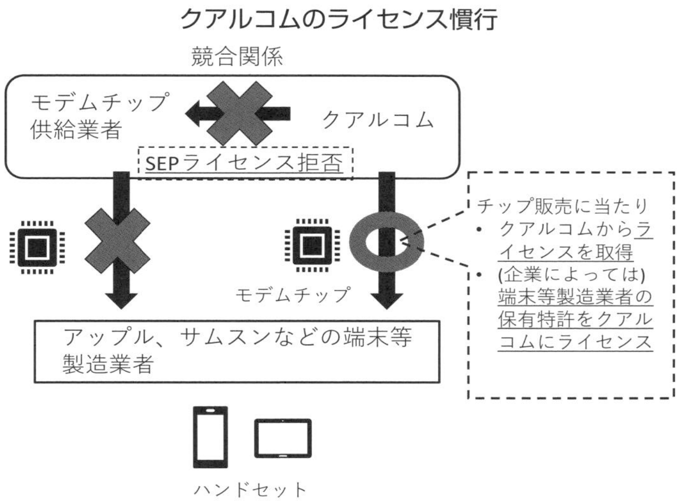

2．争点

クアルコムによるライセンス慣行が、シャーマン法１条、２条又はFTC法５条に反するか

3．判旨

(1)-1　地裁判決　法的要件

クアルコムの行為がシャーマン法違反に該当するためには、同社が「① 関連市場において市場支配力を保有していたこと、② 関連市場で市場支配力を濫用したこと」を認定する必要がある。原告FTCの主張により、本件の「関連市場」は、(ｉ)CDMAモデムチップの市場、(ⅱ)プレミアムLTEモデムチップ（以下、単に「LTEモデムチップ」という。）の市場であると判断する。

(1)-2　市場支配力の有無

市場支配力があると認定するためには、FTCは「クアルコムが支配的な市場シェアを有し、かつ、市場参入に当たり重大な障壁となり、既存の競合者が短期的に自らの生産量を増加する能力を失うこと」を証明する必要がある。

証拠によると、クアルコムはCDMAモデムチップ市場において2010年時点で95％、2014～2016年には96％のシェアを有していた。クアルコムはメディアテック（CDMAチップ供給業者）が2015年にCDMAチップを商業化するまでの間、10年以上も市場シェア100％近くを保持していたことから、他社がクアルコムのシェアを侵食したという事実は認め難い。ゆえに、クアルコムは同市場で支配的なシェアを有し、重大な参入障壁であって、競合者はクアルコムのチップ価格に影響を与える能力を失っていることから、同市場において市場支配力を有していると認められる。LTEモデムチップに関して、クアルコムは同製品を市場に供給した最初の企業であり、当初から多くの市場シェアを維持していた。証拠によれば、同チップのシェアは2014年に89％、2015年に85％、2016年に77％、2017年は64％であり、クアルコムはLTEチップで他社との競争に直面することはほとんどなかった。クアルコムが同チップに対する独占的な価格を長期にわたり維持し、競合者は生産量を増加できず、クアルコムと価格設定を争う能力を失っているため、LTEチップ市場でも市場支配力を有すると認められる。

(1)-3　市場支配力濫用の有無

FTCは、クアルコムの行為が「関連市場で消費者を阻害する反競争的な効果を有するもの」であることを証明しなければならない。反競争的な効果とは、関連市場における製造量の下落、価格の値上げ、質の劣化等の効果を含む。

①　端末等製造業者に対する反競争的行為と競争阻害

クアルコムはCDMA及びLTEモデムチップの関連市場で、端末等製造業者に様々な反競争的行為を行っており、自らの市場支配力を行使していると認められる。以下、クアルコムが端末等製造業者との特許ライセンス交渉で行った反競争的行為を検討する（著者注：主要な企業のみ取り上げる。）。

A．LG Electronics（以下、LGE）

チップの供給停止、テクニカルサポートを停止する旨の脅迫、提供したソフトウエアの返還の脅迫、クアルコム以外のチップを使用した場合の高額なロイヤルティー・レートの要求、自社の購入量のうち、少なくとも85％以上のチップをクアルコムから購入した場合にリベートを与える（このように一定数以上のチップをクアルコムから購入した見返りにリベートを与えることを本件では「インセンティブファンド」と呼んでいる。）旨の提案等の反競争的行為が認められる。

B．ソニー

複数回にわたるチップの供給停止、供給遅延の脅迫を行ったことによる反競争的行為が認められる。

C．サムスン

チップ供給の停止、テクニカルサポートを停止する旨の脅迫、自社の購入量のうち、少なくとも85％以上のチップをクアルコムから購入した場合にロイヤルティー・レートを減額すること、ソフトウエアの提供遅延やテクニカルサポートの停止等の脅迫。100％のチップをクアルコムから購入した場合にインセンティブファンドを提供すること、サムスンが韓国公正取引委員会に対して提起した独占禁止法違反の申立てに対し、金銭を支払うことで当該申立てを取り下げさせた等の反競争的行為が認められる。

D．ファーウェイ

自社で購入する全てのチップをクアルコムから購入した場合にロイヤルティー・レートを大幅に減額する旨の提案を行ったこと、特許ライセンス契約において、ファーウェイが保有する特許を無償で実施許諾するよう要請したこと、ファーウェイへのチップ供給停止の脅迫、理不尽に高額なロイヤルティー・レートを提示したにもかかわらずクレームチャートの提供を拒否した等の反競争的行為が認められる。

E．アップル

以下の行為について反競争的行為が認められる。

（ⅰ）クアルコムとの特許ライセンス契約に署名するまで、チップの販売やサンプルチップ提供を拒否したこと。

（ⅱ）インテルが支持する競合の移動体通信規格（WiMax）を排除したこと。具体的には、クアルコムと締結した契約のなかに、① アップルの携帯電話端末にGSM技術を使用する条件が含まれていたこと、② アップルがWiMax対応の携帯電話端末を一定数量販売した場合にクアルコムが契約を終了できる条件を入れるよう強要したこと。

（ⅲ）アップルが保有する全ての特許とのクロスライセンス契約を提案したこと。

（ⅳ）2011年から2016年にかけて、アップルにモデムチップを販売する競合の排除を目的にアップルと独占取引協定を結んだこと。

総括すると、クアルコムが端末等製造業者に対し、様々な反競争的行為を実施し、これらクアルコムのライセンス慣行により、理不尽に高額なロイヤルティーが発生し、維持されていると認められる。クアルコムは、端末等製造業者と特許ライセンス契約を締結することで、仮に端末等製造業者が競合のモデムチップを使用していたとしても、その端末等の販売に対して、対価を得ることが可能であることから、クアルコムのロイヤルティーは、競合他社のモデムチップ価格に対して反競争的な負担を与えることになる。

②　競合（モデムチップ供給業者）に対するSEPライセンスの拒絶と競争阻害

次に、クアルコムが保有するSEPの競合に対するライセンス拒絶により、競合の市場参入を阻害し、関連市場の競争を阻害したかどうかを検討する（著者注：主要な企業のみ取り上げる。）。

A．メディアテックに対するライセンス拒絶

メディアテックは、自社の顧客（端末等製造業者）から、自社モデムチップの購入条件としてクアルコムからライセンスを取得するよう要請されたため、同社にライセンス取得を申し入れたが、拒絶された。代わりに締結した契約は、クアルコムからライセンスを取得している端末等製造業者以外にはメディアテックのチップを販売できない条件となっており、実質的に、クアルコムがメディアテック製品の販売先をコントロールできる内容となっていた。これにより、メディアテックの収益を圧迫し、次世代モデムチップへの研究開発投資を阻害していることが認められる。

B．Project Dragonfly[5]に対するライセンス拒絶

2011年にProject Dragonflyを実施するベンチャー企業からの特許ライセンスの要請を拒絶し、モデムチップ市場への参入を阻止したことが認められる。

C．サムスンに対するライセンス拒絶

Project Dragonflyがクアルコムの競合になることを恐れ、サムスンからの特許ライセンスの要請を拒絶した。これにより、Project Dragonflyのモデムチップ市場への参入を妨げるとともに、サムスン製モデムチップの外部の端末等製造業者への販売を阻止したことが認められる。

また、2017年に韓国の公正取引委員会がクアルコムによるライセンス慣行は韓国独占禁止法に違反すると判断を下した後に、再度クアルコムに特許ライセンスを要請したが、その際もライセンスを拒絶した。

D．VIA Telecom（VIA）に対するライセンス拒絶

メディアテック同様、特許ライセンスの要請を拒絶し、クアルコムからライセンスを得ている端末等製造業者に対してのみ自社のモデムチップを販売できる条件の契約を締結した。VIAはモデムチップ市場に参入できず、2015年にインテルに買収された。

E．インテルに対するライセンス拒絶

特許ライセンスの取得要請を二度にわたって拒絶し、インテルのCDMA及びLTEモデムチップ市場への参入を遅延させた。

総括すると、クアルコムによるライセンス拒絶には以下の競争阻害効果が認められる。

（ｉ）競合の市場参入を阻害し、競合が自社のモデムチップを外部の端末等製造業者に販売することを阻止する。そして、競合の市場撤退を促進し、市場参入を遅延させる。

（ii）端末等製造業者によるチップ調達先の選択を限定し、理不尽に高額なロ

5　チップの設計、開発等を目的にNTTドコモや日本の端末等製造業者、サムスンで形成したジョイントベンチャー

イヤルティー・レートが維持される。その結果、端末等製造業者は自社の研究開発のための費用よりも、クアルコムに支払うロイヤルティーの方が大きくなる。

③　アップルとの独占取引協定と競争阻害

クアルコムとアップルが2011年のTransition Agreement（TA）及び2013年のFirst Amendment to Transition Agreement（FATA）の締結で交わした独占取引が、シャーマン法違反に該当するかどうかを判断する。

TA及びFATAは、アップルにクアルコムから相当量の製品購入を強制する条件や、アップルがクアルコムの競合からモデムチップを購入した場合、相当なペナルティーを課す条件が含まれていることから、「事実上の」独占取引協定といえる。そして、クアルコムは競合のチップ供給業者がアップルとの取引なしでは生き残れないことを認識しながらも、上記契約を締結してアップルにチップを供給するクアルコムの競合を排除し、市場に実質的な損害を与えていると認められる。ゆえに、クアルコムとアップルとの独占取引の締結はシャーマン法違反に当たると判断する。

④　クアルコムのロイヤルティー・レートについて

クアルコムの理不尽なロイヤルティー・レートは、同社の保有する特許の価値ではなく、チップ市場の独占的なシェアによるものである。クアルコムは、ライセンス交渉の際に特許リストやクレームチャートの提供を拒否している。また、証拠書面が示すように、クアルコムは、関連する規格技術に最も貢献した企業ではなく、もはやモデムチップが端末等の価値を向上させるものではないことを認めている。

さらに、クアルコムが保有するSEPの幾つかは存続期間が満了し、関連するSEP全体に占める同社特許のシェアが減少している。クアルコムは、端末等製造業者が保有する特許のライセンスを受けているにもかかわらず、同社から端末等製造業者に対するSEPライセンスのレートには変更がない。クアルコムのレートは、他の関連特許保有者の提示するレートよりも高額であるが、同社がチップに関して市場支配力を有することから、そのレートが適正であるかどうかについて訴訟で争われたこともない。これらの理由から、クアルコムのレートは理不尽に高額であると判断する。

⑤ その他

以上の理由から、クアルコムによる(ⅰ)競合に対する理不尽に高額なロイヤルティー・レート、(ⅱ)チップインセンティブファンド（本件では一定数以上のチップをクアルコムから購入した見返りにリベートを与えることを指す。)、(ⅲ)競合へのライセンス拒絶――がクアルコムのチップ市場シェアの独占、理不尽に高額なロイヤルティー・レート及び端末等製造業者への独占取引を強化していると判断する。

そして、クアルコムのチップ市場シェアの独占、理不尽に高額なロイヤルティー・レート及び端末等製造業者との独占取引は、競合にとって乗り越えられない障壁であり、証拠によれば、クアルコムは自身のライセンス慣行が反競争的な責任を負うものであること、FRAND義務に反すること、及び競争を阻害していることを認識しながらも、当該ライセンス慣行を継続していたと認められる。

以上により、クアルコムによる行為がシャーマン法１条、２条及びFTC法５条に違反すると判断する。

(2)-1　上訴審判決

上訴審である第９巡回区控訴裁判所は、クアルコムのライセンス慣行は反競争的ではないと判断、連邦地裁の判決を破棄し、クアルコムのライセンス慣行に対して発した差止命令を無効とした。以下、上訴審の判決を紹介する。

(2)-2　関連市場の認定

反トラスト訴訟において最初になすべきことは、関連市場を正確に特定することである。地裁が関連市場を「CDMAモデムチップ市場」と「プレミアムLTEモデムチップ」と定義したことは適切である。しかし、クアルコムのビジネス慣行とその反競争的影響の分析については、これらの市場を超えて、一般的な携帯サービスのはるかに大きな市場に目を向けている。ゆえに、地裁判決の大部分は、クアルコムの顧客である端末等製造業者に対する経済的損害に焦点を当てており、これにより消費者に高い価格が発生すると述べている。これらの損害は、実際に存在するとしても、少なくとも直接的には、反トラスト法上の「反競争的」に該当するとはいえない。なぜなら、これらは「有効な競争領域」における取引の制約や排除行為を含んでいないからである。

(2)-3　クアルコムはモデムチップ市場でSEPを競合にライセンスする反トラスト法の義務があるか

クアルコムのライセンス義務を評価するに当たり、アスペン・スキー判例[6]に基づき、企業は単独行動によって競合相手を排除する場合を除き、自由に取引を選択できるという一般原則を考慮すると、FTCは、クアルコムが標準化機関に対して負う義務として、競合との取引の自主的な契約義務を挙げるが、それが競合の機会をどのように損なうかとの関係について説明できていない。FTCは、クアルコムが競合の顧客から追加料金を徴収することで競合の機会を損なうと主張しているが受け入れられない。クアルコムのロイヤルティーは全ての端末等製造業者から徴収されるため、競合する全ての端末等製造業者に中立的である。そのため、アスペン・スキー判例の要件を全て満たさないことから、モデムチップ市場で競合相手に特許権をライセンスする反トラスト法上の義務はないと判断する。

(2)-4　クアルコムの特許ロイヤルティーについて

地裁は、クアルコムのロイヤルティーが、(1)クアルコムの市場シェアと携帯電話価格に基づくために「不当に高い」とされ、「クアルコム特許の公正な価値」ではないこと、及び(2)端末等製造業者に追加費用が生じ、他の機能に投資する余裕を奪うと述べている。しかし、地裁の判断は、特許の損害計算に関する連邦巡回裁判所の考えを誤解し、特許法の責任と反トラスト法の責任を混同している。また、競合による特許ロイヤルティーに関する議論は、「競争上のエリア」外であり、反トラスト法違反の評価に当たり直接的な影響を持たない。地裁は、競合がCDMAモデムチップを市場に投入し、競争力を付けた際にクアルコムが自社製品の価格を下げたことを非難するが、これは正に法が奨励する「自由競争」であり、市場に製品を持ち込む競合に応じて価格を引き下げることを禁じる権限はない。結果として、クアルコムの特許ロイヤルティーの設定は反トラスト法に違反するとはいえない。

6　*Aspen Skiing Co. v. Aspen Highlands Skiing Corp.,* 472 U.S. 585 (1985)
企業による単独行動が、競合他社との間で長期的なビジネス関係を絶つことにつながり市場競争を排除する場合、反トラスト法違反に該当する可能性があることを示した判例

(2)-5　ノーライセンス・ノーチップポリシーについて

クアルコムの「ノーライセンス・ノーチップ」ポリシーに関して、当該ポリシーは業界独自であり、利益追求行動であると認められるが、それだけでは反トラスト法責任を立証するのに不十分である。クアルコムのポリシーは、競合に直接的な影響を与え、競争領域にひずみをもたらすとも認められない。ノキアやエリクソンなどがクアルコムに続いて、端末等製造業者へのライセンス供与を行っており、2015年以降、競合するチップメーカーがモデムチップ市場でクアルコムと競争していることを考慮すると、クアルコムのポリシーは、必ずしも市場競争を排除するものではなく、長期的には競合が適切に対応し、革新する機会を提供する可能性があると考えられる。ゆえに、クアルコムのポリシーは動的で急速に変化する技術市場において責任を問われる十分な証拠がない限り、反トラスト法の責任を負うことは避けるべきである。

(2)-6　アップルの独占取引協定について

地裁は、クアルコムとアップルとの契約が数量割引契約ではなく、「事実上の独占取引協定」であり、この協定により、アップルが強制的にクアルコムから相当量のニーズを購入させ、CDMAモデムチップ市場において競争を実質的に排除したと結論付けた。この点から、当該契約が独占取引協定とみなす地裁の見解には一定の根拠があると思われる。しかしながら、証拠によれば、2014年から2015年の前にインテルがクアルコムの有力な競合であったことや、2013年契約が、アップルのインテルチップへの移行を１年以上遅らせたことを示すものはなく、これらを考慮すると、2011年及び2013年の契約がCDMAモデムチップ市場の実質的な競争を阻害したとはいえない。また、アップルが2015年に契約を終了していることから、差止命令の執行は正当化されるべきではない。

4．解説

本事件は、FTCがクアルコムのSEPライセンス慣行を問題視し、反トラスト法違反を理由に訴訟を提起したことから大きな注目を集めた。地裁では反トラスト法違反を認め、クアルコムのライセンス慣行を是正する差止命令を発出したが、上訴審では地裁判決を破棄し、差止命令の執行を停止する判決が下されている。当該判決に対し、2020年10月25日に大法廷（en banc）による再審理が申し立てられたが、同年10月28日に否定され、2021年３月29日、FTCは最高裁への上訴を断念した。これにより控訴裁判所の判決が確定し、2017年から始まった法廷闘争は一応の決着を見た。

米国ではSEP問題に対する争点の一つとして、反トラスト法の適用可否が大きな議論となっている。本事件では、原告のFTCに対し、同じく反トラスト法当局である米司法省（DOJ）は、SEPに基づく反トラスト法の適用は慎重に行われるべきという見解を示している。現に、司法省は本事件の地裁判決が下される直前に、連邦地裁に意見書を提出し、本事件でFTCが要請する救済措置が認められると、5G技術やそれに依拠する川下市場の競争とイノベーションが阻害され、反トラスト法上の適切な救済の範囲を逸脱することになると述べている。

さらに、上訴後も司法省は意見書を提出し、地裁が命じた差止命令は、競争、イノベーション、国家安全保障を阻害するものであり、5G技術及びその標準策定で先行する米国の主導権を損なうおそれがあることから、当該差止命令の執行は停止すべきであると主張した。この意見書には、5G技術で世界を主導する米国において、クアルコムは重要な役割を担うため、同社の立場に悪影響を及ぼす措置は国家安全保障の観点からも問題であると述べている。

控訴裁判所の判決文の冒頭にて、「本事件は違法とされる反競争的行為と、違法とはされない超競争的行為（hypercompetitive behavior）との線引きを問うものである」と述べており、結果として控訴裁判所はクアルコムの行為が反トラスト法の観点からは超競争的行為に属すると判断した。

5G技術をはじめとする規格技術の主導権獲得は国家的な問題であり、SEPを取り巻く問題は法の枠組みを超え、国家戦略、安全保障の領域にまで及んでいる。SEPと反トラスト法の論点は今後も各国で大きな議論になることが予想されるため、今後の動向を注視したい。

（鈴木 信也）

16. HTC対エリクソン事件

（第５巡回区控訴裁判所 2021年）

判決文

［内　容］

第５巡回区控訴裁判所は、第一審における「エリクソンがHTCに提示したライセンス条件は、FRAND条件を遵守している」との陪審判断を取り消すべき手続的誤りはなかったと判断し、地裁判決を支持した[1]。具体的には、SEP保有者がSEP実施者に提示したライセンス料がFRAND義務を遵守しているか否かの判断は契約法の問題であり、特許権侵害訴訟におけるCAFCの判示に必ずしも従う必要はないことを明示した。そして、SEP保有者の特許ポートフォリオの価値を特定するため、第一審で採用された他の類似事例のライセンス料を参照するアプローチを認めた。

カテゴリー	FRANDに基づく誠実交渉
対象規格技術	2G、3G、4G
関連用語	誠実交渉義務、jury trial（陪審裁判）、instructions/charge（陪審説示）、apportionment（配分：ロイヤルティー）

1. 事案の概要

原告のHTCは、2G、3G、4G標準技術を実装するモバイル機器（スマートフォンなど）の設計、製造・販売を行う企業であり、台湾に本社を置いている。被告のエリクソンは、基地局などのネットワークを構成する機器やそれをサポートするソフトウエアを製造・販売するスウェーデンの企業である。

1　*HTC Corp. et al. v. Telefonaktiebolaget LM Ericsson et al.*, No. 19-40566（5th Cir. Aug. 31, 2021）

エリクソンは欧州の標準化機関である欧州電気通信標準化機構（ETSI）のメンバーであり、同社が保有する2G、3G、4G標準技術の実施に不可欠な特許（SEP）をFRAND条件でライセンスすることをETSIに対して宣言し、FRAND条件で他の企業にライセンスを付与している。HTCも2G、3G、4GのSEPを保有し、FRAND条件でライセンスすることをETSIに対して宣言している。

エリクソンとHTCの間には、2003年、2008年、2014年にそれぞれの保有するSEPを相互にライセンスするクロスライセンス契約が締結され、2014年のライセンス契約では、7500万ドルの一時金及びHTCのモバイル機器1台当たり2.5ドルを支払う契約となっていた。

両当事者は2016年にライセンス契約更新の交渉を開始したが、合意に至らなかった。2017年4月6日、HTCはエリクソンがHTCに対し、FRAND条件でのライセンスをオファーせず、ETSIに対する契約上の義務に違反したとして、テキサス州東部地区地方裁判所（以下、地方裁判所）に訴訟を提起した。

この第一審において、陪審は以下の質問に答える任務を負っていた。

（ⅰ）エリクソンがFRAND条件でライセンスオファーするという契約上の義務に違反したことを、HTCは証拠の優越（preponderance of evidence）の程度で立証したかどうか。

（ⅱ）エリクソン・HTCが誠実交渉義務に違反したかどうか。

これらを判断する際に考慮すべき事項として、地方裁判所は陪審に次のように説示した。

「ライセンスがFRANDであるかどうかは、交渉中及びライセンスに至るまでに存在した特定の事実と状況を総合的に判断することになる。FRAND条件を満たすライセンス・レートを算定するための定まった方法、あるいは必須の方法は存在しない」

この説示に基づいて議論された結果、陪審は① HTCはエリクソンがFRAND義務に違反したことを示す十分な証拠を提示していない、② 両当事者は誠実交渉義務に違反している――とする評決を行っており、その評決に従って地方裁判所は、エリクソンがHTCに提示したライセンス条件はFRAND条件でライセンスをオファーする義務に準拠しているとの判決を下した。

一方、エリクソンは2018年9月7日、HTCとの交渉がFRAND条件でライセンスする義務に従っていたことを確認する宣言的判決（declaratory judgement）を求める反訴を提起している。地方裁判所はその請求を認め、エリクソンはHTCとの交渉において、ETSIに提出した宣言書に記載されているように、FRAND条件でのライセンスを遵守したと判断した。

HTCはこれらの判断を不服として、第５巡回区控訴裁判所（以下、第５巡回裁判所）に控訴した。

2．争点

（１）第一審でHTCが要求した陪審説示（jury instruction）のうち、エリクソンが保有するSEPの価値を把握する際には配分（apportionment）を考慮すべき旨の説示及び非差別的条件（non-discrimination）に関する説示を、地方裁判所が除外した判断に誤りがあるか否か（陪審の評決を取り消すべきか否か。）

（２）エリクソンによるHTCへのライセンスオファーは、FRAND条件でのライセンス義務を遵守しているという地方裁判所の宣言的判決に法的な誤りがあるか否か

3．判旨

（1） 地方裁判所がHTCの陪審説示案を採用しなかったことについて

陪審の職務には、事実を認定することだけでなく、自らが認定した事実に法を適用することも含まれる。その際に適用すべき法原則について、裁判官が陪審に対して説明することが陪審説示である。裁判官は両当事者から提出された説示案を参考にして説示の内容を検討し、自らの説示案を両当事者に対して説明する。各当事者は、異議があれば説示前にそれを裁判所に提起できる。

第５巡回裁判所は、適用すべき法原則を陪審に説示する際には、地方裁判所にかなりの自由が与えられている〈Jimenez v. Wood Cnty, (5th Cir. 2011)（en banc)〉ことを指摘した上で、地裁の手続の誤りが取り消すべき誤り（reversible error）であったことをHTCが証明できたか否かを判断している。

第一に、エリクソンがETSIとの間で合意したFRAND条件でのライセンス義務を履行しているかどうかについては、フランスの契約法の問題である〈マイクロソフト対モトローラ事件。第９巡回区控訴裁判所、2015年。本書第Ⅲ章A−7参照〉。

HTCは、自らが提案した陪審説示が米国特許法に基づいているにもかかわらず、フランス法との関係の説明、例えばフランスの契約法と米国特許法は同等であるという主張をしようともしなかった。したがって、HTCの主張は適用されない法律に基づくものであり、地方裁判所がHTCの説示案を拒否することは、裁量の範囲内といえる。

第二に、HTCはSEPの価値評価の際に配分を考慮すべき旨を陪審説示に含めるべきであった根拠として、契約違反の裁判例ではなく、特許損害賠償の裁判例での規範を挙げている。具体的には、特許損害賠償事件であったD-Link事件において、連邦巡回区控訴裁判所（CAFC）が示した下記の基準を根拠に、地方裁判所がこの説明を説示に含めなかったことは裁量権の濫用であると主張している。

「地方裁判所は、特許の価値を評価する場合、その発明自体により増加した価値に基づいて評価されるべきであり、その発明が標準規格に採用されたことにより増加した価値を考慮すべきでないことを、陪審に対して明確に説明しなければならない」

D-Link事件においてCAFCが示したSEPの価値評価の方法

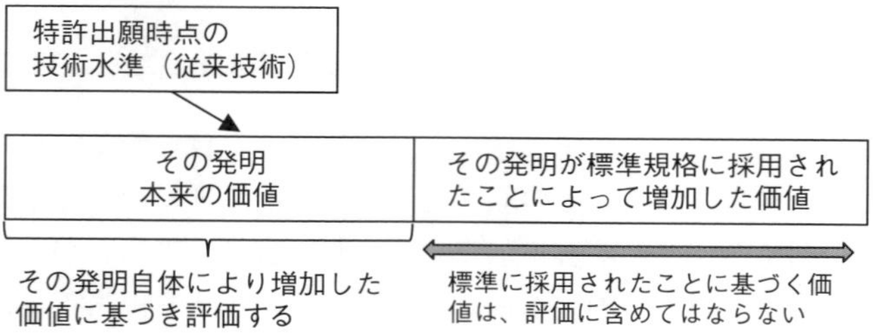

しかしながら、FRAND義務を遵守しているか否かの判断は契約法の問題であり、特許法の問題ではない。損害賠償額を算定する目的でSEPの価値を決定する行為と、ライセンス交渉において行われたライセンスオファーが公正かつ合理的（fair and reasonable）であったかどうかの評価は異なる。

CAFCが採用した特許法に基づく方法論が、契約法訴訟における特許の価値評価の際に指針として役立つ可能性はあるものの、その契約条件（contractual terms）の解釈に明示的に影響するものではない。したがって、地方裁判所がHTCの説示案を拒否することは、裁量の範囲内といえる。

D-Link事件と本事件の比較

	D-Link事件	本事件
陪審の判断事項	特許権侵害の損害賠償額	特許権者がFRAND条件を遵守したか
適用される法律	特許法	契約法
SEPの価値を評価する目的	損害賠償額を算定	特許権者によるライセンスオファーがFRANDであったか否かを判断

次に第５巡回裁判所は、HTCが「非差別的条件」に関する説明を陪審説示に含めるべきであったと主張した点について、仮にHTCの提案のように「競合する会社間の競争を公平に保つために、競合する会社間で異なるロイヤルティーを課す優遇措置を禁止する」という説明を陪審説示に含めたならば、陪審を混乱させることになったと指摘した。なぜなら、ETSIは、FRAND条件の「非差別的」の解釈について、「最も好意的なライセンシー」のアプローチ（most-favored-licenseeapproach）を適用することを否定し、特許権者が様々な潜在的ライセンシーとの間で合意に至る条件に柔軟性を与えることを許容する立場を採用しているからである（J. Gregory Sidak「Fair and Unfair Discrimination in Royalties for Standard-Essential Patents Encumbered by a FRAND or RAND Commitment」）。

したがって、地方裁判所がHTCの提案した「非差別的」に関する説示案を拒否したことは、裁量の範囲内といえる。

（２） エリクソンのライセンスオファーがFRAND条件を遵守していたとする地方裁判所の宣言的判決について

HTCは、エリクソンが自社に提示した条件とその競合他社の幾つかに提示した条件とには実質的な格差があったため、地方裁判所の宣言的判決に法的な誤りがあるとして異議を申し立てている。地方裁判所の宣言的判決が覆される要件として「事実と推論が一方の当事者を非常に強く圧倒的に支持し、合理的な人が反対の評決に達することができないと裁判所が信じる場合にのみ申立てを認めるべきである」との基準がある〈Brown v. Bryan Cnty（5th Cir, 2000）〉。

エリクソンは、HTCが主張する競合他社であるアップル、サムスン、ファーウェイは様々な要因により、HTCと同等の立場にないことを示す追加の証拠を提示した。

エリクソンのオファーがFRAND条件を遵守していなかったことを立証するためにHTCが法廷に提出した証拠は、エリクソンに有利な全ての推論を引き出したとしても、合理的な陪審が反対の評決に達することができないとまではいえない。

したがって、地方裁判所の宣言的判決が覆されることはない。

（3）　結論

地方裁判所の陪審への説示、宣言的判決に誤りは認められず、その判決を支持する。

（4）　ヒギンソン判事の同意意見（concurring in the judgement）

３人の裁判官全員がこの判断の理由に同意したわけではなく、ヒギンソン判事は争点①の配分の陪審説示について、地方裁判所の判断を維持するという裁判所の決定には同意するものの、陪審に対し、「エリクソンのSEPの価値から、標準化による価値を分離すること」を説示しなかったのは誤りであったと指摘している。

ヒギンソン判事は、D-Link事件は特許権侵害事件ではあるものの、その規範はFRAND違反の事件にも有益であり、CAFCの特許法に基づく特許評価の方法論は契約法訴訟の指針としても役立つと述べている。特許権侵害事件において損害賠償について評価する陪審も、提示されたレートがFRAND条件を遵守しているかどうかを評価する点において、契約法事件であるFRAND義務違反か否かを判断する陪審と同じ作業を行っているといえるためである。

そして、FRAND義務違反か否かを判断するために、陪審はSEP保有者のポートフォリオの価値を判断し、その価値と提示されたレートとを比較する必要があり、個々のSEPの評価に配分が必要なのと同様に、特許ポートフォリオの価値評価にも配分の考え方を適用する必要があると指摘している。

FRAND義務に違反しているか否かの評価方法

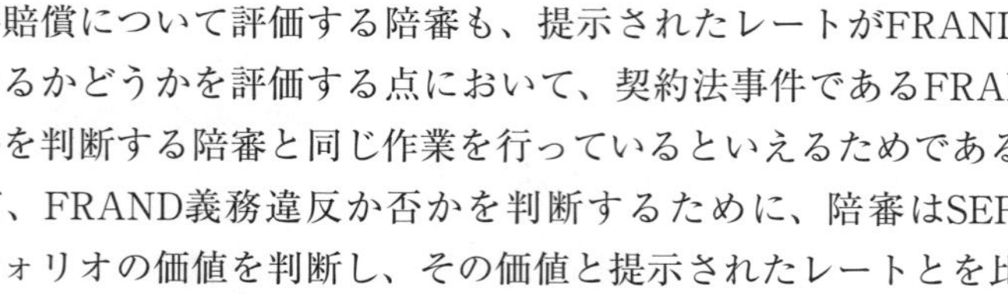

一方、ヒギンソン判事は、第一審の訴訟においてエリクソンが自らの特許の価値を技術標準に組み込まれた市場価値と結び付けるべきであると証言した際に、HTCは異議を唱えることができたがそうしなかったと述べている。したがって、HTCがSEP価値評価の際に配分の考え方を含めるべきであると主張する機会は、実質的に損なわれておらず、第一審の判断を取り消すレベルの誤りではなかったと結論付けている。

4. 解説

本事件の第一審は、米国で初めてSEP保有者と実施者との交渉がFRAND義務を遵守しているか否かについて判断した陪審裁判であった。

控訴審では、地方裁判所の裁判官が陪審に対し、エリクソンのSEPポートフォリオの価値を評価する際に配分の概念を考慮すべきであるという説示を行わなかった判断に誤りがあったか否かについて争われた。原告であり、SEP実施者（licensee）の立場であるHTCの主張は、SEPポートフォリオの価値を評価する際に特許発明によって最終製品に追加された価値のみを反映させ、特許発明が規格に採用されたことで生じた価値は配分の考え方により排除すべきであることを陪審に対し説明し、警告しておかないと、SEPポートフォリオの価値を過大に評価してしまうリスクがあることに基づいている。

一方、SEP保有者（licensor）の立場であるエリクソンも、配分の考え方が必要であることについては同意しているものの、その特許が最終製品に追加した価値を決定するための最良の方法は、他のスマートフォンメーカーがエリクソン特許ポートフォリオのライセンスを取得するために支払った交渉価格を参照することであると主張していた。

第一審では、エリクソンが主張したように、これまでの特許ライセンスの慣行や類似事例のライセンス料を比較した「マーケット・ベースの証拠」に基づく特許ポートフォリオ価値把握のアプローチを採用したが、第５巡回裁判所もその判断を承認し、FRAND条件を遵守しているか否かの判断に類似事例に基づくライセンス契約を参考にするアプローチを支持したことになる。そして、第５巡回裁判所は、地方裁判所が陪審説示に配分に関する説明を含めなかった点について、陪審評決を取り消すほどの誤りではないと判断したが、その理由として、FRAND条件を遵守しているか否かに関する紛争は、特許法でなく契約法に基づいて判断すべきであると述べている。

ライセンス交渉時にSEP保有者が提示したライセンス料がFRAND条件を遵守していたか否かを判断することと、特許権侵害訴訟において最終的に決定される損害賠償額がFRANDであるか否かを判断することとは異なり、契約法の問題と特許法の問題を明確に区別すべきであることを示したものと考えられる。

また、第５巡回裁判所は「非差別的」の要件に関し、全てのライセンシーに対して同一条件でライセンスすることが求められているのではなく、ライセンシーのビジネス状況や、保有するSEP数などを考慮し、柔軟にライセンス条件を設定できるという見解を示した。特定のライセンシーに対してライセンスを付与しない、という特許権者の行為は「非差別的」の条件に反するが、特許権者が個々のライセンシーに対し異なるライセンス料でライセンスを締結することは許容される。この点については、従来の特許権侵害訴訟における考え方と共通していると考えられる。

〈参考文献〉

・丸山英二『入門アメリカ法（第２版）』（弘文堂［2019］）

（沖　哲也）

17. コンチネンタル対アバンシ事件

（第５連邦巡回区控訴裁判所、2022年）

判決文

［内　容］

米国の連邦裁判所は憲法の規定により「事実上の損害」を受けた原告から提起された裁判だけを受理する。損害が推測的である場合にはその事件についての裁判は行われない。本件は、自動車メーカー向けに設立された無線通信規格関連の必須特許パテントプールのライセンスを、部品メーカーがFRAND条件で受けられないのは反トラスト法に違反するとして提起されたもの。地裁は「事実上の損害」を認めたが、控訴裁はそれを認めなかった。自動車業界におけるSEP問題として注目された事件である[1]。

カテゴリー	その他（原告適格）
対象規格技術	2G、3G、4G
関連用語	アバンシ、license to all、Access to All（Access for All）、特許補償（indemnification）、第三者受益者（third party beneficiary）

1．事案の概要

コンチネンタル・オートモーティブはコネクテッドカー向け部品の大手サプライヤーである。3GPP主導で策定された無線通信規格（2G、3G、4G）に準拠した部品を製造・販売しており、とりわけ車載テレマティックス制御ユニット（TCU）の主要サプライヤーとして知られている。

1　*Continental Automotive Systems, Inc. v. Avanci, LLC,* Case No. 20-11032（5th Cir. Feb. 28. 2022）（この判決で引用された判例が、*Castro Convertible Corp. v. Castro,* 596 F. 2d 123（5th Cir. 1979）である。）

TCUはモバイルネットワークを使って車外と双方向通信を行う装置で、コネクテッドカーと携帯電話通信網を接続する基幹部品である。

ノキア、パンオプティス、シャープ（以下、プール発起人）は、2Gから4Gの移動体通信規格に必須となる特許（SEP）を多数保有し、それらのライセンス許諾を円滑に進めるためにパテントプールを設立した。このパテントプールには訴外37社（いずれもSEP保有者）が参加し、パテントプールの参加企業はアバンシとの間で「マスターライセンス管理契約」（以下、マスター契約）を締結し、アバンシにパテントプールの運営・管理を委託した。

パテントプールのSEP保有者の全ては、「公正、合理的かつ非差別的な条件」（FRAND条件）でライセンス許諾する旨の宣言（FRAND宣言）を標準化団体に行っていた。このFRAND宣言に伴う義務は、SEP保有者だけではなくアバンシにも及ぶ。アバンシはマスター契約により、パテントプールのSEPライセンスの許諾を自動車メーカーに限定していた。また、パテントプールの参加企業は、自動車部品メーカーに対してFRAND条件で個別ライセンスを許諾することができた。

コンチネンタルはFRAND条件でのSEPライセンスを申請したが、アバンシは次のような理由からライセンスの許諾を拒否した。つまり、① コンチネンタルはSEP保有者からFRAND条件で個別にSEPライセンスを受けることができる、② パテントプールのSEPライセンスを取得した自動車メーカーの完成車にはコンチネンタルから供給された部品が組み込まれているため、コンチネンタルがパテントプールのSEPライセンスを取得する必要はない—である。

コンチネンタルは、SEPライセンスの拒否がFRAND義務違反、連邦及び州の反トラスト法に違反するとして、アバンシとプール発起人の両者を相手取り、カリフォルニア北部地区連邦地裁に提訴した。アバンシとプール発起人（以下、被告）は、事案をテキサス北部地区連邦地裁（アバンシの本拠地のテキサス州ダラス市を管轄する。）に移送するよう求めるモーションと、原告適格（standing）の欠如を理由にして「事案の却下」を求めるモーションを提出した。カリフォルニア地裁は「事案の移送」を認め、「事案の却下」については追加の証拠提出を求めた。

事案はテキサス地裁に移送された。テキサス地裁は、FRAND条件でSEPライセンスを受ける原告の権利が否定されたことにより、事実上の損害（injury in fact）が生じたと認定し、原告にFRAND義務違反問題についての原告適格があると認定し、被告が申し立てた「事案の却下」のモーションを退けた。その根拠は「財産の否定は事実上の被害を生じさせるに十分である」とする判例であった。しかし、地裁は、反トラスト法に基づく原告適格（その立証要件はFRAND義務違反問題の原告適格の立証要件よりも高い。）を認めず、原告の反トラスト法違反の請求を棄却した。

原告はこの判決を不服として第５巡回区控訴裁判所（第５控訴裁：テキサス州、ルイジアナ州、ミシシッピ州の３州を管轄）に上訴した。第５控訴裁は、FRAND義務違反問題についての原告適格を認めた地裁判決に誤りがあるとして地裁判決を破棄し、「原告の憲法上の原告適格が認められないので原審は請求を棄却すべきである」とする意見書を付け、事案をテキサス北部地区地裁に差し戻した。

2．争点

地裁は、原告がFRAND条件でのSEPライセンスを拒否されたことにより原告に「事実上の損害」が生じたとして、憲法上の原告適格を認めた。その認定に誤りはないか

3．判旨

合衆国憲法Article IIIは連邦裁判所の裁判権を事件性（case）と争訟性（controversy）を持つ事件に限定している。そのため、原告は、憲法上の要件を満たしていることを立証しなければならない。具体的には、① 事実上の損害、② 損害と問題行為の因果関係、③ 損害が修復される可能性——の立証である。

「事実上の損害」とは、当法廷の判例によれば、法的に保護された利益に対する侵害であって、実存し、かつ、差し迫ったものである。推測的あるいは仮説的なものであってはならない[2]。また、損害の存在についての決定権が、裁判所ではなく第三者に委ねられている場合、推測的・仮説的な損害の請求に原告適格は認められない[3]。

2　*Wilson v. Hous. Cmty. Coll. Sys.,* 966 F.3d. 341 (5th Cir. 2020)（自治体が一議員を定款違反で譴責したことが「表現の自由」に違反するかどうかが争われた事件である。地裁は原告適格を否定したが、第５控訴裁はそれを認めた。）

3　*Little v. KPMG LLP,* 575 F. 3d 533 (5th Cir. 2009)（無資格のパートナーが実務をしていたとして勤務先の公認会計士事務所を訴えた事件。地裁は「推測的」であるとして原告適格を否定したが、第５控訴裁はそれを認めた。）

原告は「事実上の損害」を受けたことを示す根拠として、「補償義務」と「ライセンスの拒否」の２つの理論を挙げる。しかし、いずれの理論も、以下の理由からFRAND義務違反問題についての原告適格（以下、憲法上の原告適格）を支持するものではなく、反トラスト法上の原告適格を支持するものでもない。

（1）「補償義務」について

原告によれば、原告は自動車メーカーに対して補償義務（indemnity obligations）を負っており、そのためにもし自動車メーカーが非FRAND条件でSEPライセンスを取得したならば、「非FRAND条件」のライセンス料は、原告に転嫁されることになる。

しかし、その主張を裏付ける記載は訴状には見られない。もしそのような転嫁リスクが現実のものであれば、訴状に「自動車メーカーがSEP保有者から非FRANDのライセンス取得を強要された（又は強要する可能性が高い。）」「補償義務を理由にして自動車メーカーが非FRANDのライセンスコストを原告に転嫁した（又は転嫁する可能性が高い。）」などの記載があってしかるべきである。

そのような記載がない以上、原告の主張する損害は、現実のものでも差し迫ったものでもない。地裁はそれを「損害の可能性を推測して述べているにすぎない」と判断し、憲法上の原告適格の要件を満たさないと認定した。当法廷も地裁の認定を支持する。

判例により、原告は自らの法的権利と法的利益を主張しなければならない。また、潜在的な責任問題や損害賠償に関する問題が全て確定されない限り、補償義務問題を裁判で争うことはできない[4]。

原告は地裁の求めに応じて追加の証拠を提出し、それを根拠にして自らが被った損害を正当化しようとするが、地裁は提出された証拠が実体的な意味を持つものではないと認定した。そのような認定は、地裁の裁量である。追加提出した証拠の中に自動車メーカーがライセンス関連コストを相殺しようとしたことを示す文書があるが、コスト相殺の問題は「当事者間の厳しい交渉」によってもたらされるものである[5]。

追加提出された証拠の中に、自動車メーカーが非FRAND条件のライセンス料を支払ったことを示すものはない。

4　*Millennium Petrochems., Inc. v. Brown & Root Holdings, Inc.,* 390 F. 3d 336（5th Cir. 2004）
5　*Wilkie v. Robbins,* 551 U.S. 537（2007）

また、自動車メーカーが支払った非FRANDのライセンス料を原告に補償させることに合意したことを示す証拠もない。したがって、自動車メーカーに対する原告の補償義務により損害が生じるとする原告の主張は、推測の域にとどまるものであり、原告適格の要件を満たすものではない。

（2） SEPライセンスの拒否

原告の２番目の根拠は、原告に対するFRAND条件での「SEPライセンスの拒否」である。この点について地裁は、「原告が保有する財産が否定されたために事実上の損害が生じた」とする「Castro事件」（1979年）[6]をよりどころにして原告に憲法上の原告適格を認めた。しかし、当法廷は地裁の認定を支持しない。本件の訴答書面や関連判例によれば、FRAND条件でのSEPライセンスを拒否されたことにより、原告が事実上の損害を被ったとはいえないからである。

標準規格を使用する製造業者は、判例により第三者受益者（third party beneficiary）」としてSEP保有者の標準化団体に対するFRAND宣言の契約上の利益を享受できる。FRAND義務は標準規格を使用する事業者を守るための準則であるが、本件の原告は「マイクロソフト対モトローラ事件」[7]「ブロードコム対クアルコム事件」[8]で認められたような第三者受益者には当たらない。

マイクロソフト対モトローラ事件の場合、マイクロソフトは標準化団体のメンバーでありながら第三者受益者と認定された。また、ブロードコム対クアルコム事件の場合、ブロードコムはチップセットの開発業者としてクアルコムと直接競合するために第三者受益者と認定された。本件の場合、原告の立場はマイクロソフトやブロードコムとは異なっている。

部品サプライヤーは関連標準化団体のメンバーになる合理性がない。完成車に組み込まれている部品のためのSEPライセンスを、原告が別途取得する必要がないことは重要な点である。被告や標準化団体がFRAND義務により部品供給網の上流にまで遡り、不要なSEPライセンスの取得を求めていることは証拠により立証されていないからである。

6　前掲注１

7　*Microsoft Corp. v. Motorola, Inc.,* No. 14-35393（9th Cir. 2015）（SEP保有者が提示したライセンス料が高額であるとしてFRAND義務違反が争われた事件。地裁の裁定料率を控訴裁が支持した。）

8　*Broadcom Corp. v. Qualcomm Inc.,* 501 F. 3d 297（3d Cir. 2007）（特定方法に特徴があることを繰り返して記載したクレームの解釈は、明細書全体から判断して限定的に解釈すべきであるとされた事件）

原告はFRAND条件でSEPライセンスを受ける契約法上の権利を有していない。また、被告と標準化団体との間のFRAND義務の「付随的な」受益者でもない。仮に第三者受益者としてFRAND条件でSEPライセンスを求めることができるとしても、原告が被ったとされる損害は訴状や提出された証拠により支持されていない。つまり、SEP保有者が標準化団体に対するFRAND義務を履行する限り、FRAND宣言に対する違反はないので、第三者受益者の利益には何の影響もないのである。

被告が積極的にSEPライセンスを自動車メーカーに売り込んでいた事実を部品メーカーは認識していた。つまり、原告も、FRAND条件でSEPライセンスを受けることができることを認識していた。原告はSEPライセンスを取得する必要がないので、必要のないSEPライセンスを拒否されたことにより、「原告の利益」が否定されたことにはならない。「原告の利益」の否定がない以上、原告に損害も発生していない。

原告は「たとえ契約上の権利が直接否定されたとしても、その契約の受益者としての身分は継続する」と主張するが、それは、地裁が引用した判例で裏付けられていない。また、FRAND義務の受益者としての身分が「直接的に」否定されたとしても、「間接的な」利益は受けることができるとも主張するが、そのような主張も引用判例で裏付けられていない。

原告の訴状には、被告が原告をSEP侵害で訴えた（又はそのおそれがある。）ことは記載されていない。もし被告がSEP侵害で自動車メーカーを訴えることをてこにして「非FRAND条件」でのSEPライセンスの受入れを自動車メーカーに強要したとする原告の主張が正しければ、自動車メーカーは「事実上の損害」があったことを容易に立証できるであろう。同様に、もし被告がFRAND宣言に違反して「非FRAND条件」でSEPライセンスを許諾したならば、標準化団体は「事実上の損害」を簡単に立証できるであろう。本件ではそのような事実は証拠で裏付けられていない。

4．解説

（1） Standingについて

米国におけるstandingは、法律辞典によれば「法的請求を司法に対して行い、権利義務の行使をするための当事者の権利」と定義されている（Black's Law

Dictionary)。それは「とくにアメリカ憲法との関係で問題」とされる。(田中英夫『英米法辞典』、東京大学出版会)。

その訳語として我が国では「原告適格」(又は「当事者適格」)が使用されている。原告適格は、日本の民事訴訟法や行政訴訟法では「審判の対象である権利関係の損費に関し、原告として訴訟を遂行し、判決を受けることのできる資格、訴えが適法であるための要件」と定義されている。(『法律用語辞典第2版』有斐閣)。

このように、米国法のstandingは、広い意味を持つので、出訴権に近い意味として使用されている。それに対して日本法の原告適格は、具体的かつその対象が限定されている。日米間ではニュアンスの違いがあるが、本稿では訳語として定着している「原告適格」を使用した。

(2) ライセンス・エージェントとしてのアバンシ

アバンシは、移動体通信規格である2G、3G及び4Gに関連するSEPのパテントプールを管理・運営するために2016年に設立された。本部をテキサス州ダラス市に置く。

アバンシのSEPライセンスの特徴は、パテントプールを構成する全SEPを定額ロイヤルティーで一括して許諾することである。アバンシの運営するパテントプールには48社がライセンサーとして参加しており、ライセンシーは21社で、ダイムラーなど欧州の自動車メーカーが多い。

本件で問題となったパテントプールは、2G、3G、4G関連のSEPであるが、アバンシは2019年11月、5G関連のSEPパテントプールによるライセンススキームの反トラスト法上の合法性についての事前伺いを当局に行い、米司法省は2020年7月、「5G関連のSEPパテントプールは市場競争を損ねない」との回答書(Business Review Letter)を公表した。この回答書の内容は、本書第I章「4. 自動車業界(コネクテッドカー)におけるSEP問題」で紹介している。

(藤野 仁三)

第Ⅲ章

世界のFRAND判例

B. 欧州

1．欧州SEP判例概観

1．はじめに

欧州の裁判例では、SEPに基づく差止請求権の行使が、競争法の定める市場の支配的地位の濫用に該当するかどうかが主な争点となる。判例では、当該競争法違反の考慮要素であるSEP保有者と規格利用者との間の「誠実交渉」に関して、米国やアジア各国に比べ具体的な指針が示されている点に特徴がある。

本稿では、本書で取り上げる判例を中心に、欧州におけるFRAND判例の変遷を概観する。

2．欧州のFRAND判例

欧州のFRAND判例は、SEP保有者による差止請求権の行使が競争法[1]に違反するか否かについて、他国と比べて踏み込んだ判断が下されている点に特徴がある。すなわち、欧州の裁判所では、SEPが通常の特許に比べて規格技術に係る市場の支配可能性が高いとの理解の下、SEP保有者の権利保護と規格利用者のバランスを図るため、当事者のいかなる行為が支配的地位の濫用に該当するかを詳細に検討し、一定の指針を示している。

競争法適用の判断主体は、大きく分けて、① EU加盟国の国内裁判所、② 欧州委員会による調査、③ EU加盟国から欧州連合司法裁判所（CJEU）への付託、に分類される。欧州委員会は競争行為に関するEUの監督官庁であり、欧州競争法の立案・制定や違反に対する調査・排除措置命令の発令及び制裁金の賦課等の権限を有している。CJEUは、加盟国の国内裁判所から付託された特定の質問に対するEU法の解釈を示す司法機関である。EU加盟国の国内裁判所は、CJEUで示された解釈・指針に基づき、国内の具体的事例に対して判断を下す。

1　EU加盟国内の競争法又はEUが定める欧州競争法（EU関連条約）

本稿では、SEP保有者による差止請求権の適用に関して、SEP保有者と規格利用者の間の誠実交渉義務に関する具体的指針を示した「ファーウェイ事件」（本書第Ⅲ章B－4参照）[2]を中心にして、その前後のFRAND判例の変遷を取り上げる。

表1　本書で紹介するSEPをめぐる欧州裁判事例の概要

事件名	国・判断主体	特徴的判断
オレンジブック事件	独・連邦最高裁判所	SEP保有者からの差止請求に対して支配的地位の濫用が認められるには、侵害者から権利者への無条件オファーが必要
サムスン対EC事件	欧州委員会	侵害者がFRAND条件でライセンス契約を締結する意思を証明すれば、SEP保有者による差止請求権の行使は認められない。
ファーウェイ対ZTE事件	欧州連合司法裁判所	SEP保有者の差止請求の適否を判断するための、交渉当事者に対する具体的指針を示した。
アルコス対フィリップス事件	蘭・ハーグ地裁	両当事者から提案された実施料がFRAND条件を満たすかどうかの判断が具体的証拠に基づいてなされた。
Unwired Planet事件	英・最高裁判所	英国裁判所は、SEPに基づくグローバルな実施料率を判断する管轄権を有すると判断
Tagivan対ファーウェイ・ドイツ子会社事件	独・デュッセルドルフ地裁	特許管理団体（MPEG-LA）のライセンサーが提起したSEPに基づく特許権侵害訴訟が欧州競争法の支配的地位の濫用に該当しないと判断
シズベル対ハイアール最高裁事件	独・連邦最高裁判所	FRANDに基づく誠実交渉義務に関して、SEP利用者によるSEPライセンスの取得意思は明確かつ疑義なく表明されなければならないと判断
オプティス事件	英・高等法院	SEP保有者、利用者との交渉過程において、SEP保有者に認められるべき差止め救済のタイミングについて判断
インターデジタル対レノボ事件	英・高等法院	Unwired Planet事件に続き、SEPに基づく合理的実施料を判断

2　*Huawei Tech. Co. Ltd. v. ZTE* Deutschland GmbH, Case C-170/13, July 16, 2015.

3．ファーウェイ事件前の判決

2009年の「オレンジブック事件」（本書第Ⅲ章B－2参照）[3]において、ドイツ連邦最高裁判所は、以下の場合に、SEP保有者による差止請求権の行使が、市場の支配的地位の濫用に該当すると判断した（以下、「オレンジブック判決」という）。

（ⅰ）規格利用者が自ら具体的で妥当なライセンスの申込みをしていること。

（ⅱ）規格利用者が過去にライセンス契約を締結せずに特許発明を実施していた場合は、過去の実施行為についてライセンス契約に基づく義務を負うこと。

「具体的で妥当なライセンスの申込み」とは、実施料率の指定や算定の基礎となる実施料のベース（例：完成品又は完成品に用いられる部品等）を指定することである。また、規格利用者からのライセンスの申込みは、無条件でなければならず、SEP保有者の権利が非侵害又は無効理由がある等の留保を付してはならないとされている。

規格利用者が契約前に対象特許を実施している場合は、過去の販売数量、販売価格、販売先等のデータに基づいてライセンス料を計算し、直接特許権者へ支払うか、又は裁判所への供託という形でライセンス契約上の義務を負うことになる。オレンジブック判決では、規格利用者が上記義務を果たさない限り、差止請求権の行使が認められるため、規格利用者に厳しい判断であると考えられる。

これに対し、「サムスン対EC事件」（本書第Ⅲ章B－3参照）[4]では、欧州の競争法当局である欧州委員会が、SEP保有者による差止請求権の行使に関し、それ自体は支配的地位の濫用には当たらないと判断したものの、以下の事情により公正な競争を乱す可能性が高いとしている。

（ⅰ）標準規格普及後は、利用者はロックインされた状況にあり、SEP保有者の差止請求が認められると、ホールドアップといった反競争的行為が可能となる。

（ⅱ）前記行為を防ぐため、標準化機関はSEP保有者に対し、FRAND条件で

3　BGH, GRUR 2009, 694: IIC 2010, 369

4　3 Case AT.39939—Samsung—Enforcement of UMTS standard essential patents

ライセンスすることを宣言するように求めている。このFRAND宣言は、規格利用者に対して特許ライセンスを認めると同時に、特許権者には金銭による補償を認めている。

他方、欧州委員会は、① 規格利用者が財政難にあり、実施料の支払が見込めない場合、② 規格利用者の資産がSEP保有者に対する十分な金銭的賠償を認めない訴訟管轄地にある場合、③ 規格利用者にFRAND条件で契約する意思がない場合などについては、SEP保有者による差止請求権の行使は認められるとの見解を示している。

欧州委員会の判断は、要約すると規格利用者がFRAND条件で契約する意思が証明できればSEP保有者による差止めは認められない、ということである。「FRAND条件で契約する意思」の判断基準に関して具体的な指針が示されていないことから、欧州委員会の判断はSEP保有者にとって厳しい内容であったと考えられる。

4．ファーウェイ事件

ドイツのデュッセルドルフ地裁からCJEUに付託されたファーウェイ事件において、CJEUは、SEP保有者がFRAND条件で第三者にライセンス許諾することを標準化機関に約束しており、その約束が取り消すことのできない性質のものである場合、以下の条件を全て満たす限り、SEP保有者による差止請求権の行使は、「支配的地位の濫用」には該当しないと判断した。

(ⅰ) SEP保有者が侵害訴訟を提起する前に対象特許を特定し、侵害理由を示して規格利用者に侵害警告を行っていること。ただし、規格利用者がFRAND条件でライセンスを受ける意思表示を行った場合、SEP保有者は、ライセンスの条件、特に実施料とその計算方法を示した上で、規格利用者に対して書面で具体的な提案を行わなければならない。

(ⅱ) 規格利用者がSEPを継続して使用しているにもかかわらず、SEP保有者から提案された具体的なライセンス条件に対して誠実に対応していない場合。ただし、被疑侵害者の対応に関する問題（例：遅延戦略を行った等）は、客観的な事実によって立証されなければならない。

なお、オレンジブック判決とは異なり、規格利用者は、ライセンス契約の協議と並行してSEP保有者の特許の有効性や必須性について異議を申し立てることや留保することは可能であると判断されている。

ファーウェイ事件で示した判断をSEP保有者及び規格利用者の義務ごとに図示すると以下のとおりである。

このようにファーウェイ事件は当事者間のライセンス交渉における具体的な行動指針を示したものと評価できるが、本事件だけでは明らかではない点もある。例えばSEP保有者が提示するFRAND条件のオファーに関しては、何をもって「FRAND条件」といえるのかという点や、規格利用者側の「ライセンスを受ける意思」に関する具体的な指針（例えば規格利用者が提示する対案の内容や、対案を提示するタイミング等）も示されていない。また、規格利用者から提案するオファーは無条件でなければならない、との判断を示したオレンジブック判決との関係性も明らかではない。しかし、ファーウェイ事件後のFRAND判例に関しては、CJEUが示した指針を個別具体的な事情に落とし込んだ判断が下されている。

ファーウェイ事件が示した当事者間の誠実交渉義務

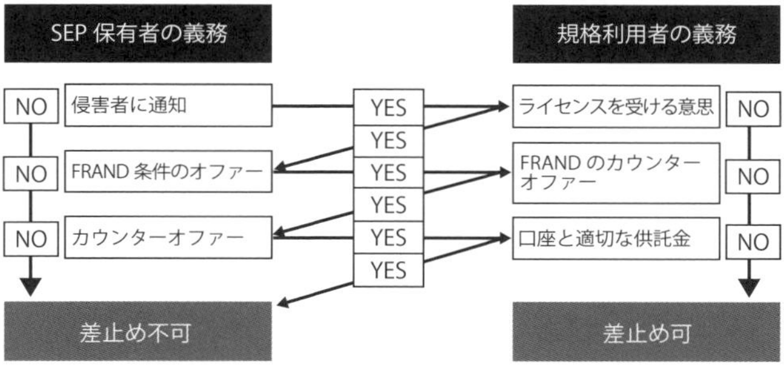

参照：Nolte, Georg and Rosenblum, Lev, Injunctions in SEP Cases in Europe March 10, 2017. 以下の URL からダウンロード可能
SSRN: https://ssrn.com/abstract=2984193

5．ファーウェイ事件後の判決

ファーウェイ事件後のFRANDに関する主要な判例をまとめると次のとおり（表2）である。本稿では、ファーウェイ事件で示されなかった幾つかの論点に言及している欧州各国の判決を取り上げる。

表2　ファーウェイ事件後の主要な各国判例

国	事件名（本文中の表記）	裁判所	結果
ドイツ	SLC対ドイツテレコム※ （ドイツテレコム事件）	マンハイム地裁	ドイツテレコムによるFRAND抗弁を棄却 （11/27/2015）
ドイツ	シズベル対ハイアール （シズベル事件）	デュッセルドルフ高裁 連邦最高裁判所	高裁：損害賠償は認容するものの、差止めを認容した一審判決を破棄 （1/13/2016） 最高裁：SEP侵害の差止めを認容（5/5/2020）
ドイツ	NTTドコモ対HTC Germany ※ （ドコモ事件）	マンハイム地裁	SEP侵害の差止めを認容 （1/29/2016）
ドイツ	パイオニア対エイサー※ （パイオニア地裁事件）	マンハイム地裁 カールスルーエ高裁	地裁：SEP侵害の差止めを認容（1/8/2016） 高裁：一審の差止判決を破棄（5/31/2016）
ドイツ	フィリップス対アルコス※※	マンハイム地裁	SEP侵害の差止めを否定 （7/1/2016）
ドイツ	Tagivan対ファーウェイ	デュッセルドルフ地裁	SEP侵害の差止めを認容 （11/15/2018）
ドイツ	SLC対ボーダフォン ※	デュッセルドルフ地裁	SEP侵害の差止めを認容 （5/9/2016）
ドイツ	シズベル対Wiko ※※	マンハイム地裁	SEP侵害の差止めを認容 （9/4/2019）
ドイツ	ノキア対ダイムラー※※	ミュンヘン地裁	SEP侵害の差止めを認容 （10/30/2020）
ドイツ	シャープ対ダイムラー※※	ミュンヘン地裁	SEP侵害の差止めを認容 （9/10/2020）
ドイツ	Conversant対ダイムラー※※	ミュンヘン地裁	SEP侵害の差止めを認容 （10/23/2020）

フランス	Vringo対ZTE ※※	パリ裁判所(一審)	特許無効判決。ヒアリングがファーウェイ判決前に行われた（10/30/2015）
英国	IPCom対HTC ※※	控訴裁判所(二審)	SEPの侵害を認定（2/28/2017）
英国	Unwired Planet LLC対ファーウェイ、サムスン et al.（Unwired事件）	特許裁判所(一審) 控訴裁判所(二審) 最高裁	地裁：SEP侵害の差止めを認容（5/4/2017） 高裁：一審の判断を支持（10/23/2018） 最高裁：上告棄却
英国	オプティス対アップル	控訴裁判所(二審)	SEP侵害の差止めを認容
英国	インターデジタル対レノボ	控訴裁判所(二審)	SEP侵害に基づく差止めを否定し、FRANDに基づく実施料支払を認定（3/16/2023）
オランダ	アルコス S.A.対フィリップスN.V.（アルコス事件）	ハーグ地裁	アルコスの対案はFRAND適格（2/10/2017）
オランダ	フィリップス対ASUS ※※	ハーグ高裁	SEP侵害の差止めを認容（5/7/2019）

※は本書で取り上げていないもの　※※はリストだけの表示

（1）　ドイツ裁判所の判例

①　オレンジブック判決との関連性（SEP保有者からの通知の有無について）

ファーウェイ事件では、SEP保有者は訴訟提起前に、規格利用者に対して通知・警告を行わなければならないとしている。ファーウェイ事件の判断が下される前に訴訟が開始されたシズベル事件では、シズベルはハイアールに訴訟提起前に通知・警告を行わなかったが、本件の開始時点ではオレンジブック判決の判旨が有効であるため、当該通知・義務は免除されると判断された。

②　規格利用者への通知の方法

NTTドコモ事件[5]において、マンハイム地裁は、SEP保有者の通知・警告義務は、規格利用者が侵害有無を調査できるものであれば、クレームチャートの送付によって充足されると判断している。また、パイオニア事件において、マンハイム地裁は、完成品に侵害構成部品が用いられている場合に、侵害構成品のベンダーだけが侵害の対象になるというルールはないとしている。そして、SEP保有者は侵害構成品のベンダーだけでなく、完成品の販売者に対しても訴訟を提起することが可能であり、完成品の販売者であってもSEP保有者からのライセンスオファーに対して、誠実に対応しなければならないとの考えを示している。

③　ポートフォリオ・ライセンスの合法性

SEPに基づくオファーをする場合、対象となる特許は、規格利用者が実施する国に限られるのか、対象特許のファミリーも含まれるか、の議論である。パイオニア地裁事件では、SEP保有者によるライセンスオファーが世界的な規模で、かつ、規格利用者が他の欧州の国で製品の販売をしている場合、規格利用者から、ドイツのみの係争特許を対象としたカウンターオファーを行うことは、対象となる産業の慣行に従うものではなく、FRANDではないと判断された。

また、SLC対ボーダフォン事件[6]においても、ポートフォリオ・ライセンスは、業界で既に実施されているものであり、FRAND要件に反するものではない。もしポートフォリオ・ライセンスを認めないのであれば、SEP保有者は権利ごとに国別の個別契約を結ばなければならず、それは費用面や契約管理の観点から合理的ではないと判断されている。

④　何をもってFRANDに基づくオファーとなるのか

NTTドコモ事件では、FRANDに基づくライセンスオファー（FRANDオファー）が客観的に何であるかを判断する必要はなく、SEP保有者が、提案するFRANDオファーの合理性を証明し、規格利用者が、当該オファーがFRANDに反していることを証明できないものであれば十分と判断されてい

5　*NTT DoCoMo v. HTC,* Regional Court（Landgericht）of Mannheim, Case No. 7 O 66/15
6　*SLC v. Vodafone,* Dusseldorf Regional Court, Case No. 4a O 73/14, 2016.

る。また、SLC対ボーダフォン事件では、SEP保有者は、料率の算定式を提示する必要はなく、実施料の総額がどのくらいになるかを計算できる程度の基本的な情報を開示すれば足りる、と判断されている。

さらに、シズベル事件において、デュッセルドルフ高裁は、シズベルが被告のハイアールに提示するFRANDオファーについては、契約条件が明記されている他のライセンシーの契約書を提示し、ハイアールへの提示条件と、他の契約書の条件を比較して「非差別的」であることを証明しなければならないと判断している。

⑤ 規格利用者の義務

ファーウェイ事件に基づき、規格利用者は、SEP保有者からのFRANDオファーに対して誠実に対応しなければならない。SLC対ボーダフォン事件では、規格利用者は、SEP保有者によるFRANDオファーがFRANDでないと判断するならば、それに対する妥当な条件に基づく対案をすぐに出すべきであり、それをしていない以上、SEP保有者は差止めを求めることができると判断されている。また、規格利用者は、FRANDオファーに対して、遅延戦略を行ったとみなされない程度に、早急な対案提示が求められる。提示のタイミングは個々の事案に応じて変わると思われるが、対案提示に３か月要したことが遅延戦略であると判断された事例もある。

なお、2020年５月のシズベル事件最高裁判決[7]（本書第Ⅲ章Ｂ－７参照）では、ハイアールがシズベルの特許を侵害し、シズベル特許は有効である旨の判断が下された。そして、SEPに関する競争法の適用に関し、ドイツ最高裁は以下の重要なポイントを示している。

（ⅰ）市場の支配的地位：EU機能条約102条（市場の支配的地位の濫用を規制する規定）で定める市場の支配的地位に関して、ドイツ最高裁は、規格技術に係るライセンス市場において、SEPでない特許の保有が直ちに支配的地位を構成することはないが、SEPに関しては、SEPに係る規格技術の実装なしに関連市場での競争が困難である場合、支配的地位を構成すると述べた。

（ⅱ）訴訟行為：規格利用者がFRANDライセンスを取得する準備があり、

7 *Sisvel v. Haier,* Case no. KZR 36/17

SEP保有者がSEPをFRAND条件でライセンスする義務を負う状況で、SEP保有者が差止め等の請求訴訟を提起することは支配的地位の濫用である。具体的には、① 規格利用者が、SEP保有者が拒否できない無条件のオファーを提示している場合に、SEP保有者が権利行使をすること、② SEP保有者が、FRANDライセンスを取得する意思がある者に対し、当該ライセンスを得るための適切なステップをとらない場合は濫用であると述べている。

(iii) ポートフォリオ・ライセンス：ドイツ最高裁は、① SEPでない特許に対するロイヤルティー支払を義務付けないこと、② ロイヤルティーは、特定の地域のみに製品を提供しようとする規格利用者に不利益でないように計算されていることの要件を満たせば、ポートフォリオ・ライセンスのオファーは競争法違反とはならないと述べた。

(iv) FRAND交渉：規格利用者による「ライセンス取得の意思がある」旨の表明は、疑義なく、明確でなければならない。規格利用者は、FRAND条件での合意に向けたプロセス（規格利用者からのカウンターオファーを含む。）に参加しなければならない。

（2）　英国裁判所の判例

ファーウェイ事件ではFRAND条件に基づく実施料の算定に関して具体的な指針が示されておらず、その後のドイツ国内裁判所の判例でも示されていない。一方、英国のUnwired planet事件[8]では上記の点に加え、英国特有の判断が下されている。

FRAND条件に基づく実施料の算定方法に関しては、① 比較可能な他のロイヤルティー料率を参考に妥当な実施料を算定する比較アプローチと、② 対象の規格技術に係るSEPの総積算ロイヤルティーに対して、案件ごとにSEPの占める割合を計算するトップダウン・アプローチを提示し、両者をクロスチェックすることで妥当な実施料を算定するという考えを示した。ポートフォリオ・ライセンスの合法性に関しては、本件に係る規格技術（2G、3G、4G等）の過去事例や被告の事業を考慮し、英国のみのライセンスはFRANDではなく、グローバルライセンスが対象となるべきと判断した。また、FRANDとは

8　*Unwired Planet v. Huawei,* ［*2017*］ *EWHC 1304*（*Pat*）- Case No. HP-2014-000005

ライセンスの許諾であり、単にFRAND条件でライセンスオファーすることではないため、SEP保有者のオファーがFRANDとされる料率を上回ったとしても、契約締結時に合意された料率がFRANDとして妥当であれば競争法上の問題は生じないと判断されている。さらに、本事件では裁判所が発する差止命令に関して、以下の条件を考慮する「FRAND Injunction」という考えが示されている。

（ⅰ）侵害者がFRANDライセンスを取得した時点で当該差止めの効力を失う。

（ⅱ）差止命令がFRANDライセンスの満了時に再度その効力を生じるべきか否かの決定を裁判所に求めることができる。

控訴審では、第一審の判断を維持し、原告の特許ポートフォリオに基づくグローバルライセンスはFRANDであること、ファーウェイがグローバルライセンス条件に基づくライセンス契約を締結しない場合に、原告が差止請求権を行使することは権利の濫用には該当しないと判断した。

最高裁[9]（本書第Ⅲ章B−8参照）は、各国特許の有効性と侵害可否は各国裁判所が判断するものであるが、SEP保有者は、ETSIのIPRポリシーにより、ETSIとの契約に基づきFRAND宣言をしており、また、FRAND料率はグローバルで合意されることが実務であることから、グローバルなFRAND料率の算定は、ETSIとの契約に関する争点であるといえるため、英国裁判所が当該FRAND料率を定める管轄権を有すると判断した。そして、SEP利用者が、裁判所が認定したグローバルライセンス契約の締結を拒否する場合、英国の裁判所は、SEP保有者による英国内における差止請求権を認めることができると判断した。

さらに、インターデジタル対レノボ事件[10]（本書第Ⅲ章B−10参照）では無線通信技術のSEPポートフォリオを保有するインターデジタルと、通信端末の販売を行うレノボとの特許権侵害訴訟において、英国高等法院は、両当事者が主張するFRANDライセンス条件を退け、裁判所自ら妥当な実施料を算定し、レノボに対して1億3870万ドルの支払を命じた。この事件は、Unwired Planet事件に続き、裁判所がFRANDに基づく実施料を算定した2件目の事例である。

9　*Unwired Planet International Ltd and another (Respondents) v. Huawei Technologies (UK) Co Ltd and another (Appellants)* Case ID: [2020] UKSC 37

10　*InterDigital Technology Corporation & Ors v. Lenovo Group Ltd* [2023] EWHC 539 (Pat)

（3） オランダ裁判所の判例

「アルコス対フィリップス事件」（本書第Ⅲ章B－5参照）[11]では、合理的実施料の算定に関し、完成品（本件では携帯電話）の販売価格に基づく実施料ではなく、SEPの対象技術（本件では携帯電話に用いられるチップ）に限定して設定すべきであるとの主張（いわゆる「最少販売特許実施部分（SSPPU）」論）が展開されたが、SSPPUはまだ法律家やエコノミストが適用可能性を議論している段階であり、本件に適用するのは時期尚早であるとして認められなかった。

一方、本事件では通信規格であるUMTS（3G）とLTE（4G）に関するSEPと非SEPの双方を含むライセンスオファーの合法性が争われているが、SEP保有者は、UMTS／LTEの両規格が技術的に相互依存の関係にあることを示す証拠を提出しており、当該オファーがFRANDであることを立証するには十分と判断されている。規格利用者の義務に関して、本件では、SEP保有者と規格利用者の提示額に10倍以上の開きがあったが、SEP保有者は、自らの実施料が適切であることを示す証拠を提出している。それに対し、規格利用者が自らの実施料の妥当性を示す証拠が提示できなかったことから、その対案はFRAND条件であるとはいえず、ファーウェイ事件で示した規格利用者の義務がなされているとはいえないと判断した。

（鈴木 信也）

11　*Archos S.A. v. Philips N.V.*, DC Hague, 10/2/2017, C/09/505587/HA ZA.

2．オレンジブック事件（ドイツ）

（連邦最高裁判所、2009年）

判決文

［内　容］

標準規格に基づく特許権の行使に対して、市場の支配的地位の濫用に基づく抗弁が認められるための要件を示した判決[1]。標準規格に基づく特許権の行使に対して、① 被告が、無条件で非差別的なライセンスオファーを特許権者にしていること、② 被告が対象特許を実施している場合、合理的なロイヤルティーを支払うことの要件を満たした場合に、特許権の行使が「市場の支配的地位の濫用」に該当することを示した。本事件は、その後の欧州におけるFRAND判例の基礎となる重要判例である。

カテゴリー	SEPに基づく差止めの可否
対象規格技術	CD-R、CD-RW
関連用語	オレンジブック判決、支配的地位の濫用、潜在的ライセンシー（potential licensee）、欧州連合の機能に関する条約（EU機能条約）

1．事案の概要

原告フィリップスは、ドイツで効力を有する欧州特許第325330号（以下、本特許）の特許権者である。本特許は、CD-RやCD-RW等の光学的に読み出し可能な書き込み可能型記録担体に関する特許である。このような書き込み可能な記録担体に関しては、1988年にフィリップスとソニーが共同でオレンジブックという規格を定めており、本特許は当該規格に従ったものである。

1　BGH, GRUR 2009, 694: IIC 2010, 369

すなわち、オレンジブックに基づいてCD-Rを製造する場合は、必ず本特許を使用することになる。なお、本特許は本件訴訟中に存続期間満了により消滅している。

本事件の被告は複数存在し（以下、被告ら）、主にCD-RやCD-RW等の記録担体を製造し、欧州を中心に販売していた。原告は被告らを相手取り、特許権侵害訴訟をドイツのマンハイム地方裁判所に提起した。なお、被告らの一人が、本特許の無効を求める訴訟を提起したが、2007年４月３日に棄却されている。

地方裁判所は、被告らに対して、原告の同意のない上記CD-R及びCD-RWの製造、販売の申出、販売の提供、使用又は所有、若しくは輸入などの行為を禁止した。さらに、被告らに対し、情報の提供、会計簿の提出、及び被告らが所有するCD-R及びCD-RWの在庫を廃棄する命令を下した。加えて、被告らに対し損害賠償の支払を命じた。被告らはカールスルーエ高等裁判所に上訴したが、被告らの主張は棄却された。そして、本事件はドイツの最上級裁判所である連邦最高裁判所で審理がなされた。

2．争点

（１）被告らによる行為を権利侵害と判断した高等裁判所の判決は妥当であるか
（２）原告は被告らに対して、本特許のライセンスを許諾する義務を負うという被告らの主張を否定したことは妥当であるか

※本稿では（２）の争点を取り上げる。

3．判旨

（１）　標準規格に基づく特許権が市場に与える影響

高等裁判所は、原告が競争制限禁止法（ドイツ独占禁止法）20条１項に基づく差別の禁止に違反していないと判断している。本件について、特許権者が法の受益者であることは事実である。なぜならば、CD-RやCD-RWを製造する者は、「オレンジブック」と呼ばれる標準に従わなければならず、係争特許を不可避的に使用しなければならないからである。そのため、係争特許に基づくライセンス許諾の有無により、唯一のサプライヤーである特許権者が支配する単独の市場が形成されることになる。ライセンスの許諾は、同業他社がその市場に参入するためのビジネスの一つである。

（2） 特許権の行使に対する競争制限禁止法の適用に関する過去の事例

特許訴訟を提起された被告は、以下の証拠を提出することにより、特許権者による差止救済の主張に対して、自らを防御することができる。その証拠とは、原告が、ライセンス契約の締結を拒絶することにより、

（ⅰ）同業他社が参入可能なビジネスに被告が参入することを不可避的に阻害し、又は

（ⅱ）被告を他の企業と差別する、

その結果、市場の支配的地位を濫用することである。

過去の判例では、EC条約82条（支配的地位の濫用禁止の規定）[2]又は競争制限禁止法19、20条（不公正な取引行為に関する規定）に関連する同法33条1項（民事上の差止めと損害賠償に関する規定）に基づく主張が、ドイツ特許法139条1項に規定された差止救済の請求に対して適用されるのか否かという問題は未解決のままであった。本事件では、この点に関して初めて意見を述べる。

競争制限禁止法に基づく強制実施権を肯定した過去の判例によれば、ライセンスを望む当事者（以下、潜在的ライセンシー）が、特許権者の同意なしに特許を使用する違法な行為を行っていたとしても、特許権者は被告に対して差止請求訴訟を提起することはできないとする。なぜなら、特許権者が、侵害者に違法行為の停止を要求することに加え、同時にライセンス許諾などの形で見返りを得ることは、ドイツ民法が定める信義則（242条）に反するからである。

一方、これを否定した過去の判例では、強制実施権を認めることが、ドイツ民法に定める自力救済（229条）の要件に合致しないことや、ライセンス許諾は未来に対して効力を有することから（ドイツ特許法24条）、妥当ではないと判断している。

（3） 標準規格に基づく特許権の行使が、市場の支配的地位の濫用及び不誠実な行為に該当する場合

市場で支配的地位にある特許権者が、同業他社が参入可能なビジネスにおいて、ライセンスを求める企業を差別した場合や、オファーされたライセンス契約を拒絶することで、不可避的に潜在的ライセンシーを妨害した場合、特許法

2　現在のEU機能条約102条

に基づく差止請求権の行使は市場における支配的地位の濫用となる。なぜならば、特許権者は、同業他社がライセンス契約の締結により市場に参入することを阻害しているためである。

被告が係争特許のライセンスを受ける権利を有するにもかかわらず、特許権者が被告に差止請求を行うことは、以下の要件を満たすことで、市場の支配的地位の濫用及び不誠実な行為に該当する。

（ⅰ）潜在的ライセンシーは、特許権者に対して、ライセンス契約を締結する無条件なオファーをしていること。このオファーは、潜在的ライセンシーを不合理に阻害することや差別禁止規定に違反するものでもなく、かつ、潜在的ライセンシーがこのオファーに拘束されるものである必要がある。

（ⅱ）特許権者が潜在的ライセンシーからのオファーを承諾する前に、潜在的ライセンシーが既に特許を使用している場合、潜在的ライセンシーは、締結されるライセンス契約で定める義務を守らなければならない。これは、潜在的ライセンシーが契約後に生じるロイヤルティーを支払うこと、又は支払を確保しなければならないことを意味する。

①　潜在的ライセンシーによるライセンス契約を締結するためのオファー

同業他社と潜在的ライセンシーを差別することなく、客観的に受入れ可能な契約内容で、潜在的ライセンシーが、特許権者にオファーしなければならないという条件は一般に受け入れられる。なぜならば、市場で支配的地位を有する特許権者が、特許の使用を認めるオファーをする義務はないからである。そのため、制限なく非差別的な条件で契約を締結するオファーを拒否する場合にのみ、特許権者は市場の支配的地位を濫用することになる。こうした内容・条件でライセンス契約を締結する準備ができていない企業に対し、特許権者は特許の使用を認める必要はない。

潜在的ライセンシーが条件付きオファーを行った場合でも、それだけでは市場の支配的地位の濫用には該当しない。例えば裁判所が係争特許に基づく権利侵害を認定した後に、潜在的ライセンシーがライセンス契約を締結するためのオファーをするときである。この場合、特許権者はこのオファーを承諾する必要はなく、潜在的ライセンシーは、特許権者の差止請求に対して抗弁を主張することはできない。

②　潜在的ライセンシーに課せられる契約上の義務

一方、潜在的ライセンシーからの無条件の受入れ可能なオファーだけでは、特許権者の差止請求に対する強制実施権の抗弁を主張するには十分ではない。一般に、ライセンスの許諾は将来のために効力を有する。ライセンシーは、ライセンスが許諾されるまで契約で定める権利内容を使用する権限はない。すなわち、対象特許を使用することで（独立して使用するための対価が合意されていない限り）、ライセンサーは、潜在的ライセンシーに対し、契約上の対価を求めることが可能となる。

そのため、将来、ライセンスが許諾されることを予期して特許の使用を開始する潜在的ライセンシーは、その契約上の権利を予期するだけでなく、その義務も予期しなければならない。

潜在的ライセンシーは、あたかも特許権者が潜在的ライセンシーのオファーを承諾したかのように行動した事実があった場合、差止請求に対する抗弁を主張できる。この場合、潜在的ライセンシーが特許発明を使用できる権利を有するだけでなく、特許権者に対して特許発明の使用に関する情報を定期的に説明し、使用によって生じたロイヤルティーを支払う義務を負う。

③　ロイヤルティーの供託

潜在的ライセンシーは、実施によって生じたロイヤルティーを特許権者へ直接支払う必要はなく、供託することもできる。

ロイヤルティーの供託により、潜在的ライセンシーは、特許権者によるライセンスの拒絶が、以下の理由による債権者の遅延に関する規定が適用されることを主張できる。

（ｉ）特許権者が、オファーされた支払を受ける準備をしていなかったこと（ドイツ民法293条）。

（ⅱ）特許権者が支払を受ける準備をしていたが、ライセンス許諾を行うという反対債務の履行準備ができていないこと（ドイツ民法298条）。

事件において、侵害の事実がないとして訴訟が棄却された場合に、既に支払ったロイヤルティーの返金を可能にすることで、潜在的ライセンシーの利益が確保される。

④　ロイヤルティー額の決定

ロイヤルティー額と潜在的ライセンシーの履行義務は、競争制限禁止法に反しない範囲で、当事者の合意に基づく内容・条件に限定される。潜在的ライセンシーはライセンスを求める範囲を証明する責任を負う。そのため、ロイヤルティー額の算定が困難であるという理由で、ライセンスを求める範囲の証明が過度な負担であると主張することはできない。

しかし、潜在的ライセンシーが、特許権者の主張するロイヤルティーが過大であると考える場合、又は特許権者がロイヤルティー額の算定を拒否した場合、潜在的ライセンシーは、特許権者が合理的な裁量で決定すると予想されるロイヤルティーの料率でライセンス契約締結のためのオファーをすることができる。

一方、特許権者は自由にロイヤルティー額を決めることができる。そして、特許権者によるロイヤルティー額の決定は、競争制限禁止法で定める範囲を逸脱したものである場合や、ライセンシーを阻害し、他者に比べて差別している場合に不公正となる。十分な額の対価が供託され、「強制実施権の抗弁」に関する他の要件を満たす場合、裁判所は、特許権者がライセンスオファーを承諾する義務があることを認定し、正当なロイヤルティー額を決定する。

（4）　本事件の当てはめ

連邦最高裁判所は、被告らが自ら支払うべきロイヤルティーに関する説明を果たし、対応する額の供託をした証明をしていないと判断した。そして、原告が市場の支配的地位を濫用したという被告らの主張を否定した高等裁判所の判決を認容した。さらに、被告らがCD-R製品を製造・販売することにより原告が最低限の損害を負っていることを認定し、高等裁判所が被告らに対し、経理書類を提出し、損害賠償の支払命令を下したことは正しいと判断した。

以上の点から、連邦最高裁判所は、① 原告が被告らの侵害行為を差し止める権限を有する、② 被告らが原告に対し、原告の特許発明の使用により原告が被った損害を賠償する義務を負う、③ 被告らにより違法に製造された製品を破棄しなければならない、と判断した。

4．解説

本事件はいわゆる「オレンジブック事件」と呼ばれるもので、標準規格の必須特許（SEP）を保有する特許権者による差止請求権の行使が、ドイツの独占禁止法に相当する競争制限禁止法に基づく市場の支配的地位の濫用に該当するための要件を示した事案である。

欧州では、SEPを保有する特許権者による差止請求権の行使に対して、競争法の適用が争われる事例が多いとされている。競争法の適用に関しては、EU加盟国の国内裁判所での侵害訴訟の際に、国内の独占禁止法の適用を求める方法と、欧州委員会に申立てを行い、EU競争法の適用を求める方法がある。

EU競争法の執行機関は欧州委員会であり、欧州連合の機能に関する条約（EU機能条約）の102条（旧82条）において、市場の支配的地位の濫用行為を規制対象としている。そのため、欧州では、EU加盟国の国内裁判所だけでなく、欧州委員会の決定によって新たなルールが確立される。本事件は、欧州委員会による決定ではなく、ドイツの国内裁判所で特許権侵害訴訟が提起され、被告による抗弁として、競争制限禁止法の適用の有無が争われている。

ドイツでの特許訴訟は、特許権侵害と有効性に関する争いが、それぞれ別の裁判所で判断される点に特徴がある。侵害訴訟に関しては、ドイツの各地域に存在する地方裁判所に訴えを提起するが、無効訴訟についてはミュンヘンにある連邦特許裁判所に提起することになる。一般にドイツでの訴訟は、判決までのスピードが速いこと、原告勝訴率が高いこと、特許訴訟の経験を有する裁判官も多いなどの特徴があることから、欧州における特許訴訟のフォーラムとして利用されることが多い。

本事件で連邦最高裁判所は、SEPと市場の関係について、SEP保有者は優位な立場であると述べている。なぜなら、規格に基づく製品を販売する競合他社は、事前に全てのSEPの使用許諾を得なければならず、この事実を知る特許権者は、ライセンス交渉において自由な料率を設定できるためである。そして、競合他社がライセンスの取得を断念する場合は、その市場を諦めることを意味することになる。

こうした背景の下、連邦最高裁判所は、SEP保有者によるSEPの行使が支配的地位の濫用に該当するための要件として、① 潜在的ライセンシーが、無条件で非差別的なライセンスオファーを特許権者にしていること、② 潜在的ライセンシーが既に対象特許を実施している場合には、締結されるライセンス契約の義務を果たし、合理的なロイヤルティーの支払又は供託を行うことを示した。

これは、潜在的ライセンシーが、誠実にライセンシーとしての義務を果たしていることを証明すれば、SEPの行使に対する抗弁になることを示した点に意義がある。この法理は、侵害訴訟提起時には実施権が存在しないにもかかわらず、上記の条件を満たすことで、特許権者は被告からのオファーを承諾しなければならないことから、実施権が疑似的に存在するものとして、被告側に抗弁権を付与するものと捉えることができる。

本事件は、欧州におけるSEPに基づく権利行使の対抗手段として、被告が主張できる抗弁を示した点で重要な判決であるが、本判決だけでは明らかでない点も多い。例えば本判決の枠組みによれば、被告が支配的地位の濫用の抗弁を主張するためには、被告側で合理的なロイヤルティー条件を示す必要があるが、それは係争特許であるドイツ特許に基づくロイヤルティーだけでいいのかという点や、合理的な条件とはいかなるものかという点である。

そのため、2009年に判決が下された本事件は、今日における欧州のFRAND関連事件の先駆け的な判決と位置付けることができるが、本事件のみでFRAND事件に係る法的争点が解決されたとはいえず、飽くまでFRANDに関する議論を深める出発点となった判決と捉える方が妥当であろう。

（鈴木 信也）

3．サムスン対EC事件（欧州）

（欧州委員会、2014年）

判決文

［内　容］

本件は、SEPを用いて差止請求権を行使することについて、欧州競争法に違反するか否かが調査された事例[1]。SEPを用いて差止請求訴訟を提起することが欧州競争法上、市場支配的地位の濫用禁止に違反するか否かについて争われた。いわゆる「スマートフォン戦争」以降、SEPの取扱いに関して競争法監督官庁が正式な調査を行い、一定の判断を示した最初の事例として注目された。SEP保有者のみではなく、規格利用者にも一定の交渉義務が存在する旨を示唆する内容となっており、SEPの取扱い判断に関するターニングポイントとなった事例である。

カテゴリー	SEPに基づく差止めの可否
対象規格技術	3G
関連用語	statement of objections（異議告知書）、欧州委員会、欧州連合競争法（EU competition law）、支配的地位の濫用

1．事案の概要

本件は、サムスンがアップルに対し、SEPを用いて差止請求権を行使したことが、欧州競争法に違反するか否かについて争われた事例である。

サムスンは世界最大手の携帯電話メーカーの一社として1990年代から携帯電話等の通信分野で積極的な研究開発活動を展開しており、本件の対象である第３世代（3G）移動体通信規格UMTS（日本における通称はW-CDMA）の規格

1　Case at. 39939. Samsung. Enforcement of UMTS Standard Essential Patents

策定にも参画していた。また、サムスンは、その関連SEPを多数保有しており、UMTS規格策定の過程において、欧州の電気通信関連の標準化機関であるETSI[2]に対し、FRAND宣言を行っている。

アップルは2007年にiPhoneをもって携帯電話市場に参入し、その革新性を武器に急激に売上げを伸ばしていた。これに対してサムスンは2009年にGalaxyを発売しており、両社は激しいシェア争いを展開していた。

2009年７月、アップルはサムスンがスマートフォンの操作性に関する特許権やデザイン（意匠権等）を侵害しているとして警告状を送付した。これに対してサムスンは、アップルがUMTSに関するSEP等を侵害していると主張し、両社は交渉を開始した。しかし、クロスライセンスの提案を含め、両社は数箇月間にわたり交渉を続けたものの合意には至らず、2011年４月にアップルがサムスンを、直後にサムスンもアップルを提訴し、両社は訴訟合戦に突入した。

当初、米国（カリフォルニア）で始まった両社の争いは世界中に飛び火し、日本や欧州を含む10か国で訴訟が繰り広げられた。欧州においてサムスンは、ドイツ、英国、フランス、イタリア、オランダの５か国でアップルを提訴し、その全てでUMTS関連SEPを用いてiPhoneの差止めを請求した。

2012年１月、欧州の競争当局である欧州委員会(European Commission)は、サムスンによるSEPを用いた差止請求権の行使が、市場支配的地位の濫用を禁止した欧州競争法[3]及び欧州経済領域協定[4]に違反する可能性があるとして調査を開始した。

2．争点

サムスンによるSEPを用いた差止請求権の行使は欧州競争法に違反するか

3．判旨

（1）　2012年12月21日付「異議告知書」[5]

①　サムスンによる独占支配力の有無

競争法違反に関する調査に際しては、まず、どのような製品や役務に関する

2　European Telecommunications Standards Institute（本拠地：フランス、ソフィア・アンティポリス）
3　EU機能条約（TFEU：Treaty on the Functioning of the European Union）102条
4　Agreement on the European Economic Area、54条
5　Statement of Objections

行為が調査対象となっているかを特定する必要がある（調査対象市場の画定）。この点、本件で競争法違反が疑われている行為は、特許権のライセンスに関するものであるため、こうした分野が「市場」に含まれるか否かが争点となった。

欧州委員会は、UMTSに関するSEPライセンスは欧州で流通する携帯電話の製造に不可欠であり、欧州携帯電話製品市場の上流に位置するものであるとし、関連SEPライセンス市場も調査対象市場に含まれると判断した。そして、欧州委員会は以下の理由から、UMTS市場においてサムスンが独占的な地位にあると判断した。

（i）UMTSは欧州において公的に承認された標準規格であり、事実上、欧州における唯一の3G規格となっているため、サムスンは同規格のSEPを保有することで同市場において100％のシェアを有している。

（ii）サムスン等が関連SEPをFRAND条件でライセンスすると宣言したことで規格の普及が促進された。その結果として多くの事業者がUMTS関連製品に多額の投資を行い、同規格にロックインされた。

（iii）GSM（2G）やLTE（4G）又は他の3G技術を用いた通信規格（CDMA2000等）は、UMTSと補完関係にあるものであって代替規格ではない（事業者は製品に双方の規格を搭載する必要があり、必ずUMTSのSEPライセンスを受ける必要がある。）。

（iv）サムスンが保有するSEPに関わる技術について他の関連技術保有者が代わりにライセンスすることは不可能であるため、同規格に関するSEP保有者がほかにも存在することは同社の独占的地位を否定する理由とはならない。

②　SEPを用いた差止請求権行使の妥当性

欧州委員会は、特許権を用いた差止請求権の行使について、法的に認められた特許権者の正当な権利であり、特許権侵害に対する損害の回復方法として適切かつ重要な権能であるとし、それ自体は独占的地位の濫用には当たらないと判断した。しかしながら、SEPについては、以下のような例外的な背景を持つことから、その差止請求権の行使は公正な競争を乱す可能性が高いとした。

（i）標準規格が普及した後は、規格利用者はロックインされた状況にあり、SEP保有者による差止請求権の行使が認められた場合、いわゆるホールドアップといった反競争的行為が可能となる。

（ⅱ）上述のような行為を防ぐため、標準化機関は規格策定の過程において、SEPを有している特許権者に対し、それらをFRAND条件でライセンスすることを宣言するように求めている。このFRAND宣言は、規格利用者に対して特許権のライセンスを認めると同時に、特許権者には金銭による補償を認めるものである。

他方、規格利用者が財政難にあり、ロイヤルティーの支払が見込めない場合や規格利用者の資産がSEP保有者に対する十分な金銭的補償（損害賠償）を認めない訴訟管轄地にある場合、規格利用者にFRAND条件で契約する意思がない場合にはSEPによる差止請求権の行使も認められるとした。

③　異議告知書の通達

欧州委員会は、上記事項について検討した結果、本件における事実を以下のとおり認定し、サムスンによるSEPを用いた差止請求権の行使は欧州競争法に違反する可能性があるとの初期心証に至った。

（ⅰ）UMTSは欧州域内で広く普及した標準規格である。

（ⅱ）サムスンは規格策定の過程においてETSIに対してFRAND宣言をしており、これは同社が他社製品を排除するのではなく金銭的補償によりSEP開発の代償を得ようと想定していたことの現れである。

（ⅲ）両社はライセンス交渉を継続しており、サムスンが提訴した時点において、アップルにライセンス契約締結の意思がなかったとはいえない。

（ⅳ）上記状況下においてサムスンによるSEPを用いた差止請求権の行使が認められた場合、アップルは携帯電話市場から排除されるか、差止めの脅威がなかった場合と比較して不合理な条件でのライセンス契約の締結を強いられるなど、不当に不利な立場に置かれることとなる。

そして2012年12月21日、上記検討結果を踏まえ、欧州委員会はサムスンによるSEPを用いた差止請求権の行使は欧州競争法に違反する可能性があるとの異議告知書（本件調査に関する欧州委員会の初期心証）を同社へ通達した。

なお、サムスンは2012年12月18日、上記通達に先立ち、欧州で係属するSEPを用いた全訴訟において差止請求を取り下げた旨を発表したが、欧州委員会はこれが上記初期心証に影響を与えるものではないとした。

（2） サムスンによる誓約書（Commitment）の提出

① 誓約書案（Initial Commitment）

サムスンは前記の異議告知書について反論を展開していたが、2013年９月27日、欧州委員会の懸念に対応するための和解案（誓約書案）を提出した。

【誓約書案の概要】

サムスンは、欧州委員会の最終判断が示されてから５年間、以下の交渉枠組みに同意する規格利用者に対して欧州域内で差止請求訴訟を提起しないことを約する。

a．サムスンからライセンスオファーを受領後30日以内に本交渉枠組みに同意する。

b．双方の特許権保有状況によっては、クロスライセンスを含めたライセンス交渉とする。

c．最長12か月間交渉を行う。

d．上記交渉期間内に契約の合意に至らなかった場合、第三者（裁判所ないし仲裁機関）によるFRAND条件の判断を仰ぐ。この際、60日以内に管轄地について合意に至らなかった場合には、仲裁によってFRAND条件を決定する。

e．サムスンは本件交渉の対象となるSEPを第三者に譲渡する際は、譲受人に本交渉枠組みを引き継がせる。

f．サムスンが本交渉方針を遵守しているかどうかを監督する第三者機関を設置する。

ただし、以下の場合にはサムスンは差止請求権を行使できるものとする。

a．規格利用者が上記オファーを受領してから30日以内に対応方針を回答しない場合。

b．規格利用者が倒産の危機に瀕《ひん》している場合。

c．規格利用者がサムスンに対し、互恵主義が適用されないSEPを用いて差止請求権を行使している場合。

②　第三者意見（Public Comments）の募集

2013年10月17日、欧州委員会は上記の提案により欧州競争法上の懸念が解消されるかどうか、その妥当性を問うために誓約書案を公開し、広く意見を募集した。

その結果、主として以下の内容を含む18件の意見書が提出された。

（ⅰ）サムスン自身が管轄地について譲らなければ争いは仲裁に持ち込まれることになるが、仲裁では侵害論や無効論について争うことができないなど、規格利用者に不利である（サムスンはこれらの立証責任から逃れることができる。）。

（ⅱ）そもそも第三者による判断の対象がFRAND条件のみとされており、侵害論・無効論が含まれていない。

（ⅲ）サムスンはオファーを提示する際、規格利用者が交渉に応じるべきか否かを判断するために必要となる情報（対象規格及び特許権、規格と特許権の対応性、ライセンス条件やその計算方法等）を提示すべきである。

（ⅳ）クロスライセンスの要求により、本来対象に含まれるべきではないSEPや非規格特許のライセンスを強要される可能性がある。

③　サムスンによる誓約書最終版

2014年2月3日、サムスンは上記の第三者意見を踏まえ、改訂版（最終版）の誓約書を欧州委員会に提出した。

【最終版誓約書の概要】　※前記網掛けに該当する箇所

a．サムスンからライセンスオファーを受領後60日以内に本交渉枠組みに同意する。

b．**サムスンはライセンスオファーを提示する際、対象特許やライセンス条件に関する情報を提供する。**

c．双方の特許権保有状況によっては、クロスライセンスを含めたライセンス交渉とする。**ただし、非規格特許及び互恵主義が適用されないSEPは対象外とする。**

d．誓約書案c．と同じ

e．上記交渉期間内に契約の合意に至らなかった場合、第三者（裁判所ないし仲裁機関）による判断を仰ぐ。この際、60日以内に管轄地について合意に至らなかった場合には、**特許裁判所、英国高等法院、欧州統一特許裁判所のいずれかの裁判所に判断を仰ぐ。両者の合意がある場合か、上記の裁判所が訴訟管轄を否定した場合には、仲裁による判断を仰ぐ。**

f．**上記第三者の判断に際しては、侵害論・無効論についても検討し、適切なFRAND条件の設定を求める。**

g．誓約書案 e．と同じ

h．誓約書案 f．と同じ

④　調査の終了

この誓約により、サムスンはFRAND条件でのライセンス契約締結を希望する規格利用者に対しては差止請求訴訟を提起できず、また、もし規格利用者が本枠組みを拒否し、サムスンが差止請求訴訟を提起したとしても、本枠組みによる交渉拒否を理由に即差止めが認められるわけではなく、管轄裁判所が両当事者における全ての事実に鑑み、真に差止めが必要か否かを判断し、適切な処置を決定することになるため、規格利用者の保護が保証されていると考えられる。これにより、当初の懸念が払拭されたとして、2014年４月29日、欧州委員会は本件調査の終了を宣言した。

４．解説

EU加盟国では、各国が定める競争法とは別に、EUが定める競争法（EU関連条約）を遵守する必要がある。欧州委員会（の競争総局）はEUにおける競争行為に関する監督官庁であり、欧州競争法の立案・制定や違反に対する調査・排除措置命令の発令及び制裁金の賦課等の権限を有している。

本件は、裁判所ではなく、競争当局がSEPの取扱いに関して判断を示した初の事例として注目すべき事案である。

つまり、スマートフォンの登場以降、携帯電話の老舗企業と新興企業の間でSEPを含む特許紛争が頻発するようになり（いわゆる「スマートフォン戦争」）、SEPの取扱いに関して多くの司法判断が示される一方、競争当局に関しては、米国司法省やFTCが声明を発表するなどしていたものの、一般的な見解の提示にとどまっており、具体的な案件について調査を実施し、判断を示したのは本件が初であった。特に欧州委員会は世界で最も積極的な競争当局として知られており、その判断に注目が集まっていた。

なお、他の競争当局に先駆けて本件調査の開始を公表し、同時期にモトローラによるSEPを用いた差止請求権行使事案についても調査していたこともあり、一時、SEPによる権利行使を受けた者が訴訟における抗弁の常套《じょうとう》手段として相次いで欧州委員会への申立てを行うという事態に陥り、競争担当欧州委員が「欧州委員会はSEP紛争に関する駆け込み寺ではない」旨をコメントするに至るなどの弊害も生じた。

また、SEPを用いた差止請求権の行使を一律に競争法違反とするのではなく、相手方が契約の意思を示していない場合における差止請求権の行使を否定しなかった点も注目すべき点である。つまり、スマートフォン戦争以降、世界中でSEPの取扱いに関する議論が展開され、司法判断も相次いだが、その多くがSEPの権利行使に制約的なものであり、なかには「SEPを用いた差止請求権は一切認められるべきではない」とする意見も存在した。しかし、こうした考え方は、規格策定のために投じた資本を正当に回収しようとする誠実なる特許権者の権利をも制限し、悪意ある侵害者によるフリーライドを助長してしまう可能性が高く、妥当ではない。

SEPに係る紛争を解決する上で重要なのは、権利者と利用者における権利･義務のバランスを図りつつ標準化の理念（産業の発達）に資することであり、事案ごとの背景（当事者双方の態様等）を勘案して判断が下されるべきである。この点、本件においては、契約締結の意思のない規格利用者に対する差止請求権の行使は排除されておらず、一定のバランスを図ったものと考えられる。

このように当事者双方に誠実交渉義務を課す考え方は、2015年７月16日に下された欧州司法裁判所の判決や2016年１月21日に改正された公正取引委員会の「知的財産の利用に関する独占禁止法上の指針」においても示されており、本件が一つの節目となったものと思われる。しかし、具体的にどのような交渉を行えば誠実交渉義務を満たすのか等、いまだ明確な基準が示されているとは言い難い事項も多く、こうした点について今後の事例の蓄積が期待される。

（佐藤 智文）

4．ファーウェイ対ZTE事件(EU)

（欧州連合司法裁判所、2015年）

判決文

［内　容］

SEP保有者による差止請求がEU競争法上支配的地位の濫用とならないための条件が明示された欧州連合司法裁判所判決[1]。この判決で、競争法の観点からSEPライセンスのwilling licensor/licenseeの具体的な条件が例示された。SEP保有者は侵害警告を事前に行う必要があり、被疑侵害者がライセンスを受ける意向を示した場合にはFRAND条件を具体的に提示しなければならない。その手続を欠いた差止訴訟は「支配的地位の濫用」とみなされる。被疑侵害者は、業界の商慣行や善意に基づく具体的なライセンス提案に誠実に対応しなければならない。

カテゴリー	(i)　SEPに基づく差止めの可否 (ii)　FRANDに基づく誠実交渉
対象規格技術	4G
関連用語	欧州司法裁判所(CJEU：Court of Justice of the European Union)、通知要件、欧州連合の機能に関する条約（EU機能条約)、reference（付託)、willing licensee

1．事案の概要

ファーウェイは、中国に本社を置く電気通信分野の多国籍企業であり、欧州特許第2090050B1号（名称：通信システムにおける同期信号を確立する方法及び装置。以下、050特許）を保有する。

1　*Huawei Tech. Co. Ltd. v. ZTE Deutschland GmbH,* Case C-170/13, July 16, 2015

ファーウェイは2009年3月4日、欧州電気通信標準化機構（ETSI）が第4世代移動体通信規格として採択したLong Term Evolution規格（以下、LTE標準）に同特許が必須である旨をETSIに宣言し、FRAND条件で第三者にライセンス許諾する用意があることを表明した。050特許はLTE標準の必須特許（SEP）であるため、LTE標準を使用すると050特許の侵害が発生する。

ZTE Corp.は、中国の通信設備・通信端末の開発・生産会社である。ZTE Deutschland GmbHは同社のドイツにおける現地法人であり、LTE標準関連のソフトウエアを装備した製品を販売している。以下、両社をZTEと総称する。

ファーウェイとZTEは2010年11月から2011年3月にかけて050特許の侵害問題解決のためにFRAND条件でのライセンス契約について協議した。ファーウェイは合理的な実施料案を提示したが、ZTEはクロスライセンスによる解決を求めたため、結局、ライセンス契約に至らなかった。しかし、ZTEはその後も過去分の特許権侵害に対する補償のための準備を行わずに、LTE標準を使用する製品の販売を継続した。

ファーウェイは2011年4月28日、欧州特許条約（EPC）64条及びドイツ特許法139条を根拠に、ドイツのデュッセルドルフ地裁に特許権侵害訴訟を起こして、侵害の差止め、過去の特許権侵害に対する補償、侵害製品の回収及び将来の使用に対する損害賠償支払の命令を求めた。これに対してZTEは、SEP保有者であるファーウェイの差止請求は、EU競争法上、支配的地位の濫用に当たるとする抗弁を主張した。

侵害訴訟ではEU競争法違反の有無についての争点は提起されていなかった。しかし、デュッセルドルフ地裁は、ファーウェイが差止訴訟を提起したことが「支配的地位の濫用」に当たるかどうかは裁判の実質的な争点になると判断した。

ドイツの判例にオレンジブック事件判決がある。この判決でドイツの連邦最高裁は、SEPライセンスを求める被告に対する差止請求が支配的地位の濫用となるのは、「被告が侵害事件に限定されないライセンス契約を無条件に申し入れている場合」や「既に侵害行為を行っている被告が過去の侵害行為の清算のための準備を行っていた場合」など、例外的な解釈を示していた。

本件にこの判例が適用されれば、デュッセルドルフ地裁はファーウェイの勝訴判決を下すことになる。しかし、SEP絡みの競争法適用については欧州委員会（EC）が異なる判断を示している。

つまり、「SEP保有者が標準化団体に対してFRAND条件でライセンス許諾の用意があると表明し」「侵害者がライセンス交渉に前向きである」場合、SEP保有者の差止訴訟は欧州連合の機能に関する条約（TFEU）102条の「支配的地位の濫用」に当たるとする見解である。このためデュッセルドルフ地裁は審理をいったん停止して、欧州連合司法裁判所（CJEU）に五つの項目について競争法上の判断を求めた。

2．争点

（1）SEP保有者がFRAND宣言をしており、侵害者がFRANDライセンス取得の意思表示をしている場合、差止訴訟を提起することはEU競争法上の支配的地位の濫用となるか
（2）侵害者がライセンス交渉に前向きな場合、侵害者は契約の具体的な条件を提示していなければならないか
（3）ライセンス契約のための無条件のオファーが前提となる場合、そのオファーには通常の契約に包含される条項が全て含まれていなければならないか
（4）侵害者のライセンス義務履行が前提となる場合、その義務に過去の侵害に対する実施料支払のための口座の開設が含まれるか
（5）支配的地位の濫用の推定条件は、特許権侵害から派生する他の請求（銀行口座開設や製品回収）を求める訴訟にも適用されるか

3．判旨

デュッセルドルフ地裁からCJEUに付託された質問は、侵害訴訟がTFEU102条違反となるのはどのような場合かという内容である。つまり、SEPを保持し、FRAND条件による第三者へのライセンス許諾を標準化団体に表明しているような支配的地位にある事業者が、SEP侵害の差止命令を求め、侵害製品の回収を求めることがTFEU102条で規定する「支配的地位の濫用」となるかどうかという内容である。

（1）　支配的地位の濫用

TFEU102条が規定する支配的地位の濫用は、支配的地位にある事業者の行為に関係する客観的な概念である。

本件のような侵害訴訟を提起する権利は特許権者にあり、たとえ市場で影響力を持つ事業者であるとしても、特許権者の権利行使によってTFEU102条の支配的地位の濫用が発生することにはならない。しかし、その行使の仕方によっては例外的に濫用的な行為とされることもある。

本件の特徴は、訴訟対象の特許が標準化団体（ETSI）の策定した標準に必須であるため、この標準に準拠した製品を製造しようとする者はいや応なくそれを使用しなければならない点にある。もし特許がSEPでなければ、第三者はそれを迂回して競合する製品を製造することができる。この迂回可能性の有無がSEPの場合とそうでない場合の違いである。

次に、本件特許については、SEP保有者が標準化団体にFRAND条件でライセンス許諾する用意がある旨を通知しており、そのような許諾の意思表示と引き換えにSEPという特殊な地位が得られた点である。

一般論でいえば、特許権者は侵害の差止めや侵害製品の回収を求めることができる。しかし本件の場合、特許権者がSEPの保有者であるため、競合製品の市場参入を阻止することができるので、競合者を排除して市場での自分の地位を守ることができる。

したがって、事業者がFRAND条件でライセンス許諾の用意があることを表明したならば、第三者は、SEP保有者がそのような条件でライセンスを実際に許諾するという期待を抱くことになる。そのような場合、SEP保有者がライセンス許諾を拒否すれば、その行為はTFEU102条の支配的地位の濫用となる。

（2）　濫用の要件

侵害製品の差止め又は回収を求める訴訟の提起が競争法の下で濫用とならないためには、SEP保有者と利害関係者の間に公正なバランスが確保されていなければならない。知的財産権は、EC指令をはじめとする法律によりその権利行使が保証されている。知的財産権の保護を高いレベルで維持するために、制度上、域内では権利保有者に侵害の救済が認められ、司法による保護が認められる。そのために裁判所や審判所（tribunal）がある。

高いレベルでの知的財産権の保護とは、つまり、権利者が排他権を行使するための法的手続を取れることであり、規格の実施者が権利の使用許諾を得ないで実施した場合には、権利者がその実施者にライセンスの受諾を強制できることである。

SEP保有者が標準化団体にFRAND条件でライセンスすることを約束した場合、その約束が取消し不能であるからといって、SEP保有者に保証されている権利が否定されるわけではないが、侵害の差止め又は侵害製品の回収を求める訴訟を提起する場合は、所定の要件を満たす必要がある。

まず、SEP保有者が、被疑侵害者に対して事前警告なしに抜き打ち的に裁判を起こした場合、たとえ被疑侵害者が既にそのSEPを使用していたとしても、訴訟提起はTFEU102条違反となる。SEP保有者はそのような訴訟を提起する前に、被疑侵害者に対して侵害されるSEPを特定し、侵害理由を述べた警告を行わなければならない。

本件で争われているような標準の要素技術に関連する特許は多数存在する。そのうちの１件の特許を侵害しているとしても、規格の実施者が侵害事実を認識していない場合もあろう。また、被疑侵害者がライセンスを受ける意思表示をしている場合、SEP保有者は被疑侵害者に対してFRAND条件、特に実施料とその算出方法を、具体的に提示しなければならない。

SEP保有者がFRAND条件でライセンスすることを標準化団体に約束したことにより、SEP保有者はそれを実行することが期待されている。また、比較参照する標準ライセンス契約書がない場合や競合会社との既存のライセンス契約が公開されていない場合であっても、提示条件が競争法上適切かどうかはSEP保有者の方が判断しやすい立場にある。

（3） 具体的な対応とは

SEP保有者が業界の慣行と自らの善意に基づくFRAND条件を提示したときには、被疑侵害者は時間稼ぎと誤解されないように真摯な態度で対応しなければならない。もしSEP保有者の条件が受け入れられない場合、速やかに書面でFRAND条件の対案を提示しなければならない。そのような対案が提示されて初めて侵害の差止め又は侵害製品回収のための訴訟が支配的地位の濫用を構成すると主張できる。

被疑侵害者がライセンス契約の締結前にSEPを使用している場合、被疑侵害者の対案がSEP保有者によって拒否された時点で適切な対応、例えば銀行保証や供託金等の準備、適切な担保を設定するなどの対応をとらなければならない。担保の額は、過去にどの程度SEPを使用していたかなどを勘案して計算し、被疑侵害者はこのような過去の使用に対する支払ができるようにしておかなければならない。また、被疑侵害者からの対案に合意が得られない場合、両当事者は、相手方の同意の下に、実施料率を独立した第三者の裁定に委ねることもできる。

デュッセルドルフ地裁の提起した質問に関しては、以下のようにTFEU102条を解釈すべきである。つまり、SEP保有者が、FRAND条件で第三者にライセンス許諾することを標準化団体に約束しており、その約束が取り消すことのできない性質のものである場合、以下の２つの条件を満たす限り、SEP保有者が侵害差止め又は侵害品の回収を求める訴訟を提起してもTFEU102条の「支配的地位の濫用」にはならない。

（ⅰ）SEP保有者が侵害訴訟を起こす前に対象特許を特定し、侵害理由を示して被疑侵害者に侵害の警告を行っている場合。ただし、被疑侵害者がFRAND条件でライセンスを受ける意思表示を行った場合、ライセンスの条件、特に実施料とその計算方法について、SEP保有者は被疑侵害者に対し、書面で具体的に提案しなければならない。そして、

（ⅱ）被疑侵害者がSEPを継続して使用しているにもかかわらず、SEP保有者から提案された具体的なライセンス条件に対して誠実に対応していない場合。ただし、被疑侵害者の対応に問題があることが客観的な事実によって立証されなければならない。

ただし、SEP保有者が自らの知的財産権に基づき侵害差止め又は侵害品の回収を求める訴訟を提起することは、競業者が問題のLTE標準に準拠して製造した製品の市場参入を排除することにもなるので注意が必要である。その場合には、競争法上の「濫用」とされる可能性があるからである。

デュッセルドルフ地裁は、SEP保有者が侵害訴訟を提起して過去のSEP使用に対する清算と損害賠償を求めたことによって、LTE標準に準拠した競業者の製品の市場参入に対して直接的な影響は何ら与えるものではないと認定している。したがって、このような状況の下では、ファーウェイの提起した差止請求によって「支配的地位の濫用」が生じるとみなすことはできない。

4．解説

（1） 事件の背景

本件をドイツ国内法の観点だけで見れば、デュッセルドルフ地裁は2009年のオレンジブック事件判決[2]に従い、被告の抗弁（「支配的地位の濫用」の主張）を退け、原告の請求を認めることになったであろう。CJEUも、ドイツ国内法に基づく原告勝訴の判断が可能である旨を判決で述べている。

しかし、ECは別の事案で、SEP保有者の差止訴訟の提起がEU競争法に違反するとの見解を2012年12月に表明している。この事案は、アップルとサムスンの間のスマートフォン関連特許権侵害訴訟の一つで、サムスンが欧州でアップルに対して差止請求をしたことがEU競争法に違反するとされたもの。サムスンはその見解を受けて、欧州におけるアップルに対する差止訴訟を全て取り下げた経緯がある[3]。

今回のCJEU判決は、このような背景のなかで出されたものであることを理解する必要がある。

（2） EUの競争政策

EU加盟国の裁判所は、条約あるいはEU法の解釈についてCJEUの見解を求めることができる。これは付託（reference）というEU特有の制度である。付託された事案に対してCJEUの出した判決は、「先行判決（preliminary ruling）」と呼ばれる。付託した裁判所（本件の場合はデュッセルドルフ地裁）は、先行判決で示されたCJEUの解釈を参考にして、最終的に原告の差止訴訟の是非を判断することになる。

EU競争法は、TFEU101条と102条を根拠とする。日本や米国とは違い、単独の法律ではなく条約の関連条項に基づいて執行される強行法である。101条が「競争制限的協定」について、102条は「市場支配的地位の濫用」について規定する。EU競争法は、特許権の行使にも適用され、その頻度は日本や米国に比べると多い。その理由は、EUの設立経緯を考えると分かりやすい。EUは統一市場の実現を目指しており、そのために、「モノ」「ヒト」「カネ」の自由

2　本書第Ⅲ章Ｂ－２参照
3　サムスン対EC事件（本書第Ⅲ章Ｂ－３参照）

移動がこれまで徐々に認められてきたからである。

特にモノの移動を保証するために、域内での規格統一が不可欠であることがEC創設当時から認識されていた。産業振興を目的とする特許制度と統一市場実現のための規格制度が抵触する場合、広域市場の立場から規格優先の解釈が採られることは当然に考えられる。現実に、日本や米国の場合と比較すると、EUでは特許権行使を規制する解釈が多く採用されている。

また、ECの競争当局が競争法を盾にして私企業の商業活動に介入することもよく知られている。これは、当局の介入をできるだけ控え、問題解決を市場当事者に委ねる米国のアプローチとは対極にある。ちなみに、日本も近時の独禁法改正で私訴制度が導入されたため、米国型に移行しているといわれている。また、中国の独禁制度はEUに近い中央集権型で、私企業の取引行為にも中央政府が積極的に介入する。

（3）　権利制限を正当化する理由とは

侵害行為の差止請求は、損害賠償請求と合わせて、特許権侵害救済のための二本柱である。その一つが、SEPの場合には様々な法理で制限されつつあることは、本書で取り上げたFRAND判例からも明らかである。

特許権侵害に対する差止請求は法律で定められた特許権者の権利である以上、当然のことながら、それを制限する場合には、技術進歩や経済状況などの要素により裏打ちされた合理的な説得力がなければならない。しかし、この問題は、国や地域によってその捉え方に温度差がある。

ファーウェイ対ZTE事件におけるCJEUの判断は、ライセンサーとライセンシーの交渉義務を具体的に示しており、おおむね高い評価となっている。

（藤野　仁三）

5. アルコス対フィリップス事件（オランダ）

（ハーグ地方裁判所、2017年）

判決文

［内　容］

ファーウェイ対ZTE判決後に両当事者が提案した特許ロイヤルティーのFRAND適格を判断したオランダで初めての地裁判決[1]。ファーウェイ判決後、SEP保有者のフィリップスがSEPを含むポートフォリオ・ライセンスをアルコスに打診したが、アルコスがライセンス取得に消極的なためフィリップスは侵害訴訟を提起した。アルコスもフィリップスの支配的地位の濫用を主張して反訴。その後、和解のためのライセンス・ロイヤルティーを提案したが交渉不調に終わり、アルコスがフィリップスのライセンスオファーはFRAND要件を満たさないとして迅速審理（VRO）を求めたのが本件である。SEP保有者とSEP利用者のライセンスオファーの内容がFRANDであるかどうかが問題にされた。

カテゴリー	(i)　合理的実施料の算定 (ii)　FRANDに基づく誠実交渉
対象規格技術	3G、4G
関連用語	迅速審理（accelerated proceeding）、ポートフォリオ・ライセンス、純販売価格、フィリップス対SK Kassetten事件

1. 事案の概要

オランダ法人Philips N.V.（以下、フィリップス）はグローバルな総合電機メーカーである。

1　*Archos S.A. v. Philips N.V.*, DC Hague, 10/2/2017, C/09/505587 / HA ZA 16-20

無線通信システム関連規格のUMTS（3G）やLTE（4G）に関連する欧州特許第1440525号、第1685659号及び第1623511号（以下、本件SEP）を保有する。同社は、欧州電気通信標準化機構（ETSI）が定めた特許取扱規定（IPR Policy）の６条１項に基づき、本件SEPについてFRAND条件でライセンスすることをETSIに書面で通知していた。

本件の原告であるArchos S.A.(以下、アルコス）は、フランスに本社を置く家電メーカーでモバイル通信機器の開発・製造に注力している。フィリップスは2014年６月５日、UMTS及びLTE規格に準拠したアルコス製の携帯電話が本件SEPを侵害する旨の警告状を送り、併せて本件SEPを含むポートフォリオ・ライセンスの用意があることを通知した。それを受けてアルコスは６月12日、本件SEPとライセンス条件について詳しい情報を提供するようフィリップスに求めた。

両者間の最初の打合わせが行われたのは2014年９月14日である。フィリップスはUMTS/LTE規格と特許の関係を示したクレームチャートを作成し、特許権侵害が不可避であることやライセンス条件について説明した。その後アルコスも自社保有特許との無償のクロスライセンスを提案したが、フィリップスは12月23日にアルコスの特許に興味がないという理由でその提案には応じないと回答した。

フィリップスは2015年７月28日、新しいUMTS/LTE特許リストやクレームチャートを作成し、ライセンス契約案とともにアルコスに送付した。そこで示されたフィリップスの提案は、侵害製品１個につき0.7ユーロをロイヤルティーとするものである。これに対してアルコスは同年９月３日、ライセンスを受ける意思のないことを表明し、飽くまでもフィリップスがロイヤルティーの支払を求めるのであれば問題解決を裁判に委ねると回答した。

フィリップスは同年10月、アルコスの販売する携帯電話が本件SEPを侵害するとして、オランダのハーグ地裁に侵害訴訟を起こした。訴訟提起を受けたアルコスは、フィリップスの当初のライセンス条件がFRANDではなく、侵害訴訟の提起が支配的地位の濫用であるとする内容の反訴を申し立てた。

フィリップスはドイツとフランスでもアルコスの現地子会社を相手取って本件SEPに基づく侵害訴訟を起こしていた。ドイツではマンハイム地裁が2016年７月１日にフィリップスの支配的地位の濫用を認め、フィリップスから提示されたライセンス（2015年７月28日付）はFRANDには当たらないと認定した。

一方、アルコス側の交渉姿勢についてはFRAND適格を認めた。しかし、アルコス側のSEPの消尽論についてはその主張を認めず、以下の判示を行った。

「V．消尽に関するアルコスの意見には説得力がない。アルコスは自社製の携帯電話に訴外クアルコムとメディアテックのチップが搭載されていると主張しているが、それにより係争特許が消尽される理由は立証されていない。……また、フィリップスとクアルコムの間のライセンス契約がUMTS特許のクロスライセンスであると主張しているが、その契約下で何件の特許が許諾されているのかは立証できないという。契約書が保護命令下にあることをその理由に挙げている。これもアルコスの意見の説得力を弱めている」（マンハイム地裁判決）

アルコスはその後2016年１月12日に、ロイヤルティー率を関連製品の純販売価格の0.071％（純販売価格を100ユーロと仮定した場合、0.07ユーロ）とする対案をフィリップスに提示した。結局、合意に至らず同年10月、アルコスはフィリップスのライセンスオファーがFRANDではないこと、アルコスの対案がFRANDであること――などについての迅速審理を求めた。

本件は、その迅速審理の判決である。

2．争点

（１）2015年７月28日のフィリップスの提案に含まれた本件SEPのライセンス条件はFRANDか

（２）アルコスが2016年１月12日に提案した対案のライセンス条件はFRANDか

3．判旨

（1） フィリップスのライセンス条件はFRANDか

① 誠実交渉義務

フィリップスはロイヤルティー率や計算方法などのライセンス条件について常に交渉の用意があったと主張する。一方のアルコスは示されたライセンス条件が硬直的で両者間に実質的に交渉といえるものはなかったと主張する。アルコスの主張は客観性に欠けている。フィリップスは2014年に行われた交渉でロイヤルティー率を明らかにしている。その後の両者間の打合わせがその料率をめぐって行われたことは証拠から明らかである。

それに対してアルコスは、訴訟が起こされるまで実質的なアクションを何らとっておらず、2016年１月12日に提示された対案内容もFRANDといえる内容ではなかった。

欧州連合司法裁判所（CJEU）のファーウェイ判決により、SEP保有者のFRANDオファーが受け入れられないとき、SEP利用者はFRAND条件での対案を出さなければならない。その際、SEP利用者がライセンス交渉に誠実な態度で臨んでいるかどうかが重視される。SEP利用者のライセンス交渉に臨む態度が重要であることは、フィリップス対SK Kassetten事件のハーグ地裁判決（ハーグ地裁、2010年３月７日判決。下記参照）や、オレンジブック事件のドイツ連邦最高裁判決で指摘されている。

本件の場合、2015年７月28日にフィリップスがライセンスを打診したにもかかわらず、アルコスは交渉に前向きな態度をとることなく、訴訟での解決を表明した。交渉に誠実な対応をしなかったのは、むしろアルコスの方である。

フィリップスとクアルコムの間にはクロスライセンス契約が締結され、その契約の下でフィリップス製品にはクアルコム製のチップセットが搭載されている。この事実を根拠にしてアルコスは、本件SEPが消尽しておりフィリップスのライセンスオファーは消尽した特許の行使に当たるため、FRANDではないと主張する。

これに対してフィリップスは、クアルコムとの契約は携帯電話の製造・販売に関するものではないこと、仮に問題にするのであればこれまでの両者間の交渉時に提起すべきであったことを挙げて反論した。この点についてのアルコスの主張は単なる値下げの要求にすぎず、そのような要求は、これまでのライセンス交渉の場で提起されるべきものである。

フィリップス対SK Kassetten事件

背景	CD・DVD技術に関するSEPを保有するフィリップスが、特許権侵害でKassettenをハーグ地裁に提訴。Kassettenが競争法違反の抗弁
争点	ドイツの「オレンジブック事件」判決を根拠にすると、KassettenにはSEPのFRANDライセンスを受ける権利があるので、フィリップスの差止請求は禁止されるか。
判決	ハーグ地裁はKassettenの抗弁を退け、侵害を認定。ドイツの判例で確立したFRAND抗弁の基準は、オランダの評価基準にならない。

②　UMTS/LTE規格の非分離性

フィリップスのポートフォリオ・ライセンスにはSEP以外のUMTS/LTE規格の関連特許が含まれている。そのためアルコスは、どの特許がLTE規格関連かはっきりしないのでそのようなオファーはFRANDではないと主張する。しかし、それは認められない。

フィリップスは、UMTS/LTEの両規格が技術的に相互依存の関係にあることを示す証拠を提出しており、その証拠は、同社のライセンスオファーがFRANDであることを立証するのに十分である。一方、アルコスは、LTEのSEP（以下、LTE-SEP）だけを使用して製品を作るのでUMTSのSEP（以下、UMTS-SEP）は不要であると述べるが、むしろこの主張の方が説得力に欠ける。

③　SEPのシェアとその重み付け

両当事者はフィリップスが有するUMTS-SEPの重要性については議論しているものの、ポートフォリオ全体で同社がUMTS-SEPを何件保有しているかという重要な点については必ずしも議論がなされているとはいえない。両当事者が主張する数値は、それぞれ独自に導き出したものである。

アルコスは、英国のコンサルタント会社であるOxfirstの調査結果を利用した。この調査はETSIのIPRデータベースに基づいてUMTSをキーワードとして検索したものである。この調査によれば、UMTS規格に関するパテントファミリーは2130件であり、これを母数にして計算するとフィリップスのSEPのシェアは2.5%となる。

これに対してフィリップスの専門家証人は、フィリップスが55件のUMTS-SEPを保有し、総数1069件のポートフォリオのうち、5.1%を占めると証言した。この数値はMITなどの大学連合が制作したUMTS-SEPのデータベース（dSEP）を用いた検索の結果から得られたものである。フィリップスの主張によればSEPのシェアを考慮する場合、携帯電話を対象にすべきであって、基地局や他のインフラを含む周辺技術の規格全体を対象にすべきではない。

アルコスは、Oxfirstの検索結果の信憑性を立証していない。Oxfirstの報告書の重要箇所で使用されている“Forward Citation”と呼ばれる手法は適切でなく、その結果も推測的で信憑性に欠ける。例えばOxfirstの報告ではフィリップスのSEPの重み付けは0.7%とされているが、他のライセンシーの分析に見られるような数値（例えば9.78%）を考慮しない理由の説明がない。

また、3Gの携帯電話の付加価値を、単にWi-Fi対応機能を標準装備した携帯電話と比較してその重み付けを計算している。

そのような数値は業界の実態を踏まえたものとはいえず、現実的ではない。

④　ロイヤルティー

アルコスは、ロイヤルティーが累積（スタッキング）されるのでフィリップスのUMTS-SEPのロイヤルティーは0.7％が相当だと主張し、一方のフィリップスは5.1～9.8％の範囲内でのロイヤルティーを主張する。フィリップスのロイヤルティーと、フィリップス以外の企業が保有するSEPへのロイヤルティーが同じであると仮定すると、ロイヤルティー総額は7.65米ドル（0.75×100/9.8）と14.71米ドル（0.75×100/5.1）の間の数値となる。もしアルコスの主張する0.7％を採用した場合、フィリップスが示すロイヤルティーより一桁低くなる。アルコスはこれまでの交渉で、フィリップスが提案したロイヤルティーに一切異議を唱えていない。

また、フィリップスが2011年の論文を根拠にLTE-SEPのロイヤルティーを算出したことに対し、根拠論文が古過ぎると批判する。しかしその裏付けは示されていない。LTE-SEPのロイヤルティーは、前出のUMTS-SEPのロイヤルティーと比べて必ずしもバランスに欠けるとはいえない。

アルコスは、携帯電話の販売価格に基づくのではなく、SEPの対象技術に限定してロイヤルティーを設定すべきと主張する。いわゆる「最少販売特許実施部分（SSPPU）」論であり、本件の場合、対象は「ベースバンド・チップ」となる。この主張に対してフィリップスは、提案したロイヤルティーは定額であり販売価格に基づくものではないと反論しているが、裁判所もSSPPUはまだ法律家やエコノミストが適用可能性を議論している段階であり、本件に当てはめるのは時期尚早と考える。仮にSSPPUを導入しても、該当部分の製品全体に及ぼす付加価値を適切に考慮できないという問題がある。

（2）　アルコスの対案の条件はFRANDといえるか

アルコスは、2016年1月12日に自らが提案したオファーがFRANDであると主張する。その対案は、フィリップスのオファーよりも1桁低いロイヤルティーである上、携帯電話の正確なSEPシェアに基づいて算出されたものではない。その信憑性を立証する証拠が不十分である以上、その主張は認められない。

4．解説

オランダの特許裁判は、他のEU構成国と異なる特徴を持つ。① 全ての特許事件の一審はハーグ地裁が担当する、② 比較的、特許権者に有利な判決が下されやすい、③ 仮差止めや税関差止めが認められやすい、④ 迅速審理（3人の裁判官の合議で10か月未満に結審）が認められる、⑤ 訴訟費用が低廉で高額の賠償が認められやすい、⑥ ディスカバリー制度がない、⑦ 税関が協力的である――などである。本件は、ハーグ地裁による迅速審理判決であり、訴訟提起から5か月で判決が出された。

原告のアルコスは、ドイツ・マンハイム地裁が同じ事件でフィリップスの支配的地位の濫用を認めたことに意を強くし、ハーグ地裁に迅速審理を求めたのであろう。しかし、結果は正反対のものとなった。この判決は、正に「プロパテント的」な判決といってよいであろう。

ファーウェイ判決により、提訴前の誠実交渉義務が実質的にルール化された。また、EU構成国の裁判所がそれぞれの国でFRAND適格の有無を判断できることが確認された。ハーグ地裁は本件で、最初に交渉経緯と両当事者のロイヤルティー案（その差は一桁異なる）を検討し、それを踏まえて両当事者のFRAND適格を分析している。

この事件でアルコスは、SEP行使に対する反論として考えられる項目、例えば特許消尽、累積ロイヤルティー、最少販売特許実施部分（SSPPU）、ホールドアップ等を主張した。これらはFRAND問題における定番の項目である。

それに対してハーグ地裁が逐一証拠に基づく判断を示しており、FRAND問題が今どのような論点で議論されているかを知る上でも参考になる判決である。

またこの判決は、オランダのフィリップス対SK Kassetten事件（2011）、ドイツ最高裁のオレンジブック事件（2008）、そして、ファーウェイ事件でのCJEU判決に言及している。さらに、ハーグ地裁は「消尽問題」についてマンハイム地裁判決から該当部分を全文引用している。EUの消尽問題に対する考え方を知る上で参考になるため、本稿でもその一部を判旨に引用した。

（藤野 仁三）

6．Tagivan対ファーウェイ事件（ドイツ）

（デュッセルドルフ地方裁判所、2018年）

判決文

［内　容］

原告のTagivanはAVC/H.264規格のSEP保有者で、保有特許をMPEG-LAが管理するAVC/H.264パテントプールにライセンス許諾した。MPEG-LAは、ファーウェイとの間で同SEPを含むポートフォリオ・ライセンスの交渉を進めていたが、合意に至らなかった。Tagivanはファーウェイのドイツ子会社を相手取り、デュッセルドルフ地裁に侵害訴訟を提起[1]。被告は、原告の侵害訴訟が「ファーウェイ対ZTE事件」欧州司法裁判所判決が定めた誠実交渉義務に違反するとして欧州競争法違反の抗弁を主張した。デュッセルドルフ地裁はMPEG-LAのAVC/H.264特許ポートフォリオ・ライセンスの詳細を検討し、原告による訴訟提起は誠実交渉義務違反に該当しない、MPEG-LAに支配的な地位の濫用はない、と判決した。

カテゴリー	FRANDに基づく誠実交渉
対象規格技術	AVC/H.264
関連用語	MPEG-LA、ポートフォリオ・ライセンス、パテントプール、警告状、ライセンスを受ける意思

1．事案の概要

原告のTagivanは、モバイル機器などに使用されるAVC/H.264（MPEG-4 Part 10）デジタル・ビデオ・コーディング規格（動画圧縮規格の一つで従来のMPEG-2より高い圧縮効果を持つ。）に必須となる欧州特許を保有し、FRAND

1　*Tagivan v. Huawei*, District Court of Düsseldorf, November 15, 2018 - Case No. 4a O 17/15

条件でのライセンスを関係標準化団体に宣言していた。この特許は、MPEG-LAが運営するAVC/H.264特許ポートフォリオ・ライセンスに含まれている。

被告は、Huawei Technologies（本社：中国、以下、ファーウェイ）のドイツ子会社でAVC/H.264規格を使用したモバイル機器をドイツや欧州域内で販売している。

MPEG-LAは、多くのデジタル・ビデオ・コーディング特許に関する再実施権付のライセンス許諾を得て、関連SEPの一括ライセンス、いわゆる「特許ポートフォリオ・ライセンス」を管理・運営する。一括ライセンスは、定型ライセンス契約（以下、定型ライセンス契約）で行われ、契約書のひな型はMPEG-LAのウェブサイトから入手できる。2004年以降、2000件の特許ポートフォリオ・ライセンス契約が締結され、現在は1400件の契約が有効に存続している。

MPEG-LAは、MPEG-2その他の動画圧縮技術に関連する特許ライセンス交渉をファーウェイとの間で2009年に始めた。2011年９月６日にAVC/H.264特許ポートフォリオ・ライセンスをファーウェイにオファーし、定型ライセンス契約書コピーを電子メールで送付した。翌2012年２月、MPEG-LAは定型ライセンス契約書のコピーをファーウェイに電子メールで送付し、両者間の交渉が2013年11月にも行われたが、合意には至らなかった。交渉は2016年７月に再開されたが、それも不調に終った。

このような状況を打開するため、Tagivanはファーウェイのドイツ子会社を相手取り、侵害訴訟をデュッセルドルフ地裁に提起。被告による標準必須特許（SEP）侵害の差止め、賠償金供託のための銀行口座の開設、侵害製品の破棄・リコールの命令を裁判所に求めた。

被告は、侵害訴訟が係属中の2017年11月にライセンスの対案を提示した。この対案は、MPEG-LAの定型ライセンス契約が定める条件とは異なり、ライセンスをTagivanのSEPに限定するもので、ロイヤルティーは被告製品の販売地域ごとに異なる料率で算定するものであった。

被告は2018年の３月と８月、過去分の侵害の清算と将来の実施料を弁済するため、銀行保証の付いた損害賠償額を提示した。損害賠償の金額は、被告が2017年11月に提示した対案を根拠に算出されたものであった。また、裁判所での最終の口頭弁論が終了した直後に、被告は新たな対案を裁判所に提出した。

デュッセルドルフ地裁は、係争特許の有効性と標準必須性を認め、被告製品の侵害を認定した。

また、被告の支配的地位の濫用抗弁を退け、原告による侵害訴訟の提起は欧州司法裁判所（CJEU）のファーウェイ対ZTE事件判決（以下、ファーウェイ判決）[2]が定めた行為準則に沿うものであると認定した。

2．争点

原告による訴訟提起は支配的地位の濫用に当たるか

3．判旨

（1） 支配的地位の濫用

本件の関連市場（relevant market）は、関連特許のライセンス市場である。この市場において、支配的地位は、特許保有者が標準に準拠した製品やサービスのための川下市場で競争が阻害される時に生じるが、単にSEPを保有するだけでは生じない。特許保有者の支配的地位が生じるのは、規格の実施者が市場参入のためにSEPの使用が必要となるとき、必要なSEPを使用できないために競合製品やサービスを販売できないときなどである。

本件の場合、世界中のモバイル機器のほぼ全てがAVC/H.264規格を使用している。また、MPEG-LAは同規格に必須の特許ポートフォリオ・ライセンスを提供する唯一の機関であり、それに代わり得るものはない。しかし、本件ではそのことだけをもって原告の支配的地位の濫用を認定することはできない。

（2） ファーウェイ判決の適用可能性

原告による侵害訴訟の提起はファーウェイ判決の定めた準則に違反するものではなく、それにより支配的地位の濫用が生じることもない。

ファーウェイ判決が定めた行為準則は、SEP保有者とSEP実施者の双方に適用され、交渉のステップは時系列的に実行されなければならない。係争特許に関するライセンス方針が既に同判決の前に確定していたかどうかには関係なく、同判決は遡及的に適用される。

原告は、MPEG-LAのポートフォリオ・ライセンスの方針がファーウェイ判決の前に確定していたので、同判決に先行するドイツの法律基準―「オレンジブック事件」における連邦最高裁の基準―を適用すべきだと主張する。

---

2 *Huawei Tech. Co. Ltd. v. ZTE Deutschland GmbH*, Case C-170/13, July 16, 2015. 本書第Ⅲ章B－4参照

しかし、ファーウェイ判決の適用範囲は制限されていないので、たとえMPEG-LAのライセンス方針が同判決よりも早い段階で定着していたとしても、同判決が定めた準則は遡及して適用される。ファーウェイ判決は、SEP保有者に対して特許権侵害訴訟の事前通知を求めている。本件の場合には、原告による事前通知も当該SEPを含む特許ポートフォリオ・ライセンスのオファーもその要件に合致している。被告は定型ライセンス契約の締結に前向きであったものの、FRAND条件での対案を適切なタイミングで提示せず、ファーウェイ判決の要件を満たしていない。

（3）　侵害通知

MPEG-LAは2011年９月６日、特許ポートフォリオ・ライセンス契約のひな型をファーウェイに電子メールで送っており、MPEG-LAに課せられた通知義務は全うされている。通知の際に、電子メールの宛先が被告ではなく親会社であったとの被告の主張は当を得ない。侵害通知が親会社に届けば、それが関連子会社に通知されることは合理的に推測できるからである。

被告は、電子メールの発信者が係争特許の保有者である原告ではなくMPEG-LAであったことに瑕疵があると述べるが、それは受け入れられない。MPEG-LAが原告の代わりに特許権侵害訴訟を提起できる権限を持っていることはMPEG-LAの定型ライセンス契約からも明らかであり、被告はそのことを知り得る立場にある。また、被告の親会社であるファーウェイも2009年にMPEG-LAと直接交渉を行っているので、MPEG-LAが持つ管理機関としての権限について知っていたと推定できるからである。

（4）　ライセンス受入れに前向きな姿勢

ファーウェイは2011年９月15日付で電子メールをMPEG-LAに送っており、これによってファーウェイがFRANDライセンスの受入れを表明したと認めることができる。両者間の交渉が2009年に開始したことを踏まえれば、この電子メールによりファーウェイがAVC/H.264規格の特許ポートフォリオ・ライセンスの取得に前向きであったことは明らかである。

ファーウェイ判決によれば、ライセンスの受入れ表明は具体的でなくてもよく、非公式なものでも十分である。同判決は、被告が主張する具体的な契約条件の提示までは求めていないのである。

（5） SEP保有者のライセンスオファー

MPEG-LAが2012年２月にファーウェイに送付した定型ライセンス契約は、形式的にも内容的にもファーウェイ判決が定めた準則を満たす「オファー」とみなすことができる。

被告は、定型ライセンス契約がファーウェイを対象にしたものではないことを問題にしているが、それはライセンシーの名前を書き込むだけで成約となる形式で、多数の見込みライセンシーを対象とする場合に有効である。MPEG-LAは、2012年２月の電子メールで送った書類をベースに進める意向を明らかにしており、それがファーウェイとの間の定型ライセンス契約となることは明らかである。

電子メールの宛先が被告ではなく親会社のファーウェイであったことも問題にはならない。被告は、定型ライセンス契約をファーウェイのグループ企業内で協議しており、ファーウェイは当初からグループ内の連絡に関わっているからである。

本件でSEP保有者は、ロイヤルティーの算定方法を具体的に明示していないが、そのことも問題とはならない。MPEG-LAから提示された定型ライセンス契約が多数のライセンシーに受け入れられていることをファーウェイは知っており、そのことだけでもファーウェイ判決の準則の要件を満たしている。

また、ロイヤルティーの算出方法に数式を明示する必要はない。ロイヤルティー率が既存の契約で受け入れられていることを示すだけで十分である。また、比較事例が多数提示されているならば、それ以上の関連情報を提出する必要はなく、全ての比較事例を提出する必要もない。

（6） 非差別性

被告は、中国市場の競合会社が全てMPEG-LAから特許ポートフォリオ・ライセンスを得ていないことを理由にして、中国の販売ライセンスはFRANDではないと述べるが、この主張も受け入れられない。原告はZTEをはじめとする中国企業数社を提訴している。費用の制約もあり、全ての侵害者を一斉に訴えることは難しい。大手のSEP使用者を最初に訴えることで後続企業にライセンス取得を促すこと自体は何ら差別に当たらない。

被告は、定型ライセンス契約が支払年間特許料に上限を設けていることをもって差別的であると主張する。上限の設定により、モバイル機器やその他の規格準拠製品の販売額の大きいライセンシーが不当に優遇されることをその理由に挙げる。しかし、欧州競争法（TFEU 102条）は、特許保有者に対し、全てのライセンシーに同一条件を提示する「最恵ライセンシー待遇」を求めていない。販売量を基準にして値引きすること自体は差別ではなく、全ての見込みライセンシーに同一条件で値引きすることも差別ではない。

被告は、MPEG-LAの特許ポートフォリオ・ライセンスが、パテントプールにSEPを拠出しているライセンサー（会員）とそうでない第三者（非会員）の両方に許諾されていることをもって差別に当たると主張するが、その主張は受け入れられない。

パテントプールの会員には、プールへのSEP拠出の貢献度に応じた分配率でライセンス収入が分配されている。そのような分配が非会員への差別に当たるとはいえない。また、標準契約の中にある値引きや分割払方法の規定も差別的だとはいえない。それらは全ライセンシーに適用されるからである。

被告は、MPEG-LAのライセンスオファーがファーウェイを差別したものと主張するが、その主張も受け入れられない。MPEG-LAは、グループ企業全体へのライセンスは認めておらず、グループ内の個別の企業ごとにライセンスする方針を採っている。この方針に問題はない。

（7） 公正かつ合理的条件

ファーウェイに対するMPEG-LAのオファーが公正かつ合理的であったかどうかの判断を行う際、MPEG-LAと他のライセンシーとの間の既存の契約が参考になる。また、同じ特許ポートフォリオ・ライセンスが類似商品に許諾されていれば、特許選択の適否を判断する根拠となり得る。既に2000件の標準契約が締結されている事実は、ライセンス条件の公正性と合理性を示すものである。それに対し、被告の主張は証拠により立証されていない。

被告は、MPEG-LAが提示した標準ロイヤルティー率が高いため、中国市場で利益を出せないと主張する。しかし、この主張は受け入れられない。中国市場の価格レベルはその他の国とそれほど異なっておらず、特許ポートフォリオ・ライセンスの対象特許も中国では他の国に比べて少ない。2000件にも及ぶ既存契約があることも、ライセンス条件の公正性と合理性を裏付けるものである。

被告は、MPEG-LAの標準契約に調整条項（adjustment clause）が含まれていないことを問題にするが、その主張は受け入れられない。調整条項は、契約期間中にライセンス対象の特許に変更があるときはライセンス料を調整できるので有効であるが、既存の条項でもライセンス料の調整は可能である。既存ライセンシーの多くが受け入れてきたこともこの考えを支持している。

被告は、MPEG-LAからの特許ポートフォリオ・ライセンスのオファーがSEPと非SEPを抱き合わせているので違法であると主張する。両者の抱き合わせによってロイヤルティーが高くなり、ライセンス対象の特許が増加するため、抱き合わせのライセンスはFRANDではないと主張する。しかし、被告のそのような主張も、証拠により立証されていない。

また、MPEG-LAが提示したロイヤルティーがロイヤルティー・スタッキングの問題を発生させ、ライセンスコストの負担を大きくするとも主張するが、この点も立証されていない。MPEG-LAの特許ポートフォリオ・ライセンス以外のライセンスも必要になると述べるが、その主張を裏付ける証拠は出されていない。

（8） 対案提出のタイミング

被告は、MPEG-LAの特許ポートフォリオ・ライセンスを拒絶した。しかし、それに代わる対案を適切なタイミングで提示していない。2017年11月の対案は訴訟後に出されたものであり、ライセンスの対象を原告の特許に限定したものである。また、なぜ地域ごとに異なる料率にするのか、その理由を正当化するための証拠も出していない。２回目の対案が出されたのは口頭弁論の直後であるが、そのタイミングでは原告が対案を検討するには十分ではない。むしろ侵害訴訟を遅らせる目的で提示されたものと解釈されかねない。

４．解説

特許ライセンスを業とする民間企業のポートフォリオ・ライセンスをめぐるFRAND問題については、多くの判例で議論が割れている。しかし、MPEG-LAのような世界的な団体によるライセンス・プラクティスについての議論は多くない。その意味でも本件は異例といえる。この事件では、MPEG-LAのポートフォリオ・ライセンスのプラクティスが「ファーウェイ判決」（本書第Ⅲ章Ｂ−４参照）の要件に沿って検討されている。

ファーウェイ判決は、① SEP保有者による差止訴訟の事前通知、② ライセンシーによるライセンス諾否の意思表明、③ SEP保有者によるFRANDライセンスの申入れ、④ ライセンシーによる対案の提出、⑤ SEP保有者による対案に対する回答、⑥ ライセンシーによる供託金の準備と銀行口座の開設―の６つのステップをたどることを定めたものであるが、本件では、その準則が各ステップに沿って具体的に適用されている。

原告のTagivanは、所有するSEPをMPEG-LAにライセンスしているライセンサーの一つであり、MPEG-LAはそれらをワンストップでサブライセンス（再実施）する団体である。1997年10月に画像圧縮技術に必須のMPEG-2のパテントプールを立ち上げ、ビデオ・コーデック技術に関する多数のパテントプールを運営している。なお、MPEG-2のパテントプール立上げの前には、競争法違反の有無について日米欧の競争当局に事前相談を行い、「違法性なし」のお墨付きをもらっている。

本件の対象となっているAVC/H.264は、ISO/IECとITU-Tが共同で策定したものであるため、ISO/IECの‘AVC’とITU-Tの‘H.264’を併記した呼称となっている。いずれも同一の技術が対象である。

（藤野　仁三）

7. シズベル対ハイアール最高裁事件（ドイツ）

（連邦最高裁判所、2020年）

判決文

［内　容］

FRANDに基づく当事者間交渉に関して、ドイツ最高裁の考えが示された事例[1]。本事件は、SEPに基づく差止救済が認められる場合の指針を欧州連合司法裁判所が示した2015年のファーウェイ対ZTE事件（ファーウェイ事件）後、当該指針に基づきドイツ最高裁が差止救済を認容した初めての事件である。最高裁は、利用者によるSEPライセンスの取得意思は明確かつ疑義なく表明しなければならないなど、利用者側に厳格な基準を示しており、FRAND交渉に従事する当事者に対する重要な指針となる。

カテゴリー	(i) SEPに基づく差止めの可否 (ii) FRANDに基づく誠実交渉
対象規格技術	2G
関連用語	誠実交渉義務、支配的地位の濫用、ホールドアップ、ライセンスを受ける意思

1. 事案の概要

原告のシズベルは欧州を拠点とする知的財産権の管理会社であり、無線通信や音声／動画圧縮技術に関する標準必須特許（SEP）を保有する権利者からの委託を受け、ワンストップのライセンスプログラムを提供している。

被告のハイアールは中国を本拠とする家電メーカーであり、冷蔵庫やエアコ

1　*SISVEL International S.A., v. Haier Deutschland GmbH.* et al, German Federal Court of Justice, May 5, 2020, docket No. KZR 36/17

ンなどの白物家電や、携帯電話・タブレット端末を世界各国で製造・販売している。

シズベルは、第２世代移動体通信システムに関するGSM規格のSEPを保有している。当該特許は、2012年にノキアから譲り受けた後、標準化機関である欧州電気通信標準化機構（ETSI）にFRAND宣言（公正、合理的かつ非差別的な条件で第三者にライセンスする意思の表明）をしたものである。

シズベルは、ハイアールの販売するGPRS規格（GSMの拡張規格）に準拠した携帯端末が自身のSEPを侵害すると主張し、ハイアールの欧州子会社を相手取り、当該端末の販売等の停止、過去の侵害に関する経理情報の開示及び損害賠償の支払を求め、ドイツのデュッセルドルフ地裁に提訴した。

同地裁は、ハイアールが販売する携帯端末等がシズベルのSEPを侵害していることを認め、差止請求を含むシズベルの当該請求を認容した。ハイアールは、2015年のファーウェイ事件（本書第Ⅲ章B－４参照）で、欧州連合司法裁判所（CJEU）が示したFRAND交渉ステップ（下図）に基づき、シズベルに

ファーウェイ事件が示した当事者間の誠実交渉義務

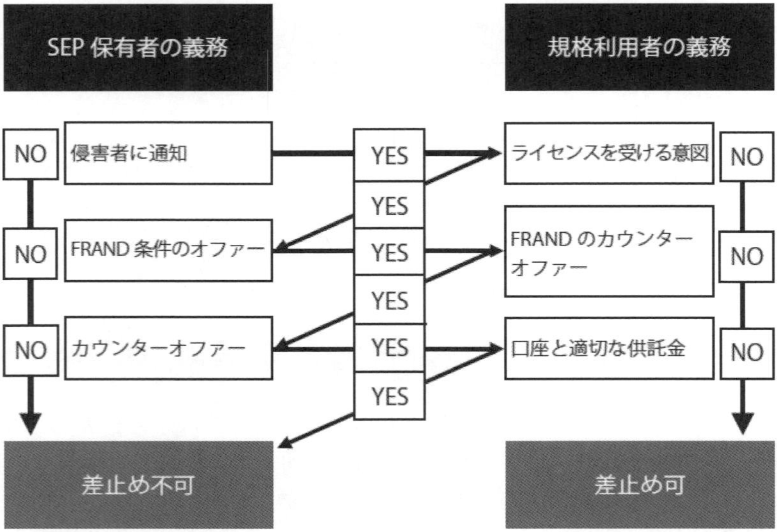

参照：Nolte, Georg and Rosenblum, Lev, Injunctions in SEP Cases in Europe March 10, 2017. 以下のURLからダウンロード可能
SSRN: https://ssrn.com/abstract=2984193

は差止権限がないと主張したが、同地裁は、ハイアールがシズベルによるライセンスの申出に遅滞なく返答することを怠ったため、当該要件を満たさないと判断した。

上訴審であるデュッセルドルフ高裁は、経理情報の開示と損害賠償に関する地裁判決を維持した。一方、差止めに関しては、シズベルがハイアールの競合であるハイセンス（中国の家電メーカー）に対して、かなり低い料率でライセンスオファーをしたことと比べ、ハイアールに示した条件は「差別的」でありFRANDではないと判断し、シズベルによる差止請求を退けた。

シズベルは連邦最高裁判所（最高裁）に上訴し、高裁の判断は誤りであり、シズベルの請求が高裁で棄却された範囲において、地裁の判決を再度適用するよう要請した。

2．争点

SEP保有者の義務を果たしていないことを理由に差止請求を否定した高裁の判決に誤りがあるか

3．判旨

最高裁は高裁の判決を破棄し、シズベルによる差止請求を認めるべきであると判断した。最高裁は、シズベルがSEPのライセンス市場において支配的地位を有することは認定しながらも、ハイアールがシズベルのSEPをFRAND条件でライセンス取得する「無条件の意思（unconditional willingness）」を表明していないと判断した。そして、下記に照らし、FRANDに基づく当事者間交渉において、差止めを認めるための判断基準を示した。

（1） 原告はEU機能条約（TFEU）102条に基づく市場の支配的地位を有するか

市場の支配力は、特許権を保有することで直ちに生じるものではない。市場支配力は、特許が、① 標準規格に必須であり、② その技術思想が対象製品の異なる技術で代替されるものではない場合に存在する。本件において、係争特許は、① GPRS規格に必須であり、② 当該規格の前に存在する規格又は後続する規格に代替されるものではない。シズベルは、侵害者がライセンスなしに標準規格に係る市場にアクセスし、標準規格に関する特許発明を使用できる地位にあったことから、自らは市場の支配的地位を有しないと主張するが、これは認められない。むしろ、SEP保有者が当該権利を行使し、市場参入を阻止する法的な権利を有することは、企業がライセンスなしに当該市場で活動できないという参入障壁を構成することを意味し、これは市場支配である。なお、一般的に市場の支配的地位は当該特許の消滅（満了）により終了する。

（2）　支配的地位の濫用

当裁判所は、SEP保有者によるSEPの行使は直ちに市場の支配的地位の濫用に該当するものではないと考える。SEP保有者は、① 利用者がSEPの使用権限を与えられている場合、② 実施を許諾しなければ、市場の支配的地位の濫用に該当する場合に、第三者による自身のSEPの使用を受け入れなければならない。SEPのライセンスは、当該SEPの使用を望む者、又はライセンスなしに既に使用している利用者が、合理的又は非差別的な条件で取得できる必要がある。市場の支配的地位を有するSEP保有者であっても、利用者に対してライセンスの取得を強制することはできない。利用者がSEP保有者に対し、（ライセンスの取得意思を示すことで）ライセンスを取得したと主張する権利があるのに対し、SEP保有者にはそれと同等の権利はない。むしろ、SEP保有者は対象特許を実施しながらもライセンスの取得を拒否する利用者に対して、特許権侵害という方法で、自身の権利を主張しなければならない。本件を判断するに際しては、SEP保有者によるSEPの権利行使が支配的地位の濫用に該当するとした下記２つの裁判例を参照し、相違点を考慮する必要がある。

①　オレンジブック事件（本書第Ⅲ章B-2参照）

侵害者が、SEP保有者が拒否できない（拒否した場合には濫用又は差別が生じる。）条件でライセンスの取得を求めているにもかかわらず、SEP保有者が差止請求や対象製品の廃棄請求等の方法で自身の権利を行使する場合、支配的地位の濫用に該当する。

②　ファーウェイ事件

SEP保有者と利用者が合理的な条件でライセンス契約の合意に至っていない状態で、SEP保有者がライセンスの取得を望む利用者のために、ライセンス契約締結のための十分な努力をしない場合、支配的地位の濫用に該当する。

上記に照らし、本事件でのシズベルの行為が、支配的地位の濫用に該当するか否かを検討する。

（3） ファーウェイ事件で示された指針の検討

① SEP保有者による侵害通知

SEP保有者による侵害通知は、対象特許の特定、侵害行為の記載を必要とするが、技術的・法的な詳しい説明は必ずしも必要ではない。利用者は、自ら又は外部専門家の助言を得て、権利者による侵害主張を評価しなければならない。クレームチャートは侵害主張に当たり十分であるが、必須ではない。当該通知は、利用者の親会社に送付すれば足りる。本件において、シズベルが送付した侵害通知は、ハイアールによる侵害行為を特定し、ライセンス取得の必要性について、同社に注意喚起するのに十分な内容である。

② 利用者の応答及び表明

SEP保有者は、侵害主張の評価のために利用者へ提供した情報が不十分なものでない限り、利用者からの応答を短期間で求めても不合理ではない。侵害通知の受領後、数箇月も応答しないことは、一般的にはライセンス取得の意思がないことを示すものである。

利用者は、合理的かつ非差別的な条件でライセンス契約を締結する意思があることを明確かつ疑義なく表明しなければならない。その後、利用者は、自身がライセンス取得意思を表明した態様で、SEP保有者との条件交渉に応じなければならない。利用者が単にライセンス契約の締結を検討していることの表明や、交渉を開始するだけでは不十分である〈Unwired Planet事件（本書第Ⅲ章B－8参照）。ライセンス取得の意思がある者とは、事実としてFRANDである条件において、FRANDライセンスを取得する意思がある者でなければならない〉。利用者は、SEP保有者から主張された侵害行為に対して、非侵害である旨や特許権の無効を主張する権利を有するものの、裁判所がそれらの主張に対する最終判断を下すことをライセンス取得の条件とすることはできない。

本件において、シズベルによる最初の侵害通知から１年以上経過後に応答していたことは応答期間という観点からもライセンス取得意思の要件に合致しないことは明らかである。また、ライセンス取得意思の表明に関して、ハイアールは、シズベルとの交渉を検討している旨や、早期解決を条件とした実施料の減額可否を確認するメールをシズベルに送付している事実が認められるが、これだけではFRAND条件でライセンス契約を締結する準備があることを「明確かつ疑義なく」表明しているとはいえない。

さらに、ハイアールはシズベルに対し、ドイツ裁判所がシズベル特許の侵害及び有効性に関する最終決定をした場合にはライセンスを取得する意思があり、ライセンス料を支払うと述べているが、この声明はファーウェイ事件で示された要件を満たしていない。

③　SEP保有者によるFRANDライセンスオファー

SEP保有者によるライセンスオファーが差別的であるなどの主張は、利用者に立証責任がある。一方、そのオファーの内容に平等でない取扱いがある場合、SEP保有者は当該取扱いの正当性を立証する責任がある。

ポートフォリオ・ライセンスに関しては、① SEPでない特許を含まず、② 特定の地理的な領域でのみの実施を望むユーザーと差別しない条件で実施料率が計算されている限りにおいて、反トラスト法上、受入れが可能である。ワールドワイドでのポートフォリオ・ライセンス交渉は慣行上、一般的である。SEP保有者は、利用者がSEP保有者から侵害主張された特許のみのライセンスを望み、規格に関連するそれ以外の特許のライセンス取得は不要とする主張に対し、その受入れを強制されることはない。SEP保有者は、特許ポートフォリオについても、侵害通知において単一の特許権侵害通知の場合と同様の情報を提供しなければならない。さらに、SEP保有者は利用者による確認のために、オファーをしたライセンス契約に関する情報を提供しなければならない。提供する情報の範囲、記載レベル、タイミングは個々の状況や利用者の応答状況によって異なる。

SEP保有者は全ての利用者に対し、常に同一・同等の条件でライセンスすることを要請されるものではない。合理的な条件（特に適正な価格）は客観的に明確化できるものではなく、当事者間の交渉の結果として決定されるものであるため、交渉における利用者の貢献が必須である。ある利用者との契約に当たり、他の利用者に比して有利な条件（例：実施料率）を定めることは、SEP保有者にとって、経済的にその必要性がある場合に正当化され得る。例えば何らかの理由でSEP保有者が第三者に権利行使することができない場合などである。

高裁は、シズベルがハイアールの競合であるハイセンスに対して、かなり低い料率でライセンスオファーをしたことが「差別的」であると判断した。しかし、本件においては、中国政府からの脅威により、司法的な救済を求めることが現実的でない状況において、それでもシズベルのSEPの使用に基づく対価を得るために、対価を下げざるを得ない状況であったことが認められる。これらを考慮すると、シズベルが、ハイアールと第三者との間で料率が異なるオファーをしたことについては、客観的な正当性が認められる。

以上の点から、当裁判所は高裁判決の一部を破棄し、シズベルがハイアール製品の販売等の停止、過去の侵害に関する経理情報の開示及び損害賠償の支払を得る権利を有すると判断する。

4. 解説

2015年のファーウェイ事件において、CJEUは、SEP保有者による差止請求がTFEUで定める支配的地位の濫用に該当するか否かを判断するに際し、当事者間の誠実交渉という観点から、SEP保有者及び利用者それぞれの立場で、果たすべき義務の指針を示した。この指針は、その後の欧州各国の裁判所で広く引用されているが、SEP保有者による侵害通知義務や、利用者によるライセンス取得意思などの要件については、具体的にどのレベルまで要請されるのか解釈に幅が生じていた。

本事件は、ドイツの最高裁判所において、ファーウェイ事件で示された指針を適用し、当該指針の解釈を示した初めての判決である。SEPに基づく差止請求の適否に関する基準が裁判所により明確化されたことは、権利者側、利用者側のいずれであっても歓迎すべきことであろう。しかしながら、本判決は、侵害通知受領後の利用者による特許評価義務や、明確かつ疑義のないライセンス取得意思の表明など利用者側にとって厳しい義務が課せられていることから、大きな注目を集めている。

従来、FRAND条件でのライセンス交渉に関しては、SEP保有者が、自身のSEPに基づく市場への参入障壁を主張し、利用者に対し、多額の実施料を請求するという「ホールドアップ問題」にどのように対処するのかが課題となっていた。このような課題に対して、各国の裁判所は、SEPに基づく差止めの認容を厳格化することで対応してきた。

近年、SEPに基づく差止めを厳格に判断することによって、差止めリスクの低さをてこに、利用者がSEP保有者からのライセンスオファーに誠実に対応しないという「ホールドアウト問題」が顕在化している。競争法上の観点では、従来、規格の使用を望む利用者の市場参入を阻害するおそれがあるホールドアップ問題の規制が重要視されていた。一方、2017年に米国反トラスト局長のスピーチにおいて、ホールドアウト問題により、SEP保有者に対する適正な補償が失われ、結果としてSEP保有者による技術開発、標準化活動に貢献するインセンティブが失われているとし、同問題の重要性が強調されている。現在は、ホールドアップとホールドアウトのいずれかに偏らないよう、いかに均衡を保つかが課題となっている。

本判決は、被告ハイアールの行為を誠実ではないと認定し、FRAND条件でのライセンス交渉における利用者側が果たすべき義務を明確化している。利用者側としては、受け身の姿勢ではなく、受領したオファーに係る特許を積極的に評価し、SEPライセンスの取得が必要と判断した場合には、SEP保有者に明確な取得意思を示した上で誠実な交渉に従事していくことが必要になる。本事件は、顕在化しつつあったホールドアウト問題に警鐘を鳴らし、揺り戻しを図る判決であると位置付けることができる。

（鈴木 信也）

8．Unwired Planet対ファーウェイ事件（上告審）（英国）

（連合王国最高裁、2020年）

判決文

［内　容］

FRAND宣言したSEPを含むグローバルライセンスはFRANDであると認定した控訴裁判決を支持した連合王国最高裁判決。最高裁は、Unwired Planet事件とUK Conversant事件の控訴裁判決に対する上告を併合審理し、全員一致で上告理由を棄却した。この最高裁判決により、英国の裁判所は多国籍特許のグローバルライセンスに含まれる英国SEPの侵害差止めを発令する管轄権を持ち、英国SEPについてのFRANDロイヤルティーを裁定する権限を持つことなどが確認された。

カテゴリー	(i)　SEPに基づく差止めの可否 (ii)　合理的実施料の算定
対象規格技術	2G、3G、4G
関連用語	ポートフォリオ・ライセンス、属地主義、FRAND Injunction

1．事案の概要

（1）　Unwired Planet事件

原告のUnwired Planet（以下、「Unwired」という。）は特許管理会社である。第２世代（2G）、第３世代（3G）、第４世代（4G）などの移動体通信規格に不可欠な特許をエリクソンから買い取り、それらを一括して許諾するポートフォリオ・ライセンス・ビジネスを展開している。被告のファーウェイは、無線通信機器を世界市場で製造・販売するグローバル企業である。

Unwiredは2014年、保有する欧州特許が侵害されたとしてファーウェイ、サムスン及びグーグルの３社を英国とドイツで提訴した。係争特許の有効性と必須性についての裁判所の判断は、英国とドイツで異なった。英国の特許裁判所は２件の英国特許を有効かつ標準にとって必須（SEP）と認定した。

Unwiredとファーウェイの間では、英国で訴訟が提起される前から和解のためのライセンス交渉が進められており、Unwiredは、英国SEPを含むグローバル特許のポートフォリオ・ライセンス（以下、「グローバルライセンス」という。）、英国SEPに限定したライセンス（以下、「英国SEPライセンス」という。）、ファーウェイが希望するSEPについてだけのライセンスを提示していた。

グローバルライセンスのロイヤルティーは、4G対応端末が0.13％、2G／3G対応端末が0.015％、英国SEPライセンスのロイヤルティーは、4G対応端末が0.55％（インフラ設備＝0.42％）、2G／3G対応、端末が0.28％（インフラ設備＝0.21％）であった。

ファーウェイは英国SEPライセンスの受入れを表明したが、提示されたロイヤルティーが高過ぎるとして、4G対応端末が0.059％（インフラ設備＝0.061％）、3G対応端末が0.046％（インフラ設備も同率）、2G対応端末が0.045％（インフラ設備も同率）、を対案として提示した。両者が提示したロイヤルティー・レートの開きは大きく、結局、合意は得られなかった。

特許裁判所は、FRANDライセンスを希望する合理的な判断力を有する当事者にとって、① グローバルライセンスはFRANDである、② Unwiredが提示したグローバルライセンスのロイヤルティーはFRANDである、③ ファーウェイの対案はFRANDとはいえないと認定した。その上で、ファーウェイの英国SEP侵害を認定し、侵害差止めを命じた。

しかし、両当事者が提案した英国SEPのロイヤルティーについてはFRANDとは認めず、裁判所自らがその料率を算定した。また、ファーウェイの支配的地位の濫用その主張も退けた。

ファーウェイはこの判決を不服として控訴。控訴院での争点は、グローバルライセンスはFRANDか、他のライセンシーに対するライセンス条件と異なるライセンス条件を要求するのはFRAND義務違反といえるか、EC競争法上、訴訟提起前に侵害警告を行わなければならないかという３点であった。控訴院は、ファーウェイが提起した控訴理由を全て退けた。

ファーウェイは控訴裁の判決を不服として連合王国最高裁に上告した。

（2） Conversant事件

原告のConversant Wireless Licensing SARLは、移動体通信関連のポートフォリオ・ライセンスを事業とする特許管理会社（本社：ルクセンブルク、以下、“Conversant”という。）である。ライセンス対象のポートフォリオは、40か国に及ぶ特許・特許出願約2000件を含むもので、そのほとんどがノキアから買い取った特許と特許出願で構成されている。そこには28の技術標準に必須となるパテントファミリーが含まれている。特許の旧所有者ノキアと新所有者のConversantは欧州電気通信標準化機構（ETSI）に対し、IPRポリシーに基づきFRANDライセンス宣言を行っていた。

Conversantは、中国の移動体通信技術の開発企業であるファーウェイとその英国子会社（以下、「ファーウェイ」と総称）、及び中国の無線通信企業であるZTE Corporationとその英国子会社（以下、「ZTE」と総称）との間でポートフォリオ・ライセンスの交渉をしていたが、最終的な合意には至らなかった。

Conversantは英国の裁判所に訴訟を提起し、① ファーウェイとZTEそれぞれに提示したグローバルライセンスの条件がFRANDであるとの確認（もしそれが認められない場合には裁判所によるFRAND条件の裁定）、② 裁判所が有効・侵害及びSEPと認定した英国特許の侵害差止命令を求めた。それに対してファーウェイとZTEは、英国の裁判所に外国特許の有効性を裁くための裁判管轄はない、英国の裁判所は「不便な法廷地（forum non conveniens）」であり、中国の裁判所での審理が適切であると反論した。その理由としてファーウェイは、中国で関連訴訟が係属していること、関連製品の過半（56%）は中国で販売されているなどの事実を挙げた。

特許裁判所は、ファーウェイが主張した「英国裁判所の管轄不存在」を退け、英国の裁判所にはETSIのIPRポリシーに準拠したライセンス契約の条件を裁定する権限があると判決した。中国で争われているのは異なるパテントファミリーであるとして、中国の裁判管轄を否定した。控訴院もそれを支持した。

控訴院判決を不服としてファーウェイとZTEの両者はそれぞれ、連合王国最高裁に上告。最高裁は、Conversant事件のファーウェイとZTEからの上告２件と、Unwired事件でのファーウェイの上告を併合して審理を行い、上告を棄却した[1]。

2．争点

（1）英国裁判所にグローバルライセンスについての管轄権があるか
（2）英国裁判所は「不便な法廷地」に当たるか
（3）FRAND条件と「非差別」要素はどのような関係にあるか
（4）本件にEC競争法上の「支配的地位の濫用」は適用可能か
（5）衡平法上の裁量による差止救済が可能か

3．判旨

（1）　英国裁判所にグローバルライセンスについての管轄権があるか

裁判管轄の問題は、Conversant事件とファーウェイ事件に共通する争点である。そこで争われているのは、英国裁判所が多国籍特許からなるFRAND条件のポートフォリオ・ライセンスを受け入れない侵害者に対し、英国SEPの侵害差止めを認めてよいかどうか、グローバルライセンスのロイヤルティー等の条件を決定する権限があるかの２点である。

結論から言えば、英国裁判所はこの問題を判断する権限を持つ。英国裁判所は、英国特許の有効性及び侵害について判断することができ、外国特許を含む特許ポートフォリオのグローバルライセンスのFRAND条件の適格性を決定することができる。その根拠は、ETSIのIPRポリシーである。

上告人（ファーウェイ／ZTE）の主張は「ホールドアップの抑止」を過分に重視するもので、「ホールドアウトの抑止」というSEP保有者保護の観点を軽視している。これは両者のバランスを欠く主張である。

上告人は、業界のライセンス慣行を考慮していない。通信業界には多数の国に膨大な数のSEPが存在し、それらの有効性や侵害可能性を全て確認することは困難で、国ごとに裁判で争うことも難しい。標準実施者は特許ライセンスをできるだけ早く取得して上市したいと望むが、ライセンス特許のどれが有効な特許でどれが侵害特許かは必ずしもはっきりしない。

1　*Unwired Planet International Ltd and another (Respondents) v. Huawei Technologies (UK) Co Ltd and another (Appellants); Huawei Technologies Co Ltd and another (Appellants) v. Conversant Wireless Licensing SÀRL (Respondent); ZTE Corporation and another (Appellants) v. Conversant Wireless Licensing SÀRL (Respondent),* Case ID: [2020] UKSC 37.

このような不確実性はSEP保有者にも同様に存在する。SEPであると表明した時点では、当該SEPの有効性や侵害の可能性は必ずしも明らかではない。

特に特許権侵害は、標準が制定した後でないと判明しないため、FRAND宣言されたSEPをポートフォリオとしてまとめてライセンスすることは現実的であり、合理的である。

ポートフォリオ特許には無効・非侵害の特許も含まれ得る。無線通信業界の事業者は、無効・非侵害の特許を含め、トップダウン方式でロイヤルティー総額を計算している。それが、有効性や侵害可能性が確認されていないポートフォリオ特許の不確実性に対する一種の保険の役割を果たしている。

（2） 英国裁判所は「不便な法廷地」に当たるか

「不便な法廷地」の問題は、Conversant事件で提起されたものである。上告人（ファーウェイ／ZTE）は、唯一中国が適切な法廷地であると主張する。

地裁判事は、グローバルなFRANDライセンスの条件を決定する本件では当事者間に合意がない限り、中国の裁判所に管轄権はないと判決した。しかし、当事者の合意の有無にかかわらず、英国の裁判所にこの問題についての管轄権があることは明らかである。それはUnwired事件及びConversant事件でも言及されている。

地裁判事は、当事者の合意があれば中国の裁判所がグローバルなFRANDライセンス条件を審理する可能性があると推測した。しかし、被上告人（Conversant）が中国の裁判管轄に反対し、その反対は合理的であることを地裁は認定しているので、「不便な法廷地」の申立ては成立しない。

（3） FRAND条件と「非差別」要素はどのような関係にあるか

FRAND条件を構成する非差別（non-discriminatory）の要素とは何か―この問題はUnwired事件で提起されたものである。上告人（ファーウェイ）は、「非差別」とは、厳格な義務であると主張する。特段の理由がない限り、同様の状況にあるライセンシーに対して、同一又は類似の条件でライセンスを許諾すべきものであるとの主張である。それは、比較事例として提出されたUnwiredとサムスンとの間のライセンス契約に見られる条件と同様の条件でライセンスされるとファーウェイは主張する。

これに対して被上告人（Unwired）は、① サムスンとの契約は類似する契約ではなく参考にならない、② FRANDとは複数の要素から構成された単一の義務であり、個々の要素に分解できない、③ それはEU競争法で使用される「非差別」の用語と同義に解釈すべきであると主張する。

FRANDを構成する「非差別」要素は、ライセンスのFRAND条件を市場の参加者全てに適用することを明らかにしたものである。それは、個々のライセンシーの状況に応じてライセンス条件を調整することなく市場価値に基づくポートフォリオ特許をライセンスすることを示唆するものである。

しかし、「非差別」要素によって、ライセンシー全てに最も有利なライセンス条件でライセンスする「最恵国待遇」が保証されると解釈すべきではない。「非差別」要素の効果は、上告人の主張するような厳格なものではなく、一般的な義務を表すだけである。この解釈は、ETSIのルールによって支持されている。ETSIは、FRAND宣言には「最恵待遇ライセンス」が含まれないことを明らかにしている。

「非差別」要素が厳格な義務化であるのか、単に一般的な義務化を表すのか―これはETSIのIPRポリシーの用語解釈の問題であるが、それはFRANDの構成要素である「公正」「合理的」「非差別的」を分離せずに一体として解釈されるべきでものである。

（4）　本件にEC競争法上の「支配的地位の濫用」が適用可能か

この問題はUnwired事件で提起されたものである。上告人（ファーウェイ）は、差止請求を行うためには「ファーウェイ対ZTE事件」が定めたプロセスに従わなければならないとし、そのようなプロセスに従わない被上告人（Unwired）の差止請求は支配的地位の濫用に当たり、EU機能条約（TFEU）102条に違反すると主張する。その根拠として上告人は、被上告人が差止救済を求める前にFRAND条件でのライセンス提案を行わなかった点を挙げる。

CJEU判決で確立した交渉プロセスのうち、義務的といえるものは「通知」だけである。その他のものは補足的であって、義務的なものではない。これは下級審でも共有されている解釈である。

このような補足的な手順を踏まえていれば、EU競争法上の問題は生じることはなく、SEP保有者は差止命令を求めることができる。

差止請求の前に侵害警告を行わなかった、あるいは被疑侵害者と協議を行わなかった場合には、TFEU102条違反となる可能性がある。

しかし、下級審が述べているように、どのような警告・協議の不存在が違反となるかは、ケース・バイ・ケースでその判断が異なる。

CJEU判決は、支配的地位にある事業者の濫用を決定する際、異なる事実関係を考慮することで硬直的な解釈を排除している。したがって、必ずしもCJEU判決で定められたプロセスが義務的であると解釈する必要はない。この問題についての控訴審の判断に誤りはない。

この問題を考える上で重要なポイントは、FRAND条件でライセンス提供の用意があることを被上告人が客観的に立証しているのに対し、上告人は自ら受け入れ可能なライセンス範囲を主観的に主張していることである。

（5） 衡平法上の裁量による差止救済

この争点は上告審で初めて提起された問題である。上告人（ファーウェイ）は、eBay事件判決などの判例を根拠にして英国SEPの侵害に対する救済として損害賠償が十分であり、裁判所は差止救済を認めるべきではないと主張するが、その主張は受け入れられない。

本件の場合、ライセンス条件がFRANDであるため、米国のeBay事件判決[2]で指摘されたような、ロイヤルティーのつり上げやライセンス交渉への圧力の懸念はない。FRAND宣言がなされている場合、差止救済が認められる通常の場合とは状況が異なる。標準実施者は、FRAND条件でのライセンスを受けるか、それを拒絶して標準実施を断念するかのいずれかを選べるからである。

SEP侵害の場合、差止めの代わりに金銭賠償で十分であると考えるのも適切でない。標準技術はグローバルに実施されるため、SEP侵害を抑止するためには、世界各国で訴訟を提起しなければならない。侵害の救済として差止めの必要性は変わらないにもかかわらず、現実には世界で訴訟を起すことは不可能に近い。

本件の場合、差止めによらなくてもSEP侵害者がFRANDライセンスを取得するか市場から撤退するかのいずれかを選択することで問題を解決できる。差止めによる救済を考慮する必要はない。その判断は、差止救済の必要性を否定するものではない。

2　*eBay Inc. v. Mercexchange, LLC.,* 545 U.S. 386（2006）.

4．解説

Unwired事件は、トップダウン方式と比較事例方式によるFRANDロイヤルティーの算定、FRAND宣言したSEPの侵害差止めの可否など、SEPをめぐる新しい問題についての司法判断が争われたこともあり、世界の注目を集めた。

そのような問題を連合王国最高裁は、Reed長官を含む古参の５人の裁判官が審理した。全文58頁（158段落）の判決文で、下級審の判決内容を丁寧に分析し、その論理の合理性を担保している。最高裁の論旨を理解する前提となる幾つかの点について、判旨に含めることができなかったので、以下で補足しておく。

（1）　ETSIのIPRポリシー

判決文の冒頭で最高裁は、標準化機関（SSO）の役割と目的を概観し、ETSIとそのIPRポリシーを具体的に検討している。それを踏まえ、ETSIのIPRポリシーがETSIと会員の間で交わされる契約文書であって、その目的は、SEP保有者の「ホールドアップ」と標準使用者の「ホールドアウト」を抑止することで両者のバランスを図ることにあると定義している。

また、IPRポリシーは、SEP保有者と標準使用者がFRAND条件でライセンス交渉を行うことを想定した規定であるため、特定の特許の有効性についての紛争は個別の契約による解決、又は各国の裁判所により解決されることを前提にしているとも述べている。

（2）　世界のFRAND判例の引用

争点の一つが英国裁判所の管轄であるが、この問題を検討するために、最高裁はこれまでの世界のSEP関連の主要な判例を検討している。代表的なものを挙げれば、日本の「アップル対サムスン事件」知財高裁判決、中国の「ファーウェイ対インターデジタル事件」広東高級人民法院判決、米国の「アップル対モトローラ事件」CAFC判決、ドイツの「SLC対ボーダフォン事件」デュッセルドルフ地裁判決などがある。

（藤野 仁三）

9．オプティス対アップル事件（英国）

（英国控訴院、2021年）

判決文

［内　容］

NPEとして知られ、4G等通信規格に係るSEPの所有者であるオプティスは、SEP実施者のアップルがFRAND条件のライセンス料を払う意思がない実施者（Unwilling Licensee）であると訴えた。これに対しアップルは、オプティスがFRAND義務や競争法に違反すると反論した。英国高等裁判所はアップルの主張を退けてオプティスの主張をほぼ認め、アップルに対して① 裁判所が決定するFRAND条件でのライセンスを受諾するか、② 裁判が解決するまでの間、英国市場において差止めを受けることを認めるか、という２つの選択肢を与えた[1]。

カテゴリー	SEPに基づく差止めの可否
対象規格技術	3G、4G
関連用語	FRAND　Injunction、willing　licensee、ホールドアップ、リバース・ホールドアップ

1．事案の概要

原告のOPTISは① Optis Cellular Technology LLC、② Optis Wireless Technology LLC、③ Nwired Planet International LtdからなるNPE（Non-Practicing Entity）である（以下、まとめて「オプティス」という。）。オプティスは3G及び4G通信規格に関するSEPを所有している企業であり、SEP実施者を相

1　*Optis v. Apple* ［2021］ EWHC 2564（Pat）, In the High Court of Justice Business and Property Courts of England and Wales Intellectual Property List（ChD）Patents Court

手にライセンス交渉を仕掛けていることで知られる。

なお、これらの特許群は、エリクソンから購入したものといわれている。

被告のアップルはiPhoneやiPad等で有名な通信デバイスメーカーであり、その製品には当然多くの通信規格関連SEPが使用されている。

オプティスは英国で同社の特許群（グローバルポートフォリオ）の一部を構成する複数の特許をアップルが侵害しているとして、2019年２月に差止め等の法的措置を開始した。これらの特許は欧州電気通信標準化機構（ETSI）のIPRポリシーに基づきFRAND宣言されたものである。ETSIのIPRポリシー6.1条によると、特許権者が特定の規格又は技術仕様に関連するSEPであるとETSIに対して宣言した場合には、FRAND条件で許諾する用意があることを書面により取消し不能な形で３か月以内に保証する必要がある。

なお、両社は米国でも並行して裁判を行っていたが、結論としてアップルに対し、３億ドルの支払を命じる判決が下され注目を集めた。

英国では、特許訴訟が行われる場合、高等裁判所（High Court）の中に設けられている特許裁判所（Patents Court）及び知的財産企業裁判所〈Intellectual Property Enterprise Court（IPEC）〉の管轄となる。なお、控訴審は控訴院（Court of Appeal）、上告審は連合王国最高裁判所（The Supreme Court）が担当する。

英国での特許裁判手続には、争点ごとに別々の裁判によって検討を行えるメリットがある。確かにそれぞれの争点について十分な検討が可能であるが、例えば本事案においては審理に数年間かかっており、解決までに相当な時間を費やす必要があるという点ではデメリットがあるともいえる。

本事案では2020年10月から2022年１月にかけて特許の有効性や必須性等が争われ、４つの技術裁判〈Technical Patent Trials（裁判Ａ～Ｄ）〉が行われた。

技術裁判	特許番号	一審勝者	上訴の勝者
裁判Ａ	EP1230818B	オプティス	アップル
裁判Ｂ	EP2229744B	オプティス	オプティス
裁判Ｃ	EP2093953、 EP2464065、 EP2592779	アップル	係属中
裁判Ｄ	EP2187549、 EP2690810	オプティス	係属中

なお、英国の特許訴訟において行われる技術裁判は、特許権が有効であるか否かの判断、特許権の侵害（当該特許権の技術的範囲に属するか否か）の判断が同一手続で一括審理される。

また、このなかで特許権を無効にするための反訴を被告側が提起することもできる。

技術裁判の結果は前記図表のとおりであるが、裁判Ｂの結果により、少なくともオプティスの所有する１つ以上のSEPに関してアップルの侵害が認められた。

このような状況のなか、オプティスとアップルはライセンス交渉を継続してきたが、ロイヤルティー額の算定において製品デバイスの価格をベースとした金額にするのか、ベースバンドチップのみの価格をベースとした金額にするのかで折り合えなかった。技術裁判の後に予定されていたのは、FRANDや競争法上の問題を検討する裁判である（裁判Ｅ）。この裁判においては、オプティスが法外なライセンス料を請求しており、市場の支配力を濫用しているとアップルが主張していた。

これに対しオプティスは、アップルがライセンス料を払う意思がないホールドアウト（交渉を故意に遅延させている。）状態になっているものと考え、更なる一手として、アップルがFRAND条件のライセンス料を払う意思がない実施者（Unwilling Licensee）であるか否かを争点とした裁判を提起した（裁判Ｆ）。本稿で解説する裁判は、この裁判Ｆである。

2．争点

（１）アップルはETSIのIPRポリシー6.1条に基づく実施者の権利を有するか

（２）オプティスが支配的地位を濫用していることを理由に差止命令を妨げられるか

（３）差止命令は裁量的救済であるため、全ての手続の終了時にのみ発効できるとの主張は認められるか

（４）アップルが2020年10月15日に行った「権利侵害が確定した場合には裁判所が決定したライセンスを締結する」という条件付きの約束（Contingent Undertaking）は、裁判所の判断に影響を及ぼしたか

3．判旨

(1)　争点1について

アップルはオプティスのSEPに関して、ETSIのIPRポリシー6.1条に基づく実施をする権利を有しない（つまり、特許発明の実施を差し止められる。）と結論付けた。ただし、アップルが技術裁判の決定に基づいてFRANDライセンスを受諾する約束をすれば、前述した権利を有していることを認める（差し止めされない。）との条件を付した。

(2)　争点2について

オプティスが支配的地位を濫用しているとのアップルによる主張については、裁判Ｅの後でなければ判断できないと指摘した上で、少なくとも現時点においてはそのことを理由に差止命令を下すことを妨げる理由にはならないと結論付けた。

(3)　争点3について

アップルは、訴訟Ｅの結論を待たずに差止めが認められることで実施者が不利な立場になると主張したが、仮に訴訟Ｅの結論をアップルに有利に仮定しても、差止命令の正当性は明らかであるとし、実施者が不利な立場に置かれる場合があることは認めつつも、FRANDの方針と矛盾するほどのものではないと述べた。

(4)　争点4について

関連する裁判の結果次第で結論が変わる場合もあることから、アップルによる条件付きの約束が裁判所の判断に影響を与えるとも与えないともいえないとして、その有効性については具体的な回答を避けた。

結論としてアップルには① 裁判所が決定するFRAND条件でのライセンスを受諾するか、② 裁判が解決するまでの間、英国市場において差止めを受けることを認めるか、を検討するための短い時間が与えられることになった。

4．解説

本事案に先行して行われた技術裁判は、複数(裁判Ａ～Ｄ)提起されている。なお、技術裁判は当事者が合意していれば行う必要はなく、原則的に各技術裁判につき１件の特許しか審理されることはない。ただし、特許出願の分割などが行われている場合には例外的に２件以上審理されることもある。

これは、裁判所の負担を軽減させるための措置である。

仮に一つでも権利侵害していれば差止めは認められる。しかし、SEP実施者にとっては、SEP所有者の特許ポートフォリオの一部を攻撃して無効にできればダメージを与えられる上、複数の裁判が行われる方が時間を稼ぐことができ、交渉を有利に進められる場合も考えられるため、あえて複数の技術裁判を提起することもあろう。

本事案の場合、裁判ＡとＢで争われた特許は過去のUnwired Planet International Ltd対ファーウェイ（UK）Ltd & Anr事件［2017］EWHC 711（Pat）（以下、UPHC事件）で有効性が確認されていたものであったため、実際には時間稼ぎの意味もあったのかもしれない。

裁判Ｆは裁判Ｅよりも先に審理が進められた。これは、裁判Ｆを先に行うことで当事者の和解につながる期待があったからであろう。

裁判Ｆは、アップルがFRAND条件のライセンス料を払う意思がない実施者に該当するか否かを争点としたものであるが、仮にアップルがFRAND条件のライセンス料を払う意思がない実施者であると認められた場合、裁判Ｅの結果を待たず、アップルに対する差止命令が可能になることが考慮されていたため、裁判Ｅで検討されるべきアップルの抗弁についても一部踏み込んで判断されている。

世界中で行われているSEP関連裁判のなかでも、Unwired Planet対ファーウェイ事件、ファーウェイ and ZTE v. Conversant事件（以下、Unwired事件最高裁判決）をはじめとして英国の裁判はSEP所有者に有利な判決が出る傾向にあると思われる。本判決はこれらの流れを踏襲しているものと考えてよいであろう。

英国高等裁判所は、オプティスとアップルの係争が長く続いていることから問題を早く解決するためにも立場を明らかにし、グローバル特許ポートフォリオを前提としたFRANDレートを実施者であるアップルに提案した。

しかしながら、このレートについてアップルは納得することはなく、拒絶する姿勢を貫いてきた。

英国裁判所は争点となっていた6.1条について、ETSI標準に係るSEPを実施したいと考える者が、特許権者からFRAND条件でライセンスを取得できることを意味しており、受益者が商業的に行いたいことについてライセンスがなければ侵害となるような行為を制限してはならないということであるとの見解を述べた。なお、SEP実施者からすると、ライセンスを受ける意思を有する者（Willing Licensee）に対してライセンス交渉途中で差止命令を認めるべきではないとの主張や、高額のライセンス料を要求することは実施の制約を与えているものであるとの主張も考えられるが、これらの主張は採用されず、FRAND条件を遵守していれば規格へのアクセスに何ら制限を与えていることにならないから、IPRポリシーが想定しているバランスに合致していると裁判所は見解を述べた。

英国裁判所において、ライセンスを受ける意思を有する者であるとの外観を示すだけの行為は、ホールドアウトを助長するものにすぎないのかもしれない。

ただし、SEP実施者はライセンスを取得し、それに基づいて事業を行わなければならないことから、ライセンスのない当事者に差止命令が認められる可能性があるという立場を変えるものではない旨も付言した。

これらの見解は、SEP実施者による「見せかけのライセンスを受ける意思」に基づくホールドアウトに悩まされてきたSEP保有者にとって追い風であり、英国において裁判を行うインセンティブを与えたといえるであろう。

アップルの代理人であるMarie Demetriou弁護士がグローバル特許ポートフォリオを前提としたライセンス条件を受諾しなければならないならば、英国市場から撤退する可能性があることをほのめかすなど、同社は強硬手段に訴えてメディアをにぎわせた。英国市場はアップルのグローバル市場における２％のシェアにすぎない上、同社側の証人の一人である経済学者のJoseph Farrell教授（UC Berkeley）が、Silent Unseenと称される状況〈SEP保有者との訴訟に巻き込まれたライセンシーにとって、自らがライセンス条件（金額）を知る前に、ライセンスが世界に及んでいるようなシチュエーションで裁判所の定めるFRANDライセンスの取得を約束しなければならない状況〉は、SEP実施者の市場撤退につながる危険性があることを示唆するなどしていたため、同社が本当に英国市場から撤退するのではないかという報道もされていた。

しかしながら、その行動・言動は必ずしも英国裁判所を牽制するほどの効果はなかった。SEP実施者がグローバルライセンスの締結を避けるために、英国市場から撤退し、その結果として生じる遅延を利用してロイヤルティーの支払を回避しようとする程度のことであるから、同情に値するかもしれないが、6.1条の解釈を有利にするものではないと判決において明確に述べられている。

担当したMeade判事はアップル側の言動の信憑性を疑っていたのかもしれないが、実際に同社の言動は後に撤回されている。結果的に、裁判所のアップルに対する心証は悪化したものと思われ、FRAND条件のライセンス料を払う意思がない実施者であると判断されてしまった。ただし、裁判所は無条件に差止命令を認めたわけではなく、アップルがFRANDライセンスを受ける余地を残して問題の解消を促している。

Meade判事は具体的に① 裁判所が決定するFRAND条件でのライセンスを受諾するか、② 本件裁判が解決するまでの間、英国市場において差止めを受けることを認めるか、という２つの選択肢を与え、アップルがFRANDライセンスの締結を選んだ場合には、オプティスのFRAND条件によるライセンスを受けることができるとした。これによりアップルは、与えられた選択肢のいずれかを選ぶこととなった。

この差止命令は、いわゆるFRAND差止命令（FRAND Injunction）で、UPHC事件において実施者の特許権侵害が認められ、SEP所有者の濫用が認められず、英国に管轄権があるとしてグローバルポートフォリオ・ライセンスに基づくFRANDライセンスの設定が認められた後に、どのような差止命令を出すかを決めるためのヒアリングの結果、登場したものである。SEP実施者がFRANDライセンスを受け入れるまで差止めを認めるものであり、本事案において英国高等裁判所はこれを踏襲して採用した。なお、UPHC事件では、支配的地位の濫用は損害賠償請求額の問題には影響するものの、差止命令の可否には影響を与えないとしており、本事案においてもオプティスから同様の主張がされていた。

アップルは英国市場に残るためにライセンスの受入れを約束せざるを得なくなり、その後、裁判所はオプティスの差止請求を退けた。

オプティスとアップルは互いに判決が不服であるとして控訴裁判所に控訴した。アップルは無条件にライセンスを受け入れるのではなく、ライセンス条件について合意前に確認する必要があると述べたのに対し、オプティスは

FRAND条件で支払うことを約束しただけでは足りず、無条件に差止請求を認めるべきであると主張した。しかしながら、これらの訴えはいずれも棄却されている。

本事案において裁判所は、アップルの主張がホールドアウトを防止するというETSIのIPRポリシーの目的を損なうと認めているが、これはUnwired事件最高裁判決と整合性のとれる判断であったと思われる。

アップルが行った訴訟を引き延ばすことができる一連の手続や主張は、国際的には有効であるとして一般的な行為ではあるが、ホールドアウトを警戒する英国裁判所の管轄においては、マイナスの心証になるかもしれない。

米国訴訟の結果も含めて、オプティスはアップルに対して大勝利を収めた。他方、アップルは係争を継続する手段が全てなくなったわけではないが、極めて不利な立場に立たされているといえる。ただし、オプティスが主張する無条件の差止請求が認められなかったこともあるため、お互いに交渉の余地は残されていると考えられる。

英国の裁判所では、今後も同様にSEP所有者に有利な判決が示される可能性が高いと思われるが、FRAND関連訴訟は国際的に行われており、各国の結果が引用されるなど、影響を与え合っている。したがって、この裁判の結果が他国の裁判にどのような効果をもたらすかについて検討の必要がある。また、本判決は通信規格に関する事案であるが、他の技術分野（例えば自動運転技術分野など）にどのような影響が及ぶのかについても今後検証すべきであろう。

（安田 和史）

10. インターデジタル対レノボ事件（英国）

（英国高等法院、2023年[1]）

判決文

［内　容］

本事件は、無線通信技術のSEPポートフォリオを保有するインターデジタルと、通信端末の販売を行うレノボとの紛争において、FRANDに基づくライセンス条件が争点となった事例である。英国高等法院は、両当事者が主張するFRANDライセンス条件を退け、自ら妥当な実施料を算定し、レノボに対して１億3870万ドルの支払を命じた。本件は2020年の英国Unwired Planet対ファーウェイ事件に続き、英国裁判所がFRANDに基づく実施料を算定した２件目の事例である。

カテゴリー	(i) 合理的実施料の算定 (ii) SEPに基づく差止めの可否
対象規格技術	2G、3G、4G、5G
関連用語	トップダウン・アプローチ、comparable license、リバース・ホールドアップ、ライセンスを受ける意思、潜在的ライセンシー（potential licensee）

１．事案の概要

InterDigital Technology Corporation（インターデジタル）は、米国デラウェア州で設立されたモバイル機器、ネットワーク、無線通信技術の研究・開発企業であり、欧州電気通信標準化機構（ETSI）で規格化された3G、4G、5Gの移動体通信システム技術を含む数多くのSEPを保有している。

1　*InterDigital Technology Corporation & Ors v. Lenovo Group Ltd*［2023］EWHC 539（Pat）

同社はサムスン、アップル、ファーウェイ、シャオミ、ZTE等の通信端末製造会社に当該SEPポートフォリオをライセンスしている。Lenovo Group Ltd（レノボ）は中国で設立されたPC、スマートフォン、タブレット等の通信端末の製造・販売企業である。2014年、同社はグーグルからモトローラモビリティを買収し、レノボ及びモトローラブランドを展開。訴訟資料によれば、2013年の第３四半期から2021年の第２四半期にかけて約４億8700万台の通信端末（内訳：2G＝1.1％、3G＝約30％、4G＝69％、5G＝0.6％）が販売されている。2008年から、インターデジタルはレノボに対してSEPポートフォリオのライセンスを提案し、一括金での支払やランニング・ロイヤルティー、又はそれらを組み合わせた様々な条件を示してきたが、レノボ側の対案との乖離が大きく、レノボは当該提示を受け入れなかった。そのため、両社の交渉は決裂。2019年、インターデジタルはレノボが自社のSEPポートフォリオのライセンスを得ることなくレノボ製品を販売していることを理由に、５件の無線通信技術に関するSEPに基づき、英国裁判所に特許権侵害訴訟を提起した。以下は、両者の交渉経緯の概要である。

2008年	インターデジタルがレノボに最初のライセンスオファー
2014年10月	レノボがモトローラモビリティの買収を発表
2015年３月～ 2016年９月	両社でＲ＆Ｄ協働を含めた協議の開始
2019年２月	インターデジタルがレノボに新たな条件（５年のライセンス期間で3G、4G、5Gをカバーする範囲）でライセンスオファー
2019年８月	インターデジタルがレノボを相手取り、米国デラウェア州地裁及び英国裁判所に特許権侵害訴訟を提起
その後もインターデジタルはレノボに対して複数のライセンス条件を提示	
2020年６月	レノボはインターデジタルを相手取り、デラウェア州地裁に反トラスト法違反の訴訟を提起。併せて中国北京知的財産裁判所に、レノボが提示するライセンスの適切なFRAND条件を求めるため訴訟を提起
2021年８月	インターデジタルがレノボに5G拡張オファーを提示

本件訴訟開始後にインターデジタルから提示され、本件訴訟でFRAND条件の適否が判断された5G拡張オファーの条件は下記のとおりであり、同オファーに基づきレノボの支払額を計算すると約３億3700万ドルとなる。これに対し、レノボからの対案として、契約期間６年で8000万ドル（特許製品の売上げに応じて±15%の変動あり）の一括金払が提案されている。

ライセンス範囲	全世界、2G（過去の販売分に限る。）、3G、4G、5G特許
ライセンス製品	3G、4G、5G通信端末
期間	６年（2018年１月１日から開始）
実施料	標準レートによる： 5G：平均販売価格（ASP）の0.54%（ただし、ASPは上限$200、下限$60） 4G：ASPの0.45%（ただし、ASPは上限$200、下限$50） 3G：ASPの0.36%（ただし、ASPは上限$100、下限$40）
リリース	上記のレートで過去の販売に基づく支払完了後に過去分免除
付帯する割引	５%の期間割引、５%の地域別販売ミックス割引
その他の割引	ボリュームディスカウント：2000万台ごとに10%割引、暦年（Calendar Year）の販売が１億4000万台を超える場合、最大70%割引 時間的価値の割引：年ごとに10%の前払割引 一括金支払割引：年ごとに４%の前払割引（最大20%まで）

2019年にインターデジタルが英国で提起した訴訟は、６つの裁判に分かれた。５つがSEPの侵害／非侵害に関して争われる技術裁判、残りの１つが適切なFRAND条件を決定するための裁判である。FRAND条件について争われた裁判の公判開始時点で幾つかの技術裁判の結果が出ており、そのなかでは、レノボがインターデジタルの特許を侵害していると判断されている。本書では、FRAND条件を決定するための裁判について紹介する。

２．争点

（１）インターデジタルが提示した5G拡張オファーはFRANDであるといえるか。FRANDであるといえない場合、どのようなライセンス条件がFRANDであるといえるか。この問題は主に比較ライセンス及びトップダ

ウン・アプローチに基づく検証に関するものである

（2）本件の適切な救済措置は何か。特にインターデジタルに対してSEPに基づく差止救済が認められるか

3．判旨

（1）争点1について

①　インターデジタルが提示した実施料率算定のためのアプローチ

インターデジタル及びレノボは、FRANDとして妥当な実施料を算定するために過去に締結した他社とのライセンス契約の条件を比較対象にすべきであると主張した。インターデジタルは比較対象として20件、レノボは7件のライセンス契約を開示している。さらに、インターデジタルはレノボの各世代（2G～5G）の通信端末の売上げデータに基づき、5G拡張オファーがFRANDであると主張する。そしてインターデジタルは、同社が提示する比較対象としての過去のライセンス契約で定める条件の妥当性を検証する方法として、トップダウン・アプローチを提案した。このアプローチによれば、インターデジタルが保有する無線通信技術に関するSEPの世代ごとのシェアに比例して実施料を上乗せすることで、全体の総量に対する実施料が算出可能であると主張する。このアプローチは各国の様々な判例で適用されてきた。さらに、インターデジタルは無線通信技術の世代ごとのシェアを確立するために、専門家証言を利用した特許数のカウント方法を提案し、裁判区域に応じた調整も行っている。

これに対してレノボは、インターデジタルのライセンス提案はFRANDではないと主張する。その理由として、レノボに提示したプログラムレート（実施料率）が長い間更新されていなかったにもかかわらず、レノボ以外のライセンシーに対して当該プログラムレート以下の条件でライセンスが付与されていたこと、ライセンス交渉を秘密裏に行うためとして秘密保持契約の締結を要請しており、インターデジタルが提供するライセンスプログラムの透明性に疑問があること、並びに小規模なライセンシーには差別的といえるほどの大幅なボリュームディスカウントを認めていたことなどを挙げる。

当裁判所は、インターデジタルによる比較ライセンス分析には、将来の料率算定や通信端末の業界平均売上げの提示内容に関して問題があると考えるため、同社が比較対象とした20件のライセンス全ての採用を拒絶する。

さらに、インターデジタルの提案したトップダウン・アプローチに基づく検証では実施料の算定において十分な信頼性と妥当性が確保されないことから、その有用性を保証することは難しいと考える。具体的には、他のパテントプールや市場でのライセンス交渉結果は、各特許の技術的な価値や特許の有効性を考慮せずに単純に比較しているため、正確な評価であるとはいえない。特許ライセンスの妥当性と公正な実施料の評価には、特許の技術内容や範囲、特許の実施における重要性など、より具体的な要素を考慮する必要がある。

② **判断**

当裁判所は、インターデジタルが提示した5G拡張オファー並びにレノボが提示した一括金支払の対案のいずれも適切なFRAND条件には合致しないため、裁判所が全体的な支払額を決定すべきであると判断する。

FRANDに基づく支払額を算定するに当たり、当裁判所が考慮すべき事項は、いかにホールドアウト（注：潜在的ライセンシーが、差止めがないことをてこに交渉に応じない、又は交渉を過度に遅延させること）を回避するかである。SEPを実施する当事者は、特許権侵害の開始時点とFRANDライセンス取得時点との間に生じた遅延に対する責任が回避されるべきではない。実施料の算定に関しては、各当事者から提示された証拠資料並びに諸事情を考量すると、本件においてFRANDライセンス交渉を行う当事者であれば、適切な実施料は通信端末１台当たり0.175ドルであり、レノボがインターデジタルに支払うべき対価は、インターデジタルの特許技術の実施を開始した2007年からの過去製品の売上げも考慮して、１億3870万ドルが妥当であると判断する。

（2） 争点2について

インターデジタルは、レノボの交渉態度は意図的なホールドアウトであり、明らかにインターデジタルからライセンスを取得する意思はないから、FRANDに基づく差止救済が認められるべきであると主張する。

レノボは、裁判所が差止救済の可否を判断する際には、レノボの行為だけでなく、交渉全体におけるインターデジタルの行為にも着目すべきであると述べる。具体的には、インターデジタルが交渉中から適切なFRAND料率を超過した実施料でオファーしていることや、FRAND料率の計算根拠に関する透明性の欠如は、SEP保有者としてライセンスを与える意思がないことを意味するという点を考慮すべきだと主張する。当裁判所は以下の理由から、インターデジタルに対してFRANDに基づく差止救済を認めることは妥当でないと判断する。すなわち、インターデジタルがレノボに差止命令を求める唯一の理由は、レノボにライセンスを取得させることである。本件訴訟を考慮すると、インターデジタルの目的はレノボを規格製品の市場から排除することではなく、むしろ長期間レノボが規格製品を販売しているにもかかわらず、インターデジタルに実施料を支払っていないことに対する補償を求めているように思われる。

本件技術裁判では、レノボによるインターデジタルのSEP侵害が認定されており、レノボは有効な特許権を侵害し続けている。当裁判所は、レノボが交渉過程でインターデジタルのオファーに合意しなかったのは誤りではないと考えるが、訴訟の開始後は、両者ともライセンス契約を締結する意思のある当事者であったとはいえず、訴訟過程のインターデジタルの主張の大部分は許容できないものの、最終的にはレノボ自身が当裁判所の示した対価を受け入れるかどうかを選択する必要があり、その後にレノボはインターデジタルからライセンスを取得する意思がある当事者であるか否かを改めて提示しなければならない。

4．解説

本事件は、英国裁判所においてFRANDに基づく実施料の算定がなされた事例である。裁判所はインターデジタル及びレノボの双方から提示された対価はFRANDでないと判断し、最終的にレノボが支払うべき対価を１億3870万ドルと算定した。インターデジタルによる提案が約３億3700万ドル、レノボからの対案が約8000万ドルであったことを考慮すると、対価に関してはレノボに有利な判断であったように思える。現にインターデジタルは、本判決のうち、ライセンシーは規格製品の過去の侵害行為全てに関する対価を支払うべきであるとする点は歓迎するものの、幾つかの部分において同社の提供するライセンスプログラムを正確に反映していないことから、上訴を検討していると述べている。

本件訴訟は2019年８月に提起され、適切なFRAND条件を審理するための裁判だけで３年以上を要している。当事者からは比較可能なライセンス条件として過去に締結した複数企業との特許ライセンス契約が開示され、インターデジタルによるトップダウン・アプローチの提示の際には、4Gなどの通信規格に関するSEPの総数や規格製品の販売台数算定に関する膨大な資料が提出され、それら資料に基づく専門家による証言も多岐にわたっている。

本事件は公判だけでも約１か月を要し、225ページに及ぶ判決文にわたり当事者からの複雑かつ広範な議論をまとめて、判断を下している。適切なFRAND条件の算定に当たり、当事者及び裁判所がいかに膨大なリソースを駆使して本事件を遂行したかを読み取ることができる。裁判所が判決後の追記として、将来の同様な紛争に対して効率的な判決を下すために当事者並びに裁判所が考慮すべき指針を示しているので紹介する。

(ｉ)両当事者ともに、法的専門家が参照する売上げ情報等のデータソースが同じものになるよう尽力すべきである。各当事者の専門家が異なるデータソースを用いると訴訟進行が不必要に複雑になる。使用するデータソースは当事者間で早い段階で合意すべきであり、合意に至らない場合は裁判所が決定する。

(ⅱ)FRAND条件を決定する裁判において、トップダウン・アプローチに基づく検証を支持する主張等、特殊な形式の分析を使用している場合は、その価値を確認する前に当該主張を論じることを許可すべきではなく、明確に管理すべきである。

(ⅲ)複雑な事件の場合、当事者はFRAND裁判の公判前のPre-Trial Review（PTR）を効果的に活用し、PTRの場面において裁判官に当事者が解決すべき争点が何かを詳細に特定して、伝えるべきである。

(ⅳ)同様に、複雑な事件の場合、審理期間の見積りが十分であることを確認する必要がある。もちろん、当事者双方への尋問や意見陳述を削減することで期間の調整は可能であるが、複雑な証拠資料の提出等により判決の準備に相当な時間を要してしまうことを認識すべきである。

(ｖ)本事件のようなFRAND判定には多額の金銭が関わる可能性があるが、判例の積み重ねにより、当事者は本当に重要な問題に焦点を当てる努力をしなければならない。

(ⅵ)本事件において、レノボが訴訟の過程でインターデジタルから適切な情報を得ることができなかった点に関し一つの解決案を提示する。それは、当事者が訴訟を開始した場合、法廷で監視される機密保持の状況下で潜在的に比較可能なライセンスの開示後、当事者間で訴訟の一時停止に合意し、開示された情報を基に交渉を行うことである。交渉が成功しなかった場合は訴訟を再開できる。

こうしたSEP問題に関して、欧州委員会は2023年４月27日付で公表した一連の規則案のなかでSEPライセンスにおける透明性及び実効性を向上させるための施策を提案している（本書第Ⅱ章B－７参照）。同規則案では、EU知的財産庁（EUIPO）の下で、中小企業等に対してライセンス交渉に関する助言やトレーニング、裁判外紛争手続の促進等のサービスを無償提供するコンピテンスセンターを設置することや、必須性確認を伴うSEPの登録、累積実施料の公表、調停によるFRAND決定などの規定案を紹介している。本提案では、2017年の欧州委員会コミュニケーション「EUにおける標準必須特許に関するアプローチの提示」にも触れ、SEPライセンスに関して包括的、かつ、バランスの取れたアプローチが必要であると述べている。

何をもってFRANDと判断するか、については長年議論されており、当事者や業界によっても様々な意見があるが、本事件で各当事者が提示したアプローチや裁判所が下した判断並びにその根拠については実務上も参考となる点が多いため、本稿にて紹介させていただいた次第である。

（鈴木 信也）

第Ⅲ章

世界のFRAND判例

C．アジア

1．アジアFRAND判例概観

1．はじめに

標準必須特許をめぐる訴訟は、もはや欧米の工業先進国特有のものではなく、アジアの新興国でも展開されている。本書では、アジアの訴訟のうちSEP関連の判決例６件を取り上げる。内訳は、日本２件、中国１件、韓国２件、インド１件である（下表参照）。

本書で紹介するアジアのSEP審判決例

国	裁判所・審判廷	事件名	結果
日本	知財高裁	アップル対サムスン事件	損害賠償を認める
日本	公正取引委員会	クアルコム公取委事件	仮決定を破棄
中国	北京市高級人民法院	ソニーモバイル対西電捷通事件	賠償・差止めを認める
韓国	ソウル中央地方法院	サムスン対アップル事件	差止めを認める
韓国	韓国大法院	KFTC対クアルコム事件	競争法違反を認める
インド	デリー高裁（一審）	エリクソン対インテックス事件	暫定的差止めを認める

具体的な審判決例の内容を御覧いただく前に、各国の独占禁止法（競争法）と知的財産権との関係を簡単に説明しておく。その理由は、独占禁止法がSEP問題の解決に大きな影響を与えているからである。経済成長が著しい新興国では、知的財産権のエンフォースメントの制度整備が計られているものの、独占禁止法による知的財産権の制限については依然としてはっきりしていない部分が多い。独占禁止法の運用基準が必ずしも明らかになっていないことが大きな要因となっている。

これまでのアジアのSEP訴訟は、ほぼスマートフォンをめぐって争われていると言っても過言ではない。しかし、今後はIoTをめぐる紛争にも拡大すると予想されている。EUや日本では、IoT時代の到来をにらんで、SEPライセンスのガイドラインを発表していることからもそのことが伺い知れる[1]。

加えて、関係各国はIT産業を国家の重点産業と位置付け、国策でその発展を促し、国際競争力を高めようとしている。したがって、SEP問題は単に特許権者の保護の問題にとどまらず、国内産業の保護にも直結する問題となっている。独占禁止法がSEPの権利行使に対して適用される機会が多いのはこのような背景があるためである。

2．中国の独占禁止法

中国の独占禁止法は2008年８月に施行された。法律の目的やその考え方に他の国の独占禁止法と大きな違いはない。独占禁止法55条（附則）は、「事業者が知的財産権に係る法律、行政法規の規定に基づき知的財産権を行使する行為には、この法律を適用しない。ただし、知的財産権を濫用し、競争を排除・制限する行為には、本法を適用する」と規定する。これはいわゆる「特許濫用条項」と呼ばれるものである。その趣旨は、基本的に知的財産権行使に対して独占禁止法を適用しないとするもので、その考え方自体は特に問題とはならない。日本の独占禁止法でも知的財産権は適用除外とされている。問題は、ただし書の「濫用」の解釈である。

独占禁止法の執行機関として、中国では「商務部」「国家発展改革委員会」「国家工商行政管理総局」の３つの機関があるが、それぞれ、事業集中、価格独占行為、非価格独占行為を担当する。それらを総括して調整するのが「国務院独占禁止委員会」である。各機関は所轄分野での独占禁止法の運用のためのガイドラインを発表している[2]。それらは、いずれ合体され、最終的に独占禁止委員会により公布されることになる[3]。

1　日本特許庁「標準必須特許のライセンス交渉に関する手引き」2018年６月５日（第２版：2022年６月）；EC委員会“Communication from the Commission to the European Parliament, the Council and the European Economic and Social Committee: Setting out the EU approach to Standard Essential Patents”2017年11月29日。

2　具体的には、国家発展改革委員会は2015年12月31日、「知的財産権の濫用に関する独占禁止ガイドライン」（意見募集稿）を公表して一般からの意見募集をした。また、国家工商行政管理総局は、「知的財産権濫用の独占禁止法執行に関するガイドライン」（国家工商総局第七稿）を公表し、一般からの意見募集をした。これらの２つのガイドライン（案）は、ほぼ同じ分野についての内容であるが、別々に作成されており、形式や内容の統一は計られていないという。これに対して国務院独占禁止委員会は2017年３月23日、「知的財産権濫用に係る独占禁止指南」（意見募集稿）を公表した。

3　遠藤誠『中国における技術標準と特許をめぐる最新動向と日本企業の戦略』日本機械輸出組合（2018）、pp. 91–93.

注目されるのが国家工商行政管理総局のガイドラインで、生産や経営に不可欠な特許については不可欠施設（essential facility）として捉え、その権利行使は濫用とされる可能性がある。不可欠施設の考え方は、欧米では飽くまでも学問上の理論と捉えられており、それを実際に適用することはない。中国の「不可欠施設」論は、欧米の考え方とは対極にある考え方といってよい。ガイドラインは法的拘束力を持たないとはいえ、あえて欧米では採用されない「不可欠施設」論を入れたのは、SEP保有者が外国資本であることを想定しているからだと言っても過言ではないであろう。

国務院独占禁止委員会のガイドラインは、差止めに関して市場支配的地位を持つSEP保有者が差止めを利用してライセンシーに不公平なロイヤルティー又は不合理なライセンス条件を強いるとき、競争の排除・制限となるおそれがあるとしている。濫用の有無は、交渉態度、当事者のライセンス条件、競争や消費者に与える影響を考慮して決定されることになる。

このようなガイドラインがある一方で、ソニーモバイル対西電捷通事件での北京市の裁判所（一審及び二審）は、権利濫用の問題には全く踏み込んでいない。この事件は、強制国家標準に必須の特許権侵害をめぐる事件で、裁判では特許法に関わる様々な法律問題が議論されている。この事件では、SEP保有者が標準化に関与していたため、原告はFRAND宣言をしてSEPライセンスの開放を約束していた。また、被告に対して、標準技術の機能検査のための検査装置を提供していたという事実も認定されている。それにもかかわらず、特許濫用の問題が争点となることはなかった。

この事件は、ソニーモバイル対西電捷通事件（本書第Ⅲ章Ｃ－５参照）で取り上げているので、詳細はそちらを参照されたい。

３．韓国の独占禁止法

韓国のIT産業は、国の経済を牽引する産業である。したがって、競争当局〈韓国公正貿易委員会（KFTC）〉も外国資本の動きに目を光らせている。代表的な事案がサムスン対アップル事件（2012年）とKFTC対クアルコム事件（2023年）である[4]。

サムスン対アップル事件では、原告のFRAND宣言が①契約を構築するか、②第三者に利益をもたらすか、③エストッペル（禁反言）を構成するかが争われた。ソウル地裁は、アップルの主張するFRAND宣言が標準化団体との間で

4　両事件とも本書に掲載されている（本書第Ⅲ章Ｃ－２及びＣ－７参照）。

契約を構成するという「契約論」を退け、エストッペルの存在を否定した[5]。

FRAND宣言はSEP保有者と標準化団体との間の契約で対世的な効果を持つとする主張（いわゆる「契約論」）は、英米法系では説得力を持ち裁判所でもそれを採用しているが、世界に先駆けて韓国で争われた本件では、時期的に認められるような状況にはなかった。

しかし、サムスンの立場は欧州連合（EU）では逆転した。サムスンはEUでもアップル製品の差止めを求めていたが、ECの競争当局の調査を受け、結局、差止請求を取り下げざるを得なかった[6]。

KFTC対クアルコム事件で争われたのは、米国クアルコムが開発した無線通信方式のCDMA。CDMAは無線通信分野の標準として採択され、モバイル電話やスマートフォンなどの通信端末にとって必須の標準となった。クアルコムは通信端末の心臓部であるCDMAチップを韓国メーカーに供給していたので、競争法上、クアルコムは製品市場（チップ）と技術市場（CDMA）の両方に影響力を持っていた。

KFTC対クアルコム事件で、KFTCはクアルコムが両市場において「支配的な地位」にあると認定し、高いロイヤルティーでCDMA市場での自由な競争を制限したと決定した。ソウル高裁は、KFTCの決定を支持し、韓国大法院もそれを支持した。

欧州委員会とKFTCの判断の違いは、アップルのwillingnessの認定の違いにあったようである。つまり、KFTCは、アップルが他の国で行っているような敗訴の場合を想定した供託金の口座開設を、韓国では行っていないことを重視した。しかし、このような判決の違いは、外交的な軋轢を生むことになる。

そのためKFTCは、2014年末にガイドラインを発表し、その中で競争法の考え方はEUや米国のそれと基本的な違いがないことを改めて表明した[7]。このガイドラインでKFTCは、FRAND宣言をしたSEP保有者がSEPライセンス取得に前向きな標準実施者（willing licensee）に対し、差止訴訟を提起することは関連市場の競争を阻害する行為であることを明確にした。また、SEPライセンス取得に前向きでない実施者（unwilling licensee）に対してSEP保有者が差止

5　ソウル地裁の判決に対する控訴審が係属中に両当事者が事案を取り下げたため、この地裁判決は、厳密には先例にはならない。
6　サムスン対EC事件（本書第Ⅲ章B－3）参照
7　Sang-Seung Yi & Yoonhee Kim “FRAND in Korea” The Cambridge Handbook of TECHNICAL STANDARDIZATION LAW, pp. 319–326

救済を求めることはリバース・ホールドアップに当たる可能性があると指摘した。不公平な条件でのライセンスの強要は、特許権の正当な行使を超えるとする判断も明らかにしている[8]。

興味深いのは、「事実上のSEP」（技術的には標準実施に不可避な特許であるが特許権者がFRAND宣言していない特許）についても、FRAND宣言がなされたSEPと同等に扱うことが明らかにされたことである。このように積極的な解釈規定に対して、FRAND宣言したSEPと「事実上のSEP」の基本的な違いを認識していないとする批判が出され、そのような批判を意識したのか、KFTCは2016年にガイドラインの改正案を発表し、「事実上のSEP」についての記載を変更し、両者の差異を明確に定義した。

以上をまとめると、KFTCはIPRガイドラインの改正により、FRAND問題についての独占禁止法上の３つの原則を確立した[9]。

（ｉ）SEP保有者がSEPライセンス取得に前向きのライセンシーを相手取り、差止救済を求めることはできない。

（ⅱ）SEPライセンス取得に前向きのライセンシーと前向きでないライセンシーの定義をどのようにすべきか。

（ⅲ）FRAND宣言されたSEPと「事実上のSEP」の相違の明確化

４．インドの独占禁止法

インドは電気通信ネットワークの有力市場であり、世界の通信企業が市場参入機会を伺っている。そのこともあって、近年、インドではSEP問題が裁判所で数多く争われている。当然ながらSEP保護とSEP保有者のFRAND義務の履行はインドでも重要な問題となっている。

しかし、インドではSEPのエンフォースメントに関する法規は依然として貧弱であり、デリー高裁とインド競争取引委員会（以下、CCI）のFRAND義務の解釈は必ずしも整合していない。例えばデリー高裁は、FRAND条件でのSEPライセンスが宣言されていてもSEP保有者による差止めを認めている。

8　そのような行為の具体例として、FRAND条件でのライセンスを回避して市場支配力を強化する行為、SEPライセンスを不当に拒否する行為、SEPライセンスに不当な差別的条件（合理的でない高いロイヤルティー等）を課す行為、ライセンシーが保有する特許権の行使を不当に制限するような条件を課す行為などが挙げられている。

9　本項に関する記載は以下の文献を参考にした。Sang-Seung Yi and Yoonhee Kim "FRAND in Korea," The Cambridge Handbook of TECHNICAL STANDARDIZATION LAW, pp. 319–326

また、FRANDロイヤルティーについての裁判例こそないものの、SEPの暫定ロイヤルティーをスマートフォンなどの完成品をベースに算出している。完成品ベースのロイヤルティーは、累積ロイヤルティーの問題を引き起こすため、欧米では採用に慎重である。

このように、デリー高裁はプロパテント的なSEP解釈を採っているのに対し、CCIはSEPを規制する厳格アプローチを採用している。幾つかの事例でCCIは[10]、完成品をロイヤルティーの算出ベースにすることは「差別的である（discriminatory)」とする仮決定を行っている。また、SEP保有者の秘密保持契約(NDA)によって個別のロイヤルティー率を秘匿できるので、ライセンシーごとに異なるロイヤルティーを設定することに独占禁止法上の懸念を示している。

しかしながら、CCIはSEP保有者の上記のような行為を行っていても支配的地位の濫用になるとは認定していない。したがって、インド競争法の適用可能性については、依然として予断を許さないのが現状であるといえよう[11]。

最後にインドにおける侵害訴訟の特徴を付記しておく。特許権者は、侵害訴訟において差止命令、損害賠償請求、不当利得返還請求等による救済を求めることができる。差止命令には「終局的差止命令」と「暫定的差止命令」がある。暫定的差止命令は、終局的差止命令が発令されるまでの間、侵害者の製造・販売を禁止するもので、その認定には、① 侵害行為についての一応有利な事件であるか否か、② 原告及び被告の利益バランス、③ 仮差止めが認められなかった場合に回復不能な損害を被る可能性等が考慮される[12]。

インド特許法の下で差止めは衡平法上の救済に当たり、裁判所の裁量で決定される。例えばデリー高裁はFRAND宣言したSEP保有者による差止請求を認めており、実際、暫定的差止命令を発行しているものの、SEP侵害に対する終局的差止命令はどの裁判所からも出されていない。

デリー高裁では、SEP侵害訴訟の一審と二審が開かれるので注意が必要である。

（藤野　仁三）

10　例えば*Micromax Information v. Telefonaktienbolaget LM Ericcson,* (Competition Comm'n of India 2013); *Intex Technologies* (*India*) *Ltd. v. Telefonaktiebolaget LM Ericsson,* (Competition Comm'n of India 2014)

11　J. Gregory Sidak "FRAND in India" The Cambridge Handbook of TECHNICAL STANDARDIZATION LAW, pp. 336-337

12　*Gujarat Bottling Co. Ltd. v. Coca Cola Co.* (India 1995)

2. サムスン対アップル事件（韓国）

（ソウル中央地方法院、2012年）

判決文

［内　容］

本件は[1]、世界各国で繰り広げられていた一連のアップルとサムスンの訴訟合戦において、SEPに基づく差止請求が初めて認められた判決である。本判決ではSEP保有者及び利用者の双方に誠実交渉義務が課されることが明らかにされ、結論としてサムスンの権利の濫用を否定し、差止請求権の行使が認容された。この判決以降に各国で出された両当事者間の訴訟との関連性も注目される。

カテゴリー	SEPに基づく差止め可否
対象規格技術	3GPP
関連用語	誠実交渉義務、ライセンス契約、適時開示義務

1. 事案の概要

本件は、サムスンがアップル（米国アップルの韓国子会社）に対し、「iPhone3GS」「iPhone4」「iPad」「iPad2」の各製品は、サムスンが有する3GPPの通信規格に関連した標準特許（SEP）4件（234・975・144・900特許）と無線端末のデータサービスの提供方法に関する特許（973特許）を侵害するとして、本件製品の販売等を中止し、製品を破棄すること、及び損害の一部請求として各特許当たり2000万ウォン（合計1億ウォン）の支払を求めた事案である。

2011年4月に米国でアップルがサムスンを提訴したことから始まった両社の

1　ソウル中央地方法院2012. 8. 24. 言渡2011ガ合39552判決（民事11部）

訴訟合戦は、米国をはじめドイツ、フランス、英国、イタリア、オランダ、スペイン、オーストラリア、韓国、日本の10か国に及び、特許権、意匠権、商標権の侵害や独占禁止法違反が争われた。また欧州では、欧州委員会がサムスンによる提訴についてEU競争法違反等の疑いで調査を行った。

本件でアップルは、サムスンによる特許権侵害の訴えに対して、特許権の無効及び非侵害、特許権の消尽を主張するとともに、サムスンが欧州電気通信標準化機構（ETSI）にしたFRAND宣言について、米国で支持されている契約理論を展開して、差止請求は権利濫用に当たると反論した。

裁判所は、まず、アップルがサムスンの標準必須特許（SEP）４件について特許権を侵害しているとした上で（973特許は非侵害）、そのうち234・144特許には無効事由（新規性の欠如）があるため、それに基づいた原告の権利行使は権利濫用に該当するとした。そして、それ以外の有効なSEP２件についての特許権侵害を前提として、アップルの抗弁について審理がなされた。

2．争点

裁判の争点は、アップル製品の本件特許権侵害の成否、間接侵害品による消尽、特許無効の成否などがあるが、本稿では、アップルの一部製品における特許権侵害を認めたことを前提として、下記の争点に限定して検討する。

（１）FRAND宣言に基づくライセンス契約の成否とその性質
（２）権利濫用の抗弁について
（３）独占禁止法違反の抗弁について

3．判旨

（1）　FRAND宣言に基づくライセンス契約の成否とその性質

アップルは、サムスンのFRAND宣言は撤回不可能なライセンス契約の申込みであり、SEP利用者の実施行為又はライセンス承諾の意思表示によりライセンス契約が成立すると主張した。

この点について、準拠法はETSIの母国法であるフランス法となるため、ライセンス契約の成立には、書面による実施料等に関する合意が必要であるが、ETSIのIPRポリシーやガイドラインにおいては、具体的な実施料の算定基準などが定まっていないため、これを契約申込みの意思表示とみることはできず、一方的な実施行為のみではサムスンの意思に合致する意思表示があったともいえない。

そして、FRAND宣言は、SEP保有者がFRAND条件でのライセンス契約に向けて誠実に交渉する義務を負う一般原則を特許権者が自ら宣言するものといえる。したがって、不特定の第三者に対して自動的に実施権を与えたり、拘束力のある取消し不能の実施権を約束したりするものではないため、アップルの主張は認められないと判断した。

さらに、アップルはFRAND宣言がSEPに基づく差止請求権の放棄に当たるので、本件差止請求は禁反言の原則に反するとも主張したが、上記FRAND宣言の性質に鑑みて、FRAND宣言がなされたというだけでは、SEP利用者の一方的な実施をもってライセンス契約の締結とみることはできない。また、無断でSEPを実施する第三者に対し、差止請求権を行使することを放棄したものと解することもできない。よって、禁反言の抗弁についても認められないとした。

（2） 権利濫用の抗弁について

アップルは、FRAND宣言をしたことで誠実に交渉する義務を負ったサムスンが、FRANDとはいえない過度な実施料を要求しながら差止請求を行ったことは権利の濫用に該当すると主張した。

まず、民法上の権利濫用は、相手方に苦痛や損害を与える意図があり、その権利行使による利益がない者の権利行使であって、それが社会的秩序に反する場合に適用される。サムスンがSEPの侵害を主張して差止請求を行ったことは、専らアップルに苦痛や損害を与えるだけの目的であって、それ以外に何ら利益がないとまではいえない。よって、民法上の権利濫用の抗弁は認められないと判断した。

次に、特許権は私有財産ではあるが、その保護範囲は必然的に社会的制約を受ける。たとえ外形的には単なる権利行使のように見えても、相手方に対するその特許権の行使が、特許制度の目的や機能を逸脱して公正な競争秩序や取引秩序を乱し、需要者や相手方に対する信義誠実の原則に反するなど、法的保護に値するものではないと認められる場合には、特許権の濫用に当たり許されない。そして、SEP保有者がFRAND宣言をした場合には、そのSEPに対しては、特許法の目的や理念等に照らして特許権者の権利を制限する必要性も認められる。

このような観点から、以下の各事情を総合考慮すると、アップルの主張は認められず、サムスンの差止請求は権利の濫用に当たらないと判断した。

(ⅰ)FRAND宣言を行ったSEP保有者は、当該SEPの実施を希望する第三者との間で誠実交渉義務を負う。しかしながら、SEPの利用許諾を求めることもなく無断で実施する者に対する侵害の差止請求が特許制度の目的や機能を逸脱するとまではいえない。

(ⅱ)アップルは本件製品の製造・販売等のためには本件SEPの実施が不可避であることなどを十分に認識していたにもかかわらず、利用許諾や協議を求めることもなく実施してきた。

(ⅲ)アップルは本件提訴後にFRAND条件による実施料率の提示をサムスンに要請したが、これはSEPの有効性とその侵害の認定を前提としたものではない。

(ⅳ)両社による実施料率に関する協議が合意に至らなかった原因は、サムスンが誠実に交渉に応じなかったことにあるとは断言できない。

(ⅴ)アップルが提示した実施料率は、SEPの価値を著しく低く評価して算出されたものといえる。対照的に、本件提訴が、アップルの関連市場からの排除、公正な競争の制限、取引秩序の攪乱などを目的としたとは言い難い。

(ⅵ)アップルは日本やオランダ等における紛争では、特許の有効性と侵害を仮定した予想実施料額あるいは侵害による対価を寄託するか、その意思を表明したが、韓国で登録された本件SEPに関しては、そのような措置や提案はされていない。

(ⅶ)アップルには、誠実に交渉を進める意図よりも差止請求を回避しようとする思惑が見られ、SEPの有効性と侵害を認めないまま判決に基づいて実施料を払おうとする意図があったことがうかがわれる。

(ⅷ)ETSIの方針と標準化の理念からすると、SEP保有者だけではなく、SEP利用者にも誠実に交渉する義務があるといえる。したがって、SEPの利用許諾を求めることなく一方的に実施されている場合にまで差止請求を制限することは、悪意のある実施者や潜在的ライセンシーを保護する結果となり、特許制度の本質に反する。

（3）　独占禁止法違反の抗弁について

アップルは、本件SEPに基づくサムスンの差止請求は、独占禁止法違反（市場支配的地位の濫用、不公正な取引行為）に該当することから、権利の濫用になると主張した。

しかし、アップルのこのような主張は、立証が不十分であり、サムスンが本件SEPに基づいて差止請求をすることは、以下の理由から、独占禁止法に違反するとはいえないと判断した。

（ⅰ）人為的に市場秩序に影響を与えようとする意図や目的を持っていると断定するのは難しく、不当な取引拒絶行為に該当するとはいえない。

（ⅱ）不当な価格や、不可欠な施設へのアクセスを事実上、又は経済的に不可能にする条件を提示する行為や、既存の他のSEP利用者と比較して著しく差別的な価格などの不公平な条件を提示する行為に該当するとも言い難い。

（ⅲ）一定期間経過後にFRAND宣言した事実（適時開示義務違反）は認められるが、意図的に特許の存在を隠蔽し、ETSIを意図的に欺瞞したと認めるだけの証拠はないため、詐欺的行為による顧客誘引ともいえない。

以上のことから、ソウル地裁はアップルの反論はいずれも認められず、アップルはサムスンの有するSEPを侵害しているため、それに基づく差止請求を認容した。

また、サムスンの損害賠償請求は、損害の一部としてSEP１件当たり2000万ウォンの請求であるため全体の損害額は確定していないものの、損害額が請求金額を超えることは明らかであるとして、サムスンの請求どおり、アップルに特許権侵害が認められたSEP２件分として4000万ウォンの損害賠償等を認めた。

４．解説

韓国は、日本と同様に大陸法系の法制度を有し、知的財産法についても日本法の影響を受けて形成されてきたといわれる。そして、特許権の侵害に対しては、原則的に差止めを認めており、差止請求権が制限された事案は近年までなかった。そうしたなか、本件判決の直前には、特許が無効となることが明白である場合の差止請求は特別な事情がない限り権利濫用に該当するとして、差止めを制限した韓国大法院判決が出された経緯がある[2]。

2　韓国大法院全員法廷判決（2012年１月19日）事件番号：2010ダ95390.

そして、世界各国で繰り広げられていた一連のサムスン対アップル訴訟において、SEPに基づく差止請求が初めて認められたのが本判決である。この当時、日本では同様の争点に関する審理が東京地裁に係属中であったことから、国内外においても注目を集めた。

本件でアップルは、FRAND宣言に基づくライセンス契約の成否について、FRAND宣言によりSEP保有者と標準化機関、若しくはSEP利用者の間に契約関係が生じ、SEP保有者は一定の義務を負うという契約理論を主張したが、裁判所はこれを否定している。この契約理論は、米国では支持された考え方であるが、日本でも、韓国と同様に退けられている。

そして判決では、FRAND宣言について、特許権者がライセンス契約に係る誠実交渉義務を負う一般原則を宣言するものであると指摘し、SEP保有者には誠実交渉義務が課されることを明らかにした。

また、権利濫用の抗弁について、民法上の権利濫用と特許権の濫用を区別して論じ、それぞれ異なる要件により判断している。この特許権の濫用に関しては、民法上の権利濫用（韓国民法２条）の概念とどのように関連するのかなど、その根拠については明らかにされていないが、特許制度の目的や趣旨から、権利行使が制約される場合を論じている。

そして、FRAND宣言されたSEPをめぐるライセンス交渉においては、SEP保有者だけでなく、SEP利用者に対しても一定の誠実な交渉態度を要求した上で、結論として、サムスンの差止請求について権利濫用を否定し、差止めを認めたものである。

SEPに基づく差止請求の可否については、本判決の後に出された日本の知財高裁の判決においても、権利濫用の法理が用いられた点は興味深い。知財高裁では、権利濫用論のなかで特許法の目的である「産業の発達」を阻害する場合に権利行使が制限される旨が説示された。また、権利濫用に該当するか否かの判断に当たって、SEP保有者とSEP利用者の両者に誠実交渉義務を求めた点など、韓国における本判決と共通する点がある。一方で、独占禁止法上の評価については、本判決では権利濫用を根拠付ける一要素として実質的な判断がなされているが（ただし、立証不十分として棄却）、日本では詳細に踏み込むことなく、民法上の権利濫用の点から結論を導いている[3]。

3　アップル対サムスン事件（本書第Ⅲ章C－３頁参照）

なお、差止請求の可否という結論においては、韓国と日本では異なることとなったが、これは、アップルのライセンス料に関する交渉態度や支払う意思などの点についての事実認定と評価の差異が影響したものと思われる。SEP保有者とSEP利用者に求められるライセンス交渉における態度等については、両国とも明確な基準までを示すものではないものの、そのポイントはおおむね共通することから、実務上の参考になるといえる。

SEPに基づく権利行使をめぐる争いにおいては、各国で様々な主張や理論構成、そして、現実的な紛争解決が試みられてきたところであるが、2012年から2014年にかけて下された一連のサムスンとアップルによる訴訟の各判決は、その権利行使には一定の制約が課されるべきであるというSEP制約論を前提としたものであった。

また、具体的な判断においては、SEPに基づく権利行使に制約が課される法的根拠について、米国では一般論としてeBay事件判決で示された衡平法に基づく法理が論じられた（ただし、米国際貿易委員会（ITC）では特許法による救済は関税法による水際規制とは異なると説示されている。）。

そして、欧州では競争法、日本と韓国では民法等による権利濫用論が、それぞれの主な根拠とされるなどの相違点がある（図表参照）。しかしながら、各国の判断は、SEP制約論を前提として一律に制限するというものではなく、当事者双方に誠実交渉義務を課し、SEP利用者に契約の意思がない場合には差止請求権の行使の余地があることを明らかにした点などで共通している。

各国のサムスン・アップル訴訟におけるSEPに基づく差止請求の認否

	判断主体	判断日	判断の主な根拠	差止請求の認否	本書掲載
韓国	ソウル 中央地方法院	2012年８月24日	権利の濫用	○	Ⅲ章C−2
欧州	欧州委員会	2012年12月21日[4] （異議告知書）	欧州競争法（市場の支配的地位の濫用）	×（予備的見解として）	Ⅲ章B−3
米国	国際貿易委員会（ITC）	2013年６月４日	関税法337条	○（その後大統領令により拒否権発動）	Ⅲ章A−2
日本	知財高裁（大合議）	2014年５月16日	権利の濫用	×	Ⅲ章C−3

4　欧州委員会は、2014年４月29日に調査の終了を宣言した。

これらサムスンとアップルが争った一連の訴訟は、似通った事実関係のもとで下された関連判決として、SEPに基づく権利行使の可否が各国でどのように判断されるのかを俯瞰する好例といえよう。もっとも、各国の判断は結論や根拠に差異があり、また、誠実交渉義務として当事者双方に求められる具体的な行動基準についても必ずしも明らかではないが、本稿で検討した範囲からみても国際的な解決の方向性は整いつつあるといえるのではなかろうか[5]。

（清水 利明）

5　本稿は、本件判決文の英語版をベースにして作成した。判決文を提供いただいた韓国Kim & Chang法律事務所に感謝を申し上げる。

3．アップル対サムスン事件（日本）

（知的財産高等裁判所、2014年）

判決文

［内　容］

本件[1]は、知財高裁が、FRAND宣言されたSEPに基づく差止請求権について、FRAND条件によるライセンスを受ける意思のある者に対して行使することは権利濫用とするとの判断基準を初めて示し、損害賠償請求については、FRAND条件でのライセンス料を超える部分は権利の濫用となるが、ライセンス料相当額の範囲内では権利濫用に当たるものではないと判断し、具体的なライセンス料額を算定した点も注目された。

カテゴリー	(i)　SEPに基づく差止めの可否 (ii)　合理的実施料の算定
対象規格技術	3GPP
関連用語	大合議判決、パブリック・コメント、ライセンスを受ける意思、willing licensee

1．事案の概要

アップルとサムスンは、スマートフォンなどの通信端末等をめぐって、世界中で互いに特許権等の侵害訴訟合戦を繰り広げており[2]、本事案はこうした訴訟合戦の一環として、我が国において提起された。

1　知財高裁大合議判決・決定（知財高判平成26年５月16日平成25(ネ)第10043号債務不存在確認請求控訴事件、平成26年５月16日平成25(ラ)第10007号、第10008号特許権仮処分命令申立却下決定に対する抗告申立事件）

2　本書で取り上げるものとして、「サムスン対アップル事件（本書第Ⅳ章C－2頁参照）」「アップル対サムスン事件（本書第Ⅲ章A－2参照）」

原告はアップルの日本法人、被告はサムスンの韓国法人である。

本事案では、まず、サムスンが、自身の有する第３世代移動体通信システム等に関する特許第4642898号（以下、本件特許）に基づいて、アップルに対し、「iPhone3G」「iPhone4」「iPad Wi-Fi＋3Gモデル」「iPad2 Wi-Fi＋3Gモデル」を生産、譲渡、輸入する行為が特許権侵害に当たるとして、生産の差止め等の仮処分を求めた[3]。これに対して、アップルは上記「iPhone4」等の生産、譲渡、輸入の行為は本件特許権の侵害には当たらないなどと主張して、本件特許権侵害に基づく損害賠償請求権をサムスンが有しないことの確認を求めた。

なお、サムスンは、欧州における電気通信に係る標準化団体である欧州電気通信規格協会（ETSI）に対して、本件特許権がFOMAやW-CDMAといった通信規格（UMTS規格）のSEPであるとしてFRAND宣言をしていた。また、上記アップル製品はUMTS規格に準拠したものである。

原審〈東京地決平成25年２月28日　平成23年（ヨ）第22098号〉は、「iPhone4」等の一部の製品におけるアップルの特許権侵害を認めたものの、差止請求権及び損害賠償請求権の行使はいずれも権利の濫用に当たると判断した。原審では、サムスンはFRAND宣言をしたことにより、アップルからライセンスの申出を受けることで、両者はライセンス契約に係る契約締結の準備段階に入ったものといえることから、信義則上の誠実交渉義務を負うとした。そして、アップルの再三の要請にもかかわらず、契約の締結に必要な情報（サムスンと他社のライセンス契約に関する情報）を提供することなく、アップルの提示した条件に対して具体的な対案を示さなかったことなどを理由に、サムスンは信義則上の義務に違反したと判断した。また、かかる状況において、サムスンのETSIに対する本件特許権の開示が遅かったことなどライセンス交渉過程の諸事情を総合すると、特許権の行使は権利の濫用に当たるとした。サムスンはこれを不服として、抗告、控訴したものである。

2．争点

本事案の争点は、アップル製品の本件特許権侵害の成否、間接侵害品による消尽、特許無効の成否などがあるが、ここでは、アップルの一部製品における特許権侵害を認めたことを前提として、下記の争点に限定して検討する。

3　東京地決平成25年２月28日（平成23年（ヨ）第22098号）

（1）FRAND宣言に基づくライセンス契約の成否
（2）差止請求権の行使が権利濫用に当たるか
（3）損害賠償請求権の行使が権利濫用に当たるか
（4）損害額の認定について

3．判旨

（1） FRAND宣言に基づくライセンス契約の成否

本件ライセンス契約の成否に関する準拠法をETSIの母国法であるフランス法とした上で、以下の観点から、本件FRAND宣言がライセンス契約の申込みであると解することはできないとして、ライセンス契約の成立を否定した。

（i）ライセンス契約が成立するためには、少なくともライセンス契約の申込みと承諾が必要とされているところ、本件FRAND宣言は「取消し不能なライセンスを許諾する用意がある」とするのみで、文言上、確定的なライセンスの許諾とはされていない。

（ii）ライセンス契約が成立するためには、その対価が決定されている必要はないとしても、本件FRAND宣言には、ライセンスのロイヤルティー率や、地理的範囲、契約期間等、本来ライセンス契約において定まっているべき条件を欠いており、具体的な契約内容が明らかではない。

（iii）現在のETSIのIPRポリシーは、制定された経緯に鑑みれば、FRAND宣言が直ちにライセンス契約の成立を導くものではないことを前提としている。

（2） 差止請求権の行使が権利濫用に当たるか

SEPに基づく特許法上の権利行使について裁判所は、これに関する準拠法を日本法とした上で[4]、これを無限定に許すことは、特許法の目的である「産業の発達」（同法1条）を阻害するおそれがあり、合理性を欠くものといえるとして、権利行使が制限されるとした。

すなわち、標準規格に準拠した製品の製造・販売等を試みる場合、当該規格を定めた標準化団体の知的財産権の取扱基準を参酌して、当該基準が、SEPに

4　最一小判平成14年9月26日（平成12年(受)第580号）［FM信号復調装置事件］

ついてFRAND宣言する義務を会員に課しているなど、将来、SEPについてFRAND条件によるライセンスが受けられる条件が整っていることを確認した上で投資をし、標準規格に準拠した製品等の製造・販売を行う。仮に後にSEPに基づく差止請求が許容されれば、FRAND条件によるライセンスが受けられるものと信頼して当該標準規格に準拠した製品の製造・販売を企図し、投資等をした者の合理的な信頼を損なうことになる。

SEPの保有者は、当該標準規格の利用者に当該特許が利用されることを前提として、自らの意思で、FRAND宣言をしていること、標準規格の一部となることで幅広い潜在的なライセンシーを獲得できることからすると、SEP保有者がFRAND条件での対価を得られる限り、差止請求権の行使を通じた独占状態の維持を保護する必要性は高くない。

そうすると、このような状況の下で、FRAND条件によるライセンスを受ける意思を有する者に対し、SEPによる差止請求権の行使を許すことは、SEP保有者に過度の保護を与えることになり、特許発明に係る技術の幅広い利用を抑制させ、特許法の目的である「産業の発達」を阻害することになる。

そして、本件については、FRAND宣言をしているサムスンによる本件差止請求権の行使について、アップルはFRAND条件によるライセンスを受ける意思を有する者であると認められるから、権利の濫用（民法１条３項）に当たり許されないと解されるとした。

（3）　損害賠償請求権の行使が権利濫用に当たるか

FRAND宣言された特許権に基づく権利行使において、どのような損害賠償請求が制限されるかについて、FRANDライセンス料相当額の範囲内の請求と、それを超える請求に分けて検討し、以下のように判断した。

まず、FRANDライセンス料相当額を超える請求を許すことは、潜在的ライセンシーからの信頼を損なうとともに、SEP保有者が自らの意思でFRAND宣言していることからすると過度の保護を与えることになり、標準規格の幅広い利用をためらわせるなどの弊害を招き、特許法の目的である「産業の発達」を阻害するおそれがあるから合理性を欠く。一方で、損害賠償請求がFRANDライセンス料相当額の範囲内にある限りにおいては、その行使を制限することは、発明への意欲をそいで技術の標準化の促進を阻害する弊害を招き、同じく「産業の発達」を阻害するおそれがあるから合理性を欠く。

そして、SEP利用者は、FRANDライセンス料相当額の支払は当然に予定していたと考えられるから、その範囲内での損害賠償金の支払は予測に反するものではない。

よって、原則としては、FRAND条件によるライセンス料相当額を超える請求のみが権利濫用に当たる。

その上で、以下の例外を示した。

（ⅰ）SEP利用者が、FRAND条件によるライセンスを受ける意思を有しないなど、著しく不公正といえる特段の事情がある場合には、FRANDライセンス料相当額を超える請求が許容され得る。

（ⅱ）SEP保有者の交渉過程に、誠実交渉義務違反や適時開示義務違反などの特段の事情がある場合には、FRANDライセンス料相当額の範囲内の請求であっても、権利濫用としてその損害賠償が制限され得る。

これについて、本件では、サムスンの交渉態度は誠実交渉義務及び適時開示義務の点で著しく不公正であるとまではいえず、また、アップルの交渉経緯はFRAND条件でのライセンス契約を締結する意思を有しないものとは評価できない。よって、いずれにおいても特段の事情とは認められないから、原則どおり、FRANDライセンス料相当額の範囲内での損害賠償請求に限って、正当な権利行使とした。

（4） 損害額の認定について

本件におけるFRAND条件によるライセンス料相当額の算定方法は、まず、本件侵害製品の売上高を基準（以下、ロイヤルティー・ベース）として、製品におけるUMTS規格の貢献割合を乗じ、そのうちの本件特許の貢献割合を算定する方法とした。そして、本件特許の貢献割合については、累積ロイヤルティーが過剰となることを抑制する観点から、UMTS規格に係る全必須特許に対するライセンス料の合計ロイヤルティーを５％とした上で、必須となる特許の個数割りによって算定することが相当であるとした。

FRAND条件によるライセンス料相当額を求める計算式

侵害製品の売上高 × 製品におけるUMTS規格の貢献割合 × ロイヤルティー・スタッキング × 必須特許個数割合

4．解説

知財高裁（特別部大合議による審理）は、サムスンの差止請求権と損害賠償請求権を権利濫用として全面的に否定した原判決を変更し、アップルの「iPhone4」等の一部製品に対する差止請求権の行使は否認した上で、FRANDライセンス料相当額の範囲での損害賠償請求を一部認容した。

本判決は、我が国で初めてSEPに基づく権利行使の可否が実質的に争われたものである。国際的な流れとしては、米国及びEUにおいては、SEPに基づく差止請求権の行使について、FRAND条件でのライセンスを受ける意思を有する者（willing licensee）に対する差止めを抑制的に捉えている。また、同様に損害賠償請求権が制限される事例もあるなど、SEPの権利行使に係る制限の在り方については、「標準化技術の利用の促進」と「権利者の適正利益の保証」の両立が焦点となっていることがうかがえる。

また、損害賠償請求については、一般に、発明の技術的価値や、規格に対する貢献度等を客観的に評価することは困難であり、国際的にみてもFRANDライセンス料相当額の算定について定まった手法はなく、また、ロイヤルティー額を実際に算定している裁判例は限られている。そうしたなかで、本判決が具体的にFRANDライセンス料相当額を算定したことは、国際的にみても意義があり、注目を集めた。

（1）　FRAND宣言に基づくライセンス契約の成否

アップルはこの点について、① 本件FRAND宣言はフランス法上の法的拘束力のあるライセンス契約の申込みと解されるから、アップルが本件各製品の輸入販売を開始したことによって、黙示の承諾がなされたものとして、ライセンス契約が成立するという考え方と、② 本件FRAND宣言によってサムスンとETSIの間にSEP利用者を受益者とする第三者のためにする契約が成立するという考え方を主張した。

しかし、裁判所は、FRAND宣言の文言やIPRポリシーの内容、成立経緯等の事情を考慮して、本件FRAND宣言は、そもそもライセンス契約の申込みとはいえないと判断して、契約の成立を否定し、アップルのいずれの主張も否定した。

FRAND宣言の性質については、米国ではFRAND宣言を第三者受益者

（third-party beneficiary）のためにする契約として、SEP保有者は一定の義務を負うという考え方が多く主張され、米国司法省と米国特許商標庁の共同声明や裁判例（例えばマイクロソフト対モトローラ事件〈本書第Ⅲ章A-7参照〉）でも支持されている。他方、我が国では、学説上その賛否につき議論がなされているところ、本判決では、具体的な事情の下ではあるが、それを否定した意義は大きいといえる。

（2） 差止請求権の行使が権利濫用に当たるか

本判決は、結論は原判決同様であるが、FRAND宣言の趣旨等を前提とした上で、SEPを行使するに当たり、ライセンスを受ける意思のある者に対しては差止請求権を権利濫用とすることが、一般論として判示されたことに意義がある。ただし、ライセンスを受ける意思を有しない場合については、差止請求権の行使が否定されるものではない。

これまで、学術分野においては、SEPに係る権利行使を制限する根拠として、ライセンスに係る契約関係として扱うか、独占禁止法の適用なども議論されてきたが、本事案ではライセンス契約の成立が否定されたところ、権利濫用の適用についてその根拠が明確に示されたものである。

（3） 損害賠償請求権の行使が権利濫用に当たるか

この点については、原審と本判決では異なる判断が下されている。原審では、交渉の経緯や誠実交渉義務違反、適時開示義務違反といったライセンス交渉過程の諸事情を総合的に考慮して、全ての損害賠償請求権を一括して権利濫用とした。この総合考慮型の判断については、予見可能性及び法的安定性の観点からの批判が散見される。

これに対して、本判決では損害賠償請求を、FRANDライセンス料相当額の範囲内の請求とそれを超える請求とで区別して、FRANDライセンス料相当額を超える部分については権利の濫用として許されないという、原則的な判断枠組みを示した。さらに、その例外として「特段の事情」が認められる場合には、FRANDライセンス料相当額の範囲内の請求であっても権利の濫用として更に制約を受ける場合や、それを超える請求も認める場合があるとしたものである。

本判決において、原審と異なる結論が導かれた要因としては、判断枠組みの違いとともに、SEP保有者であるサムスンの交渉態度の評価に違いがあるといえる。原審では、誠実交渉義務違反に当たると評価されたが、本判決では、「特段の事情」の該当性のなかでより厳格に評価され、著しく不公正であるとまではいえないと判断されたものである。

本判決を参考にすれば、SEP利用者はライセンス交渉に当たって、条件提示を積極的かつ断続的に行うなどにより、ライセンスを受ける意思を有することを証明できれば、差止めを回避できることとなる。そのため、いわゆるホールドアップ問題のリスクは、より小さくなったといえよう。

その一方、SEP保有者においては権利行使が制限されることになり、交渉力が相対的に低下するとも考えられ、リバース・ホールドアップ問題も想起される。しかし、裁判所は、SEP利用者がライセンスを受ける意思がないといえる場合、差止請求やFRANDライセンス料相当額を超える額の損害賠償請求も許容される余地があることを明らかにし、それを抑制しているともいえる。

本判決は、ライセンス交渉当事者に求められる具体的な行動基準までを明らかにしたものではないが、認定された両当事者の交渉過程は、標準化技術の利用における権利者と利用者双方に期待される誠実なライセンス交渉の在り方を考える参考となり、適正な交渉が促進されることが期待される。

（4）　損害額

本判決のFRAND条件によるライセンス料相当額の算定において特徴的な点は、① 累積ロイヤルティーの上限を５％と設定した点、② ロイヤルティー・ベースを製品全体の販売価格とした点、③ 製品全体におけるUMTS規格の貢献割合を裁判所が算定した点、などが挙げられる。

まず、裁判所が、ロイヤルティー率に関して累積ロイヤルティーの上限を５％に設定したのは、いわゆるロイヤルティー・スタッキング問題への対応として、当該規格のSEP全体のライセンス料を考慮し、SEP利用者に過度な負担とならないように配慮したものであり、Innovatio事件（本書第Ⅲ章Ａ－４参照）で採用された「トップダウン・アプローチ」と同様の手法である。なお、５％という料率については当事者間の争いはないとされる。

しかし、ロイヤルティー・ベースついては、サムスンは製品全体の価格を、アップルは最小販売単位である通信チップの価格又は製品全体の価格に規格の貢献度を乗じた額とすることなどを、それぞれ主張した。

なお、UMTS規格のライセンスでは、実務上製品全体の工場出荷額を基準としているものがあるが、両当事者はいずれも販売価格を基準とした主張を行っており、この点に争いはない。

これに対し、裁判所はロイヤルティー・ベースを、製品全体の販売価格を基準としつつ、UMTS規格の貢献割合を算定し（判決文では「●」として非開示)、それを乗じることでUMTS規格の通信チップの価値を算出する手法を採用した。

そして、貢献割合を決定するに当たって、裁判所は、本件製品の価値には、移動体通信機能以外に、デザインやソフトウエア、カメラ、オーディオなどの多様な機能等があるだけでなく、アップルの強いブランド力やマーケティング活動もこれに相当程度貢献していることも考慮した、と説示している。

しかし、こうした貢献割合の決定に係る考慮要素は、考え方としては理解できるが、貢献割合に関する何らかの前例との比較や具体的な考慮方法を示すことなく、割合が決定されており、説得力という点では課題が残るものといえる。また、最終的に算定された損害額が、実務的な相場観からすると低過ぎるなどの批判もある。

FRAND条件でのライセンス料相当額の算定については、米国においても、事案ごとに様々な算出方法が採用されているところであり、国内外における更なる判例の蓄積が期待される。

〈参考〉当研究会では、非開示とされたUMTS規格の貢献割合を次のように試算した。

「iPhone4」の算定対象期間の総販売台数を約650万台（各種資料から推計)、製品価格を全モデルの平均価格と仮定し、裁判所の認定額から逆算すると、「iPhone4」におけるUMTS規格の貢献割合は約30％となる。

650万台×51,840円×ａ％×５％×１/529＝9,239,308円

ａ（UMTS規格の貢献割合）＝29.0099…

（清水 利明）

4. エリクソン対インテックス事件（インド）

（デリー高等裁判所、2015年[1]）

判決文

［内　容］

FRAND宣言されたSEPの実施料算定に関し、最終製品価格をベースに算定すると判断したインドの事例。インドのFRAND判例でSEP侵害を認定し、終局的差止めを認めた事例はこれまでなく、裁判所はSEP保有者の立証により訴訟の終結までの間、侵害者による侵害製品の販売を禁止する暫定的差止命令を認める傾向にある。暫定的差止命令の発令後も、侵害者は裁判所が算定した実施料をSEP保有者に支払い、又は供託することで当該命令の執行を停止できる。本事件では、暫定的差止命令の発令とともに侵害者が支払うべき実施料の算定ベースに関する判断が下された。

カテゴリー	合理的実施料の算定
対象規格技術	2G、3G
関連用語	インドの裁判所・裁判制度、インド競争委員会、インド知的財産審判部、最小販売可能単位（SSPPU）

1．事案の概要

原告エリクソンは、スウェーデンで設立された通信機器・通信サービスを提供する企業である。被告インテックスはインドで通信機器（スマートフォン、タブレット）を“INTEX”ブランドで販売するメーカーであり、携帯電話、マルチメディアスピーカーを含む29の製品群、250種の製品を製造している。

1　*Telefonaktiebolaget Lm Ericsson (PUBL) v. Intex Technologies (India) Limited.* In the high court of Delhi at New Delhi, 13 March, 2015

エリクソンは、2G(GSM等)及び3G(WCDMA等)に必須とされる８件の自社特許をインテックスが侵害しているとして、損害賠償と暫定的差止め(終局的な差止命令が発令されるまでの間、侵害品の製造・販売等を禁止すること)・終局的差止めを求めて、インドのデリー高等裁判所(デリー高裁)に訴訟を提起した。

エリクソンは、欧州電気通信標準化機構（ETSI）などの標準機関にFRAND宣言した係争特許を含む特許ポートフォリオ・ライセンスをオファーしたにもかかわらず、インテックスが当該ライセンスを取得しなかったため本件訴訟を提起したと主張した。それに対してインテックスは、自社が製造・販売する製品に不可欠なエリクソン特許のポートフォリオは認識していないと反論したことから、エリクソンは以下のとおり主張した。

（ⅰ）インテックスはエリクソン特許を認識していないと主張するが、同社はインド競争委員会（インドにおける競争法の執行を行う機関であり、日本の公正取引委員会に相当）に請求した訴状のなかで、エリクソンが有効かつ標準規格に必須な特許（SEP）を保有しており、ライセンス取得の強制が支配的地位の濫用に該当すると申し立てていた。

（ⅱ）インテックスは知的財産審判部（IPAB）に対して、エリクソンの特許は無効であると主張していた。

（ⅲ）このようなインテックスの行為は、エリクソンの特許が2G及び3Gの標準規格に必須であること、及びインテックス製品がエリクソンのSEPを侵害していることを自認しているに等しい。

そして、1970年のインド特許法(以下、特許法)48条は、権限のない第三者による侵害製品の製造、使用、販売、輸入を防止できる旨を定めているとして、インテックスに対する差止命令を要求したところ、インテックスは以下のとおり反論した。

（ⅰ）インド最高裁では、特許法13条（４）はインドで付与された特許が単に登録されたという事実のみで推定上の有効性を得ることはないと解釈しており、特許の有効性に疑義がある場合に差止めを認めるべきではない。

（ⅱ）エリクソンによるインド特許出願は、その審査過程で、外国特許に関する全ての情報をインド特許庁に開示していないことから、特許法８条（インド特許庁への情報開示義務）に違反している。

（ⅲ）イタリアとフランスで提起されたエリクソンと他社の訴訟において、エリクソンの差止請求は否定され、エリクソンの特許が標準技術に必須であることが明示的に判断されていないという事実を本件裁判所に開示していない。

(iv)エリクソンの交渉戦略はFRAND義務を遵守していないことから、自社は不誠実なライセンシー（unwilling licensee）とはみなされない。

インテックスが主張したFRAND義務に反する具体的な点は、① 提示された実施料が、他の訴訟でエリクソンが他の被告に提示したものよりも高額、② 米国のマイクソフト対モトローラ事件（本書第Ⅲ章A－7頁参照）やInnovatio事件（本書第Ⅲ章A－4参照）で判断されたようなチップセットの販売価格基準ではなく、携帯電話の販売価格を基準に実施料を課すエリクソンの商慣行である。

さらに、インテックスはSEP保有者による差止請求はプロパテントであり、認められるべきでないと判断された米国のリアルテック対LSI事件（本書第Ⅲ章A－3参照）を引用し、エリクソンの主張に対する適切な救済は損害賠償であることから、差止めを認めることは妥当ではないと主張した。これに対してエリクソンは、① 潜在的ライセンシーがFRAND条件でのライセンスの承諾を拒否し、② SEP保有者がFRAND義務の範囲外である条件を要求し、③ 潜在的ライセンシーがFRAND条件を決めるための交渉に参加しない、又は④ 潜在的ライセンシーが損害賠償命令を下す裁判所の管轄に属しない場合、排除命令は適切であると主張した。

2．争点

（1）エリクソンによる外国特許の情報開示が、特許法８条で定める情報開示義務違反に該当するか

（2）エリクソン特許の有効性に疑義があることは、同社による差止めを否定する根拠になるのか

（3）SEPに基づく実施料の算定は、最終製品又はチップセットのいずれをベースにすべきか

3．判旨

（1） エリクソンによる外国特許の情報開示について

特許法８条は、特許出願人に対し、インド国内の出願に対応する外国の出願

情報の開示を要請している。同条の趣旨は、出願人は漏れなく誤りのない情報開示を行い、インド特許庁の審査手続を支援すべきという考えである。しかしながら、異なる国で登録となったクレーム（特許請求の範囲）がそれぞれ同じである必要はない。出願人は、特許が登録となった主要な国と、その国に関する出願情報の詳細をインド特許庁に報告することで、８条の規定を満たすものである。８条は、出願国特許庁に提出した全ての書類をインド特許庁に提出しなければならないことを定めた規定であると解釈されるべきではない。エリクソンは外国で登録となった特許に関する詳細な情報をインド特許庁に開示していることから、８条の規定を満たすと判断する。

（2）　エリクソン特許の有効性について

特許権侵害訴訟の手続中に係争特許の主要部分は詳細に審査、解釈されていないものの、当該係争特許は有効であることが推定される。当該結論に至るために、インテックスがインド競争委員会に対する請求で述べた内容に言及する。その訴状においてインテックスは、エリクソンのSEPは2G及び3Gの標準技術の一部を形成しているため、インドの通信事業会社が使用するのに必要であり、エリクソン特許を実施する以外の代替手段はないと述べている。当該訴状の内容は、エリクソンが通信装置に必須なSEPを保有していることが前提になっていると判断する。さらに、インテックスがIPABに提出した訴状においても、インテックスは明らかにエリクソンの特許がSEPであることを認めている。

インテックスは、エリクソン特許の有効性に疑義があるため差止めを認めるべきではないと主張するが、インテックスが長年にわたりエリクソン特許を認識していたにもかかわらず、実際にエリクソンが訴訟で係争特許を主張するまで特許の有効性については争っていない。そのため、インテックスが事後的にエリクソン特許の有効性を争ったという事実のみでは、エリクソンによる差止請求を否定するには十分ではない。結果として、係争特許が無効であると判断されない限り、エリクソンの係争特許は有効であり、FRANDライセンスを締結する意思がないインテックスによる侵害が認められる。

（3）　SEPに基づく実施料算定の判断

「エリクソンがインテックスに提示した実施料は、エリクソンが他の企業に提示した実施料よりも高額であり、FRAND義務違反に当たる」というインテックスの主張については、両当事者の交渉経緯を参酌し、エリクソンは、インド国外に販売する製品についてはインテックスに対して他社よりも高額な実施料を提示しているが、インド国内販売品については他社よりも低額な実施料を提示していると認定する。結果として、エリクソンがインテックスに提示した実施料は、他のライセンシーに提示したものと相違がないと判断する。

また、エリクソンによる下流製品（携帯電話）の価格を基準とした実施料請求の商慣行はFRAND条件に反しないと判断する。FRAND条件に基づく実施料の算定ベースを決定するに当たり参考となる事例として、実施料がチップセット価格を基準とする考えを否定した米国のCSIRO対Cisco事件[2]がある。さらに、中国競争当局がクアルコムの3G・4G技術に関するSEPに対して、3G・4G規格を取り込んだ端末の正味販売価格を実施料のベースにしたこともある。

エリクソンが本事件と同一の特許を用いて、インドの他の企業を提訴した事案においても、デリー高裁は、端末の正味販売価格に基づいて実施料を決定した。本事件と当該事件では事実関係が類似していることから、インテックスが主張するチップセット価格を基準にする方式を採用する理由はないと判断した。

最後に、エリクソンが請求する差止めをの認容可否につき比較考量し、仮にインテックスがエリクソンのSEPを実施するための実施料を支払わなかった場合、エリクソンは金銭的賠償だけでは補償できない回復不能な損害を負うと判断した。

以上の点から、本訴訟が継続している間、インテックスに対して係争特許を実施する製品の製造・販売又は輸入を禁止する暫定的差止命令を下す。

インテックスが支払うべき実施料（デリー高裁が算定）

	端末	実施料率
1	GSM対応携帯/端末	正味販売価格の0.8%
2	GPRS＋GSM対応携帯/端末	正味販売価格の１%
3	EDGE＋GPRS＋GSM対応携帯/端末	正味販売価格の1.3%
4	WCDMA/HSPA 対応携帯/端末、電話機能付きタブレット	正味販売価格の1.3%

2　*Commonwealth Scientific and Industrial Research Organisation v. Cisco Systems, Inc*.（Fed. Cir., Dec. 3. 2015）

ただし、インテックスに最終製品の正味販売価格に基づく実施料の50%をエリクソンに支払い、残りの50%を供託するように命じており、当該実施料を支払うことにより、暫定的差止命令は停止される。

４．解説

（１）　はじめに

世界第２位の携帯通信の市場規模を有するインドには多くの企業が参入し、国内でも巨大な通信機器メーカーが生まれている。そのため、通信機器メーカー間での特許権侵害訴訟が多発しており、SEPに関する訴訟も複数存在する。

インドの主要なFRAND判例

事件名	裁判所	結果
エリクソン対マイクロマックス（2013年）	デリー高等裁判所	暫定的差止めを認容。暫定的実施料として対象製品の正味販売価格の0.8～1.3%の支払を命令
エリクソン対Gionee（2013年）	デリー高等裁判所	暫定的実施料として対象製品の正味販売価格の1.25～２%の支払を命令
エリクソン対シャオミ（2014年）	デリー高等裁判所 デリー高裁合議審	第一審において、暫定的差止めを認容
Vilngo対ZTE（2014年）	デリー高等裁判所	暫定的差止めは否定
エリクソン対iBall（2015年）	デリー高等裁判所	暫定的差止めを認容。ただし、直後に当事者間で和解契約を締結
エリクソン対Lava（2016年）	デリー高等裁判所	暫定的差止めを認容。ただし、期日までに供託金を払った場合、当該差止めは停止
フィリップス対Oneplus（2019年）	デリー高等裁判所	被告Oneplusによる侵害を認定し、被告に対し、$6.9Mの供託金の支払命令
インターデジタル対シャオミ（2020）	デリー高等裁判所	暫定的差止め及び暫定的実施料支払命令が発令される前に当事者和解
フィリップス対シャオミ（2020年）	デリー高等裁判所	暫定的実施料の支払を認容

インドの裁判制度、とりわけ審級制度（審理を行う順序）は日本と異なる。インドの一部の高裁は第一審の管轄権を有しており、特許権侵害訴訟の多くは、高裁に提起される。高裁の第一審は単独審（single bench）と呼ばれ、単独の裁判官により審理される。第一審の判決を上訴した場合、同じ高裁の合議審（division bench）で２人又は３人の裁判官により審理される。

（2） SEP保有者による差止めの認定

特許法において、差止命令は裁判所の裁量で認定される衡平法上の救済である。デリー高裁は、FRAND宣言をしたSEP保有者であっても、侵害者に対する差止めを請求することは可能と判断している。しかしながら、現時点で終局的差止めを認めた事例はなく、インドの裁判所は、訴訟が継続している期間に差止命令を発令するなどの暫定的差止めを認める傾向にある。暫定的差止めの認容可否を判断するに当たり、裁判所は、以下の要素を考慮している。

（ⅰ）原告が、特許権侵害の推定（prima facie case）を証明すること
（ⅱ）原告に有利な判断を下すことの利便性のバランス（balance of convenience）
（ⅲ）裁判所が差止めを認めないと、原告が救済不能な損害を被ること

インドのFRAND判例においては、特許権者が上記（ⅰ）～（ⅲ）の立証に成功した場合、裁判所は、終局的な差止命令が発令されるまでの間、侵害者による侵害製品の製造・販売等を禁止する暫定的差止命令を発令する。それに対し、侵害者が、終局的差止命令が下されるまでの間に、SEP保有者にFRAND実施料を支払い、又は供託を行った場合、裁判所は、暫定的差止命令を停止するという運用がなされる傾向にある。

（3） SEPに基づく損害賠償の算定方法

上述のとおり、インドではSEP侵害者に対して終局的差止めを認めた事例はない。インドの裁判所は、暫定的差止命令の発令後、終局的差止命令が発令されるまでの間、当該命令を停止するために必要な、侵害者がSEP保有者に支払う又は供託すべき実施料（暫定的実施料）の算定に関与している。

正確に言うと、暫定的実施料は、裁判所がSEPの侵害を最終的に認定し、SEP保有者の損害を算定するためのFRAND実施料とは異なる。

したがって、現時点で、インドのFRAND判例ではFRAND実施料の算定に関する判断が下された事例はない。一方、暫定的実施料の算定に関しても、SEPの価値や比較可能なライセンスの実施料率、実施料の算定のベース（最終製品又は部品）等を考慮しているため、その算定方法はFRAND実施料にも適用できると考えられる。

（4）　本事件の上訴審について

本事件はその後上訴されたが、上訴審であるデリー高等裁判所の合議審は、一審の結論を支持し、一審が決定した暫定実施料をエリクソンに支払う命令を下している[3]。合議審の判決において、SEPとFRANDの問題に関し、インド裁判所が従うべき指針を示しているので一部を紹介したい。

（ⅰ）FRANDは一方通行ではなく、SEP保有者と実施者双方にFRANDが定めるプロトコルに従って交渉し、行動する義務を負わせる。このFRANDプロトコルは、ファーウェイ対ZTE事件のCJEU判決で示されたものである。

（ⅱ）FRANDライセンス交渉中の当事者の行動は（ライセンスを与える／取得する）「意思」を決定づける要素となる。

（ⅲ）SEP保有者が交渉中に第三者のライセンス契約を開示することは必須ではなく、実施者がFRANDの対案を提示するための前提条件でもない。

（ⅳ）ライセンス取得の意思のない実施者に対する差止命令の発令は、仮処分及び終局的差止めの双方において制約はない。

（ⅴ）当事者間の交渉が決裂した場合であっても、実施者がSEP保有者の技術を無償で使うことはできない。

（ⅵ）交渉が決裂した場合、実施者はSEP保有者との権利のバランスを保つために、SEP保有者に一定の供託金や保証の提供が義務付けられる。

（ⅶ）グローバルなポートフォリオ・ライセンスは、業界の慣行に準拠しているからFRANDである。

（鈴木 信也）

3　*Intex Technologies Ltd v. Telefonaktiebolaget LM Ericsson*（Publ）［29th March, 2023］［MANU/DE/2188/2023］

5．ソニーモバイル対西電捷通事件（中国）

（北京市高級人民法院、2018年）

判決文

［内　容］

SEP保有者がSEP関連技術の標準化に関与したにもかかわらず、その標準が「推奨標準」であるという理由で損害賠償と差止めが認められた事例[1]。WTO／TBT協定は加盟国に対して国家標準を策定する場合、国際標準をモデルにすることを求めている。WAPIは、中国が独自開発した無線LAN暗号化技術として国家標準に採用された。WAPI必須特許の保有者は国家標準の策定に関与していたためFRAND宣言をした。本件は、WAPI必須特許の侵害訴訟であり、被告はFRAND抗弁を主張したが、裁判所は、最高人民法院の司法解釈に基づいて被告のFRAND抗弁を退けた。

カテゴリー	その他（SEPに基づく侵害の可否）
対象規格技術	WAPI
関連用語	WTO／TBT協定、人民法院、最高人民法院司法解釈（二）、強制規格／任意規格

1．事案の概要

西安西電捷通無線網絡通信股份有限公司（以下、西電捷通）は2015年７月、無線LANに関する特許が侵害されたとしてソニー移動通信産品（中国）有限公司（以下、ソニーモバイル）を北京市知識産権法院（以下、北京知財裁判所）に提訴した。同特許は、中国が独自開発した無線LAN暗号化技術「WAPI」に必須の特許である（以下、WAPI特許）。

1　北京市高級人民法院、（2017）京民終454号、2018年３月28日

WAPIは、無線LANアクセスのセキュリティ技術として中国が独自に開発したもので、中国当局が2003年に国家規格として採択することを発表していた。

（1） WAPI特許

WAPI特許は携帯端末のLANアクセス時のセキュリティ認証方法に関する。この認証方法は、移動端末、無線アクセスポイント及び認証サーバーなどが特定の動作及び送受信を行うための工程（ステップ）に関するもので、同特許のクレーム1は7工程で構成されている。クレーム1の工程を下表に示す。

ソニーモバイルは2015年7月、WAPI特許が無効であるとする審判請求を国家知識産権局専利復審委員会に対して行ったが、審決は特許を有効と認めた。

WAPI特許クレーム1の構成

工程	内容
ステップ1	移動端末（MT）が、移動端末（MT）の証明書をアクセスポイント（AP）に送ってアクセス認証請求を行う。
ステップ2	アクセスポイント（AP）が、移動端末（MT）の証明書とアクセスポイント（AP）の証明書を認証サーバー（AS）に送って認証請求を行う。
ステップ3	認証サーバー（AS）が、移動端末（MT）の証明書及びアクセスポイント（AP）の証明書の認証を行う。
ステップ4	認証サーバー（AS）が、移動端末（MT）の証明書及びアクセスポイント（AP）の証明書の認証結果をアクセスポイント（AP）に返送してステップ5を実行する。移動端末（MT）の証明書が認証されないとアクセスポイント（AP）は移動端末（MT）からのアクセスを拒絶する。
ステップ5	アクセスポイント（AP）が、移動端末（MT）の証明書及びアクセスポイント（AP）の証明書の認証結果をアクセス認証応答で移動端末（MT）に返送する。
ステップ6	移動端末（MT）が受信したアクセスポイント（AP）の証明書の認証結果を判断する。アクセスポイント（AP）の証明書が認証されるとステップ7が実行される。認証されないと移動端末（MT）のアクセスポイント（AP）へのアクセスが拒絶される。
ステップ7	移動端末（MT）とアクセスポイント（AP）の間のアクセス認証が完了すると、通信が開始される。

（2） ライセンス交渉

ソニー・エリクソン（2012年にソニーモバイルに社名変更）は2009年3月、

西電捷通に対してライセンスの対象となっている特許リストの提供を求めた。この請求を受けた西電捷通は特許リスト（関連特許51件を記載）をソニー・エリクソンに提供した。この時、両者間で、期間５年間とする秘密保持契約が締結された。

その後、両者は特許交渉を６年間継続した。この間、ソニー側は基本的にライセンス取得の必要性を否定している。しかし、詳細な検討を行うために必要であるという理由から、同社はライセンス対象特許の「クレームチャート」（発明の構成要素と被疑製品の構成を対比するために作成した図表）の提供を求めた。2009年に締結された西電捷通とソニー・エリクソンとの間の秘密保持契約は2014年に満了する。そのため西電捷通は、ソニーモバイルに対してソニー・エリクソンとの秘密保持契約を延長すればクレームチャートを提供する用意があると伝えた。それに対してソニーモバイルは、クレームチャートは守秘義務の対象にすべきでないとして契約延長の申出を断った。

その後、秘密保持問題について数回やり取りが行われた。そして2015年３月13日、ソニーモバイルはクレームチャートの提供を条件に秘密保持契約の締結に同意した。しかし、ライセンスの必要性については回答を留保し、特許リストを全面的に再検討した上でないと確認できない、検討結果が出るまではライセンス交渉を進めない旨の返事をした。西電捷通は2015年８月、北京知財裁判所にソニーモバイルを被告とする侵害訴訟を提起した。

（3） 北京知財裁判所の認定

北京知財裁判所は2017年４月17日、ソニーモバイルによるWAPI特許の侵害を認め、同社による侵害行為の停止及び損害賠償（約910万人民元＝約１億5300万円）を命じた。

同裁判所は、SEPに関わる侵害訴訟で差止めを認めるかどうかは特許ライセンス交渉における誠実義務履行上の過失の有無を考慮して判断すべきであるとし、WAPI特許は国家強制標準である「WAPI」の中核技術に関連すること、ソニーモバイルは西電捷通から提供された技術説明・特許リストなどにより自社製造の携帯端末がWAPI特許のクレームに含まれるかどうかをあらかじめ確認できたことなどを理由に、ソニーモバイルがFRANDライセンスの誠実交渉義務を怠ったと認定した。ソニーモバイルはこれを不服として北京市高級人民法院に控訴した。

2．争点

（1）本件標準がWAPI特許のクレームに含まれるか
（2）ソニーモバイルの検査が西電捷通の本件特許を侵害したか
（3）ソニーモバイルはFRAND宣言を抗弁理由にできるか

3．判旨

（1）　本件標準がWAPI特許のクレームに含まれるか

国家規格の実施によって本件特許が侵害されたと北京知財裁判所が判断したのは誤りであるとソニーモバイルは主張する。その根拠はWAPI規格とWAPI特許の技術的な相違点である。ソニーモバイルの主張する技術的な相違点は以下のとおり。

（ⅰ）クレーム1のステップ1では移動端末が能動的にアクセスポイントにWAPIアクセス要求を送信しているのに対し、標準では移動端末が受動的にWAPIアクセス要求を送信している。

（ⅱ）WAPI特許では移動端末がアクセスポイントに接続するか否かを確定するためにアクセスポイントの認証が行われるのに対し、標準においては移動端末がステップ5により認証されないとステップ6及びステップ7が実行されない。

ソニーモバイルが主張するこれらの技術的相違点について、北京市高級人民法院は以下のように判示した。

WAPI特許がSEPか否かは、本件標準における技術方法がWAPI特許のクレーム1を全面的にカバーしているか否かによって決まる。本件標準は、WAPI規格（GB15629.11-2003）の部分的改訂であり、技術的には国家強制標準である。しかし、2004年の標準当局の公告によりWAPI規格の実施は延期されているので、WAPI規格は実質的に推奨標準とみなすべきである。

両当事者は、侵害とされた35品目の携帯電話全てにWAPI機能が備わっていることを認めている。したがって、WAPI特許と本件標準が同一かどうかを判断すれば、侵害の有無が判断できる。

① **ステップ1**

移動端末のアクセス認証要求が「能動的」か「受動的」かについて、クレーム1からは明らかでない。本件標準の仕様書によれば、無線アクセスポイントが認証サーバーに対して認証を指示し、そこに無線アクセスポイントの証明書が保存される。認証サーバーが無線アクセスポイントへのアクセスを許可すると、そこに移動端末証明書が保存される。ステップ1が本件標準に対応するのは明らかである。

② **ステップ6及びステップ7**

認証サーバーは、無線アクセスポイントの認証結果及び移動端末に対する認証結果を無線アクセスポイントに送信し、移動端末の認証がないと無線アクセスポイントは移動端末のアクセスを拒否する。無線アクセスポイントがその認証結果及び移動端末の認証結果を移動端末に返信し、移動端末が受信した無線アクセスポイントの認証結果の判断を行う。無線アクセスポイントが認証しないと移動端末は無線アクセスポイントにログインできない。

ステップ6により、移動端末か無線アクセスポイントの認証がない限りステップ7は実行されない。また、移動端末の認証がないと後続のステップは実行されず、無線アクセスポイントは移動端末のアクセスを拒否する。本件標準によれば、アクセスサーバーが認証しない限り無線アクセスポイントは移動端末のアクセスを拒否する。この工程はクレーム1のステップ4と同じである。

以上のようにソニーモバイルの技術的理解には誤りがあり、本件標準と特許発明とは異なるとする控訴理由は成立しない。

（2） ソニーモバイルの検査がWAPI特許を侵害したか。

ソニーモバイルが製品の開発段階でWAPI機能を検査したのであれば、それはWAPI特許の実施に当たる。この点について北京知財裁判所は、① ソニーモバイルが一部の型番の製品についてWAPI機能の検査実施を自認していること、② 実際に使用した検査基準についての証拠を提出していないこと、③ 提出された証拠ではソニーモバイルが特定の型番についてのみ検査を行ったという証明ができないことを認定した。

その認定を踏まえ、ソニーモバイルが全ての型番について検査したと推認した。

本件で明らかにされた事実によれば、WAPI機能の検査は型番承認を伴う検査である。移動端末の研究開発段階ではWAPI検査が必須であり、ソニーモバイルが全ての型番を検査したと推定した北京知財裁判所の判断は不当とはいえない。

（3）ソニーモバイルはFRAND宣言を抗弁理由にできるか

ソニーモバイルは、被疑製品に使用されたチップは購入されたもので、そのためWAPI特許は消尽したこと、WAPI特許のFRAND宣言によりSEP保有者にはライセンス義務があることを主張した（本稿では消尽論には触れず、ライセンス義務についてだけ記載する。）。

ソニーモバイルは上記FRAND宣言に関して、中国の標準当局が規定する無線LANへのアクセス許可はWAPI機能の検査に合格することが前提条件であるため、WAPI規格は事実上その使用が強制されており、そのような強制標準を実施したことで、WAPI特許の権利侵害は生じないと主張した。

西電捷通はこれに対して、WAPI特許が強制標準でないことは2004年６月１日の公告の時点で明らかであり、FRAND宣言をしていたとしてもそれがWAPI特許の権利行使を妨げる理由にはならないと反論した。

国家標準は強制標準と推奨標準に分けられる。強制標準は、人の健康、人身・財産の安全などを保障するためのもので、それ以外は推奨標準である。国家強制標準はその使用が義務付けられているので、SEPがあってもそれを利用することができるが、特許権者がFRAND宣言で相応の実施料を求めている場合は、標準の実施者はそれに応じる義務がある。

WAPI特許は国家強制標準に採用されたが、その実施が延期されたので、それは推奨標準とみなすべきである。最高人民法院の「司法解釈（二）」は、「国家、業界又は地方の推奨規格が……必要な専利の情報を明示した場合、侵害と訴えられた者が当該規格の実施は専利権者の許可を要しないことを理由に当該専利権の非侵害の抗弁を行ったときは、人民法院はこれを支持しない」と定めている。

したがって、WAPI特許が強制国家標準であるという理由でWAPI特許の非侵害を主張するソニーモバイルの抗弁は認められない[2]。

4．解説

（1） 潜在的FRAND問題

中国では生産や経営に不可欠な特許は「不可欠施設（essential facility）」とみなされる[3]。本件の場合、WAPI特許保有者が国家標準化に参加し、しかも被告の製品開発の段階で、WAPI機能検査のための機器を被告に提供していた。この検査は製品上市にとって不可欠なものである。このような事実を考えれば、WAPI特許は「不可欠施設」とみなされても不思議ではない。この問題がなぜ被告から提起されなかったのか疑問である。

この問題は、欧米の裁判所であれば、支配的地位の濫用という競争法上の問題となるが、本件では一審の北京知財裁判所も二審の北京市高級人民法院も触れていない。米国判例に似たような事例がある。ワング対三菱電機事件（1993年）で、原告が特許出願を秘匿しながら標準化を進め、被告に当該製品の大口発注をして投資を促した後に特許権侵害訴訟を提起した。地裁はその行為を衡平法上の汚い手（unclean hands）とみなし、特許濫用と判決している。

本件では、国家強制標準であるWAPI規格の策定に原告が関わっており、しかも上市に不可欠なWAPI機能検査のための設備を被告に提供している。本件で、「不可欠施設」や「支配的地位の濫用」などのFRAND特有の問題が議論されなかったのはむしろ不思議である。

（2） 標準化戦略

中国の国家標準は、「強制標準」（日本の「強制規格」に相当）と「推奨標準」（日本のJIS規格などの「任意規格」に相当）に大別される。これはWTO/TBT協定（1995年）で認められた制度で、WTO加盟国は、国家標準を輸入障壁にしないように配慮することが求められており、国家標準を定める場合には国際標準をモデルとして導入しなければならない。

2　北京市高級人民法院による「特許権侵害判定指南（2017）」は、推奨標準に含まれるSEPに基づく差止請求について以下のように規定する。「SEP保有者と被疑侵害者とが特許ライセンス交渉を行ったものの、SEP保有者がFRAND義務に違反した場合で被疑侵害者に明らかな過失がなかった場合には、原則として差止救済は認められない」（149条１項）。本件の場合、SEP保有者がFRAND義務に違反せず、被疑侵害者に過失があったとの認定であるため、同指南に基づき「差止請求を認める」という結論になる。

3　国家工商行政管理総局「2015年知的財産権濫用ガイドライン」

WAPI規格は、中国が独自開発した技術をベースにして強制国家標準となった。その背景には、米国で開発されたWi-Fiに国家標準で対抗するという思惑があったと思われる。中国では強制国家標準に準拠しない製品は、国内での生産・販売ができない。WAPI標準もその例外ではない。

米国がこの問題を通商問題として取り上げ、中国の思惑は頓挫する。2006年、WAPI規格を強制標準として実施することを断念し、その実施を延長した。並行して進めていたWAPIの国際標準化も、2006年のISO/IEC総会で否決されてしまった。ちなみに、その時に採択されたのが、中国がライバル視していたWi-Fi（IEEE802.11i）である。

国際協定へのコンプライアンスという観点からは、北京知財裁判所がWAPI規格を強制標準と認定したものを、北京市高級人民法院が推奨標準としたのは高度に政治的な解釈といえる。それにより、FRAND問題に深入りせず、最高人民法院の「司法解釈（二)」に準拠する判断が下せるからである。

（3）　DVD特許の教訓

21世紀になって中国が独善的ともいえる標準化政策を採用した背景には中国のDVD産業が日本企業のDVD特許の攻勢を受けて壊滅した苦い教訓がある。中国のDVD企業は1997年から急速に成長し、2002年には世界最大のDVDプレーヤーの生産拠点となったことはよく知られている。生産には外国企業、特に日本企業が持つDVD特許を使用しなければならず、「6C」(東芝、三菱、日立、松下、JVC、タイムワーナー）や「3C」(フィリップス、ソニー、パイオニア)などのパテントプールから一括して関連特許のライセンスを受けていた。

しかし、後にライセンス料の未払問題が浮上し、プール特許を保有する企業が次々と特許権侵害訴訟を提起した。中国側は「パテントプールは独占禁止法違反」と主張したが、両パテントプールとも、欧米や日本で事前相談を行っていて独禁当局のお墨付きを得ていたので、その主張は成功しなかった。結局は和解したものの、大幅に増えたライセンス料支払で中国のDVD企業のコスト競争力は次第に失われ、結局、消滅した。

その後、中国政府は標準化政策と特許出願の強化を国家主導で推し進めたのは周知のとおりである。

（藤野 仁三）

6．クアルコム公取委事件（日本）

（公正取引委員会、2019年）

判決文

［内　容］

第３世代移動体通信規格のSEPに基づくライセンスの契約条件に関し、独占禁止法違反で排除措置命令を受けたクアルコムが、当該命令を不服として請求した審判において、公取委が当該排除命令を取り消した事例[1]。公取委は、上記ライセンス契約の「無償許諾条項」及び「非係争条項」について、当該契約がクロスライセンス契約であること、クアルコムが相手方に負う義務や相手方が得られるメリットを考慮した上で、本契約が公正競争阻害性を有するに足りる証拠はないと判断した。

カテゴリー	その他（独占禁止法の適用可否）
対象規格技術	3G
関連用語	無償ライセンス、ノーライセンス・ノーチップ、独占禁止法、公正取引委員会

1．事案の概要

クアルコムはカリフォルニア州サンディエゴに本社を有する移動体通信の通信技術及び半導体の設計開発を行う企業である。特に携帯通信端末に用いるチップやその他の半導体装置の研究開発に基づき、移動体通信技術に関する多数の知的財産権を保有している。同社は、第３世代（CDMA）無線通信規格の策定において、当該規格のSEPに関してFRAND宣言を行っていた。

1　クアルコム・インコーポレイテッドに対する審決（CDMA携帯電話端末等に係るライセンス契約に伴う拘束条件付取引）平成31年３月15日　公正取引委員会

クアルコムは、自社が保有するCDMA携帯無線通信に係るSEPを含む知的財産権を、日本国内の携帯電話端末又は携帯電話基地局の製造・販売を行う国内端末等製造・販売業者（以下、国内業者）に対して実施許諾する契約を締結していた（以下、本件ライセンス契約）。

日本の公正取引委員会（以下、公取委）は、クアルコムが国内業者に上記知的財産権を一括してライセンスするに当たり、以下の条件を求めたことが、国内業者の事業活動を不当に拘束する条件を付けて国内業者と取引するものであり、改正前の独占禁止法（以下、独禁法）（2009年改正法）に基づく不公正な取引方法に該当するとして、当該ライセンス条件の破棄を含む排除措置を命じた。

CDMA携帯電話端末及び基地局に用いられる半導体集積回路等の製造・販売等に関し、

① 国内業者等（「等」は国内業者の親会社、関連会社を含む。）の知的財産権について、クアルコムに対し、その実施権等を無償で許諾すること。

② 当該知的財産権に基づいて、クアルコム又はクアルコムの顧客に対し、権利主張を行わないことを約すること。

③ 当該知的財産権に基づいて、クアルコムのライセンシーに対し、権利主張を行わないことを約すること。

①を「無償許諾条項」、②及び③を「非係争条項」といい、上記①～③を総称して「本件無償許諾条項等」という。

前記排除措置命令の理由として、公取委は、本件無償許諾条項等を規定したライセンス契約の締結によって、国内業者等の製造・販売製品に関する技術の研究開発意欲が損なわれ、また、クアルコムの当該技術に係る市場における有力な地位が強化されることとなり、関連市場における公正な競争が阻害されるおそれがあることを示している。

これに対し、クアルコムは当該排除措置命令の全部の取消しを求めて審判請求をしたところ、2010年１月５日から審判手続が開始された。その後、９年に及ぶ審判手続を経て、後述の判断が下された。

本件の経緯

2009年９月21日	排除措置命令
2009年11月24日	被審人（クアルコム）から上記命令に対して審判請求
2010年１月５日	審判手続開始
2010年２月17日	第１回審判
中略	
2017年９月５日	第31回審判（終結）
2018年12月５日	審決案送達
2019年３月13日	審決

クアルコムと国内業者のライセンス契約条件概要

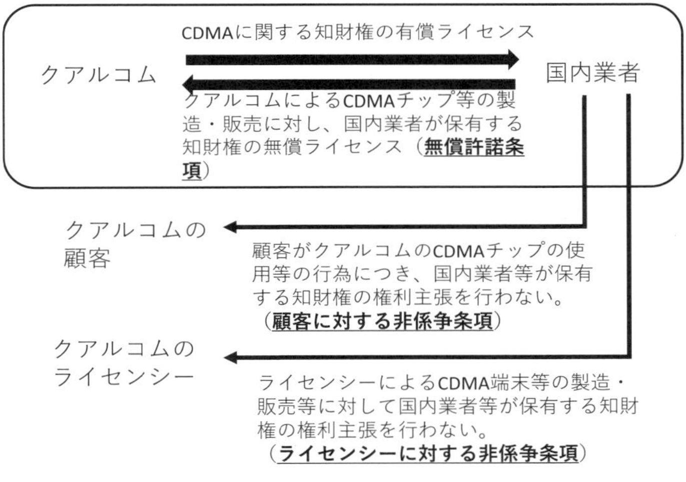

2．争点

本件無償許諾条項等を規定した本件ライセンス契約の締結が、国内業者の事業活動を拘束するものとして、公正な競争を阻害するおそれを有するか（旧一般指定第13項）

※その他の争点については判断されていない。

3．判旨

（1）　不当な拘束条件付き取引に該当する場合

本件行為が不当な拘束条件付き取引に該当するかどうかの判断に当たっては、被審人（公取委の審判手続における審判を受ける側であり、本件ではクアルコム）が国内業者との間で締結した本件ライセンス契約で本件無償許諾条項等を規定することにより国内業者の事業活動を拘束することが、公正な競争を阻害するおそれがあるといえるかどうかを判断する必要がある。

本件ライセンス契約は、クロスライセンス契約としての性質を有し、クロスライセンス契約の締結自体は原則、公正競争阻害性を有するものとは認められないことからすると、公正な競争秩序に悪影響を及ぼす可能性があると認められるためには、本件ライセンス契約について、国内業者の研究開発意欲を阻害するなどしている点についての証拠等に基づくある程度具体的な立証等が必要になる。

審査官（審判手続における請求人側）は、①本件無償許諾条項等の適用範囲が広範であること、②本件無償許諾条項等が無償ライセンスとしての性質を有すること、③本件無償許諾条項等が不均衡であることから本件無償許諾条項等の制約の程度、内容が国内業者の研究開発意欲を阻害するおそれがあると推認できる程度に不合理であると主張するが、いずれもその根拠を欠くものといえる。

（2）　本件無償許諾条項等の適用範囲について

①　知的財産権の範囲

実施権の許諾等の対象となる知的財産権の範囲は、通常のものとは異なり、特に広範なものであると認めるに足りる証拠はない。

また、国内業者は、一方で被審人等に対し、国内業者等が保有する知的財産権について、本件無償許諾条項等により実施権を許諾し、又は権利主張を行わないと約束するものの、他方で被審人から、被審人等が保有するCDMA携帯無線通信に係る技術的必須知的財産権[2]及び商業的必須知的財産権[3]の実施権の

2　本件では、当該知的財産権を侵害することなく、標準規格を満たす装置、機器、システム又はソフトウエアの製造・販売又は使用が技術的に不可能な工業所有権をいう。

許諾を受けたり、他の被審人のライセンシーから、保有する技術的必須知的財産権についての権利主張をされなかったりすることを考慮すると、これが広範なものであるとは認められない。

② 知的財産権の取得時期（改良期間[4]）

国内業者14社のうちの９社との本件ライセンス契約では、技術的必須知的財産権の改良期間が無期限と定められているが、そもそも技術的必須知的財産権は、標準規格を構成するものであり、CDMA携帯電話端末等の製品の差別化要素となるものではなく、しかも、被審人も、（本件ライセンス契約が存続する限り）国内業者に対し、本件ライセンス契約の発効日から無期限の期間に開発又は取得することとなる知的財産権の実施権の許諾等をすることになるため、広範なものであるとは認められない。

また、国内業者14社のうちの５社との本件ライセンス契約では、技術的必須知的財産権の改良期間は、契約発効日から一定の期間内と定められており、他の事業者の製品との差別化の要素となる商業的必須知的財産権については、上記14社全てとの間の本件ライセンス契約において、いずれも契約の発効日から一定の期間内と定められている上、この改良期間は、被審人が国内業者に対して実施権を許諾する技術的必須知的財産権及び商業的必須知的財産権の実施権と共通のものである。これらのことからすると、本件ライセンス契約の発効日以前に開発又は取得したもののみならず、本件ライセンス契約で定められた改良期間に開発又は取得することとなるものも含まれるということをもって、その範囲が広範なものであるとは認められない。

③ 相手方の範囲

本件無償許諾条項等に基づいて国内業者が被審人に対して知的財産権の実施権を許諾することによって権利行使が制限される相手方の範囲は、被審人等のほか、被審人等からCDMA部品を購入した者（被審人の顧客）である。

しかし、実際に国内業者が被審人の顧客に対して権利行使をすることができ

3　本件では、技術的必須知的財産権には該当しないものの、装置、機器、システム又はソフトウエアに競争上の優位性を与えたり、市場で合理的に要求される可能性のある機能その他の特徴を与えたりする知的財産権をいう。

4　本件では、本件無償許諾条項等において実施権の許諾や権利主張をしないことの約束の対象となる権利の取得時期をいう。

なくなるのは、当該被審人の顧客が被審人等のCDMA部品に使用された知的財産権によって国内業者の知的財産権を侵害する場合に限られ、被審人等のCDMA部品を組み込まない顧客の製品の部分又は機能によって知的財産権を侵害された場合の権利行使は妨げられない。

また、被審人等に対する非係争条項は、国内業者等が開発若しくは取得し、また、開発若しくは取得することとなる知的財産権の一部について、無償許諾条項の対象とすることを避け、国内業者が権利行使を制限される範囲を具体的に定めるために規定されたものであり、無償許諾条項よりも権利行使が制限される相手方の範囲が狭くなるように定められている。

さらに、被審人のライセンシーに対する非係争条項については、これによって権利行使が制限される相手方の範囲が、同様の条項を規定した他の被審人のライセンシーに限られる。よって、権利行使が制限される相手方の範囲について、これが広範なものとは認められない。

（3）　無償ライセンスとしての性質について

無償許諾条項及び被審人等に対する非係争条項については、本件ライセンス契約において、国内業者は、本件無償許諾条項等に基づき、被審人に対し、国内業者等が保有し又は保有することとなる知的財産権について、実施権を許諾し、又は一定の範囲の相手方に対してその権利主張をしないことを約束するほか、一時金とロイヤルティーという金員を支払うものとされている。しかし他方で、国内業者は被審人等が保有し、又は保有することとなる知的財産権の実施権の許諾を得ていることからすると、本件無償許諾条項等だけを取り出して、国内業者が何らの対価も得られないままに義務付けられたものと解釈することは、クロスライセンスとしての性質を有する本件ライセンス契約の解釈として相当ではなく、これをもって本件無償許諾条項等が対価のない無償のものであると評価することはできない。

被審人のライセンシーに対する非係争条項は、被審人とのライセンス契約に同様の条項を規定した被審人のライセンシー同士が、自らが保有し、又は保有することとなる知的財産権に係る権利主張を相互にしない旨を被審人に対して約束するものである。これを実質的にみると、被審人のライセンシーが保有し、又は保有することとなる知的財産権を相互に利用できるようにすることを目的とした条項といえ、国内業者にとっては、当該条項と同様の条項を規定した他の被審人のライセンシーの知的財産権を利用できるという対価があることになるから、無償ライセンスとしての性質を有するとはいえない。

（4） 不均衡であるという点について

審査官は、国内業者が、莫大な費用及び労力を投じて開発する広範な知的財産ポートフォリオについて、被審人に対し、無償で実施権を許諾し、又はこれに加えて被審人等や被審人の顧客及びライセンシーに対して権利主張をしないことを約束するとともに、被審人が一方的に決定した料率に基づくロイヤルティーを支払うことを義務付けられる一方で、被審人は、国内業者等が保有し、又は保有することとなるCDMA携帯電話端末等に関する極めて広範な知的財産権を、何らの対価を支払うことなく使用して、特許権侵害訴訟の提起等によって差し止められるなどといった権利行使を受けることのない安定性を有するCDMA部品を顧客に提供することが可能となるため、国内業者と被審人との間で均衡を欠くと主張する。

しかし、本件ライセンス契約は、基本的に、クロスライセンス契約としての性質を有するものであるところ、審査官の主張は、本件無償許諾条項等を含む本件ライセンス契約の特定の条項についての国内業者が負う義務と被審人が得られる権利だけを考慮し、国内業者が得られる権利や被審人が負う義務を考慮しないものであり、本件ライセンス契約における本件無償許諾条項等の不均衡性の検討方法としては適切なものとはいえない。

（5） まとめ

第３世代無線通信規格に必須である工業所有権の被審人の保有状況等からすれば、被審人は、CDMA携帯電話端末等に関する技術に係る市場において有力な地位を有していたものと推認されるところ、このような被審人による国内業者との間の本件ライセンス契約の締結に至る過程において、独禁法による何らかの規制を受けるべき行為が認定される余地があったとも考えられる。

しかし、被審人が本件無償許諾条項等を規定した本件ライセンス契約を国内業者との間で締結したことについて、本件排除措置命令が摘示する拘束条件付き取引に該当するものとして公正競争阻害性を有すると認めるに足りる証拠はなく、被審人に対して排除措置命令を発することはできない。

４．解説

本件は、第３世代無線通信規格に関するSEPライセンス契約で定めた条件に対して独禁法違反（不公正な取引方法）で排除措置命令を受けたクアルコムが当該命令を不服として請求した審判において、公取委が、公正な競争を阻害したと認めるに足る証拠はないとして、当該命令を取り消した事例である。従来、公取委の行政処分に対する不服申立てを審理する制度として、公取委の審判官による審判が存在していたが、公取委が下した行政処分の当否を自らの審判において判断するのでは公正な審理ができないとの理由により2013年の独禁法改正で廃止された。本事件については、クアルコムが2009年に審判を請求していたことから審判制度に基づく審決が下されたものである。

本件に類似した事例として、マイクロソフト審決〈公取委審判審決平成20年９月16日・平成16年(判)第13号〉がある。マイクロソフト審決では、マイクロソフト製OS（Windows）のOEM販売に係る許諾契約の締結に当たり、同許諾を受けたOEM業者に対して、当該OSによる特許権侵害を理由にマイクロソフト等に対して訴訟を提起しないこと等を誓約する旨の条項が、パソコンAV技術取引市場における公正な競争秩序に悪影響を及ぼすおそれを有するものであり、公正競争阻害性を有し、不公正な取引方法に該当すると判断されている。

本件で公取委は、クアルコムがCDMA携帯電話端末等に関する技術市場において有力な地位を有していたものと推認され、国内業者とのライセンス契約の過程で独禁法による何らかの規制を受けるべき行為が認定される余地があったとも考えられると述べている。しかし、マイクロソフト審決と異なり、本件の契約がクロスライセンスに相当し、国内業者がクアルコムに対して一定の義務を負う一方、国内業者もクアルコムから一定の権利を得ていたことを考慮し、公正競争阻害性を認めるに足りる証拠がないと判断している。本件は事業者間で締結するクロスライセンス契約の条件を検討するに当たり参考となる事例である。

（鈴木 信也）

7．KFTC対クアルコム事件（韓国）

（韓国大法院、2023年）

判決文

［内　容］

この事件で韓国大法院は、市場支配力を有するSEP保有者の行為がFRAND義務違反に該当する場合、韓国公正取引法上の市場支配的地位の濫用になることを明らかにした[1]。この判決により、SEP保有者のFRAND義務違反の判断根拠と公正取引法上の市場支配的地位の濫用を適用するための要件が具体的に示された。課徴金の規模が大きかったことに加え、クアルコムに対する反トラスト問題を扱った米国の判決とは異なり、クアルコム勝訴の判決であったこともあり、国内外で注目を集めた事件である。

カテゴリー	その他（独占禁止法の適用可否）
対象規格技術	2G、3G、4G
関連用語	ノーライセンス・ノーチップ、支配的地位の濫用、抱き合わせ(tying)

1．事案の概要

クアルコムはスマートフォンなどに必要な無線通信技術を開発し、その多くが通信システムの規格として採択されている。具体的には、CDMAが2G規格、W-CDMA/cdma2000が3G規格、LTEが4G規格として採択された。これらの技術が通信規格として採択されるに当たり、クアルコムは国際的な標準化機関に対し、所有する関連特許をFRAND条件でライセンスする旨の宣言を文書で提出していた。

韓国の公正取引委員会は2016年12月、クアルコムと関連子会社２社（以下、

1　韓国大法院2023年4月13日言渡2020ドゥ31897判決

「クアルコム」と総称）に公正取引法違反、具体的にはFRAND義務違反及び市場支配的な地位の濫用があったとして１兆311億ウォン（約940億円）の課徴金を課する審決を下した。この判決を受けたクアルコムは2017年２月、公正取引委員会の処分の取消しを求めてソウル高等法院に控訴した。ソウル高等法院は2019年12月、クアルコムに対する市場支配的地位の濫用等を理由として公正取引委員会が課した是正命令をほぼ認め、課徴金の処分も適法であると判決した。ソウル高等法院の判決に対し、クアルコムと公正取引委員会がそれぞれの敗訴部分について韓国大法院に上告したのが本件である。

韓国大法院は2023年４月13日、両者の上告を全て棄却した。これによりクアルコムに対する公正取引委員会の課徴金処分についての原審判決が確定した[1]。

２．争点

（１）競合モデムチップセットメーカー数社に対し、クアルコムがチップセットの製造・販売に必要なSEPライセンス契約を拒絶したのは違法か（SEPライセンスの拒否）

（２）自社製モデムチップセットを購入する携帯電話メーカーに対してSEPライセンス契約の締結を強要する（ノーライセンス・ノーチップ）のは違法か（モデムチップセット契約とライセンス契約の抱き合わせ）

（３）携帯メーカーに対して有償ライセンスの見返りとして無償の特許ライセンス（無償グラントバック）を求めたのは違法か（無償グラントバックの強要）

３．判旨

（1）　関連規定及び法理

韓国の公正取引法は、市場支配的な事業者による地位の濫用を禁止する。「濫用」とは他の事業者の事業活動を不当に妨害する行為である。関連規則はそれを「不当な方法で他の事業者の事業活動を困難にする行為であって公正取引委員会が告示する行為」と定義する。

濫用が認められるのは「市場支配的事業者が取引相手に正常な取引慣行に照らして妥当性のない条件を提示することによって、その事業者の事業活動を不当に困難にする行為」に対してである。

ここでいう「正常な取引慣行」とは、原則的に業界の通常の取引慣行を基準に判断されるが、具体的には競争秩序に符合する慣行を意味する。そのため、必ずしも現実の取引慣行と常に一致するものではない。取引慣行に該当するか否かは、市場支配的地位の濫用を防止し、公正かつ自由な競争を促進することによって創意的な企業活動を促し、最終的には国民経済のバランスある発展を図る公正取引法の立法趣旨を考慮して判断されなければならない。

一方、市場支配的地位の濫用としての不利益強制行為とは「市場支配的事業者が不当に取引相手に不利益になる取引又は行為を強制することによって、その事業者の事業活動を困難にする行為」をいう。妥当性のない条件提示や不利益の強制などの事業活動妨害が市場支配的地位の濫用に該当するためには、それらの行為が他の事業者の事業活動を不当に困難にするものでなければならない。

この場合の不当性は「寡占的市場における競争促進」という立法目的に沿って解釈される。市場支配的事業者が単に個別の取引相手に対して不当な意図や目的をもって事業活動を妨害した場合や、そうした事業活動妨害行為により特定事業者が事業活動に困難を来すようになった場合や困難を来すおそれが生じた場合のように、単に特定事業者が不利益を被るようになったという事情だけでは不十分である。市場支配的事業者が市場における自由な競争を制限することによって、人為的に市場秩序に影響を加えようとする意図や目的を持ち、客観的にもそのような競争制限の効果が生じるようなおそれがある行為をしたときに初めて認められる概念である。

「関連市場」は、競争制限の効果が認められた市場である。市場支配的事業者又は競合事業者が属する市場だけではなく、その市場の商品を生産するために必要な原材料や部品及び半製品等を供給する市場、又はその市場で生産された商品の供給を受けて新たな商品を生産する市場も含まれる。

（2） 判断内容

① 市場支配的地位の濫用

クアルコムは、自社開発技術が各移動体通信システムの規格として採択される際、規格の実施者に対して、公正かつ合理的で非差別的条件（FRAND条件）で保有する関連特許をライセンス許諾する旨の宣言を自発的に国際的な標準化機関に行っている。この宣言の内容や宣言に至る経緯、標準技術の選定時に宣言を要請する意義、モデムチップセットのためのSEPライセンス提供の可能性などを考慮すると、クアルコムは、ライセンス許諾を受ける意思のあるモデムチップセットメーカーに対して、本件SEPライセンス契約においてFRAND条件で誠実に交渉する義務を負う。それにもかかわらずクアルコムは、SEPライセンス市場及びモデムチップセット市場の両方において、垂直統合事業者としての地位を利用してライセンス制限と抱き合わせを有機的に連係させる「携帯電話段階ライセンス方針」―つまり、競合モデムチップセットメーカーに対してFRAND条件での誠実な実施条件交渉を経ずに携帯電話メーカーにライセンス契約の締結を強制する事業モデルを展開した。

②　ライセンス制限

クアルコムは、ライセンス許諾を受ける意思のある競合モデムチップセットメーカーに対して、FRANDライセンスの契約締結を拒絶し、制限条件のあるライセンス契約を締結した。このようなライセンスは、本件SEPのFRAND条件でのライセンス許諾とは認められない。さらに、ライセンス制限及び抱き合わせに含まれる販売先制限や営業情報報告義務によって、競合モデムチップセットメーカーの事業活動は困難になった。モデムチップセットの販売先がクアルコムとのライセンス契約を締結した携帯電話メーカーに限定され、モデムチップセットの購買者別の販売量といった営業情報を競合事業者であるクアルコムに四半期ごとに報告しなければならなかったからである。クアルコムによるこのようなライセンス制限は「取引相手である競合モデムチップセットメーカーに正常な取引慣行に照らして妥当性のない条件を提示した行為」に該当する。

③　抱き合わせ

クアルコムは、モデムチップセットを購買しようとする携帯電話メーカーに対してライセンス契約の締結を求め、クアルコムが市場支配的な地位にあるモデムチップセットの供給を交換条件にしてFRAND条件でのライセンス交渉を困難にした。さらに、携帯電話メーカーとのモデムチップセット供給契約を締結する際に「携帯電話メーカーがライセンス契約に違反する場合には、モデムチップセット供給契約を破棄するかモデムチップセットの供給を中断・保留することができる」等の内容の約定により、モデムチップセットの供給とは直接関係のないライセンス契約違反のみによってもモデムチップセットの供給が中断・保留され、携帯電話事業全体に危機がもたらされ得るようにして携帯電話メーカーにライセンス契約の締結及び維持を強制した。

こうした抱き合わせはライセンス制限と結合して、携帯電話メーカーがクアルコムに代わる他のメーカーのモデムチップセットを購買して抱き合わせを回避することを困難にした。したがって、クアルコムの抱き合わせは「取引相手である携帯電話メーカーに不利益になる取引又は行為を強制した行為」に該当する。

④　競争制限の効果

クアルコムの携帯電話段階ライセンス施策下では、全ての携帯電話メーカーはクアルコムとの間で本件SEPに係るライセンス契約の締結が強制される一方、競合モデムチップセットメーカーは、モデムチップセットの販売事業において、携帯電話メーカーとクアルコム間のライセンス契約関係に従属される。

クアルコムが競合モデムチップセットメーカーに制限的ライセンス契約のみを締結するか、ライセンス契約の締結を拒絶して抱き合わせのみを締結するか―いずれの場合も携帯電話メーカーがクアルコムの特許を侵害せずにモデムチップセットの供給を受けるには、モデムチップセットの供給先と無関係にクアルコムとのライセンス契約を締結せざるを得なくなる。なかでもクアルコムのモデムチップセットを購入しようとする携帯電話メーカーは、クアルコムと締結するモデムチップセット供給契約の内容により、クアルコムのモデムチップセット供給とライセンス契約とが実質的に抱き合わせられるため、クアルコムとのライセンス契約の締結だけでなくその維持まで強制されることになる。

一方、競合モデムチップセットメーカーは、クアルコムの特許を侵害せずにモデムチップセットを販売するために、クアルコムとのライセンス契約を締結した携帯電話メーカーにのみモデムチップセットを販売できるものとされ、さらに、競合モデムチップセットメーカーは、購買者や購買者別販売量といった営業情報を競合先のクアルコムに報告しなければならない。携帯電話メーカーがクアルコムとのライセンス契約に違反した場合、競合モデムチップセットメーカーはそれが自社とは関係のない契約の違反であるにもかかわらず、当該携帯電話メーカーとの間のモデムチップセットの供給取引において、上記契約の違反による不利益を甘受しなければならない立場に置かれる。

クアルコムが携帯電話段階ライセンス施策を実施する間、大多数の競合モデムチップセットメーカーが市場から撤退した事実は、このような競争制限が発生していたことを裏付けている。

４．解説

クアルコムのSEPライセンスについては、韓国のみならず日本や台湾、そして、欧州や米国でも独禁当局とクアルコムの間で大型訴訟が繰り広げられた。下表にその状況をまとめた。日本と欧米では曲折があったものの、最終的にはクアルコムの独禁法違反は否定されている。

クアルコムのSEPライセンス慣行をめぐる各国・地域の審判決

国／年	結果	判断主体	注記
中国 2015年	60億8800万元（約1150億円）の支払命令	中国国家発展改革委員会	支配的地位の濫用を認定した。
台湾 2017年	27億3000万台湾ドル（約98億円）の支払命令	公平交易委員会	234億ドルから将来５年間の７億ドルの投資を見返りに減額した。
日本 2019年	排除措置命令を取り消す審決	公正取引委員会審判廷	審判により「排除措置命令」を全面的に取り消した。
米国 2020年	独禁法違反を否定する判決	第９巡回区連邦控訴裁判所	地裁はモデムチップとSEPライセンスの抱き合わせを独禁法違反と認定したが、控訴裁にて地裁判決を破棄。FTC、上告を断念
EU 2022年	ECの制裁金支払命令を無効にする判決	一般裁判所（旧第一審裁判所）	EC競争総局は独禁法違反の制裁金として２億4200万ユーロを課していた（2018年）。

一方、独禁法上の違法性を認めた中国や台湾では、純粋な市場競争原理より、国内産業の保護を志向する傾向が見られる。例えば中国の場合、当局の最終決定により、中国のライセンシーに対するSEPロイヤルティーが減額された。また、台湾では、和解条件の一つとして直接投資が約束された。それにより、台湾の大学での共同研究開発が促進されることを期待したものである。

本件で紹介した韓国大法院の判決は、具体的な事実関係に基づき、韓国の公正取引法の固有の論理で結論が導かれている。しかしながら、その結論は国内産業保護を優先したものになっていることは明らかである。

（藤野　仁三）

第Ⅳ章

関連用語解説

関連用語解説

2G：2nd Generation　第２世代移動体通信システム。アナログ方式であった第１世代とは異なりデジタル方式を採用し、音声通話のみならず電子メール等のデータ通信にも対応した。国・地域ごとに技術方式が異なっており、日本ではPDC方式（NTTドコモが「mova」の名でサービスを提供していた。）、欧州ではGSM方式、北米ではD-AMPS方式が展開された。その他、2.5G（2Gと3Gの中間的な世代の規格）としてcdmaOne方式が北・中米及び日本を含む一部アジアで展開された。【関連用語：移動体通信、GSM、3G】

3G：3rd Generation　第３世代移動体通信システム。Webの閲覧やテレビ電話などに対応した更なる高速データ通信技術の確立を目指し、ITUによりIMT-2000として標準化が進められた。これは、「2000MHz帯」という新たな周波数を用いることで「2000kbps」のデータ転送速度を「2000年」に商用化する、という目標を示したものであった。また、2Gでは各国・地域ごとに相互に互換性のない規格が展開されていたため、3Gでは国際的に互換性を確保した統一規格の策定が図られたが、最終的には複数の規格が並立した。主な規格として、日本及び欧州で展開されているUMTS（W-CDMA）方式、北米及び日本を含む一部アジアで展開されているCDMA2000方式などがある。【関連用語：移動体通信、ITU、2G、UMTS、W-CDMA、CDMA2000】

3GPP 2：3rd Generation Partnership Project 2　3GPPから派生した第３世代移動体通信規格（3G）に関する標準化プロジェクト。3GPPがUMTS（W-CDMA）方式を用いた3G標準規格を策定しているのに対し、3GPP 2ではCDMA2000方式を用いた3G標準規格を策定している。【関連用語：3GPP、移動体通信、UMTS、W-CDMA、CDMA2000】

3GPP：3rd Generation Partnership Project　欧州のETSI、米国のANSI（T1委員会）、日本のARIB（電波産業会）、TTC（情報通信技術委員会）といった各国の標準化団体が共同で設立した標準化プロジェクト。飽くまで標準化団体同士による「共同プロジェクト」であり、法人格を有する「標準化団体」ではない。第３世代移動体通信規格（3G）を策定すべく設立されたが、その後もプロジェクトは継続し、第４世代（4G）に引き続き第５世代移動体通信規格（5G）の策定を担っている。3GPPで策定された技術仕様は、その構成メンバーにより各国の技術標準として制定され、最終的に無線通信分野の国際標準化団体であるITUにより国際標準として認定される。【関連用語：ETSI、移動体通信、ITU】

4G：4th Generation　第４世代移動体通信システム。3Gの更なる機能拡張（高速通信や産業用データ通信への対応等）及び世界統一規格の策定を図り標準化が進められた。ITUが定めた4Gの要求仕様である「IMT-Advanced」を満たす規格は、本来、3GPPが標準化を進めるLTE-Advanced及びIEEEが標準化を進めるWiMAX 2のみであった。しかし、先行して標準化が完了し、サービス提供が開始されていたLTEやAXGP、WiMAX等についても既に商業上4Gと称して展開されていたため、ITUはこれらについても4Gと呼称することを追認している。【関連用語：移動体通信、3G、ITU、3GPP、IEEE、LTE】

5G：5th Generation 第5世代移動体通信システム。ITUがIMT-2020として要求仕様を定め、3GPPにて標準化が進められている。2018年6月には一部の機能について標準化が完了し、Release 15として公開された。周波数利用効率の高い新たな無線通信方式を導入し、また、6GHzから将来的には28GHz以上の高周波数帯を用いることで、4G（LTE/LTE-Advanced）との互換性を保ちつつ、4Gと比較して100倍の高速大容量通信、10分の1の低遅延、100倍の同時多接続といった機能が実現される。これらの機能性から、従来の携帯電話用通信だけではなく、自動運転や各種機器の遠隔操作、IoTデバイス／センサでの利用など、様々なユースケースへの適用が検討されている。【関連用語：移動体通信、ITU、3GPP、4G、LTE】

abuse of dominant position 「支配的地位の濫用」を参照

accelerated proceedings 「迅速審理」を参照

access for all 特許ライセンス、特にSEPライセンスにおける考え方の一つ。FRAND宣言とは、対象となる規格を実施したい者がSEP保有者に交渉を求めることができると保証しているのみであり、SEPを実施する全ての者にライセンスを付与することまでも要求するものではないとする考え方。ライセンス料収入の最大化を図るべく最終製品製造者とのライセンス交渉を希望するSEP保有者側が主に主張する。【関連用語：license to all】

administrative law judge 「行政法判事」を参照

Agere Systems：Agere Systems Inc. 米国（ペンシルベニア州）に本拠を置いていた半導体メーカー。2000年に通信機器メーカーであるLucent Technologiesの子会社として設立され、主に通信機器用ICチップを製造・販売していた。2002年にLucentより分離独立し、2007年にLSIに買収された。【関連用語：Lucent Technologies、LSI】

alleged infringer 「被疑侵害者」を参照

AMR-WB：Adaptive Multi-Rate Wideband 第2世代移動体通信システムであるGSMや第3世代移動体通信システムであるUMTS（W-CDMA）等で用いられる、音声符号化（アナログの音声をデジタルデータに変換してデータ圧縮する技術）に関する標準化技術。【関連用語：移動体通信、GSM、UMTS、W-CDMA】

anti-suit injunction 主にコモンローの国の裁判所により発令される訴訟上の裁判所命令（判決）の一つ。ある争いについて、複数の裁判所で実質的に同じ当事者、内容の訴訟が継続している場合に発令される（例：A社のB社に対する特許権侵害訴訟が、米国と日本の裁判所で係属している場合）。本命令が発令されると、その命令の対象企業（通常は原告）は、対象となる裁判所における訴訟手続（既に勝訴判決を得ている場合は、その執行）を停止することが求められる。

各国の法律上、特許権は国ごとに成立する属地主義が採用されているため、特許権侵害訴訟は国ごとに提起することが原則である。この制度を利用し、「訴訟手続が早い」「権利者に有利な判断を下す傾向が強い」といった自身に有利な特徴を持つ裁判所を（複数）選んで訴訟を提起する"forum shopping"と呼ばれる訴訟戦術を用いる特許権者も存在する。このような訴訟戦術の下では、例えば自国保護主義の強い裁判所における不当な判断が先行し、適正な紛争処理が図れない可能性や、裁判所ごとに判断が分かれた場合に紛争がより複雑化する等の悪影響が懸念される。これを防止するため、米国の裁判所は一定の要件の下、紛争当事者に対し、他（国）の裁判所における手続を停止し、自身の判断に従うよう命令を下すことがある。【関連用語：属地主義】

antitrust law（U.S.）「米国反トラスト法」を参照

apportionment　FRAND条件に基づくライセンス契約のロイヤルティー額を算定する際の調整要素。具体的には、ある標準規格に関するSEPについて、当該SEPの技術的価値や対象製品への貢献度、当該標準規格に関する総SEP数に占めるSEP保有者のSEP数の割合等を考慮して適切なロイヤルティー額を算定する。FRAND条件はSEP保有者が多数存在する際に、各者が思い思いのロイヤルティー額を主張した場合に累積額が高額となることを避けるべく設定されたものであり、SEP訴訟においてはこうした要素を基に累積ロイヤルティー額が合理的な金額の範囲に収まるよう調整することとなる。

ARIB「電波産業界」を参照

AVC/H.264：Advanced Video Coding/H.264　動画圧縮・変換技術に関する国際標準規格の一つ。国際標準化機関であるISOとIECの共同ワーキンググループであるMoving Picture Experts Group（MPEG）及び国連の標準化部門であるITU-Tによって標準が策定された。2つの標準化グループによって策定されたため、それぞれAVC（ISO/IEC）、H.264（ITU-T）と規格名が付与されており、一般的には併記して呼称されている。2020年現在、テレビ放送やインターネット上での動画配信、Blu-ray等への録画・記録用など、動画の記録や配信に関する最も主流の規格として用いられている。

BDA：Blu-ray Disc Association　ブルーレイディスクの規格策定と普及を目的に2002年に設立された企業団体。主要家電メーカー、世界の大手パソコンメーカーなどがブルーレイディスクフォーマットを支持しており、会員企業は約140社に及ぶ。【関連用語：ブルーレイディスク】

bench trial　米国の訴訟において、陪審ではなく、裁判官のみによってなされる審理。米国では陪審による訴訟を行う権利が憲法上認められており、民事事件の場合、いずれかの当事者からの請求により陪審による審理が行われる。一方、当事者から陪審による審理の請求がなければ、裁判官のみによる審理となり、事実認定も含め裁判官が判断を下すことになる。【関連用語：trial、jury trail】

CAFC：U.S. Court of Appeals for the Federal Circuit（連邦巡回区控訴裁判所） 1982年に設立された特許問題を専門に扱う米国の裁判所。ワシントンDCに本部を置く。米国特許商標庁（USPTO）の審決に対する控訴及び国際貿易委員会（ITC）の決定に対する控訴、並びに連邦地方裁判所の判決に対する控訴事件のうち、特許法又は植物新品種保護法に関する訴訟などを担当する。前身の「関税特許控訴裁判所（CCPA）」の管轄権を引き継いだ関係から、関税に関する事件の控訴も一部担当する。商標法や著作権法に関する事件については、（第１区～11区及びD.C.巡回区の）巡回区控訴裁判所が管轄権を持つため、CAFCは関与しない。また、特許ライセンス契約に関する紛争も、契約問題として巡回区控訴裁判所が管轄する。2023年10月現在、CAFCには19人の裁判官が所属しており、通常は３人の裁判官の合議体（panel）によって審理される。CAFCが社会的に重要な影響を与えると判断した事件については、所属裁判官全員による全員法廷（en banc）で裁判する。【関連用語：USITC】

CDMA2000 第３世代移動体通信システム（3G）に分類される通信規格。北・中米を中心に展開されていた2G規格であるcdmaOneの発展型として3GPP 2にて標準化が進められた。UMTS（W-CDMA）方式が日本及び欧州を中心に採用されたのに対し、こちらは北・中米及び韓国等の一部アジアで採用された。日本においても、auにより採用されサービス展開されている。【関連用語：移動体通信、3G、2G、3GPP 2、UMTS、W-CDMA】

CJEU 「欧州司法裁判所」を参照

Claim chart 「クレームチャート」を参照

Clayton Antitrust Act 「クレイトン法」を参照

clear and convincing evidence 「明白かつ確信を抱くに足る証拠」を参照

codec 「コーデック」を参照

common law 「コモンロー」を参照

comparable licenses 裁判所が知的財産権のライセンス料を算定する際、比較のために参考にするライセンス契約の事例。通常ライセンス契約には秘密保持義務が設定されており、契約条件が第三者に開示されることはない。しかし、訴訟では秘密保持命令の下で裁判所及び特定の弁護士のみを対象に開示することができる。裁判官はこうして開示された契約事例やその条件を比較して業界相場を判断し、対象事件における適切なライセンス料を算定することができる。なお、開示の対象となるライセンス契約は、対象事件の参考になるもの（同種事業分野・同種契約慣行を持つもの）に限定される。【関連用語：ライセンス契約】

Competition Commission of India 「インド競争委員会」を参照

DDR4：Double Data Rate4 Synchronous Dynamic Random Access Memory　パソコンや携帯電話、デジタルカメラ等の電子機器において広く用いられる、一時記憶用の半導体メモリ（DRAM）の一種。JEDECにより標準化が進められた。同じくJEDECにより策定されたDDR3の後継規格であるが、相互の互換性は保たれていない。【関連用語：DRAM、JEDEC】

declaratory judgement action　当事者に訴訟の根拠となる権利についての不安や懸念があるとき、権利関係や法的地位を確認するための判決を求めるために提起する訴訟。「DJアクション」などと呼ばれる。米国では、特許権者から警告状を受領した企業が、警告状の文面から判断して、権利者から特許権侵害訴訟を提起されるかもしれないという懸念を抱いた場合には、警告状を受領した企業の方から訴訟を起こし、特許非侵害又は特許無効の確認を求めることができる。警告状を受領した企業の方から確認訴訟を提起することで、自社に有利な裁判地で特許権の侵害性・有効性の判断を求めることができるというメリットがある。【関連用語：警告状】

Digital Single Market（DSM）　欧州連合（EU）が提唱する通信ネットワークでつながるデジタル統一市場をいう。デジタル技術の発展と関連分野の事業機会の拡大及び開放を目的とする。その実現によりEU域内での経済効果と雇用創出が期待され、知識社会の発展につながる。DSM関連の施策はクラウドコンピューティングやビッグデータなど多岐にわたっており、メディア関連分野においても様々な項目が検討課題となっている。情報関連の技術開発が伴うため、標準政策との関係が深い。

DIMM：Dual Inline Memory Module　パソコンや携帯電話、デジタルカメラ等の電子機器において広く用いられる、一時記憶用の半導体メモリ（DRAM）の一種で、複数のDRAMチップを１つの基盤上に配置したメモリモジュール。JEDECにより標準化が進められる。発展型の規格としてRDIMM（Registered DIMM）、LRDIMM（Load Reduced DIMM）等がある。【関連用語：DRAM、JEDEC】

Directive（EU）　「欧州指令」を参照

discovery　「ディスカバリー」を参照

DOJ：Department of Justice（米国司法省）　連邦法の執行と政府の法律問題全般への調査・助言を任務とする米国の行政機関。司法省は連邦法に反した者を起訴し、裁判所において米国政府を代理する権限を有する。司法省は組織内に様々な専門の執行機関を有しており、反トラスト局もその一つである。反トラスト法違反の民事事件については、反トラスト局が連邦地方裁判所に対して反トラスト法違反行為の差止めを求める。【関連用語：米国反トラスト法、FTC】

domestic industry　「国内産業要件」を参照

DRAM：Dynamic Random Access Memory　パソコンや携帯電話、デジタルカメラ等の電子機器において広く用いられる、一時記憶用の半導体メモリ（RAM）の一種。

1970年にインテルが世界初のDRAMチップを販売して以降、EDO DRAM、SDRAM、DDR SDRAM等、非常に多くの種類のDRAM製品が市場に登場している。

eBay事件判決　2006年米国最高裁判所で下された米国特許法283条に基づく差止めの発令要件を示した判決。差止めは衡平法上の救済であり、発令の有無は裁判所がその裁量で決められるところ、過去の判例では、特許権等の侵害が認定されるとほぼ自動的に差止めを認定していた。eBay事件において最高裁は、差止めが認められるためには、（1）回復不可能な損害の存在、（2）損害賠償等の法による救済が不十分であること、（3）両当事者に生じる不利益のバランス、（4）公共の利益が害されないこと、の4つの要素が満たされなければならないと判断した。立証義務は特許権者側にある。本判決により、特許権侵害が認められた場合であっても直ちに差止めによる救済を得ることは難しくなり、とりわけ、特許権は保有するものの事業を行わない団体等（NPE）に対して大きな影響があったといわれている。【関連用語：衡平法、irrevocable harm、NPE】

EDGE：Enhanced Data Rates for GSM Evolution　第2世代移動体通信システム（2G）に分類されるGSM、その発展型であるGPRSを更に強化した通信規格。欧州を中心として日本等の一部の国を除き世界各国で採用された。3Gへの発展過程にある技術として2.75G、若しくは実質的な3Gとして分類されることも多い。【関連用語：移動体通信、2G、GSM、GPRS、3G】

enforcement　法の施行、執行を意味する語。知的財産権の分野においては、自己が保有する権利について権利行使することを指す。広義には被疑侵害者に対して警告状を送付するなど、自己の権利を主張することを、狭義には権利保護を求め、裁判所や税関等の司法・行政機関に対して侵害是正に関する訴えを提起することを意味する。1995年に世界貿易機関（WTO）の下で制定・発効されたTRIPS協定において世界的な知的財産保護の強化が図られ、各国における知的財産保護制度（侵害排除手続）が整備された。

enforcement 規則（EU）　2004年に発行された「知的財産権のエンフォースメント指令（Directive on the enforcement of intellectual property rights IPRED）」をいう。この指令は、主たる目的を模倣品の禁止に置き、そのための法整備を各国に求めるもの。IPREDを補足するためのガイダンスが2017年11月に発表された。これは、IPREDの規定解釈に各国間のバラつきがあることから、これまでの欧州司法裁判所（CJEU）の判例を基にして作成されたもの。EUは、域内での物の自由な移動の実現を目標とするためにエンフォースメントに力を入れており、法整備も進んでいる。

Entire Market Value Rule　「全市場価値ルール」を参照

equity　「衡平法」を参照

ETSI：European Telecommunications Standards Institute（欧州電気通信標準化機構）　欧州における電気通信・情報技術分野全般に関する標準規格の策定を担う標準化団体（設立：1988年、本拠地：フランス）。欧州のみならず北米・アジアを含めた世界中の企業が加盟しており、その標準化動向は全世界的に影響力を有する。移動体通信規格を策定する3GPPにおいても最も影響力のある標準化団体であり、多くの企業がETSIに対して必須特許宣言を提出している。このため、特に移動体通信分野においては、ETSIに対して提出された必須特許宣言数を各社の特許力を推し量る指標として用いることが多い。【関連用語：移動体通信、3GPP、必須特許宣言】

EU Competition Law　「欧州連合競争法」を参照

EC：European Commission　「欧州委員会」を参照

EU：European Union（欧州連合）　欧州連合条約に基づき結成された国家連合。2023年現在、27か国が加盟する。実行機関としてEuropean Commission（欧州委員会）を持ち、欧州地域における通商を含む各種政策の最高意思決定機関である。【関連用語：欧州委員会】

exclusion order　「製品排除命令」を参照

FOMA：Freedom of Mobile Multimedia Access　NTTドコモが第３世代移動体通信システム規格（3G）をサービス展開するに際して用いているブランド名称。世界でも初期にサービスが開始されたため、2001年の導入初期においては、その後、各国で採用されたUMTS（W-CDMA）とは少々異なる方式が用いられていた。このため国際的な互換性が確保されていなかったが、2004年頃に基地局のアップデートを行うことで国際ローミングに対応した。【関連用語：移動体通信、3G、UMTS、W-CDMA】

forum standard　「フォーラム標準」を参照

FRAND injunction：2017年のUnwired Planet事件で英国特許裁判所が下した「付帯条件付き差止命令」を意味する。付帯条件付き差止命令は、FRAND条件でライセンスを取得する意思のない潜在的ライセンシーに対して侵害行為の差止命令を発することになるが、以下の条件を付帯することに特徴がある。

① 侵害者がFRAND条件に基づくライセンスを取得した時点で、自動的に差止めの効力を失う。

② 当事者は、差止命令がFRAND条件に基づくライセンスの終了時に再度その効力を生じるべきかどうかの決定を、裁判所に求めることができる。

英国特許裁判所が上記の考えを示したことにより、当事者はSEPの存続期間が満了するまでの長期にわたり、SEPの価値を見極め、FRAND条件に基づくライセンスを取得するための交渉に従事できることが期待されている。【関連用語：FRAND、SEP、潜在的ライセンシー】

FRAND（RAND）　「公正、合理的かつ非差別的（Fair, Reasonable and Non-discriminatory）」なライセンス条件を表す略語。「RAND（Reasonable and Non-discriminatory）」も同義。「FRAND条件」という語もよく用いられるが、公正、合理的かつ非差別的な条件であることを意味する。

FRAND宣言を行ったSEP保有者は自らのSEPをFRANDに基づく条件でライセンスするFRAND義務を負うことになるが、何をもって「公正、合理的かつ非差別的」といえるかはSEP保有者と潜在的ライセンシーとの間で見解が分かれることが多く、個々の事案ごとに各国の裁判所で様々な判断が下されている。【関連用語：SEP、FRAND宣言、FRAND義務、潜在的ライセンシー】

FRAND義務：FRAND宣言によりSEP保有者が負うこととされる、公正、合理的かつ非差別的（FRAND）な条件でSEPの実施許諾をする義務。

SEP保有者によるFRAND宣言は、標準化団体に対する表明であり、標準化団体との関係で義務を負うことから、SEP保有者と潜在的ライセンシーとの間でどのような法的効果を生じるのかについては、各国で様々な考えが示されている。例えば① FRAND宣言により、潜在的ライセンシーが第三者受益者の立場に立ち、SEP保有者は同人に対してFRAND条件でライセンスを与える義務を負うとする立場や、② FRAND宣言はSEP保有者と標準化団体の契約であり、潜在的ライセンシーとは誠実交渉義務を負うにとどまるとする立場、③ 標準化団体が定めるIPRポリシーとFRAND宣言の内容によって条件が異なるとする立場、が挙げられる。

このFRAND義務に違反した場合、SEP保有者による権利行使が否定される可能性がある。【関連用語：SEP、FRAND、FRAND宣言、標準化団体、潜在的ライセンシー、誠実交渉義務、IPRポリシー】

FRAND実施料を算定するための経済的指標（"Economic Guideposts" for assessing FRAND terms）　FRAND宣言したSEPに基づく合理的な実施料を算定するための指標。米国マイクロソフト事件において、ワシントン州西部地区地方裁判所のロバート判事によって示された。

① FRAND実施料は、標準技術の広い採用を促進するという標準化機関の目的に合致したレベルで設定すべきである。

② FRAND条件は、ホールドアップとロイヤルティー・スタッキングを認識し、これらのリスクを軽減するように決定されるべきである。

③ FRAND実施料は、特許権者が知的財産権の投資に基づいて合理的なリターンを保証するように決定すべきである。

④ FRAND実施料は、特許権が標準規格に組み込まれたことによる価値ではなく、特許技術それ自体の経済的価値に基づく合理的な実施料に制限されるように解釈すべきである。

上記指標は、FRAND条件に基づく合理的な実施料を算定するための重要な指標として、米国だけではなく、他の国の裁判例でも参照されている。【関連用語：FRAND、FRAND条件、ホールドアップ、ロイヤルティー・スタッキング】

FRAND宣言　標準規格策定の際に、SEP保有者が標準化団体に対して、自らのSEPを

FRAND条件でライセンスすると表明すること。
ある企業が標準規格に係る機能（例：画像圧縮機能）を有する製品を開発する場合、当該機能の実現に必須の特許権（SEP）が含まれることがある。この場合、実施者（製品開発側）としては、SEPの回避が困難であることから、SEP保有者との交渉では弱い立場となり、高額な実施料の請求など不利な条件を要求されるおそれがある（ホールドアップ問題)。また、標準規格に係るSEPが複数存在する場合、各SEP保有者に支払う実施料が積み重なることによる企業負担の増大（ロイヤルティー・スタッキング）が生じるという問題がある。
こうした問題を解決するために、標準化団体は、参加者が保有する技術を標準規格に採用することの条件として、SEPの開示義務を課し、FRAND条件でライセンス許諾することの表明を要請する。これにより、実施者側は、比較的低コストで製品の製造・販売等が可能となり、SEP保有者としても、標準規格に適合した製品が広く普及し、販売製品に対するロイヤルティーを得ることが可能となる。【関連用語：SEP、FRAND、標準化団体、潜在的ライセンシー、ホールドアップ、ロイヤルティー・スタッキング】

fraud　「詐欺行為」を参照

free license　「無償ライセンス」を参照

FSA：Fair Standards Alliance　欧州におけるロビー団体の一つ。SEP保有者のFRAND宣言を重視したSEPに関わる基本原則を主張する非営利団体で、EUの諸機関に対してロビー活動を展開している。メンバー企業には、無線通信分野のプレーヤーのほかに、自動車企業が多いのが特徴である。欧州委員会はIoT時代の標準化政策のガイドラインを発表しており、その象徴的な製品である自動運転車を抱える自動車産業も利害関係者として標準化政策に発言力を強めている。【関連用語：FRAND宣言、SEP、欧州委員会】

FTC：Federal Trade Commission（連邦取引委員会）　米国における公正な取引を監督・監視する連邦政府機関。シャーマン法、クレイトン法などの米国反トラスト法に基づき、商業活動に関わる不公正な競争手段や、商取引における不公正又は欺瞞的な行為を規制するための権限が与えられている。FTCは、反トラスト法違反に対して刑事訴追する権限はなく、民事上の権限のみを有している。また、反トラスト法適用に関する政策策定にも関与しており、知的財産権との関連では、2011年に“The Evolving IP Marketplace”と題するレポートを公表し、IT産業などの一部の産業で米国特許制度に弊害が生じていることを指摘し、その改善策を提唱している。【関連用語：米国反トラスト法、シャーマン法、クレイトン法】

Gallo対Andina事件　外国訴訟差止め（anti-suit injunction）の道標的な米国判例。カルフォルニア州に拠点を置く大手ワイナリーのGalloとエクアドルのワイン販売業者Andinaとの間の代理店契約をめぐって争われた契約紛争。契約書では訴訟地はカリフォルニアと規定されていた。両社間に紛争が起こり、Andinaがエクアドルで裁判を起こしたことから、Galloがカリフォルニア地裁に損害賠償を求めて提訴してエクアドルでの訴訟停止を求めたもの。同地裁は国際礼譲を理由にGalloの訴訟停止の訴えを退けたが、控訴審である第９控訴裁は、契約書の訴訟地規定が有効であるとして地裁判決を破棄した。【関連用語：anti-suit injunction】

Georgia-Pacific Factor（GP要素） 「ジョージア・パシフィック・ファクター」を参照

GPRS：General Radio Packet Service 第２世代移動体通信システム（2G）に分類されるGSMのデータ通信機能を強化した通信規格。欧州を中心として日本等の一部の国を除き世界各国で採用された。第３世代移動体通信システム（3G）への発展過程にある技術として2.5Gと分類されることが多い。【関連用語：移動体通信、2G、GSM、3G】

GSM：Global System for Mobile Communications 第２世代移動体通信システム（2G）に分類される通信規格。世界の８割以上の国・地域で利用される。欧州では各国で異なるアナログ方式規格の第１世代移動体通信サービスが展開されていたため、欧州統一規格の策定を図り、CEPT（欧州郵便電気通信主管庁会議、ETSIの前身団体）により標準化が進められた。その後、ETSI及び3GPPにより、純粋発展型のパケットデータ通信規格（2.5G）としてGPRS、更にEDGEが策定された。【関連用語：移動体通信、2G、ETSI、3GPP、GPRS、EDGE】

HSPA：High Speed Packet Access 第３世代移動体通信システム（3G）に分類される通信規格。3GPPが策定したW-CDMAについて、より高速なデータ通信が可能となるよう強化されたもの。下りデータ通信（基地局から携帯端末への通信）を高速化したHSDPA（High Speed Downlink Packet Access）及び上りデータ通信を高速化したHSUPA（High Speed Uplink Packet Access）の２段階に分けて標準化活動及びサービス展開が進められた。その後、HSPAを更に高速化したHSPA＋、DC-HSDPA（Dual Cell HSDPA）といった後続規格が策定され、その通信速度の高速性から、これらは商業上4Gと称してサービス展開されることもある。【関連用語：移動体通信、3G、W-CDMA、4G】

IEEE：The Institute of Electrical and Electronics Engineers, Inc. 米国（ニューヨーク州）に本拠を置く、電気・電子・通信・情報工学分野を主な対象とする学会。非公式な日本語名称として米国電気電子学会又は米国電気電子技術者協会と表記される。1963年にAIEE（米国電気学会）とIRE（無線学会）が合併して設立された。米国発祥の団体であるが、世界160以上の国・地域から40万人以上が加盟・参加する世界最大規模の団体。内部組織として標準規格の策定を担うIEEE Standards Association（IEEE-SA）を有しており、学会であると同時に標準化団体の性質を持つ。ここで策定された技術仕様の多くがその後、ISOによって国際標準規格として認証されている。代表的なものとしてIEEE 802.3（Ethernet）、IEEE 802.11（無線LAN）、IEEE 802.15

(Bluetooth)、IEEE 1284（パラレルポート）などが挙げられる。

IEEE 802.11　IEEEが策定した無線LANに関する規格の総称。PCやスマートフォンに採用され、一般的にWi-Fiの通称で利用されているIEEE 802.11a、11b、11g、11n、11ac等のほか、コネクテッドカー向けのIEEE 802.11pといった規格が存在する。【関連用語：IEEE、Wi-Fi、無線LAN】

implementor　「implement＝実施・実装する」の意から、「特許権（の対象となる技術）を利用する者」を示す言葉として用いられる。

implied waiver　米国訴訟における衡平法上の抗弁理由の一つ。当事者の行為から、契約上の請求権や不法行為上の損害賠償請求権等が黙示に放棄されたものと推定される。例えば被告側は、原告である特許権者が、標準化プロセスにおいて技術提案し、SEPになり得る関連特許出願があるにもかかわらず標準化団体へのFRAND宣言が遅れたため特許権を行使することを黙示的に放棄した、つまり、特許権の行使が制限されるべきと主張する（例えば「Core Wireless Licensing対アップル事件」(CAFC, 2018))。衡平法上の抗弁が認められるのは、一方の当事者が不法な行為により不当な利益を得ることを防止することを目的とするため、その当事者が不法な行為により利益を得ているか否かが、この法理が適用されるかどうかの判断基準になる。【関連用語：FRAND宣言、適時開示義務】

indemnification　「特許補償」を参照

initial payment　「イニシャルペイメント」を参照

instructions/charge　米国訴訟において、トライアル終了後、陪審が最終判断（評決）の検討に入る前に、裁判官が陪審に対して当該事件の法律問題について説明を与えること。一般的には、争点の整理（判断すべき事実問題）や、陪審が事実認定を行うときに必要な法律事項の説明が行われる。一例として、特許事件で直接侵害の有無が争われている場合を想定する。トライアル終了後、裁判官から陪審に対して、対象特許の説明、対象特許のクレーム解釈、イ号製品の特徴、これまでの当事者の主張や、直接侵害を立証する場合の要件を説明し、陪審はこれらの情報を基にイ号製品が対象製品を侵害しているかどうかを判断する。【関連用語：trial、jury trial、bench trial】

Intellectual Property Appellate Board of India　「インド知的財産審判部」を参照

international comity　「国際礼譲」を参照

Inter partes review（IPR）　米国特許商標庁が実施する、第三者保有特許の少なくとも一つの請求項の無効を主張する手続。2011年に成立した米国特許法改正により制定され、2012年９月から利用可能となった。IPRは特許付与後９か月経過後に提起可能であり、先行技術（特許及び印刷物に限る。）に基づく新規性及び／又は自明性違反を根拠とする。同様な手続にPost Grant Review（PGR）がある。PGRは、特許付与後９か月以内に提起可能で、新規性・自明性違反に加え、特許性のない主題や記載要件違反を根拠とすることができる。どちらの手続も米国特許商標庁審判部の審判官3人が特許無効の可否を判断する。

intervention 「訴訟参加」を参照

IP Europe 欧州におけるロビー団体の一つ。知的財産権に重きを置く研究開発型企業や研究所をメンバーとする非営利団体であり、多様な産業分野でロビー活動を展開している。会員も中小企業から国際企業まで幅広い。活動は、欧州議会に対するロビー活動や革新的な企業に対する知的財産権活用の啓発活動を中心とする。ECガイドラインや規則制定に際し、プロパテントの立場に立ち、SEPとSEPでない特許権の権利行使を区別すべきではないと主張した。有力会員として、エリクソン、ノキア、エアバスなどの在欧の国際企業がある。

IPRポリシー ITU、ISO、ETSIなどの標準化機関が定める、標準規格に関わる知的財産権（IPR）の取扱いに関するルール・取決めのこと。標準化機関が策定した標準規格が、独占排他権である特許権によって実施されなくなるような事態を避け、標準規格の普及と知的財産権保有者の利益とのバランスをとることを目的とする。多くの標準化機関は、その標準規格に必須である特許権（SEP）を保有する特許権者に対し、当該SEPのライセンス許諾の方針（例えばFRAND条件でのライセンス）を表明することをIPRポリシーにおいて義務付けている。また、IPRポリシーでは、SEPの定義を設けることで、解釈の疑義が生じないようにしている。【関連用語：ITU、ISO、ETSI、SEP、FRAND宣言】

irrevocable harm 特許権の侵害により特許権者に回復不能な損害が発生すること。eBay事件判決で示された特許権侵害に対する差止救済を認定するための要素の一つ。eBay事件判決以降、特許権侵害訴訟で侵害が認定された場合に、自動的に差止めが認められることはなくなったが、裁判例では、「回復不能な損害」を立証できないことにより差止請求が否定されるケースが多いとされている。【関連用語：eBay事件判決】

ISO：International Organization for Standards（国際標準化機構） 世界160か国以上の国内標準化団体により構成される国際標準化団体（設立：1947年、本拠地：スイス）。日本からは日本工業標準調査会（JISC）が加盟している。産業における国際的な協調の促進を目的とし、工業・農業・医療・食品・安全衛生等の幅広い分野で2万2500以上の国際標準規格を策定している。代表的な規格として環境マネジメント規格（ISO 14001）、品質マネジメント規格（ISO 9001）、写真フィルム・撮像素子感度規格（ISO 100、400等）がある。

ITU：International Telecommunication Union（国際電気通信連合） 国際連合（the United Nations）の中で情報通信技術（ICT技術：Information and Communication Technologies）の標準化を扱う専門機関。世界的な無線周波数や衛星軌道の割当て、ネットワークがシームレスに相互接続することを確実にする技術基準の開発などを行っている。ITUの会員は、193の加盟国に加え、ICT技術の規制当局、有力な学術団体やハイテク企業が含まれる。ITUは、主に無線通信の標準規格の開発を行う無線通信部門（ITU-R）、主に有線通信の標準規格を扱う電気通信標準化部門（ITU-T）、途上国のネットワーク構築の技術支援などを行う電気通信開発部門（ITU-D）の３つの部門に分けられる。

2007年、ITU、ISO、IECの３つの機関に共通のIPRポリシーが制定された。【関連用語：IPRポリシー、ISO】

JEDEC：Joint Electron Device Engineering Councils（電子機器技術評議会）
米国（バージニア州）に本拠を置く、電子技術の幅広い分野を対象とした業界団体。米国の電気・電子技術に関する業界団体であるNEMA及びEIAにより、特に半導体技術に関する標準化団体として1958年に設立された。主な策定規格としてはDIMMやSDRAMなどが挙げられる。【関連用語：DIMM】

jury trial　米国の裁判において、一般市民から選定された者（陪審員）によってなされる審理。米国では陪審による裁判を行う権利が憲法上認められており、民事事件の場合、いずれかの当事者からの請求により陪審による審理が行われる。陪審裁判は12人又はそれ未満の合議体により行われ、陪審の判断に付された事実問題に関して、当事者からの主張に基づき判断を下す。特許訴訟においては、特許の侵害有無、故意侵害の有無、損害額等に関しては陪審の判断事項とされている。【関連用語：trial、bench trial】

laches　「ラッチェス」を参照

license agreement　「ライセンス契約」を参照

license to all　特許ライセンス、特にSEPライセンスにおける考え方の一つ。FRAND宣言を行ったSEP保有者は、ライセンスを希望する全ての者に対してライセンスを付与しなければならないという考え方。例えば携帯電話に関するSEPについて、チップメーカーなど、サプライチェーンの上流にある者が代表してライセンスを希望した場合、ライセンス料を相対的に少額に抑えられる可能性が高まるため、主にSEP利用者側から主張される。【関連用語：access for all】

lock-in　「ロックイン」を参照

LSI：LSI Corporation　米国（カリフォルニア州）に本拠を置いていた半導体メーカー。1979年にFairchild Semiconductorの元CEOによって設立された。ASIC半導体の製造を主な事業としていたが、後にファブレス型の事業モデル（製品設計・開発のみを行い、製造は他社に委託する事業モデル）に移行し、通信、動画圧縮等の分野にも積極的に研究開発投資を行っていた。2007年にICチップ製造業のAgere Systemsと経営統合し、2014年にAvago Technologiesに買収された。【関連用語：Agere Systems】

LTE：Long Term Evolution　第３世代移動体通信システム（3G）から第４世代（4G）へ発展していく過程における過渡期的な通信規格であり、3.9Gとして分類される。標準化が開始された当初はSuper 3GやBeyond 3G（B3G）とも呼ばれていた。3G規格の標準化を担当した3GPPにて引き続き標準化が進められた。ITUが定めた4Gの要求仕様である「IMT-Advanced」が求める性能は満たしていないものの、それまでの3G規格とは技術方式が異なり互換性がないこと、従来の3Gと比較した高速通信性能を背景に各国の通信事業者が4Gの名称を用い始めていたこと等からITUも本規格を4Gと称することを追認し、一般的には4G規格として認識されている。厳密には、通信方式が相互に異なるFDD-LTE方式とTD-LTE方式の２種類が存在するが、多くの基地局及び通信用ベースバンドチップが両方の方式に対応していることから、一般的にはLTEとして一くくりに扱われている。【関連用語：移動体通信、3G、4G、3GPP、ITU、ベースバンドチップ（baseband chip）】

Lucent Technologies：Lucent Technologies Inc.　米国（ニュージャージー州）に本拠を置いていた通信機器メーカー。米国の大手通信業社であるAT&Tの技術開発部門（AT&T Technologies）として設立され、1996年に分離独立した。電話の発明者として知られるグラハム・ベル（Alexander Graham Bell）が設立したBell Laboratories（ベル研究所）を抱えており、優れた技術力・特許権を保有していた。2006年にフランスの通信機器メーカーであるAlcatelと合併してAlcatel-Lucentとなり、2016年にはフィンランドの通信機器メーカーであるノキアに買収された。

misrepresentation　「不実表示」を参照

monopoly power　「独占力」を参照

motion（申立て／モーション）　訴訟当事者が米国の裁判所に対して訴訟の進行に必要な決定や命令を求める手続。様々な種類の申立てが存在するが、例を挙げると、訴訟手続の停止を求める申立て（motion to stay)、一方当事者が提出した書面に不適切な記載等がある場合、他方当事者が当該記載等の削除を求める申立て（motion to strike)、サマリージャッジメントの申立て（motion for summary judgement)、訴状却下の申立て（motion to dismiss）等がある。【関連用語：サマリージャッジメント】

MPEG-LA　米国（コロラド州デンバー）に本拠を置く特許管理会社。1997年、テレビ放送用映像や音声の圧縮・変換技術に関する国際標準規格であるMPEG-2についてパテントプールを結成する際、その管理会社として設立された。現代版パテントプール管理会社の礎とされる。動画コーデック（AVC/H.264、HEVC/H.265）や音声コーデック（EVS)、デジタルテレビ放送などの規格に関するパテントプールを数多く運営している。2023年５月、Via Licensing Corp. と経営統合し、Via Licensing Alliance LLCを設立した。【関連用語：AVC/H.264 Via Licensing Corp.】

NDRC：National Development and Reform Commission（国家発展改革委員会）　中国の競争当局は、独占禁止委員会（Anti-monopoly Enforcement Agency；AMEA）の下に、主に３つの部門が置かれているが、NDRCはその一つの部門である。

価格に関する独占的協定や、支配的地位の濫用行為についての規制を担当する。NDRCは、2015年２月、クアルコムが中国独占禁止法に違反しているとして、約1000億円の課徴金を課した。

net sales price　「純販売価格」を参照

Netlist：Netlist Inc.　米国（カリフォルニア州）に本拠を置く半導体メーカー。2000年に元LGグループの半導体技術者により設立された。主にIT機器に用いられる半導体メモリ製品の研究開発及び製造・販売を行っており、2015年にはサムスンと共同研究開発及び特許ライセンス契約を締結し、出資・特許料収入を得るなど、高い技術力を有している。

Non-Disclosure Agreement（NDA）「秘密保持契約」を参照

notice requirement　「通知要件」を参照

NPE：Non-Practicing　Entity（不実施主体）　特許発明の実施をしない特許権者。①自らは特許発明を実施しないで専ら権利行使をして損害賠償金や和解金等で収入を得る、いわゆるパテント・トロールを指す場合と、②特許発明の実施や権利行使を専門とせず、単に特許権を保有するのみの大学や研究機関等を指す場合がある。NPEから権利行使を受けた特許実施者は、カウンターの特許権侵害の主張（NPE側の特許権侵害の主張）ができないため、防御一辺倒になる。

One Blue：One-Blue, LLC　ブルーレイディスク製品に関するSEPのパテントプールを管理・運営する米国法人。2009年にパナソニック、フィリップス、ソニーが中心となり設立され、BDA（ブルーレイディスクアソシエーション）に属する15社が保有するSEPについて一括してライセンス業務を担っている。製品ごとのライセンスプログラムに登録するための契約を締結することにより、その製品の製造・販売に必要なSEPのライセンスを一括で受けることができる。

patent misuse　「パテントミスユース」を参照

per se illegal　「当然違法」を参照

pleading　「訴答」を参照

potential licensee　「潜在的ライセンシー」を参照

preponderance of evidence　「証拠の優越」を参照

protective order/protection order　「保護命令」を参照

public comment　「パブリック・コメント」を参照

ratio decidendi（レイシオ・デシデンダイ：判決理由）　米国の判決において、裁判所が法原則として適用する先例の規範的な効力を持つ部分をいう。それが規範となるかどうかは、当該事件の「重要な事実（material facts）」に対してどのような法的効果を持つかという視点で判断される。日本では「判決理由」と訳されているが、『英米法辞典』によれば日本の判決における「理由」とは異なるという。なお、ratio decidendi

以外の裁判官の意見は「obiter dictum（オビタ・ディクタム：傍論)」と呼ばれる。

Realtek Semiconductor：Realtek Semiconductor Corp. 台湾（新竹）に本拠を置く半導体・PC関連機器メーカー。有線LANを中心としたネットワークカード（PCにネットワーク機能を付加するための制御部品)やオーディオコーデックチップ(音声データの圧縮や解凍に用いるIC）等では世界有数のシェアを誇る。

reference EU加盟国の裁判所が、担当する国内事件に関連して欧州連合司法裁判所（CJEU)のEC法上の判断を求めること。「付託」と訳される。付託された事件でのCJEUの判決は「先決裁定（preliminary rulings)」と呼ばれる。EU固有の制度で、EU法の効果的かつ統一的な適用のための制度である。本書で紹介した「ファーウェイ対ZTE事件」がその例である。CJEUの先決裁定は、それを求めた当該国裁判所だけでなく他の加盟国においても同様の事項について拘束力を持つ。

Rite-Hite対Kelly事件 全市場価値ルール(EMVR)についての道標的なCAFC判決(1995年)。特許権でカバーされていない部分も損害賠償の対象となるかどうかが争われ、CAFCは、最終製品の非特許部分が特許部分と協同して所定の結果・機能を生み出す場合にはEMVRに基づいて製品全体の損害賠償を得られることを明らかにした。この事件では、非特許部分は市場拡大のために販売されたものであって、特許部分と協同して何らかの結果をもたらすものではなかったと認定された。(*Rite-Hite Corp. v. Kelley Co.,* 56 F.3d 1538 (Fed. Cir.) (1995)【関連用語：全市場価値ルール、CAFC】

rule of reason 「合理の原則」を参照

Saint Lawrence Communications LLC ドイツを本拠地とするライセンス会社。VoiceAge Corp.(カナダ、モントリオール）が開発した音声符号化技術に関するSEPの譲渡を受け、ポートフォリオ・ライセンス事業を行っている。3GPP、3GPP2、ITU、ETSI、MPEGなどの国際標準化団体が採択した標準規格のSEPを保有する。【関連用語：ポートフォリオ・ライセンス、ETSI、ITU、３GPP】

SEP：Standard Essential Patent（標準必須特許／規格必須特許） 標準規格に準拠した製品の製造・販売やサービスの提供を行う際に必ず実施することとなる特許権。

Sherman Antitrust Act 「シャーマン法」を参照

SK hynix：SK hynix Inc. 韓国（利川）に本拠を置く半導体メーカー。1983年に現代グループの半導体部門として設立され、1999年にはLGグループの半導体事業会社を買収するなどして成長し、2001年に現代グループから独立した。2012年に韓国の大手通信企業であるSKテレコムが筆頭株主となり、現社名となった。DRAM及びNAND型フラッシュメモリでは世界３強の一角。【関連用語：DRAM】

Standard Developing Organization（SDO） 「標準化団体／標準化機関」を参照

SSO：Standard Setting Organization 「標準化団体／標準化機関」を参照

statement of objections（異議告知書） European Commission（欧州委員会）による

競争法違反の有無に関する審査手続の一つ。欧州委員会は、審査の結果、競争法違反の可能性が高く禁止措置が必要であると判断した関係当事者に対して当該判断に関する事前通知を行う。関係当事者は、この事前通知（異議告知書）に対して見解を述べる機会が付与される。その後、欧州委員会は必要に応じて聴聞や関係当事者から提出される改善案に関する協議等を踏まえ、最終的な判断を下すこととなる。【関連用語：欧州委員会】

subject matter jurisdiction（事物管轄権） 米国裁判所が、ある事項について裁判をする権限をいう。米国の連邦裁判所が取り扱う問題は、州籍相違に基づく「管轄権（diversity jurisdiction）」や「連邦問題裁判権（federal question jurisdiction）」と呼ばれるものである。前者は外国を含む異なる州の企業間の争いについての管轄権であり、後者は特許法などの連邦法に基づく争いについての管轄権である。これらの問題については州の裁判所ではなく連邦裁判所が扱う。事物管轄権に加え、裁判所が考慮する要素として人的管轄権（personal jurisdiction）がある。人的管轄権は、ある法域の裁判所がある者に対して有効に判決をなし得る権限をいう。端的には被告と、訴訟を提起された州に属する裁判所との関係性を考慮することであり、例えば被告が住所を有する地や、実質的又は継続的な活動を行っている地で、人的管轄権が認められる。

sublicence 「サブライセンス」を参照

summary judgement 「サマリージャッジメント」を参照

TCL：TCL Communication Technology Holdings Ltd 香港に本拠を置く通信機器メーカー。中国の電器メーカーグループであるTCL集団の携帯電話部門として1999年に設立された。2005年にはフランスの通信機器メーカーであったAlcatel-Lucentから、2016年にはカナダの通信機器メーカーでPDA及びスマートフォンの先駆者として名を馳せたBlackBerryから、それぞれブランド使用権・製造権を取得した。2015年以降は携帯電話の年間販売台数でトップ10内にランクインするなど、世界最大手の一角として成長している。

third party beneficiary 「第三者受益者」を参照

Treaty on the Functioning of European Union 「欧州連合の機能に関する条約（EU機能条約）」を参照

trial 米国訴訟において、裁判官の面前でなされる審理。トライアルはディスカバリー手続の後に行われ、ディスカバリーで収集した証拠に基づき、事実についての争点や法律問題についての審理を行う。日本の特許訴訟では、数箇月に一度の間隔で口頭弁論の期日が指定され、断続的に審理がなされるのに対して、米国のトライアルでは、平日月曜から金曜まで毎日、朝９時から夕方５時までの審理を数日から長くて数週間にわたり実施するという短期集中型の審理である点に特徴がある。

米国のトライアルは陪審を伴うことが多い。トライアルでは、陪審は事実問題について判断し、裁判官は法律問題について判断する役割を担う。特許訴訟において、どの争点が事実問題・法律問題であるかを明確に区分けすることは難しいが、これまでの裁判例によると、事実問題は、特許の侵害可否、損害額、故意侵害の有無等であり、クレームの解釈や自明性の判断等に関しては法律問題であるとされている。【関連用語：jury trial、ディスカバリー】

tying 「抱き合わせ」を参照

UMTS：Universal Mobile Telecommunications System 第3世代移動体通信システム（3G）に分類される通信規格。欧州を中心とした企業や研究機関及びETSI等で構成されるUMTS Forumにて策定され、その後、3GPPでの標準化活動に統合された。欧州では3G規格の通称として用いられる。厳密には日本や欧州を中心に展開されるW-CDMA方式や中国のみで展開されるTD-SCDMA方式等の複数の無線通信規格を含む比較的広範な無線通信システム全体を指す規格名であるが、一般的にはW-CDMAと同義で用いられることが多い。【関連用語：移動体通信、3G、3GPP、W-CDMA】

Unterweser要素 外国訴訟差止めを認めるかどうかの判断基準。米国判例「In re Unterweser Reederei GmbH事件」（M.D. Fla. 1969）で採用されたもの。海底油田掘削装置の荷主と海上輸送業者（Unterweser）とが契約をめぐり争った事件で、輸送業者がドイツで訴訟を起こしたので、荷主が契約書で訴訟地とされている米国の裁判所に、ドイツでの訴訟を禁止する命令の発行を求める訴訟を提起した。地裁は、外国裁判所の下した差止命令の執行停止を求めることができるのは以下の4条件が満たされる場合であるとした。① 差止命令を発行した裁判所の方針に抵触するとき、② 嫌がらせ又は抑圧的な訴訟であるとき、③ 管轄権（特に対物）を脅かすとき、④ 衡平法上の考慮事項に抵触するとき。【関連用語：anti-suit injunction、衡平法】

Unwired Planet: Unwired Planet International Ltd 米国（カルフォルニア州）に本拠を置く特許管理会社。WAP等のインターネット関連技術の先駆的企業であったが、現在は特許権のライセンスを主な事業としている。エリクソン（Ericsson）等から2G、3G、4Gを中心とするSEPを購入し、訴訟を含めたライセンス活動を展開している。【関連用語：SEP、Ericsson、2G、3G、4G】

USITC：United States International Trade Commission（米国国際貿易委員会） 米国ワシントンD.C.に所在する準司法的機能を有する連邦行政機関。USITC（ITC）は、米国の国内産業を保護することを目的に、知的財産権の侵害を伴う輸入行為に対して、米国関税法337条に基づく調査（337条調査）を行い、侵害物品の通関を禁止する権限を有している。連邦裁判所と比較して、ITCでは厳格な期限管理の下、迅速な審理が行われ、権利侵害品に対する強力な輸入差止権限（製品排除命令）を有するという特徴がある。また、連邦裁判所では、2006年のeBay事件判決のように特許権侵害が認定された場合でも自動的に侵害製品の差止めを認めないなど、権利者に不利な判決が下されている一方、ITCではeBay事件判決の適用はなく、裁判地（venue）の問題などを考慮する必要がないという利点もある。そのため、特許権者はITCを連邦裁判所との併用又は代替手段として利用する機会が増えている。【関連用語：米国関税法337条調査、eBay事件判決、製品排除命令】

USITCにおける大統領拒否権（veto）　USITC（ITC）は準司法的機関であることから、排除命令等を執行するためには大統領による署名が必要となる。ITCの委員会（Commission）による最終決定後、60日間は公共政策及び国益を考慮する大統領審査期間に充てられる。実際は大統領が執行有無の審査を行うのではなく、委員会の決定はホワイトハウスの調査官事務所に提出され、その後、その写しが米国通商代表部（the Office of the United States Trade Representative）に転送される。米国通商代表部は、大統領に代わって、政策的な理由で侵害の決定及び救済の認定有無を審査する。大統領審査で委員会の最終決定が覆ることはほとんどないが、政策的な側面から大統領が排除命令に対して拒否権を発動することもある。例えばアップル対サムスン事件（No. 337-TA-794.）では、アップル製品に下された排除命令が大統領拒否権発動により覆されている。【関連用語：USITC、製品排除命令】

U.S. Tariff Act of 1930　「米国関税法」を参照

Via Licensing　米国（サンフランシスコ）に本拠を置く特許ライセンス管理会社。映画やTV放送等に用いられる音響技術で著名なDolby Laboratoriesの子会社として2002年に設立された。映像・音響コーデック規格（AAC）や移動体通信規格（LTE）等に関する複数のパテントプールを運営している。2023年５月、MPEG-LA　LLCと経営統合し、Via Licensing Alliance LLCを設立した。【関連用語：LTE、移動体通信、パテントプール、MPEG-LA】

W-CDMA：Wideband Code Division Multiple Access　第３世代移動体通信システム（3G）に分類される通信規格。日本及び欧州の企業・団体が中心となって3GPPにおいて標準化を進めた。欧州では本方式を含む上位の無線通信システム規格であるUMTSの名で呼ばれることが多い。データ通信をより高速化した規格として、HSPA、HSPA＋、DC-HSDPA等の後続規格が策定された。日本では2001年からNTTドコモがFOMAの名称でサービスを展開している。【関連用語：移動体通信、3G、HSPA、FOMA】

WAPI：WLAN Authentication and Privacy Infrastructure　無線LANの通信暗号化に関する中国における独自規格。中国の国内標準策定を担う国家標準化管理委員会（Standardization Administration of China）により中国における国家標準規格として認証された。しかし、無線LAN規格の国際標準化団体であるIEEEやWi-Fi Allianceが発行するWPA等と互換性が保たれておらず、ISOからも国際標準としては拒絶されている。2003年、中国政府は中国国内で流通する無線LAN製品にWAPI規格を適用することを義務付けたが、米国等との通商問題に発展したため、後にこれを撤回。中国で

は広く普及しているが、事実上任意規格の扱いとされている。【関連用語：無線LAN、IEEE、Wi-Fi、ISO】

warning letter 「警告状」を参照

Wi-Fi IEEEが策定した無線LAN規格であるIEEE 802.11に関する登録商標及び認証の名称。IEEEが策定した無線LAN規格は、技術仕様が比較的緩やか（曖昧）に定められていたため、当初は同規格に準拠した機器同士であっても相互接続性が確保されておらず、技術・製品普及の障害となっていた。そこで、有志企業により機器間の接続性を認証する団体としてWECA（後にWi-Fi Allianceに改称）が設立され、相互接続に関する試験方式等が整えられた。この接続性試験をパスした製品のみがWi-Fi製品を名乗ることができる。【関連用語：IEEE、IEEE 802.11】

willing licensee 特許権のライセンスを受ける意思を有する者を指す語。SEPは対象となる規格に準拠した製品・事業を展開する者全員が実施することとなる特許権である。その性質上、SEPの権利者はそのライセンスを希望する者である“willing licensee”に対しては、誠実に交渉に応じる義務を負い、こうした誠実交渉義務を果たさぬまま規格利用者に対して権利（特に差止請求権）を行使することは制限される（FRAND義務）。しかし、どのような者がこの「ライセンスを受ける意思」を有するといえるかについての判断基準は各国の法律及び各種標準化団体が規定するIPRポリシーにおいても明確に定義されていないことから、各国の訴訟等において大きな争点となっているのが実情である。【関連用語：SEP、FRAND義務、誠実交渉義務】

WTO／TBT協定：World Trade Organization／Agreement on Technical Barriers to Trade（貿易の技術的障害に関する協定） 国際貿易における国際標準規格等の取扱いについて定めた協定書。国際貿易において、各国が定める工業製品等の規格や、その規格の適合性を評価する手続が、不要な貿易障害を起こさないようにすることを目的としている。具体的には、各国における国内規格作成過程の透明性の確保や、国際標準規格が存在する場合には可能な限りこれと整合性を図ることを求めており、各国における独自規格の存在が国際貿易の障害となることを低減するための方策が定められている。世界貿易機関（WTO）の設立協定書であるマラケシュ協定の附属書の一つであるが、不可分の一部として構成されており、WTO加盟国は本協定書の遵守が求められる。

ZTE：ZTE Corporation（中興通訊股份有限公司） 中国（深圳）に本拠を置く総合通信機器メーカー（設立：1985年）。携帯電話用通信基地局を含む通信インフラ機器や携帯電話端末、タブレット等の製品を幅広く手掛ける。世界知的所有権機関（WIPO）が発表する国際特許出願ランキングでは2010年以降、常にトップ３以内に位置し、2017年にはトップに立つなど、積極的な研究開発活動を展開している。

アバンシ（AVANCI）：Avanci, LLC.　米国（テキサス州ダラス）に本拠を置く特許ライセンス管理会社（設立：2016年）。コネクテッドカーを中心とした各種IoT機器に必須となる移動体通信規格に関連するパテントプールを運営する。2024年２月現在、60以上の4G/5Gに関するSEP保有者がライセンサーとして参加している。【関連用語：パテントプール、4G、5G】

アンチコモンズの悲劇　多数の人が稀少な資源に所有権を持つ時に発生する悲劇として、1998年に米法学者マイケル・ヘラーが提唱した理論。資源が多数の権利者に分割され、有効活用できない状態をいう。携帯電話技術のように、１つの製品に多数の特許権が存在すると、関連製品の製造等ができなくなることを指す場合がある。逆に多数が資源を過剰に使用することで資源枯渇を招くことを「コモンズの悲劇」という。【関連用語：コモンズの悲劇、特許の藪】

アルダージ（アルダージ株式会社）　日本に本拠を置く特許ライセンス管理会社（設立：2006年）。デジタル放送を中心としたTV関連規格に関するパテントプールを複数運営する。特定の標準規格を１単位として成立するパテントプールを越えて、製品に必要な複数の標準規格を一括して提供する、製品をベースとしたパテントプールの構築・運営を目指しており、社名もこれに由来する（United License for Digital Age）。【関連用語：パテントプール】

異議告知書　「Statement of Objections」を参照

電波産業界（ARIB：Association of Radio Industries and Businesses）　日本における移動体通信やデジタル放送に関する標準規格の策定を担う標準化団体。電波システム開発センター（RCR）及び放送技術開発協議会（BTA）を統合する形で1995年に設立された。欧州のETSIや米国のANSIなどとともに3GPPを設立するなど、日本を代表する標準化団体の一つ。【関連用語：移動体通信、ETSI、3GPP】

移動体通信　片方又は双方の通信端末が移動しながら通信を行うことができる無線通信の総称。広義には業務無線やアマチュア無線なども含まれるが、一般的には携帯電話などに用いられる無線通信を指す。技術方式の違いにより複数の規格が存在するが、その性能により例えば「第３世代移動体通信システム」「3G（3rd Generation）」などと世代ごとに区分・呼称されることが多い。携帯電話用の移動体通信は1980年頃に第１世代の技術を用いた商用サービスが開始され、2019年現在では主にLTEを中心とした第４世代（4G）が主流となっている。また、第５世代（5G）技術についても一部の標準化作業が完了し、2019年より一部の国・都市においてサービスが開始された。

世代	主な規格	サービス開始時期
1G	NTT方式、AMPS、TACS	1980年頃～
2G	PDC、GSM、D-AMPS、cdmaOne	1990年頃～
3G	UMTS（W-CDMA）、CDMA2000、WiMAX	2000年頃～
4G	LTE、AXGP、WiMAX 2＋	2010年頃～
5G	5G	2020年頃～

【関連用語：2G、3G、4G、5G、GSM、UMTS、W-CDMA、CDMA2000、LTE】

イニシャル・ペイメント（initial payment） 特許権等の実施許諾契約における対価支払形式の一つ。主に売上げ実績に基づいて支払額を定める方式（ランニング・ペイメント）の契約を締結する際に条件とされることが多く、契約締結時若しくは契約を締結してから比較的早い段階で売上げ実績値にかかわらず、実施者が権利者に対して一定の金額を支払うことを内容とする。実施者における実績報告逃れ又は虚偽報告を予防・回避するためや、権利者が早期に資金回収を確保することなどを目的とする。【関連用語：ランニング・ペイメント】

インターデジタル（InterDigital）：InterDigital, Inc. 米国に本拠を置く研究開発企業。1972年に設立され、2G、3G、4GやIEEE 802関連製品などのデジタル携帯端末の無線通信技術開発に従事し、20,000件以上の米国及び他国の特許権を含む特許ポートフォリオを保有している。次世代通信の標準化にも注力しており、数多くのLTE関連特許に対してFRAND宣言を行っている。【関連用語：2G、3G、4G、IEEE、ポートフォリオ、FRAND宣言】

インテックス（Intex）：Intex Technologies Limited インド（ニューデリー）に本拠を置く消費者向け電気製品メーカー。1996年に設立され、主に消費者向け通信端末（スマートフォン、タブレット等）や家電製品を“INTEX”ブランドで販売している。設立当初は通信端末を中心に製造・販売していたが、消費者向け家電製品事業を拡大し、2012年にはLEDテレビの販売事業も行っている。

インドの裁判所・裁判制度 インドの裁判制度、とりわけ審級制度（審理を行う順序）は日本と異なる。インドの一部の高等裁判所（高裁）は第一審の管轄権を有しており、特許権侵害訴訟の多くは、高裁に提起される。高裁の第一審は単独審（single bench）と呼ばれ、単独の裁判官により審理される。第一審の判決を上訴した場合、同じ高裁の合議審（division bench）で2人又は3人の裁判官により審理される。デリー高裁は知財保護にとりわけ積極的であるといわれており、知財関連訴訟の多くが同裁判所で審理されている。

インド競争委員会（Competition Commission of India） インドにおける競争法（Competition Act, 2002）の執行機関であり、日本の公正取引委員会に相当する。インド競争委員会は、反競争的行為に対する調査・命令を行う権限等を有するほか、これらの実効性を担保するために制裁を課す権限が与えられている。

過去の事例では、2017年６月に韓国の自動車メーカーである現代自動車の現地法人Hyundai Motor India Limitedに対して、インド競争法が禁止する再販売価格の拘束を行ったとして、８億7000万インドルピー（約15億円）の課徴金を課す決定を下した。また、2018年２月、米国アルファベット傘下のグーグルに対し、インターネット検索市場での支配的地位を濫用し、偏った検索結果を表示して公正な競争を阻害したことがインド競争法に違反したとして約13億5000万ルピー（約23億円）の課徴金を課すと公表した。

インド知的財産審判部（Intellectual Property Appellate Board of India）
2003年にインド政府により設立された機関であり、チェンナイに本部が置かれている。インド知的財産審判部は、インド特許庁による拒絶査定等の判断の取消しを求める請求や、特許を無効にするための請求等を管轄し、日本でいう特許庁審判部、米国でいう特許審判部（PTAB）に相当する役割を有する。

インフラストラクチャー（infrastructure）　基盤設備を指す語。一般的には鉄道や電力、ガス等の生活基盤を意味する語であるが、移動体通信分野においては主に無線基地局（base station）やその他の回線設備を指す。【関連用語：移動体通信】

営業上の利益　不正競争防止法において、差止請求権の認否において吟味される要件の一つ（不正競争防止法３条）。同法において「営業」とは、取引社会における事業活動、「利益」とは、① 営業を遂行する上において営業者が享受する利益、② 事業者がその営業を遂行していく上で得られる経済的価値などとされる。不正競争によって営業上の利益を侵害され、又は侵害されるおそれがある者には差止請求権が認められる。【関連用語：不正競争防止法】

エリクソン（Ericsson）：Telefonaktiebolaget L.M. Ericsson　スウェーデン（ストックホルム）に本拠を置く通信機器メーカー（設立：1876年）。移動体通信システム用のインフラ機器に特化し、全世界180か国以上に通信基地局を提供するなど、同分野では世界最大。毎年売上高の約15％を研究開発に投じており、移動体通信分野の標準化活動に最も影響を与える企業の一社。通信技術を利用した鉄道制御や自動運転等の分野にも強い影響力を持つ。【関連用語：移動体通信】

エンフォースメント（権利行使）　「enforcement」を参照

欧州委員会（European Commission）　欧州連合（European Union）における主要機関の一つ。主に欧州委員による合議体の意味で用いられるが、広義には当該合議体を中心に組織される機関全体を指して用いられることもある。合議体としての欧州委員会は、各加盟国より１人ずつ選出された合計27人の委員により構成される（2024年現在）。日本の内閣に相当し、EU関連政策の執行や法案の提出、EU関連法の遵守状況の監督などを担当する。具体的な運営は、日本の省庁に当たる総局により執り行われる。代表的な部局として、日本の公正取引委員会に相当する競争総局が挙げられ、世界で最も厳格な競争法監督官庁として知られている。

欧州コミュニケーション　2017年11月に欧州委員会が公表したSEP問題に関する指針。5GやIoT技術が普及する時代を見据え、バランスの取れたSEPの枠組みを構築するためには、① 開発者に公正かつ十分な報酬を確保し、先端技術を標準規格に取り込むインセンティブを与えること、② 標準規格に公正にアクセスできる環境を整備し、標準規格を広範に普及させることが必要であると指摘し、当該目的達成のために必要な手段・施策を提起している。【関連用語：欧州委員会、SEP、5G】

欧州司法裁判所（CJEU：Court of Justice of the European Union）　European Union（EU）の基本条約や法令を適切に解釈し、域内におけるEU法の一貫性と一体性の確保を目的として設立されたEUの司法機関。欧州司法裁判所で審理される訴訟類型は条約により分類されているが、主な類型としては、欧州連合の諸機関が制定した法令についてその適法性の審査を求めるための訴訟や、欧州連合の諸機関による不作為の違法認定を求める訴訟、諸機関やその官吏の職務によって被った損害の賠償を求める訴訟などがある。それ以外にも、EU加盟国の裁判所がEU法の統一的な解釈が存在しない法的問題について付託（reference）という形で質問をすることで、欧州司法裁判所の統一的解釈を求めることができる。ファーウェイ対ZTE事件では、ドイツ裁判所はSEP保有者であるファーウェイの特許権行使がEU競争法上の支配的地位の濫用に該当する場合の要件を明確化することの判断を求めている。欧州司法裁判所の判断は、EU法における解釈や適用における指針となり、加盟国の国内法や行政措置への影響も大きいと考えられている。【関連用語：reference、European Union（EU）、欧州連合競争法（EU competition law）】

欧州指令（directive〈EU〉）　EUにおける法体系を構成する規則の一つ。EU加盟国間での規制内容の統一（調整）を目的とするために発令されるが、原則として当該指令自体は直接的な効力を有していない。発令後は各加盟国が一定期間内に指令内容を充足する国内法を制定する義務を負い、これによって執行が確保されることとなる。知的財産権に関連する指令としては、「知的財産権のエンフォースメントに関する指令」や「営業秘密の保護に関するEU指令」などが挙げられる。

欧州連合　「EU」を参照

欧州連合競争法（EU competition law）　欧州連合域内における、大企業や国家などの経済主体による市場に対する圧力を規制する法体系。かつてはEC競争法と呼ばれ、米国の反トラスト法、日本の独占禁止法に相当する。この法体系はEUでも重要な政策分野とされ、特に重要なのが① カルテル、② 合併、③ 政府補助の３分野。SEPの問題はほとんどが①の類型で、企業の市場における優越的地位の濫用阻止の問題として扱われる。根拠法は、欧州連合の機能に関する条約（TFEU）102条である。【関連用語：欧州連合の機能に関する条約】

欧州連合の機能に関する条約（EU機能条約：Treaty on the Functioning of European Union） EU加盟国間で適用される条約であり、EU条約（Treaty on European Union）と並ぶEUの基本条約とされている。EU条約が欧州連合の設立や関係機関（欧州議会、欧州委員会、欧州司法裁判所）の設立に関する規定を定めるのに対し、EU機能条約は、EU法の具体的な運用に関する規定を定めている。EU機能条約はEU競争法の根拠法であり、101条では事業者間の競争制限的協定や協調的行為に関する規制が定められ、102条では支配的地位の濫用に関する規制が定められている。

EU競争法の執行機関は欧州委員会であり、SEPに関する判例においても、SEP保有者による差止請求権の行使が、EU競争法102条の支配的地位の濫用に該当するかどうかが争われた事例がある（サムスン対EC事件〈本書第Ⅲ章B－3〉参照)。【関連用語：SEP、支配的地位の濫用、欧州委員会】

オレンジブック判決 2009年にドイツ連邦最高裁で下されたSEPに関する判決。CD-RやCD-RW等の書き込み可能な記録媒体に関してオレンジブックという規格仕様書を定めていたことからオレンジブック判決と呼ばれている。

同判決では、以下の場合に、SEP保有者による差止請求権の行使が、市場の支配的地位の濫用に該当すると判断した。

（1） 規格利用者が自ら具体的で妥当なライセンスの申込みをしていること

（2） 規格利用者が過去にライセンス契約を締結せずに特許発明を実施していた場合は、過去の実施行為についても、ライセンス契約に基づく義務を負うこと

オレンジブック判決は、FRANDという概念が一般に普及する前に、SEPの権利行使に一定の制限を加えることを示していることから、世界各国の裁判例でも参照されることが多い重要判決である。【関連用語：SEP、支配的地位の濫用、FRAND】

回復不能な損害 「irrevocable harm」を参照

確認判決訴訟 「declaratory judgment action」を参照

寄書（contribution document） 標準規格を策定する際に参加当事者から提出される技術提案書・要望書。標準規格策定会議においては、参加各社から提出された寄書を参照し、複数の寄書のすり合わせ協議等を行いながら標準規格を確定していく。標準化団体によって“contribution document”若しくは“proposal”と呼ばれる。

寄与率（contribution ratio） FRAND条件に基づく実施料算定の際に使用される項目の一つ。ある標準規格に関して存在するSEPの中で、特定のSEP保有者のSEPが占める割合（相対的な寄与の割合）をいう。算定項目は各国の裁判例によって寄与率以外の項目も示される場合がある。例えば英国Unwired Planet事件では、「強度比（strength raito)」という算定項目が示された。なお、「強度比」は、ある標準規格に関する特許ポートフォリオ内での相対的な強度を表す算定項目をいう。【関連用語：SEP、FRAND条件】

行政法判事（administrative law judge） ITC規則で定める337条調査に携わる判事。複数人の行政法判事の中から、各事件の調査開始時に担当判事が指名される。行政法判事は337条調査の開始から、知的財産権の侵害の有無を判断する仮決定（initial determination）まで事件を担当する。連邦裁判所とは異なり337条調査では陪審が存在しないことから、行政法判事は連邦裁判所の判事のような役割を果たしている。行政法判事が下した仮決定は、USITCの委員会（Commission）によって再審査がなされる場合があり、再審査がなされた場合、委員会により最終決定が下され、再審査がなされなかった場合は、行政法判事の仮決定が最終決定となる。【関連用語：USITC、米国関税法337条調査】

強制規格／任意規格（mandatory/optional） 規格には使用が法律等で義務付けられている「強制規格」と、利用者が自由に選択できる「任意規格」の２種類がある。強制規格は生命や安全に直結するもの（例：ガソリンの成文配合比）に限定されるが、工業規格のほとんどは任意規格である。自国に有利な標準を勝手に制定することを許すと、外国産の製品にとっては技術的な参入障壁となるので、WTOが定めるTBT協定（Agreement on Technical Barriers to Trade）2.4条では、加盟国が国家規格（特に強制規格）を設定するときには、ISOやIECなどの国際規格の関連条項をモデルにすることを義務付けている。【関連用語：WTO/TBT協定、ISO】

強制実施権 公益上の必要性から、裁定により強制的に設定される実施権のこと。裁定とは、一定の要件が満たされた場合に、特許庁長官又は経済産業大臣の裁定によって、他者の特許発明等を、その特許権者等の同意を得ることなく、あるいは意に反して、第三者が実施する権利（強制実施権）を設定することができる制度である。SEPに係る紛争の解決策の一つとして、強制実施権が検討されているが、「特許法等改正案及び標準必須特許のライセンス交渉に関する手引き（特許庁）」では、以下の課題を解消する必要があると指摘している。

・実施者側のみが請求できる制度であること
・日本の特許権のみが対象であり、グローバルな解決にはつながらないこと
・特許庁が個別に適切なライセンス条件を設定できるのか疑問視する声が多く聞かれること
・途上国による強制実施権導入の先例とされる可能性も含め、国際的にも懸念する声が強いこと
・強制実施権はTRIPS協定に抵触するとの指摘があること【関連用語：SEP】

クアルコム（Qualcomm, Inc.） 米国カリフォルニア州サンディエゴに本社を置く、移動体通信技術及び半導体の設計開発を行う企業（設立：1985年）。製造の中心はスマートフォンの通信用ベースバンドチップセットや関連ソフトウエアで、関連技術に関して数多くの特許・SEPを保有している。クアルコムは、「ノーライセンス・ノーチップ」

を含む同社の知財ポートフォリオ・ライセンスとチップの販売を組み合わせた独自のビジネスモデルを構築し、競合ひしめく半導体市場において主導的地位を維持している。

【関連用語：移動体通信、SEP、ポートフォリオ・ライセンス、ノーライセンス・ノーチップ】

グラントバック　ライセンシーが、ライセンスを受けた特許技術を改良した場合に、その改良された技術を使用できる権利をライセンサーに与える契約形態をいう。グラントバックによる改良技術のライセンスが、ライセンサーにのみ独占的に付与する契約（exclusive grant back）となっている場合は、ライセンシーは、自らが改良した技術についてライセンス料を得る機会がなくなるので、改良発明を研究開発するモチベーションの低下につながるおそれがある。

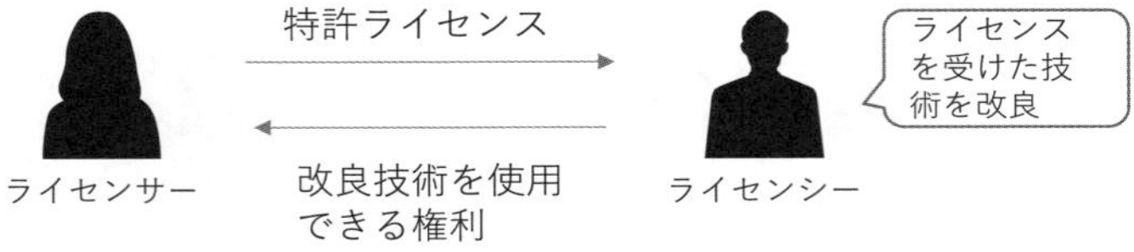

クレイトン法（Clayton Antitrust Act）　米国反トラスト法の一つであり、シャーマン法では規定されていない、又は不明確であった違法な制限及び独占に関する行為類型を補完することを目的に1914年に制定された。具体的には、価格差別、排他取引、不当な条件付取引等を禁止し、企業結合を制限する規定が明記されている。クレイトン法7条は、競争を実質的に減殺し、又は独占を形成するおそれがある株式その他の持分又は資産の取得を禁止する。【関連用語：米国反トラスト法、シャーマン法】

クレームチャート（claim chart）　特許権の侵害判断を行う際に用いられる対比表。対象となる特許権を構成する請求項（クレーム）と、それらに該当する対象製品の構成要素をそれぞれ抽出して比較することで、特許権侵害の有無を確認する。特許権に関する交渉において被疑侵害者における侵害行為を主張・立証するために特許権者が作成して提示することが多く、特許権侵害訴訟においても主張資料として用いられる。また、特許権を回避する手段を講じるべく、検証のために特許権者以外（製品実施者）が作成することもある。

警告状　自己の特許権が侵害された場合に、特許権者やその代理人が侵害者に対して送付する文書。書式や内容に決まりはない。実務では、戦略的な観点から言葉使いをソフトにしたり、ハードにしたりすることがある。警告状では侵害製品の製造・販売の停止を求めることが多いが（そのため米国では“cease and desist letter”と呼ばれる。）、侵害する製品と侵害される特許権を特定することが前提となる。前提事項が適切に記載されていない警告状に対しては、その明示を求めるのが実務上のプラクティスで、ライセンス交渉による解決の余地があることも記される。要求に応じない場合には裁判所に法的救済を求めることも明示される。このことから「警告状」と呼ばれる。SEP訴訟の場合、警告状がいつ発行されたかがSEP保有者の誠実交渉義務違反を判断する要素の一つとなる。FRAND宣言された特許について、侵害警告状の発送前に訴訟を提起することは、SEP保有者の誠実交渉義務違反につながる可能性がある。【関連用語：SEP、FRAND宣言、誠実交渉義務】

権力機関　中国国家の中枢機関。議会と行政機関の２つの機能を併せ持つ全国人民代表大会を筆頭とする地方各級人民代表大会（人代）。【関連用語：民主集中制、人民法院】

故意侵害・三倍賠償　米国特許法における損害賠償に関する規定は284条に定められ、その第２パラグラフは、故意に特許権を侵害したと認められた場合に、裁判官に損害賠償額を３倍まで引き上げる裁量権を認めており、故意侵害の抑止を目的とした懲罰的規定となっている。損害賠償額を増額するか否かの判断は、2016年６月のHalo事件最高裁判決において否定されるまでは、Seagate事件で確立された「２段階テスト」に基づき判断されていたが、Halo事件最高裁判決において、地裁が典型的な侵害を超える悪質な事件に対する制裁として裁量権があることが確認され、損害賠償を増額する判断の適用の基準を緩めた。

公正取引委員会　独占禁止法を運用するために設置された日本の行政機関。公取、公取委と略記される。公正で自由な経済活動を促進して消費者の利益を守るために、法律違反をする事業者に違反をやめるよう命令したり、不当に得た利益に対して課徴金を納める制裁を加えたりするなどの役割を担う。【関連用語：独占禁止法】

衡平法（equity）　英国で大法官（多義的な意味があるが裁判官の長に相当する役職）が与えた個別的救済が集積したことにより確立された法原則。中世において、国王の裁判所が運用するコモンローでは救済が与えられない事件であっても、正義と衡平の観点から救済を望む者が国王に請願書を提出していた。それらの請願書は、大法官に送付され、大法官が請願書に基づき個別に救済を与えるかどうかを判断していた。これらの個別的救済が体系化されることで衡平法が形成され、今日では英米法の国々においてコモンローで解決されない分野に適用される法準則として用いられている。米国では、民事事件の救済としてコモンローが金銭賠償を対象とするのに対し、衡平法では差止命令や特定履行などが救済方法として認められている。【関連用語：コモンロー】

合理的な集合ロイヤルティー（reasonable, aggregate royalty）　主にSEP関連訴訟で用いられる判断要素の一つ。標準規格には多くのSEPが関係する。そのため、個々の特許権に対するロイヤルティーを低率にしても、全体としての支払ロイヤルティーは巨額となる。これがロイヤルティー・スタッキング（累積実施料の問題）である。この問題が解決しないと標準規格の普及が阻害されるため、裁判所は対象規格に関連する全てのSEPに対するロイヤルティーの上限額を決め、その後に個々のSEPの貢献度を考慮して合理的なロイヤルティーを算定するいわゆる「トップダウン方式」を考え出した。この方式の場合、最初に算定されるロイヤルティー総額の上限を「合理的な集合ロイヤルティー（reasonable, aggregate royalty）」と呼ぶ。【関連用語：トップダウン・アプローチ、ロイヤルティー・スタッキング】

合理の原則（rule of reason）　米国反トラスト法において、ある反競争的行為が反トラスト法違反に当たるか否かを判断する際に、当該行為が市場に与える具体的効果などの様々な事情を考慮し、ケース・バイ・ケースで、問題となる行為が競争に不合理な制約を課すか否かを判断するという考え方。ある反競争的行為の事実があれば、当然、反トラスト法違反に該当するという「当然違法」の考え方と対をなす概念である。反トラスト法の解釈に当然違法が適用されるのはカルテルなどのハードコア規定に限定され、ほとんどは合理の原則で解釈される。【関連用語：米国反トラスト法、当然違法】

国際礼譲（international comity）　国家間の関係円滑化を目的に、礼儀や便宜に基づき各国で遵守が求められる行為規範。Anti-suit injunction（実質的に同一の紛争が複数国で係属している場合に、他国の裁判所への訴訟提起又は係属する訴訟手続を停止するために、係属する一方の裁判所が発する差止命令のこと）の可否が争われるケースでは、各国裁判所が外国裁判所の管轄権に影響を与えるおそれがあるため、その発令に当たり、国際礼譲に照らしてASIの認容可否を判断している。【関連用語：Anti-suit injunction】

国内産業要件（domestic industry）　米国関税法上の要件であり、特許権等で保護される製品に関して、米国内に産業が存在すること、又は産業が設立する過程であると証明すること。国内産業要件を満たすためには、単に米国で特許権を保有しているだけでは不十分であり、申立人である特許権者は、係争特許に関して米国内に製造拠点があること、従業員が存在していること、又はライセンス活動により収益を得ていること等を証明する必要がある。申立人ではなく、そのライセンシーが米国内で係争特許に係る製品を製造等している場合でも証明可能である。国内産業要件はUSITC特有の制度であり、立証に失敗すると係争特許の行使が不可能になるため、侵害性・有効性の判断と同様に重要な役割を占めている。【関連用語：米国関税法、USITC】

互恵主義　同等の条件下、相互に特定の権利を付与し合う考え方。「相互主義」ともいう。主に外交や通商などにおいて、「相手国が自国に対して認める待遇」と同様の待遇を相手国に対して付与する、といった形で見られる。特許権の分野においても考え方は同様であり、例えば（1）のように、相手方が自己に対して認める実施許諾の範囲と同等の範囲に含まれる自己の特許権について相手方に実施許諾を付与することをいう。また、（2）のように相手方が同様の権利を持っているにもかかわらず自己に対して実施許諾を付与しない場合、自己が相手方に付与している実施許諾を撤回することも含まれる。他方、（3）のように異なる分野の権利について実施許諾を求めることは互恵主義の範囲外となる。

［事例］

（１） 双方が3G標準必須特許を保有している場合、相互に3G標準必須特許について実施許諾し合う。

（２） Ａ社がＢ社に対して3G標準必須特許を実施許諾している状況下、Ｂ社がＡ社に対して3G標準必須特許で差止請求訴訟を提起したため、Ａ社はＢ社に対する実施許諾を撤回し、Ａ社もＢ社に差止請求訴訟を提起した。

（３） 携帯電話製造業者であるＡ社は同業のＢ社に対し、通信標準必須特許の実施許諾を付与し、見返りとしてＢ社の持つ動画圧縮標準必須特許の実施許諾を求めた。

コーデック（codec） 主に映像や音声といったデータを符号化・復号する技術。符号化装置（encoder）と復号装置（decoder）を組み合わせた造語。データ容量が大きい映像や音声データの記録や変換、配信を容易にするための技術開発が進められている。関連する標準規格として、JPEG、MP3、AVC/H.264などがある。【関連用語：AVC/H.264】

コモンズの悲劇 米国の生物学者ギャレット・ハーディンによって1968年にサイエンス誌に発表された理論。地球環境資源の枯渇を放牧地（コモンズ）の過剰放牧による荒廃に例えたもの。その後、その概念が転用され、多くの人が稀少な資源について特権的な使用権を有するときに発生する悲劇などと解されるようになった。【関連用語：アンチコモンズの悲劇】

コモンロー（common law） 英国で国王の裁判所が伝統や慣習、先例に基づき裁判をしてきたことによって発達した法分野を意味し、英国法にて発生した法の概念をいう。衡平法と対をなす概念としても用いられる。コモンローの用例は多岐にわたっているが、大陸法系に対する英米法系を意味する場合、大陸法における制定法主義に対する判例法主義（判例に一定の拘束力を持つ法体系）としてコモンローが用いられている。ある事件が生じた場合、制定法主義の国では、その事実に適合する条文が、争いとなる事項に適用できるかどうかを検討することで事案の解決を図るのに対し、判例法主義の国では、事件に類似する過去の判例を探し、過去の判例で示された内容に基づき、事案の解決を行う点に特徴がある。【関連用語：衡平法】

最高人民法院司法解釈(二) 中国最高人民法院が2016年３月22日に公表した指針。正確には「最高人民法院による専利権紛争案件の審理における法律適用の若干問題に関する解釈（二）」(2016年４月１日施行）をいう。特許請求の範囲の特定、間接侵害、規格特許権者の義務、善意実施の容認、差止め及びその制限、賠償額算定、無効と侵害訴訟との関係などについて、最高人民法院が審理する際に、どのように法律を適用するかについての解釈のための指針を示す。下級審に対し、判例と同等の拘束力を持つ。24条に「標準実施による抗弁」の規定があり、推奨国家標準（GB/T）の場合、SEPについての基本情報が開示されている場合には、SEPの保有者にFRAND義務違反があった場合を除き、被疑侵害者のFRAND抗弁を認めないとしている。ソニーモバイル対西電捷通事件でこの解釈が適用されている。なお、これ以外にも中国最高人民法院は知財紛争における管轄問題、独禁法上の民事紛争、営業秘密事件等における法適用に関する指針を公表している。【関連用語：SEP、FRAND義務】

最小販売可能単位（SSPPU：Smallest salable patent practicing unit/smallest priceable component）　ロイヤルティーを算定する場合の基準となるロイヤルティー・ベースを、その特許技術に関連する最小販売可能単位である部品の価格とする考え方。例えば無線LAN規格に関するSEPの場合、SEPが貢献しているのは無線LANチップであるため、最終製品のスマートフォン価格ではなくチップの価格をロイヤルティー・ベースにするという考え方である。製品の構成部品の価格をベースにするので、通常、実施者側（ライセンス料を支払う側）が、このSSPPUルールに基づくロイヤルティー算定を主張することが多い。一般にSEP保有者側から主張される全市場価値ルール（EMVルール）に基づくロイヤルティー算定と対をなす概念である。【関連用語：無線LAN、SEP、全市場価値ルール（EMVルール）】

裁判官裁判　「bench trial」を参照

詐欺行為（fraud）　虚偽の行為により他人を欺き、その者に損害を与えること。米国法上、詐欺行為は不法行為や契約法上の民事責任のほか、刑事責任が生じることもある。米国特許法との関係では、出願人が、米国特許商標庁に対して自らが知り得る特許出願に関連する情報（IDS：情報開示陳述書）を意図的に開示しなかった場合、特許庁に対する重大な詐欺行為に該当するかどうかが問題となる。重大な詐欺行為があったと認定された場合には、不公正な行為（inequitable conduct）であるとして、権利行使が制限されるおそれがある。

サブライセンス（sublicense）　特許ライセンスに関する手法の一つ。特許権者から実施許諾（ライセンス）を受けた実施権者が、そのライセンスを更に第三者に実施許諾すること。「再実施権」とも呼ばれる。例えばパテントプールにおいては、複数の特許権者がパテントプールの管理会社を通じて複数の実施者とライセンス契約を締結する。この際、特許権者が管理会社にサブライセンス権を付与していれば、実際に実施者と契約を締結するのは管理会社となり、特許権者・実施者双方において締結する契約の数やそのためのコストを削減できる。このため、パテントプールをはじめ多くの特許ライセンス活動において広く用いられている。

サマリージャッジメント（summary judgement）　トライアル前の段階であっても、重要な事実に関する真正の争点（genuine issue of material fact）がなく、法律問題（事実の認定ではなく、事実への法の適用・解釈を問題にする争点）だけで判決できる場合に、当事者からの申立てにより、トライアルで事実認定を行うことなく裁判所が判決を下すことをいう。サマリージャッジメントにより訴訟全体を終結させることもあれば、部分的にある争点について判断を下す場合もある。早期に訴訟を終結させるメリットがあるほか、特許権侵害訴訟においては、特許権侵害の有無につき重要な事実に関する争いがないと考えられる場合、サマリージャッジメントを申し立てることで、トライアルを行うことなく、陪審員が技術的に複雑な特許の侵害有無を判断することにより生じる予測不能性を回避することも可能となる。【関連用語：trial】

サムスン（Samsung）：Samsung Electronics Co., Ltd.（三星電子） 韓国（ソウル）に本拠を置く総合電気・電子機器メーカー（設立：1969年）。TV、スマートフォン、NAND型フラッシュメモリ等の電子・情報通信機器で世界トップシェアを獲得する、世界最大手企業。2018年以降は米国特許保有ランキングで首位に立つなど、研究開発にも注力しており、各種技術領域の標準化活動においても大きな影響力を有している。

支配的地位の濫用（abuse of dominant position） EU競争法及びこれに準拠する規定を有するEU加盟国が定める行為規制の一つ。競争市場において、ある企業が当該市場における自社の優位性の確保を目的に行う反競争的行為や、既に獲得した市場優位性を利用した反競争的行為（消費者に対する不適切な搾取や不適切な方法による競合の排除など）を意味する。SEPに関する欧州判例では、FRAND宣言を行ったSEP保有者がSEPに基づき差止請求訴訟を提起することが支配的地位の濫用に該当するかどうかが争われている（オレンジブック事件〈第Ⅲ章B－２〉、サムスン対EC事件〈第Ⅲ章B－３〉、ファーウェイ事件〈第Ⅲ章B－４〉等参照）。【関連用語：SEP、FRAND宣言、オレンジブック判決】

事物管理権 「subject matter jurisdition」を参照

シャーマン法（Sherman Antitrust Act） 米国反トラスト法の一つであり、カルテル（企業連合）による州際及び国際間の取引制限や、事業者による独占行為を禁止し、その違反行為に対する差止めや刑事罰等を規定する。1890年に制定。シャーマン法２条は、不当な独占を禁止する。規制の対象は、不当な方法により独占を形成又は維持する行為である。【関連用語：米国反トラスト法】

準拠法 国際貿易などの渉外的性質を有する法律問題を規律するために適用される法。例えば日本企業と米国企業による国際取引契約に関して問題が生じた際に、日本法を根拠に契約を解釈する場合、上記契約の準拠法は日本法ということになる。準拠法は契約締結時に当事者間の合意により定められることが一般的ではあるが、原則的には国際私法により決定される。日本を法廷地とする場合、「法の適用に関する通則法」により定められた法を準拠法として紛争処理が図られる。【関連用語：属地主義】

純販売価格 特許ライセンスのロイヤルティーは、ライセンシーによる売上金額をベースにして、契約で定めた料率（royalty rate）を掛けて算出するのが一般的。ただし、ライセンス契約では、売上金額から諸経費分を控除した金額がベースとして用いられる。これを、ライセンス許諾製品の「純販売価格」又は「正味販売価格」と呼ぶ。純販売価格は、一般的に総売上価格から各種割引費用を引いたものと解釈されるが、解釈の相違がないようにライセンス契約では厳密な定義が行われている。以下が定義の一例である。[「純販売価格」とは、ライセンシーの顧客に請求される「ライセンス対象製品」の総販売価格から、販売請求額に課される販売税又は付加価値税、関税、数量割引及び返品された「ライセンス対象製品」につき認められる返金額を控除した金額を意味するものとする]。純販売価格は、SEPを含むポートフォリオ・ライセンスにおいてもロイヤルティー算定のベースとして使用されている。【関連用語：SEP、ポートフォリオ・ライセンス】

仕様書（specification）　標準化の議論を経て合意が得られた技術内容が記載され、標準化機関から発行される文書。「規格書」ともいう。その標準規格を製品に搭載する場合は、この仕様書の記載に基づいて設計されることになる。SEPの特許権侵害を主張する側は、SEPのクレーム文言と仕様書の記載を対比したクレームチャートを作成することが多い。【関連用語：SEP】

証拠の優越（preponderance of evidence）　米国の民事訴訟で、物事の立証の際に要求される立証の程度を表す考え方の一つ。ある事実についての証明の強さ（証拠の重さ等）が、全体として相手方の証明の強さよりも優越している程度の証明レベルを意味する。ある事実が「ないというよりはある」といえるかどうかで判断がなされ、民事事件ではこれによって、争点となる事実の存在ないし不存在を認定することが認められる。米国特許法においては、特許庁審査官が特許出願を拒絶する場合や、当事者系レビュー（IPR）等で特許の無効を証明する場合、民事訴訟における特許権侵害の有無や損害額の証明をする場合等にも証拠の優越の基準が適用されるとしている。【関連用語：明白かつ確信を抱くに足る証拠】

ジョージア・パシフィック・ファクター　合理的ロイヤルティーを算定する際に考慮すべき15の要素のこと。1970年のジョージア・パシフィック事件（*Georgia-Pacific Corp. v. U.S. Plywood Corp.*, 318 F. Supp. 1116 (S.D.N.Y. 1970)）で示され、当事者間で仮想交渉を行った場合を想定している。SEP事例においては、マイクロソフト対モトローラ事件の地裁判決で、ロバート判事が一部の要件を修正して合理的実施料を算定した。例えば要件１では、特許権者が過去に係争特許のライセンスによって獲得した実施料を算出するが、修正要件では、過去の実施料はFRAND条件に基づくライセンス、又はそれと比較可能な状況で算出されるべきとしている。【関連用語：SEP】

迅速審理（accelerated proceedings）　オランダにおける特許訴訟で採用されている特許訴訟を迅速に進めるための制度。オランダの裁判所で特許権侵害や有効性の問題を争う場合、当事者は通常審理と迅速審理のいずれかを選ぶことができる。迅速審理は、３人の裁判官の合議で行われ、原則10か月以内に特許権侵害や有効性に関する最初の判決が下される。SEP関連の迅速審理の例として、アルコス対フィリップス事件がある。

通常審理・迅速審理のいずれに関してもハーグ地裁が特許訴訟の専属管轄権を有する。【関連用語：SEP】

人民法院 中国における裁判機関。最高裁に当たる最高人民法院を頂点として、31の省や市に高裁に相当する高級人民法院と、主要都市に地裁に相当する中級人民法院がある。民主集中制の下では、各人民法院に裁判委員会という党の指導機関が設置されており、人事や予算も地方の共産党が握っているため、独立した司法判断が出しにくいといわれている。【関連用語：民主集中制】

誠実交渉義務 FRAND宣言を行ったSEP保有者は、標準化団体の加入者か否かを問わずライセンス許諾を希望する者に対し、ライセンス契約の締結に向けて重要な情報を提供して交渉を誠実に行うべきとする信義則上の義務。2013年のアップル対サムスン事件東京地裁判決（東京地判平成25年2月28日平成23年(ワ)38969号）で示された。
同地裁判決では、誠実交渉義務に反した場合にSEPに基づく損害賠償請求権を行使することは権利の濫用に当たり許されないとの判断が下された。しかし、同事件の控訴審（知財高裁大合議判決）では、SEPに基づく権利行使が権利濫用に該当するかどうかについて異なる判断枠組みを用いている。【関連用語：FRAND宣言、SEP】

製品排除命令（exclusion order） 米国関税法337条違反が認められた場合に侵害製品の輸入等を禁止するためにUSITC（ITC）が発する命令。製品排除命令には、① 被疑侵害者が337条調査の被申立人であるか否かを問わず、全ての侵害製品の輸入を禁止する包括排除命令、② 被申立人が輸入する侵害製品の輸入を禁止する限定排除命令、③ 既に米国内に輸入された侵害製品の在庫等の販売や移転を禁止する停止命令が含まれる。包括排除命令、限定排除命令に関しては、米国の税関・国境取締局で執行される。停止命令に関しては、ITCが被申立人に対して、侵害製品の販売・移転を禁止する命令を下すことになる。【関連用語：USITC、米国関税法337条調査】

潜在的ライセンシー（potential licensee） 標準規格に係る特許権を実施しているが、SEP保有者又はSEPを管理しているパテントプールからライセンスを取得していない者を意味する。ライセンスを取得していないという意味では、特許権の被疑侵害者と同義であるが、FRAND条件でライセンスすることを宣言しているSEPに関して、当該特許に基づく差止請求が認められるかどうかは、潜在的ライセンシーがSEP保有者との間でどのようなスタンスで交渉を行ってきたかが大きな判断材料となる。例えばSEP保有者からのライセンスオファーに対して真摯な回答をしているか、交渉の遅延行為がないか等が判断される。一般的には、上記交渉の中で潜在的ライセンシーが、SEPライセンスを取得する意思があると判断された場合には、SEP保有者による差止請求権の行使は認められないと判断される傾向が強い。【関連用語：SEP、FRAND】

全市場価値ルール（EMVルール（Entire Market Value Rule）） ロイヤルティーを算定する場合の基準となるロイヤルティー・ベースを、その特許技術に関連する市場全体価値（マーケット規模）とする考え方。その特許技術が最終製品の一部分を占めるにすぎないものであっても、その技術が製品全体の機能に貢献し、需要を喚起している場合、つまり、その特許技術に基づく機能があるからこそ消費者はその製品を購入したといえる場合、最終製品の市場価格を基準にロイヤルティーを算定することになる。ロイヤルティー・ベースが最終製品価格になるので、通常、特許権者側（ライセンス料を得る側）が、このEMVルールに基づくロイヤルティー算定を主張することが多い。一般にSEPを実施する側から主張される最小販売可能単位に基づくロイヤルティー算定と対をなす概念である。【関連用語：最小販売可能単位（SSPPU）】

属地主義　法律は国の領域内でのみ拘束力を持つとする国際法上の原則。したがって、知的財産権法は、その国の領域内でしか効力が及ばない。SEP訴訟では、原告が全世界を対象とするポートフォリオ・ライセンスを求める場合や、外国の裁判所の差止命令の執行を米国の裁判所が停止する場合（anti-suit injunction）などで、属地主義が問題となる場合がある。【関連用語：ポートフォリオ・ライセンス、anti-suit injunction】

訴訟参加　民事訴訟において当事者以外の第三者が訴訟に加わることをいう。各国法において訴訟参加人の地位は異なる場合がある。SEP訴訟の場合、SEP保有者が通信ベンダーを特許権侵害で訴える場合が多い。ベンダーの委託を受けてスマートフォンなどの端末機器を製造した企業が訴訟参加人として補助参加することが多い。例えば「SLC対ボーダフォン事件」（デュッセルドルフ地裁、2016年3月判決）では、ボーダフォンが台湾のHTC社から携帯電話やスマートフォンなどを購入し、自社ブランドで販売していた。SEP保有者のSLCがボーダフォンを訴えたため、OEMメーカーであるHTCが後に訴訟参加した。

訴答（pleading）　米国民事訴訟において、訴訟開始後、最初に原告・被告間で書面による主張を交換し、それぞれの主張を相手方及び裁判所に伝える手続。一般的には、原告による訴状（complaint）と被告からの申立て（motion）や答弁（answer）、更に申立てや答弁に対する応答などの一連のやり取りを指す。訴答の目的は、訴訟における原告の請求事項の被告への通知、両当事者が主張する事実の提示、そして、当該訴訟における争点の形成であると考えられている。訴答が終了するとディスカバリー手続に入り、当事者間の保有する証拠・情報が開示され、当事者間の争点が確定される段階になる。【関連用語：ディスカバリー、motion】

大合議判決　知的財産高等裁判所（知財高裁）に設置された特別部が下す判決をいう（特許法182条の２、民事訴訟法310条の２）。特許権、実用新案権、半導体集積回路の回路配置利用権、プログラムの著作物についての著作者の権利に関する訴えなどの技術型の訴えに係るものと、特許及び実用新案に関する審決取消訴訟については、裁判官５人の合議体（大合議体）で裁判を行うことができる（民事訴訟法310条の２、特許法182条の２、実用新案法47条２項）。知的財産高等裁判所は、通常部４か部と特別部（大合議部）

からなる裁判部門が設置されており、通常部では、裁判官３人の合議体で事件を取り扱う（裁判所法18条）。大合議体による裁判は、審理において特に高度な技術的事項が問題となることや、判決の結果が企業活動や産業経済に与える影響が大きい事件であることから、より慎重な審理判断を行うため、大合議体の構成員のうち４人は通常部４か部の裁判長が務めるという運用がされている。

第三者受益者（third party beneficiary） 契約の当事者ではないが、当該契約の便益を受ける者を意味する。米国では、判例により第三者のための契約が認められており、例えば第三者を受益者とする信託を設定する契約が締結された場合に、第三者である受益者は、当該契約を自己の権利として強制できることが広く認められている。米国では、SEP保有者がFRAND宣言をした場合、SEP保有者と標準化機関との間で契約が成立すると判断されており、標準規格を使用する潜在的ライセンシーは、上記契約の第三者受益者であると考えられている。そのため、FRAND義務を果たさないSEP保有者に対して、潜在的ライセンシーは、SEP保有者と標準化機関との間の契約に違反していることを根拠に、訴訟を提起することが可能となる。【関連用語：SEP、FRAND宣言、FRAND義務、潜在的ライセンシー】

抱き合わせ（tying） 売手がある商品を販売する場合に、買手がその商品と別な商品を購入することを条件に当該商品を販売することを内容とする取決めや契約をいう。例えば品薄で人気の高いゲームソフトを他の不人気なゲームソフトと抱き合わせて販売するケースなどが該当する。SEPに関する判例では、SEPとSEPでない特許権をセットでライセンスすることが抱き合わせに該当するかどうかが争われた事例がある。抱き合わせは、米国、欧州、アジア各国において、競争法上の規制対象となる。【関連用語：SEP】

通知要件 FRAND宣言がされている場合、SEP保有者は、標準利用者（潜在的ライセンシー）に対して、侵害訴訟を提起し、差止救済を求める場合、提訴前にしかるべき通知をしなければならない。これは、ファーウェイ対ZTE事件CJEU判決で示されたFRAND義務である。事前通知をしないで提訴した場合、差止めの請求が支配的地位の濫用とみなされる可能性が高くなる。この用語は必ずしも法律用語として確立したものではなく、使用者により意味する範囲が異なるので注意が必要である。【関連用語：潜在的ライセンシー、FRAND義務】

ディスカバリー（discovery） 米国民事訴訟における証拠開示手続。ディスカバリーは強力な証拠開示手続であり、当事者は、裁判所からの命令を待つまでもなく相手方の保管する文書等について、互いに開示・閲覧することが可能である。米国民事訴訟の大半の時間はディスカバリー手続に費やされる。当事者が開示する証拠資料の範囲も極めて広範であり、当事者の請求又は抗弁に関するものであれば、ほぼ全てが開示対象となる。ディスカバリーには、① 質問状（事実関係に関し、相互に交わされる複数項目の質問リスト）、② 自認要求（立証を簡単にするため、基本的事実に関し、相手方の自認を求める書面)、③ 文書提出要求（訴因に関するあらゆる書類、記録の提出を求める等)、④ 証言録取（法廷外において、関係者から直接に証言を求め、正式記録を作成するための質疑応答）の手続がある。
なお、秘匿特権がある情報は、ディスカバリーの対象外となる。秘匿特権の代表的なものものとして、弁護士と依頼者間のコミュニケーションに関するもの（弁護士秘匿特権)、当事者や弁護士等が訴訟のために作成した文書・有体物（ワークプロダクト）が挙げられる。

適時開示義務　標準化活動における手続・義務の一つ。標準規格の策定に際して、規格策定会議の参加者は、対象技術に関連する特許権の保有有無に関する情報開示（必須特許宣言）を求められる。この情報開示の対象となる特許権の選定は各参加者の判断に委ねられているところ、いつ、どの特許権を開示するかについても、事実上各者の任意となっている。しかしながら、標準規格が定まった後に重要な特許権の存在を開示された場合、標準化の理念や必須特許宣言制度の前提を覆すこととなる。そこで、多くの標準化団体ではIPRポリシーにおいて、参加者に対して可能な限り速やかに情報を開示するよう求めている。悪意をもってこれに反したと訴訟において認定された場合、対象特許権を用いた権利行使に制限が課される可能性もある。【関連用語：必須特許宣言、IPRポリシー】

デジュール標準（de jure standard）　公的な標準化機関が定めた手続を経て、関係者の合意で採択される標準のこと。国際電気通信連合（ITU)、国際標準化機構（ISO)、国際電気標準化会議（IEC）などが定める国際的に幅広く適用される国際標準だけでなく、欧州電気通信標準化機構（ETSI）など特定地域内で適用される地域標準が、デジュール標準に分類される。【関連用語：フォーラム標準、デファクト標準、ITU、ISO】

デファクト標準（de facto standard）　市場競争の結果、事実上定まるとされる標準。その他様々な定義があるが、基本的にその技術の優位性や企業のマーケティング努力の結果として得られた独占的な地位にある標準をいう。バイオテクノロジー分野など標準化される対象によっては、その技術固有の性質によって事実上定まる標準を指すこともある。【関連用語：デジュール標準】

当然違法（per se illegal）　ある行為に関してはそれ自体（当然に）違法であるという考え。米国反トラスト法では、競争制限効果が特に大きく、競争促進効果も認められない一定類型の行為について、当該行為の具体的な競争制限効果や事業上の正当化事由を考慮することなく、該当する事実があればそれだけで違法とするという考えを採用する。過去のSEPに関する判例では、FRAND宣言をしたSEPに基づく差止請求権の行使が当然違法に該当するかどうかの争点に関して、地裁判決は当然違法であると判断したが、CAFCは、地裁判決を破棄し、当然違法の原則を適用することは誤りであり、

eBay事件判決の４要素に照らして判断すべきであるとしている。また、SEP保有者による権利行使がパテントミスユースに該当するかの争点に関して、米国裁判所は、パテントミスユースが当然違法の原則又は合理の原則のいずれで判断すべきかは裁判所ごとに意見が分かれるとの見解を示している（SLC対モトローラ事件〈本書第Ⅲ章A-12〉参照）。【関連用語：米国反トラスト法、eBay事件判決、パテントミスユース、合理の原則、CAFC】

独占禁止法　公正で自由な競争を促進し、事業者が自主的な判断で自由に活動できるようにするための法律。正式名称は、私的独占の禁止及び公正取引の確保に関する法律。独禁法と略記される。市場において事業者が公正に競争することによって、より安くて優れた商品が消費者に提供され、消費者はニーズに合った商品を自由に選択することができることになる。この法律によって競争を維持・促進し、市場バランスを確保する。【関連用語：公正取引委員会】

独占力（monopoly power）　米国反トラスト法のうち、シャーマン法２条の主要な違反行為類型である独占化（monopolization）の要件の一つ。過去の判例では、独占力は価格をコントロールする力又は他社を排除する力であると定義されている。独占化が成立するためには、① 関連技術の市場で、独占力が存在すること、② 競争者を排除する行為（exclusionary conduct）を用いて独占力を獲得、強化又は維持すること、が必要とされている。【関連用語：米国反トラスト法、シャーマン法】

特許権侵害判定指南（中国・2017）　北京市高級人民法院が公布した侵害判定の指針。2017年４月20日に施行された。ガイドラインであるため、判例としての拘束力はないが、特許権侵害に関する法解釈の統一を目指す目的で制定されたものであり、下級審への影響は大きい。この中で、「悪意をもって取得した特許」についての解釈指針（127条）がある。例えば国家標準であることを知りながら標準の技術を特許出願し、権利を取得することや、国家標準の制定に参加した者が標準化プロセスで知り得た技術を特許出願・取得することも「悪意をもって取得した」とされる。
同指針149条以降は、SEP保有者と被疑侵害者のFRAND交渉義務を具体的に規定している。この指南は、最高人民法院の「最高人民法院司法解釈(二)」の24条を踏まえた内容となっている。【関連用語：最高人民法院司法解釈(二)】

特許の藪　ある製品における要素技術に対する特許権が、互いに関連、補完し合いながら密集して存在する様子をジャングル（藪）に見立てた概念。例えばある企業が、その分野で新しい技術を現実に商品化するには、密集した特許権のジャングルをかき分けて侵害を回避しながら進まなければならないため、技術革新や販売が阻害されやすくなるという問題が起きる。アンチコモンズの悲劇が多者による特許権の細分、断片的保有の視点から論じられるのに対し、特許の藪は、特許権同士の繁茂、錯綜を視点に論じられる。【関連用語：アンチコモンズの悲劇】

特許補償（indemnification）　製品の売買契約や開発契約で定める契約の目的物に関し、当該目的物が第三者から特許権侵害の請求を受けたときにその防御や損害の補償義務を定める契約規定。コンチネンタル対アバンシ事件では、パテントプールを運営するアバンシが主要な自動車メーカーに対してSEPライセンスの取得を要請したが、自動車メーカーは部品メーカーとの契約の特許補償条項に基づき部品メーカーがライセンスを取得すべきと主張。自動車メーカーと部品メーカーのどちらがFRANDライセンス交渉の主体となるべきかが問題となった。特許補償と同様の規定として、対象物が第三者の知的財産権を侵害しないことの保証を定める契約規定を「特許保証（warranty）」と呼ぶ。【関連用語：Avanci、SEP、パテントプール、ライセンス契約】

トップダウン・アプローチ　累積ロイヤルティーの問題を回避するために裁判所が示した実施料算定方法。その規格に関連する特許権者が多数存在する場合、各特許権者からロイヤルティーの支払を要求された場合、その規格特許に対して支払う累積の実施料が高額になる累積ロイヤルティー問題（royalty stacking）が生じる。この問題を回避することを重視し、その規格に関連する全てのSEPに対するロイヤルティーの上限額をまず定めた上で、その後に個々のSEPの規格への貢献度を考慮して、個々のSEPの合理的なロイヤルティー額を算定する方法がトップダウン・アプローチである。Innovatio事件では、裁判所は無線LANチップ製造者がチップを販売することで得られる平均利益額を、無線LAN規格に関するSEPに対して支払われるべき最大の金額と特定した上で、個々の訴訟対象特許の当該規格への貢献を考慮してロイヤルティーを算定する、トップダウン・アプローチを採用した。【関連用語：ボトムアップ・アプローチ、ロイヤルティー・スタッキング】

トライアル　「trial」を参照

ノーライセンス・ノーチップ　クアルコムのビジネスモデルであり、同社が開発したモデムチップの購入に当たり、同社からの特許ライセンス取得を条件とするもの。同社は圧倒的な市場シェアを有するモデムチップ市場において、自社チップの販売と特許ライセンスの組合せにより大きな成功を収めている。一方、クアルコムのビジネスモデルが競合の市場参入を阻み、公正な競争を阻害しているとして、これまで欧州や米国、日本、韓国、中国の独禁当局で独禁法違反の有無が争われている。【関連用語：クアルコム】

ノキア（Nokia）：Nokia Corporation　フィンランド（エスポー）に本拠を置く通信機器メーカー。当初は製紙会社として設立されたが、1960年代より通信ケーブル事業を展開し、以降は通信機器分野における世界最大手企業の一角として成長した。2011年までは携帯電話端末シェアで世界トップを走っていたが、スマートフォンの時代に入り失速。2013年に携帯端末事業をマイクロソフトに譲渡し、現在は通信インフラ事業及び関連技術開発に特化した活動を展開中。移動体通信分野の標準化活動にも積極的であり、2G（GSM）から規格策定及び普及の中心的な役割を担っている。【関連用語：移動体通

信、2G、GSM】

陪審裁判 「jury trial」を参照

陪審説示 「instructions/charge」を参照

配分（ロイヤルティー） 「apportionment」を参照

パテントファミリー（patent family） 特許権の件数の数え方や分類に用いられる考え方。ある一つの特許出願について、同出願から分割・優先権主張等を経て派生して生み出された特許権・特許出願（外国の権利・出願を含む）が存在する場合、それら一団の特許群は「パテントファミリー」として分類される。また、パテントファミリー内の個別の権利は「ファミリー特許」として扱われる。各企業の特許力を評価する際、個々の特許（特許出願）の件数をそのままカウントすると特許力を過大に評価してしまう場合があるので、パテントファミリー単位で件数をカウントして特許力を評価する場合も多い。

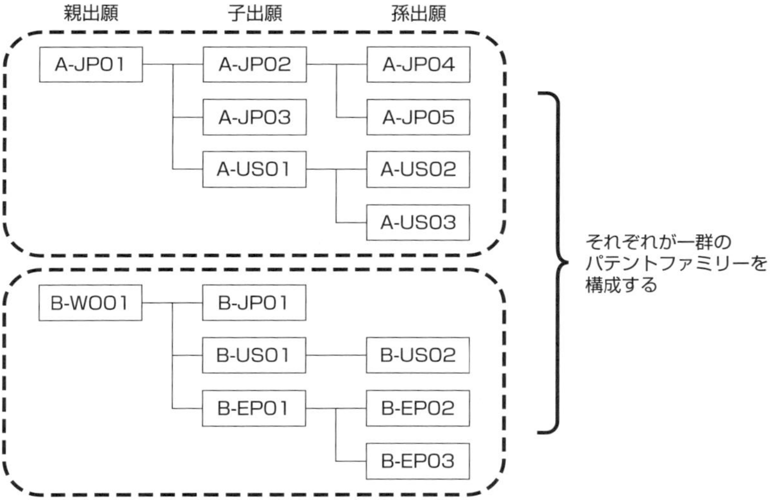

パテントプール 特許権の実施許諾契約締結に関する手続を円滑化するための手法。主に情報通信や無線通信などの分野に多い。個別ライセンス取得の煩雑さを避け、プールからワンストップで関連特許のライセンスを一括して取得できる。

パテントミスユース（patent misuse） 特許権者に本来与えられた特許の範囲を逸脱した行為に対し、公共政策の観点から、当該特許権者による権利の行使を規制する考え方であり、米国の判例法により創出された概念である。パテントミスユースの該当性に関する画一的な基準はないが、例えばライセンシーとの間で、特許権者の許諾特許の権利期間を延長する取決めをし、特許権の効力満了後も実施料の支払を要求する行為等が該当すると考えられている。パテントミスユースが認められると、特許権者は該当行為が解消されるまで裁判上特許権を行使することができなくなる。

パブリック・コメント（public comment）　公的な機関などがある規則の制定や改正等を行う場合に、公に意見・情報・改善案などを求める手続をいう。規則等を定める際に、その影響が及ぶ対象者などの意見を事前に聴取し、その結果を反映させることを目的としており、世界各国でも同様の手続がなされている。例えば2018年６月に日本の特許庁が公表した「標準必須特許のライセンス交渉に関する手引き」（第２版：2022年６月）についても、事前に意見募集を行い、企業・団体・個人から得た意見を取りまとめ、同手引きに反映するといった取組が行われている。

ハンドセット（handset）　無線通信に用いられる送受信機。主に携帯電話端末のことを指す。元々は電話の受話器に用いられていた語が転用されたもの。同様に「端末」を意味するターミナル（terminal）を用い、携帯電話端末をハンドセット・ターミナル（handset terminal）若しくはターミナル（terminal）と表現することも多い。

被疑侵害者　知的財産権の権利侵害訴訟などにおいて、被告となった者を指す語。裁判所等により侵害が認定され、判断が確定するまでは「侵害者」と断定することはできないため、これを回避するための語。英文では“alleged infringer”などと表記される。

必須特許宣言　標準化活動における手続の一つ。標準規格策定会議に参加する者は、議題となっている技術に必須である若しくは関連する特許権（特許出願を含む。）を保有している場合、標準化団体に対してその旨の情報を開示しなければならない。その際、参加者は、対象となる特許権を特定せずに特許保有の有無のみを開示する「包括的必須特許宣言」と、どの特許権が該当するかを個別に特定して開示する「個別必須特許宣言」の二種の開示方法を選択することができる。まずは包括的必須特許宣言を行い、標準規格の技術仕様が確定した後に対象特許を特定し、個別宣言を行うという流れが実務上一般化している。なお、必須性については宣言者の自己判断であり、宣言の対象となった特許権が実際に標準規格に必須であるか否かは問われない。標準規格に必須の特許（SEP）を無償で、又はFRAND条件でライセンスする旨の宣言がFRAND宣言である。
【関連用語：FRAND宣言、SEP】

必須性判定　ある特許権について、標準規格に必須な内容となっているか否かを確認する手続。多くの標準化団体は、標準化参加者に対して、議題となっている標準技術に必須な特許権（特許出願を含む。）を保有している場合は、その情報を開示するよう求めている（必須特許宣言）。この際、対象特許が標準規格に必須か否かの判断は各参加者に委ねられており、宣言された特許が真に必須か否かは不問とされているのが実情である。他方、標準規格が策定され普及した後、ライセンス交渉を行う段階においては、こうした必須宣言された特許権を対象に議論されることが慣例となっており、その宣言特許数が大きな影響力を持つこととなる。しかし、前述のとおり、宣言された特許権が標準規格に真に必須か否かは飽くまで宣言者の自己判断によっており、この点がボトルネックとなって交渉が進まないことがまま見られる。また、不要な特許権についても一括して契約の締結を迫ることは、競争法違反となる可能性もある。こうした課題を解決するため、主に各国の弁理士や対象技術を専門とする学者等の中立な第三者（及びそれらを取りまとめた団体）が必須性を判定するサービスを提供しており、2018年からは日本の特許庁も同様の手続を開始している。【関連用語：標準化団体、必須特許宣言】

非陪審裁判　「bench trial」を参照

秘密保持契約（NDA：Non-Disclosure Agreement）　個人や企業間取引を通じて開示される情報の機密性を保持するために締結する契約。“CDA（Confidential Disclosure Agreement）”と呼ばれることもある。一般的には、新規取引先の探索、共同研究・開発、ライセンス交渉前などの場面で締結されることが多い。NDAでは、一方の当事者が他方に対して提供する機密情報の取扱いを明確に定義し、情報の漏洩や不正使用を防止する。契約には、秘密情報の定義、秘密保持の義務、秘密情報の利用目的、開示条件、秘密保持期間などの条件を定める。SEP紛争においても、クレームチャートやライセンス条件の開示に当たりNDAを締結することが多い。【関連用語：クレームチャート】

標準の種類　標準は、標準化の組織的特徴から分類すると、デジュール標準、フォーラム標準、デファクト標準がある。標準を適用される地理的範囲から分類すると、国際的に広く適用される国際標準、複数の国や地域に適用される地域標準、各国内のみに適用される国内標準がある。国際標準の例として、ISO、IEC、ITUなどがある。国内標準としては、日本のJIS規格や、中国のGB規格がある。【関連用語：デジュール標準、フォーラム標準、デファクト標準、ITU、ISO】

標準化団体／標準化機関　標準規格技術を定める団体の総称。国際電気通信連合（ITU）、国際電気標準会議（IEC）、国際標準化機構（ISO）などの国際標準化団体や、欧州電気通信標準化機構（ETSI）、米国国家規格協会（ANSI）、日本工業規格（JIS）などの各国標準化団体が存在する。それ以外にも、特定の技術分野に特化し、そのようなビジネスに関わる複数の企業が標準化団体を設立することもある。【関連用語：ITU、ISO、ETSI】

標準必須特許／規格必須特許　「SEP」を参照

標準必須特許ライセンス交渉に関する手引き　日本の特許庁が2018年６月（第２版：2022年６月）に発表したSEPのFRANDライセンス交渉のための手引。この手引は、無線通信の分野などの標準規格の実施に不可欠なSEPライセンスに関して、その透明性と予見可能性を高め、特許権者と実施者との間の交渉を円滑化することを目的として公表されたもの。世界の判例動向を紹介しており、現在のSEPをめぐる世界の動きが俯瞰できる。【関連用語：SEP】

ファーウェイ（Huawei）：Huawei Technologies Co., Ltd.（華為技術有限公司）　中国（深圳）に本拠を置く総合通信機器メーカー（設立：1987年）。携帯電話用通信基地局を含む通信インフラ機器や携帯電話端末、タブレット等の製品を幅広く手掛ける。毎年売上高の10％以上を研究開発に投資しており、2017年には欧州特許出願数で首位に立った。移動体通信のみならず自動運転分野でも標準化活動に強い影響力を有するなど、世界有数のICTソリューションプロバイダーに成長している。

フィリップス（Philips）: Royal Philips（Koninklijke Philips N.V.）　オランダ（アムステルダム）に本拠を置く世界有数のエレクトロニクス企業。1891年に電球メーカーとして発足し、20世紀中頃には照明・電気通信機器から軍需機器まで扱う総合電機メーカーに成長した。2024年時点においては事業再編と経営資源の集中によりヘルスケア・医療機器業界の先端を走る企業であるが、かつては照明、音響・映像、通信分野におけるリーディングカンパニーとして知られ、CD・DVDといった光学ディスクや移動体通信に関する規格策定を主導するなど、数多くの関連SEPを保有している。

フィリップス対SK Kassetten事件　ドイツのオレンジブック事件判決を根拠にFRANDライセンスを受ける権利があるとの被告の主張が退けられたオランダの道標的判決（2011年）。CD/DVDに関するSEPを保有するフィリップスが特許権侵害で訴え、被告がFRAND抗弁で反論した。ハーグ地裁は、ドイツの判例（オレンジブック事件）で確立したFRAND抗弁を、オランダでの評価基準とすべきでないとして被告の主張を退けたもの。この判決は、2017年のアルコス対フィリップス事件でも引用されている。【関連用語：オレンジブック判決】

フォーラム標準（forum standard）　公的ではないが、複数の企業などによって構成される組織が、開かれた手続によって制定する標準のこと。無線LANの技術標準で有名なIEEEや、インターネット技術の標準を定めるIETFが策定する標準は、フォーラム標準に分類される。【関連用語：デジュール標準、デファクト標準、IEEE、無線LAN】

不実表示（misrepresentation）　相手方に誤解を生じさせる虚偽の表示を行うこと。米国の契約法では不実表示は契約の取消事由とされている。SEPに関する米国判例では、SEP保有者が標準規格に関して、FRAND条件でライセンスする意思がないにもかかわらず、FRAND宣言をし、特許を標準規格に採用するよう誘因する行為が、標準化機関に対する不実表示であり、米国反トラスト法の一つであるシャーマン法２条(独占、独占の企て、及び独占のための共謀の禁止)に該当するかどうかが争われた事例がある。【関連用語：SEP、FRAND宣言、米国反トラスト法、シャーマン法】

付託　「reference」を参照

フリーライド（free ride）　「無賃乗車」を意味する語。知的財産分野においては、実施許諾契約を締結せず、対価を支払うことなく特許権等を使用する（権利侵害）行為を指す。また、SEPの領域においては、特許権者のFRAND義務を過剰に主張することにより、実施料の支払や特許権実施許諾契約に関する交渉を拒んだりする行為（リバース・ホールドアップ）を含めて称することも多い。【関連用語：SEP、ホールドアップ、FRAND義務】

ブルーレイディスク（Blu-ray Disc） DVDと同じディスクサイズの大容量光ディスク。デジタル放送のハイビジョン録画にも対応できる。データの転送速度も速く、高画質長時間の録画を可能にするがDVDより高価である。青紫色レーザーでデータを読み取る性質からブルーレイと命名されたが、商標は「Blue-ray」ではなく「Blu-ray」である。「Blue-ray」とすると、青色光のディスクという意味を持つ一般名称に当たるとされて、商標登録が認められないおそれがあったためである。【関連用語：BDA】

米国関税法（the U.S. Tariff Act of 1930） 米国の輸入取引における手続や関税等を定める法律であり、USITC（ITC）の設立根拠法でもある。米国関税法337条（便宜的に「337条」といわれる。）では、外国からの輸入に伴う不公正な取引から米国国内産業を保護することを目的に、ITCによる知的財産権侵害物品に対する調査手続や、侵害物品に対する排除命令などを定めている。【関連用語：USITC、米国関税法337条調査、製品排除命令】

米国関税法337条調査 USITC（ITC）が米国関税法337条に基づき、米国に輸入される製品が米国権利者の保有する知的財産権を侵害するかどうかを判断するための調査。
ITCによる337条調査は、ITCの調査手続に関する規則（CFR：Code of Federal Regulations）に基づき進められるが、連邦民事訴訟規則と類似する規定も多いことから、一般的には連邦地方裁判所による特許訴訟手続と類似の進め方がなされる。一方、ITCが米国の国内産業を保護することを目的とする趣旨から、迅速に問題を解決するため、連邦地裁に比較して迅速かつ厳格な手続で進められる。
337条調査により、知的財産権の侵害が認定された場合、侵害製品の輸入を阻止するための製品排除命令が下される。【関連用語：USITC、製品排除命令】

米国反トラスト法（antitrust law） 米国における競争法であり、シャーマン法（違法な制限及び独占から取引及び通商を保護する法）、クレイトン法（違法な制限及び独占に対する既存の法を補完する等のための法）、連邦取引委員会法（連邦取引委員会を創設し、その権限と義務を定める等のための法）の３つの法律を中核とする。反トラスト法の執行機関はDOJ（司法省）の反トラスト局とFTC（連邦取引委員会）である。
SEPと反トラスト法の関係について、SEPは標準規格の使用に必須とされる特許権であることから、通常の特許権と比較して市場支配力が強いと考えらえる。そのため、SEPの濫用的な行使は反競争的効果が生じ、反トラスト法が適用される可能性がある。【関連用語：SEP、DOJ、FTC、シャーマン法、クレイトン法】

ベースバンド・チップ（baseband chip） 無線通信に用いられるICチップ。送信対象となる情報を搬送波に乗せるなど無線伝送するための信号処理を行う。2000年代前半までは、ベースバンド・チップは単体のチップであったが、近年は無線通信機器における頭脳や心臓部として扱われるCPUや画像処理機能などを扱うアプリケーション・プロセッサーを搭載した統合型の集積回路SoC（System on a Chip）として提供されることが多い。現在主流の3G、4G用通信ベースバンド・チップの大手事業者として、クアルコムやインテル及びメディアテック等が挙げられる。【関連用語：3G、4G、5G】

ボーダフォン（Vodafone）：Vodafone Group Plc　英国（バークシャー）に本拠を置く通信事業者。2019年現在、25か国に構築した自社携帯電話通信網及びその他41か国の通信事業者との業務提携を通じて、通信サービスの提供及び自社ブランドでの携帯電話端末の販売事業を展開している。グループ全体での契約者数は５億人を超え、世界最大の携帯電話事業者の一角を担う。日本においても、2001年に“J-PHONE”のブランドで事業展開していた日本テレコムを買収後、本市場に参入し、2003年からは自社ブランドの“Vodafone”にてサービスを提供した。その後、2006年にソフトバンクに事業を譲渡し、日本市場から撤退した。

ホールドアップ（hold-up）　主にSEPを対象とした特許ライセンスにおける交渉態様の一つ。SEPはその性質上、対象となる標準規格が普及した後は侵害回避が事実上不可能となり、特許ライセンスに応じざるを得なくなる。こうした状況下、特許権者がSEP実施者に対して法外な条件を要求するさまを、銃を突き付けて脅す様子になぞらえて「ホールドアップ」と呼ぶ。現在ではこうしたホールドアップ問題を低減するため、SEPのライセンスに関してFRAND条件に従うことが求められ、SEP保有者は一定の制約が課されている。他方、実施者がこれらを逆手に取り、過剰な主張・要求を展開することで正当なライセンス交渉を拒む「リバース・ホールドアップ」が問題化する場面も多く見られる。【関連用語：SEP、FRAND】

ボトムアップ・アプローチ　SEPロイヤルティーの算定を行う際に、そのSEPの価値を、比較可能な過去のライセンス実績などを考慮して算定していく考え方。個々のSEPの価値を積み上げて最終的なロイヤルティーを算定することになるので、累積されたロイヤルティーが高額になってしまうロイヤルティー・スタッキングの問題が生じやすい。その規格に関連する全てのSEPに対するロイヤルティーの上限額を定めた上で、個々のSEPの価値を算定するトップダウン・アプローチと対をなす考え方である。【関連用語：トップダウン・アプローチ、ロイヤルティー・スタッキング】

ポートフォリオ（portfolio）　イタリア語の「portafoglio（札入れ、財布）」を語源とする、書類等を入れるケースを表す語。転じて、集められた情報や資産全体を意味する語として、不動産や金融、クリエーター業界等の幅広い分野で利用されている。

知的財産の分野でも同様に、情報財たる各種知的財産の集合体を表す語として用いられる。この際、下記のように特定技術領域における一群の特許権を指すこともあれば、ある企業が保有する全ての知的財産（特許権、意匠権、著作権等）を指して用いることもある。

例１：A社が保有する、携帯電話に関連する特許ポートフォリオ

例２：B社が保有する知的財産ポートフォリオ

ポートフォリオ・ライセンス（portfolio license） 主に特許権に関して、ある特定の技術分野の権利を一括して実施許諾する契約形態。携帯電話などデジタル化が進んだ製品においては、関連する特許権が１万件を優に超えるケースも多く、関連企業一社が保有する特許権の数が数百から数千に上ることも珍しくない。こうした場合、実施許諾の対象となる特許権を一件一件個別に選定することは非効率となる。また、対象特許に漏れがあった場合、次から次へと実施許諾契約を締結する必要が生じ、経済的なデメリットが大きくなる。そこで、両者合意の上、対象製品に関する特許権を広範に捉えて一括して契約する手法が実務上広く用いられている。

保護命令 米国訴訟において、当事者からの申立て（motion）により、文書等の閲覧禁止を認めるために裁判所が下す命令。米国訴訟のディスカバリー手続では、当事者の保有する情報の開示が求められるが、相手方からの不当な開示要求に対して開示を不許可としたり、開示対象物が当事者の保有する営業秘密やノウハウである場合、それらの開示範囲や方法に制限を加えたりすることができる。【関連用語：ディスカバリー、motion】

マイクロソフト（Microsoft）：Microsoft Corporation 米国（ワシントン州）に本拠を置くテクノロジー開発企業。1975年に設立され、Windows、Office（Word、Excel、Outlook）に代表されるクライアントソフトウエアや、ゲーム機器やタブレット端末などのハードウエア機器の開発・販売、Microsoft Azureなどのクラウドサービスを展開する世界的にも著名な企業である。

民主集中制 中国が採用している「民主主義的な中央集権体制」という国の仕組み。近代国家の特徴とされる「三権分立」は採用されていない。国家機関は、権力機関、行政機関、裁判機関、検察機関の４つからなり、行政、裁判、検察の各機関は権力機関に監督される。地方分権は否定されており、地方国家機関は中央の統一的指導に服する。【関連用語：権力機関、人民法院】

無線LAN（Wireless Local Area Network） 無線通信を利用してデータの送受信を行うLANシステム。一定規模の施設内で用いられるコンピュータネットワークを無線通信で接続するもので、一般家庭やオフィスなどで幅広く利用されている。無線LAN用の通信規格には、BluetoothやZigBee等の複数の方式が存在するが、一般的には最も普及し、用いられているWi-Fi（IEEE 802.11）を指す語として用いられる。【関連用語：Wi-Fi、IEEE 802.11】

無償ライセンス 知的財産権のライセンス形態の一つ。知的財産権のライセンスは有償で行われることが一般的であるが、例えば特定技術の普及を促進することで自己の事業拡大を図るなど、金銭獲得以外の目的をもって他社に知的財産権の利用を許諾する場合がある。こうした場合にはライセンシーに対してロイヤルティー支払を求めないこととなり、こうしたライセンス形態を「無償ライセンス（royalty free license若しくは単にfree license）」と呼ぶ。

金銭的対価を求めないものの、ライセンス契約を締結し、「ライセンシーが保有する許諾対象知的財産権と同種の権利をライセンサーに対して行使してはならない」等、ライセンサーの目的に応じた条件を付すことが一般的であり、この点が無条件で特許権を広く一般に開放する「特許開放」と異なる。【関連用語：ライセンス契約】

明白かつ確信を抱くに足る証拠（clear and convincing evidence）　米国の民事訴訟で、物事の立証の際に要求される立証の程度を表す考え方の一つ。事実認定者（証拠に基づき事実を認定する者。すなわち、陪審又は裁判官）に当該事実の存否について確信を抱かせる程度の証明レベルを意味する。一般に、民事訴訟における事実の証明は、証拠の優越の程度で足りるとされるが、例外的に、それより高度の証明が必要とされる場合がある。例えば米国の特許事件では、被疑侵害者が対象特許の無効を証明する場合、明白かつ確信を抱くに足る程度の証拠の立証が必要であると考えられている。米国特許法上、登録となった特許権は有効であるとの推定が働くことから（282条）、民事訴訟の過程で特許の有効性を争うには、証拠の優越のレベルよりも高度の証明が必要と考えられているためである。その他、抗弁事由としてラッチェス、エストッペル等を主張する場合にも明白かつ確信を抱くに足る程度の証拠の立証が必要とされている。【関連用語：証拠の優越、ラッチェス】

申立て／モーション　「motion」を参照

モトローラ（Motorola）：Motorola, Inc.　米国（イリノイ州）に本拠を置く通信機器メーカー。1928年にラジオメーカーとして設立され、NASAによる宇宙通信用機器メーカーにも選定された。1983年には世界初の商用携帯電話を開発し、以降2000年に入るまでは世界トップシェアの携帯電話メーカーとして通信関連製品の技術開発を先導した。スマートフォンの普及に伴い業績が悪化し、2011年に携帯電話端末事業を担うモトローラモビリティと通信インフラ事業を担うモトローラソリューションズに分割された。その後、モトローラモビリティは2011年にグーグル、2014年にはレノボに買収され、引き続き通信関連製品の技術開発を行っている。

モバイル・ネットワーク・オペレーター（MNO：Mobile Network Operator）　移動体通信に必要となる回線網を整備し、通信サービスを提供する通信事業者。「通信キャリア」とも呼ばれる。主なMNOとして、日本のNTTドコモ、KDDI、ソフトバンク、米国のAT&T、Verizon、欧州のBT、オレンジ、ボーダフォンなどが挙げられる。【関連用語：移動体通信】

四級二審制　中国の司法制度において、裁判所が最高人民法院を頂点として、高級人民法院、中級人民法院、基層人民法院の四級から構成され、裁判が二審制で進められる体制をいう。一審が基層人民法院であれば最終審が中級人民法院となり、一審が中級人民法院であれば最終審は高級人民法院となる。SEP訴訟はほとんどが中級人民法院に提起され、高級人民法院で確定する。しかし、2019年１月１日に施行された司法改革により、

裁判所の審級管轄が変更され、特許事件は中級人民法院に提起され、最高人民法院が第二審となった。【関連用語：人民法院】

ライセンスを受ける意思　SEPライセンスの場合、潜在的ライセンシーは規格実施者であり、ライセンシーとしての誠実交渉義務を遵守しなければならない。したがって、「ライセンスを受けたい」という意思を判断する場合、それに反する行為を行っていないことが重要となる。例えば合理的理由がないのにライセンス交渉を遅延させ、SEP保有者と潜在的ライセンシーとの間でFRAND条件の合意に至らない場合に必要な供託金を預託する銀行口座の開設を行わなかったなどの行為がある場合、潜在的ライセンシーが誠実交渉義務を履行していないとみなされる可能性がある。このような具体的な行為類型は、「ファーウェイ対ZTE事件」CJEU判決で明示されたものである。【関連用語：潜在的ライセンシー、誠実交渉義務】

ライセンス契約　知的財産権の保有者と当該知的財産権の実施を希望する者との間の使用許諾契約。契約書では、知的財産権の実施・利用の対価やライセンスの範囲などを定める。ライセンス契約によりライセンサーは、知的財産権の出願・維持費用や研究開発費を回収することができ、技術や製品の普及による業界の裾野の拡大を期待できる。これに対してライセンシーは、許諾を受けた知的財産権を実施・利用することにより、自社技術の補完や他社の権利侵害の回避等を期待できる。

ライセンス比較事例　「comparable license」を参照

ラッチェス（laches）　米国衡平法上の請求権についての消滅時効を意味し、不合理に請求を遅滞した者は保護されない（当該請求を行うことは許されない。）という法理。特許の事案を例に挙げると、特許権者から権利侵害である旨の通知を受領した被疑侵害者が、当該通知に対して反論の回答を行った。その後、特許権者からの連絡はなくなった。被疑侵害者は、特許権者が侵害の権利主張を諦めたものと判断し、製品等の製造・販売を行っていた。しかし、数年後、特許権者から差止め・損害賠償を求める訴訟を提起された。このような場合に、ラッチェスの適用有無が争点となる。特許権侵害訴訟において、ラッチェスは抗弁の一つとして利用されていたが、2017年のSCA Hygiene Products米国最高裁判決（*SCA Hygiene Products Aktiebolag et al. v. First Quality Baby Products、LLC*、 et al.）では、特許権侵害への損害賠償請求に対してのラッチェス抗弁の適格性が否定されている。【関連用語：衡平法、被疑侵害者】

ランニング・ペイメント（running payment）　特許権等のライセンス契約における対価支払形式の一つ。契約で定められた指定期間ごとに指定された金額を支払う。指定期間や対価の額は契約により様々であり、例えば以下の（1）や（2）のような条件設定が一般的である。これに対して、支払総額を契約時に定め一括払とする形式をランプサム・ペイメント（lump-sum payment）と呼び、実務上多く採用される。また、（3）のように支払総額を一括で定め、それらを分割払とする両者混合型の支払形式も存在する。

［支払条件の設定例］

（１）　四半期ごとに、特許権実施製品出荷台数１台につき１米ドルを乗じた金額を支払う

（２）　毎年４月１日に、１億円を支払う

（３）　対価総額500万米ドルを毎年４月１日に100万米ドルずつ５年間の分割で支払う

【関連用語：ライセンス契約、ランプサム・ペイメント】

ランプサム・ペイメント（lump-sum payment）　特許権等のライセンス契約における対価支払形式の一つ。対価の総額を契約時に一括で定め、指定の時期に支払う方法。契約条件は、例えば以下の（１）や（２）のように設定することが一般的である。これに対して、一定期間ごとに指定された条件に沿った金額を支払う形式をランニング・ペイメント（running payment）と呼び、実務上多く採用される。また、（３）のように支払総額を一括で定め、それらを分割払とする両者混合型の支払形式も存在する。

［支払条件の設定例］

（１）対象特許権の満了日までの対価として、500万米ドルを支払う

（２）契約締結日から５年間分の対価として、３億円を支払う

（３）対価総額500万米ドルを毎年４月１日に100万米ドルずつ５年間の分割で支払う

【関連用語：ライセンス契約、ランニング・ペイメント】

リバース・エンジニアリング　ある製品やチップセットの構造や動作を特定するために、製品を分解したり、信号処理の出力信号をモニターしたりするなどの解析等を行う作業をいう。特許権の請求項で特定された自らの発明を、他社が実施しているかどうかを知るためになされることが多い。無線通信チップセットの回路構造や半導体の積層状態など物理的な構造解析だけでなく、ソフトウエア処理の処理内容を特定するソフトウエア解析もなされる。

リバース・ホールドアップ　SEPの公益性の観点から、SEP利用者に対する差止めや実施料請求が認容されにくいことをてこに、SEP利用者がSEP保有者からのライセンスオファーに誠実に対応しないこと。「ホールドアップ」と逆の意味で、「ホールドアウト」とも呼ばれる。米国や欧州でリバース・ホールドアップが問題視されており、SEP保有者による技術開発、標準化活動に貢献するインセンティブが失われないよう適切な対応が求められている。2020年ドイツのシズベル対ハイアール最高裁事件では、FRAND条件に基づくライセンス交渉におけるSEP利用者側の義務を明確化する判決を下したことで、同問題への揺り戻しを図っている。【関連用語：ホールドアップ、SEP】

ロイヤルティー・スタッキング〈累積実施料の問題（Royalty Stacking）〉　標準規格の必須特許権者の数が多い場合に、各特許権者がそれぞれロイヤルティーの支払を要求すれば、ロイヤルティーの金額が累積し、その標準規格の本来の技術的価値を超えてしまう問題をいう。その標準規格を実施するためのコストが高額になってしまうため、その標準規格を搭載した製品の製造・販売ビジネスへ参入する意欲が失われ、標準

規格の普及の妨げになる。裁判所が特許権侵害訴訟において損害賠償額を算定する際には、ロイヤルティー・スタッキングの問題が存在することを前提にその標準規格に関連するSEPの総数を考慮して合理的ロイヤルティーを算定する場合もある。【関連用語：トップダウン・アプローチ、ロックイン】

ロックイン（lock-in） 標準化プロセスにおいて規格が単一化され、その技術分野において技術間の競争がなくなった結果、当該標準規格から他の技術への切替えが困難となる状態を意味する。ロックインの状態が生じた場合、製造事業者(潜在的ライセンシー)はその規格技術を採用し、SEPを実施するしか選択肢がなくなる。その結果、SEP保有者の交渉力が強くなり、それに乗じてSEP保有者が特許技術の公正な価値よりも多くのものを得ようとするホールドアップ問題や、多数のSEP保有者から実施料の支払を要求され、SEPに対して支払う累積の実施料が、技術標準の特徴が有する価値を超えてしまうロイヤルティー・スタッキングの問題が生じることになる。【関連用語：SEP、潜在的ライセンシー、ホールドアップ、ロイヤルティー・スタッキング】

あとがき

本書の執筆に当たり、FRAND研究会でSEPやFRANDに関する世界各国の最新動向や判例の傾向を分析した結果、幾つかの重要な傾向が挙げられたので紹介したい。

まず、FRAND条件に基づくライセンス交渉の場面では、各国の司法判断においてライセンシー側の誠実な交渉姿勢が厳しく問われるようになっている。裁判所がFRAND条件の遵守を判断する際に、ライセンシーがどのような交渉態度を示したかが重要な要素として考慮される。特に欧州裁判所でこの傾向は顕著である。そのため、ライセンシーは単にライセンス条件に異議を唱えるだけでなく、具体的な代替案を提示し、積極的に交渉を進めることが求められる。

次に、各国の裁判所は、FRAND条件の具体的な内容を解釈するためのアプローチに関して徐々にスタンスを統一しつつあるといえる。例えばグローバルライセンスの可否やロイヤルティーの計算方法（既に定まった計算基準に基づいてどのようにロイヤルティーを計算するか）については一定の指針が形成されており、この点において、国際的な紛争解決がよりスムーズに進む可能性が高まったといえる。ただし、各国の判例が完全に一貫しているわけではなく、特にロイヤルティーの算定基準（製品の全体価格に対する技術の貢献度や当該技術の独自性等）や競争法との関係においては、国ごとの違いが依然として存在する。

さらに、近年の判例ではSEP保有者（ライセンサー）による権利行使に対する規制が強化されつつあることも見逃せない。特許権の行使が、独占禁止法や競争法に抵触するか否かが、厳格に審査されるようになっており、これがFRAND交渉や訴訟の行方に大きな影響を及ぼしている。特にライセンサー側が市場支配力を基に過度な要求を行った場合、その行為が競争法違反とされるリスクが高まっているといえる。

このような傾向を踏まえ、本書は最新判例や実務動向を幅広く網羅し、初学者から経験豊富な専門家、更には法務や技術の分野で活動する実務家に至るまで、あらゆる層の読者がSEPやFRANDを取り巻く時代の潮流を理解するための知識と洞察を提供している。本書が、こうした課題に対する理解を深める上で、多くの読者にとって有益な指針となり、知識と見解を深める一助となれば執筆者一同、望外の喜びである。

2024年12月吉日

FRAND研究会
執筆者一同

執筆者略歴

〔FRAND研究会メンバー〕

鈴木 信也（すずき しんや）

弁理士、ニューヨーク州弁護士。企業の知的財産部に所属し、グローバルな特許権侵害訴訟対応業務、知財交渉や知財契約業務を担当。米国ジョージワシントン大学ロースクール修了（2014年：フルブライト奨学生）。Baker HostetlerLLCにて法務研修生として勤務（2015年）。津田塾大学非常勤講師（2016年度）。FRAND研究会の研究テーマ選定、企画提案等の運営に従事

藤野　仁三（ふじの じんぞう）

日本企業・米大手法律事務所で特許ライセンス業務や米国訴訟支援業務を担当。2005年から2015年まで東京理科大学専門職大学院教授。現在、「藤野IPマネジメント」代表。著書として『ロバーツコートの特許のかたち』（八朔社［2021］）、『知的財産と標準化戦略』（八朔社［2015］）、『標準化ビジネス』（共著、白桃書房［2011］）、『特許と技術標準―衝突事例と法的関係』（八朔社［1998］）がある。平成30年知財功労賞（特許庁長官賞）受賞。早稲田大学法学研究科修了

沖　哲也（おき てつや）

弁理士。国際電話会社の通信技術者を経て、現在、大手電気メーカーの知的財産部門に在籍。無線通信分野のIPマネージャーとして世界各国の権利形成業務、ライセンス交渉や米国・ドイツなどにおける特許権侵害訴訟に従事。2001年に弁理士登録。2014年から2023年まで、情報通信ネットワークに係る標準化機関の情報通信技術委員会（TTC）・IPR委員会副委員長。大宮法科大学院大学法務研究科修了

清水 利明（しみず としあき）

法律系出版社に研究員として所属し、各種調査研究業務、セミナー・研究会のコーディネート業務に従事。大谷大学ほか非常勤講師。東京理科大学専門職大学院知財戦略専攻（MIP）及び関西大学大学院法学研究科博士課程前期を修了。日本知財学会コンテンツ・マネジメント分科会幹事、一般財団法人比較法研究センター特別研究員、電気通信大学先端領域教育研究センター産学官連携研究員、東京理科大学大学院MIP及び津田塾大学等で非常勤講師を歴任

安田 和史（やすだ かずふみ）

株式会社スズキアンドアソシエイツ取締役。法政大学兼任講師（2018年～）。日本大学非常勤講師（2020年度～現在）。東海大学総合社会科学研究所研究員（2018年度～）。津田塾大学非常勤講師（2016年度、2018年度）。第一工科大学非常勤講師（2013年度～現在）。日本知財学会事務局長及び同学会知財制度・判例分科会／コンテンツ・マネジメント分科会。ファッションビジネス学会理事。日本商標協会法制度研究部会副部会長。光相関技術によるWeb掲載違法動画像等の超高速検索システムに関する戦略策定ビジネスモデル検討WG委員（2018年度）。東京理科大MIP非常勤講師（2012～2017年）。東京理科大学専門職大学院知財戦略専攻（MIP）修了

〔外部協力執筆者〕

佐藤 智文（さとう ともふみ）

大手電機メーカーの知的財産部門にて主に無線通信分野での特許ライセンスやパテントプール、訴訟案件を担当。知財高裁（2014年）及び公正取引委員会（2015年）が募集したSEP取扱いに関する意見書の作成を担当。知的財産分野を軸としつつ、技術経営の領域を研究テーマとして学会・研究会活動に従事し、東京理科大学総合研究院にて客員研究員を兼務。東京理科大学専門職大学院知財戦略専攻（MIP）修了

カバーデザイン
清水 利明

SEP Handbook
標準必須特許ハンドブック 第３版

令和元(2019)年８月30日 初 版発行
令和３(2021)年４月15日 第２版発行
令和７(2025)年１月23日 第３版発行

編集・著作 FRAND研究会
＠２０２５ FRAND Reseach Society
発 行 一般社団法人発明推進協会

発行所 一般社団法人発明推進協会
所在地 〒105-0001
東京都港区虎ノ門２－９－１
電 話 03(3502)5433(編集)
03(3502)5491(販売)
ＦＡＸ 03(5512)7567(販売)

乱丁・落丁本はお取り替えいたします。 印刷：勝美印刷株式会社
ISBN978-4-8271-1410-2 C3032